Heiko Bergmann

Gründungsaktivitäten im regionalen Kontext

Gründer, Gründungseinstellungen und

Rahmenbedingungen in zehn deutschen Regionen

D1677743

Kölner Forschungen
zur Wirtschafts- und Sozialgeographie

Herausgegeben von Ewald Gläßer, Rolf Sternberg und Götz Voppel

Band 57

Gründungsaktivitäten im regionalen Kontext

Gründer, Gründungseinstellungen und Rahmenbedingungen in zehn deutschen Regionen

von

Heiko Bergmann

2004

Selbstverlag im Wirtschafts- und Sozialgeographisches
Institut der Universität zu Köln

Schriftleitung: Alexandra Endres

ISSN 0452-2702
ISBN 3-921 790-35-2

Druck: Schnelldruck A&A GbR
        Sülzburgstr. 108
        50937 Köln

Bestellungen bitte an:

Wirtschafts- und Sozialgeographisches
Institut der Universität zu Köln
Albertus-Magnus-Platz
50923 Köln
Tel.: 0221-470-2372
Fax: 0221-470-5009
e-mail: wigeo@uni-koeln.de

Vorwort

Die vorliegende Arbeit entstand während meiner dreijährigen Tätigkeit als wissenschaftlicher Mitarbeiter am Wirtschafts- und Sozialgeographischen Institut der Universität zu Köln. Die Schreib-Produktivität war hierbei – wie wohl meist bei solchen Dissertationsprojekten – in der Endphase am höchsten. Bei beinahe tropischen Temperaturen im Sommer 2003 war das Schreiben zwar nicht immer das reinste Vergnügen. Insgesamt hat mir die Tätigkeit am Institut allerdings sehr gefallen und ich denke gerne hieran zurück.

Danken möchte ich insbesondere meinem Betreuer Herrn Prof. Dr. Rolf Sternberg, der mir trotz vieler anderer Verpflichtungen immer als engagierter und kompetenter Ansprechpartner zur Verfügung stand und wertvolle Beiträge zum Gelingen der Arbeit geleistet hat. Zudem hat er mir in inhaltlicher und zeitlicher Hinsicht viel Freiraum gelassen. Auch die fachliche Diskussion mit Dr. Christine Tamásy sowie den weiteren Mitarbeitern des Instituts hat wesentlich dazu beigetragen, die Arbeit auf dem richtigen Weg zu halten und qualitativ zu verbessern.

Die Zusammenarbeit mit den REM-Projektpartnern am Institut für Volkswirtschaftslehre der Universität Lüneburg war sehr kooperativ und fruchtbar. Von Herrn Prof. Dr. Joachim Wagner habe ich nützliche methodische Hinweise erhalten, wofür ich mich an dieser Stelle noch einmal herzlich bedanken möchte. Zudem danke ich Herrn Prof. Dr. Norbert Szyperski, der freundlicherweise das Korreferat für diese Arbeit übernommen hat.

Meine Freundin Mechthild Pennekamp und mein Bruder Dr. Jens Bergmann haben die Arbeit Korrektur gelesen und viele gute Verbesserungsvorschläge gemacht. Sie und ganz besonders auch meine Eltern haben mich stets motiviert und in jeder Hinsicht unterstützt. In einer langfristigen Perspektive war dies vermutlich die wichtigste Voraussetzung für die Entstehung dieser Arbeit.

Köln, im März 2004   *Heiko Bergmann*

Zusammenfassung

Diese Arbeit geht der Frage nach, welche Faktoren den Umfang an Gründungsaktivitäten in deutschen Regionen bestimmen. Ein besonderes Augenmerk wird hierbei auf Einflussfaktoren gelegt, die in bisherigen Analysen zu Unternehmensgründungen nicht umfassend berücksichtigt worden sind, nämlich individuelle gründungsbezogene Einstellungen und Fähigkeiten sowie die regionale Infrastruktur für Gründungen.

Im theoretischen Teil wird der Stand der relevanten Entrepreneurship-Forschung aufgearbeitet, wobei Ansätze aus dem Bereich der Ökonomie, Soziologie, Sozialpsychologie und Wirtschaftsgeographie dargestellt werden. Hieran anschließend erfolgen empirische Analysen, die den Hauptteil dieser Arbeit bilden und die auf Daten aus dem DFG-Forschungsprojekt „Regionaler Entrepreneurship Monitor (REM)" aufbauen. Die zentralen Analysen werden hierbei auf Basis der Individualdaten einer repräsentativen telefonischen Bevölkerungsbefragung aus dem Jahr 2001 in zehn deutschen Regionen durchgeführt.

Anhand multivariater Analysemethoden wird gezeigt, dass gründungsbezogene Einstellungen und Fähigkeiten einen signifikanten Einfluss auf Gründungsaktivitäten ausüben. Diese Einstellungen und Fähigkeiten sind ihrerseits aber wiederum abhängig von anderen personenbezogenen Variablen sowie wirtschaftsstrukturellen Merkmalen der Region. Gründungsbezogene Einstellungen und Fähigkeiten spielen somit eine intermediäre Rolle im Gründungsprozess.

Die Qualität der Infrastruktur für Gründungen variiert regional. Der Umfang regionaler Gründungaktivitäten wird aber in stärkerem Maße von allgemeinen wirtschaftlichen Rahmenbedingungen (Kaufkraft, Agglomerationsgrad etc.) als von der gründungsbezogenen Infrastruktur bestimmt.

Persönliche Gründungs- und Selbstständigkeitserfahrungen haben eine große Bedeutung für eine erneute Gründungsentscheidung. Individuelle Erwerbsverläufe sind daher zum Teil pfadabhängig. Aus dieser individuellen Pfadabhängigkeit ergibt sich teilweise auch eine Pfadabhängigkeit der Gründungsaktivität von Regionen. Der Umfang der Gründungsaktivität einer Region ist allerdings nicht völlig durch deren Wirtschaftsstruktur und -historie determiniert. Gründungsbezogene Einstellungen und Fähigkeiten sind veränderbar und bieten daher Ansatzpunkte für die Politik.

Schlagworte: Entrepreneurship, Unternehmensgründungen, Region, Einstellungen,
Regionaler Entrepreneurship Monitor (REM)

Abstract

This study investigates factors that determine the number of business start-ups in German regions. It pays special attention to those factors which have not been analysed in detail so far, namely individual entrepreneurial attitudes and abilities as well as the regional infrastructure for entrepreneurship.

The theoretical part describes relevant theories and concepts in current entrepreneurship research. It discusses approaches from economics, sociology, social psychology and economic geography. The main part of this study is the empirical analysis which is based on data from the DFG research project "Regional Entrepreneurship Monitor (REM)". The essential analyses use the data from a representative telephone survey in ten German regions of the year 2001.

By using multivariate analysis techniques, a significant influence of entrepreneurial attitudes and abilities on start-up activities is shown. These attitudes and abilities are themselves dependent on other person-related variables as well as structural conditions of the region. Entrepreneurial attitudes and abilities therefore play an intermediate role in the start-up process.

The quality of infrastructure for entrepreneurship varies from region to region. However, the number of business start-ups depends on general business conditions (purchasing power, degree of agglomeration etc.) rather than the specific infrastructure for entrepreneurship.

Personal start-up- and self-employment-experience are very important for the decision to start a new business. Individual employment careers are therefore to a substantial degree path-dependent. This individual path-dependency leads to a partial path-dependency of the start-up activity of regions. However, the number of business start-ups in a region is not completely dependent on its economic structure and history. Entrepreneurial attitudes and abilities are subject to change and can thus be influenced by political action.

Keywords: *entrepreneurship, business start-ups, region, attitudes, Regional Entrepreneurship Monitor (REM)*

Inhaltsverzeichnis

VIII

Verzeichnis der Tabellen

X

Verzeichnis der Abbildungen

Verzeichnis der Abkürzungen

BBR	Bundesamt für Bauwesen und Raumordnung
Bev.	Bevölkerung
DFG	Deutsche Forschungsgemeinschaft
FuE	Forschung und Entwicklung
GEM	Global Entrepreneurship Monitor
IAB	Institut für Arbeitsmarkt- und Berufsforschung
KfW	Kreditanstalt für Wiederaufbau
KMU	Kleine und mittlere Unternehmen
REM	Regionaler Entrepreneurship Monitor
ROR	Raumordnungsregion(en)
TGZ	Technologie- und Gründerzentren
VC	Venture Capital, Wagniskapital
vgl.	vergleiche
WZ93	Wirtschaftszweigsystematik 1993
z.B.	zum Beispiel
ZEW	Zentrum für Europäische Wirtschaftsforschung

XII

Verzeichnis des Anhangs

1 Einleitung

1.1 Hintergrund: Warum eine Arbeit über Gründungsaktivitäten im regionalen Kontext?

Die Gründungsforschung ist in Deutschland noch eine vergleichsweise junge wissenschaftliche Disziplin. Während in den USA dem Thema Entrepreneurship schon länger Aufmerksamkeit geschenkt wird, gibt es in Deutschland erst seit den siebziger Jahren Bemühungen, die Forschung über Unternehmensgründungen zu intensivieren und institutionalisieren. Inzwischen hat sich die Gründungsforschung aber auch hier schon ein Stück weit etabliert. Im Jahr 2002 waren in Deutschland 39 Gründungsprofessuren besetzt und weitere zehn im Aufbau (vgl. Klandt/Knaup 2002). Es gibt vielfältige Forschungsprojekte, eine nicht unerhebliche Zahl hiervon finanziert im Rahmen des DFG-Schwerpunktprogramms „Interdisziplinäre Gründungsforschung", das auf den Zeitraum 1998 bis 2004 angelegt ist.[1] Aufgrund dieser Entwicklungen hat die Anzahl an Veröffentlichungen über Gründungen in Deutschland in den letzten Jahren deutlich zugenommen (vgl. Bögenhold 1987; Brüderl/Preisendörfer/Ziegler 1996; Frick et al. 1998; Fritsch/Grotz 2002; Fritsch/Grotz 2003; Heinze/Schulte 2002; Kay/May-Strobl/ Maaß 2001; Schmude 1994a; Schmude/Leiner 2002; Steinle/Schumann 2003; Sternberg 2000a; Szyperski/Roth 1990).

Vor diesem Hintergrund kann man nach der Berechtigung der vorliegenden Arbeit fragen, die Gründungsaktivitäten im regionalen Kontext in Deutschland untersucht. Es lassen sich im Wesentlichen drei Argumente nennen, warum eine solche Untersuchung wichtig und notwendig erscheint:

- Gründungen sind wichtig für die wirtschaftliche Entwicklung von Ländern und Regionen, und daher ist auch die Erforschung von Zusammenhängen und Einflussfaktoren im Gründungsprozess erforderlich.

- Es gibt Forschungsdefizite in Bezug auf die Rolle der Region bei Gründungsaktivitäten.

- Schließlich ist auch der Zusammenhang von branchenstrukturellen Faktoren einer Region und den gründungsbezogenen Einstellungen von Personen bislang nur unzureichend beleuchtet worden.

Diese drei Argumente sollen im Folgenden näher erläutert werden.

---

[1] Auch diese Arbeit beruht auf Daten, die im Rahmen dieses DFG-Programms erhoben wurden.

1.1.1 Weil Gründungen wichtig für die wirtschaftliche Entwicklung sind!

Ein erster Blick in die Statistik vermittelt den Eindruck, dass eine hohe Gründungs- und Selbstständigenquote nicht unbedingt ein Indikator für wirtschaftliche Leistungs- fähigkeit ist. Die weltweit höchsten Gründungsraten gibt es in Thailand, Indien und Chile (vgl. Reynolds et al. 2002), und auch der Selbstständigenanteil liegt in wirt- schaftlich weniger entwickelten Ländern weit höher als in Deutschland. In wirtschafts- historischer Sicht zeigt sich, dass seit Beginn der Industrialisierung im frühen 19. Jahr- hundert die Selbstständigenquoten in allen entwickelten Industrieländern deutlich zu- rückgegangen sind (vgl. Frick et al. 1998, S. 26f). Der Grad der Zentralisierung der Produktion stieg demgegenüber immer weiter an. Große Unternehmen wurden lange Zeit als Motor des technischen und wirtschaftlichen Fortschritts angesehen, wohinge- gen kleine Unternehmen als ineffizient und rückständig galten (vgl. Audretsch et al. 2000, S. 4).

In den siebziger Jahren zeichnete sich aber ein grundlegender Wandel der Bedeutung von kleinen Unternehmen ab. Piore und Sabel (1984) argumentieren, dass sich eine zweite industrielle Teilung („The Second Industrial Divide") vollzog: Das Modell der fordistisch angelegten Produktion in Großunternehmen gelangte an seine Grenzen. Stattdessen gewannen kleine Unternehmen an Bedeutung, weil es zunehmend wichti- ger wurde, schnell und flexibel auf die Erfordernisse des Marktes reagieren zu können. Seit Mitte der siebziger Jahre kann man in den meisten westlichen Ländern wieder einen tendenziellen Anstieg der Selbstständigenzahlen feststellen. Es gibt deutliche Hinweise darauf, dass sich der Zusammenhang zwischen dem Grad der wirtschaftli- chen Entwicklung und dem Selbstständigenanteil umgekehrt hat. In modernen Indust- rieländern scheint also die fortschreitende wirtschaftliche Entwicklung mit einem An- stieg des Anteils der Selbstständigen einherzugehen (vgl. Carree et al. 2002, S. 272ff). Auch in Deutschland haben Gründungen seit den frühen siebziger Jahren stark zuge- nommen. Die Gründungsquote, hier gemessen als Anzahl der Gründungen relativ zur Anzahl der Selbstständigen, hat sich mehr als verdoppelt. Gleichzeitig angestiegen ist allerdings auch die Anzahl der Liquidationen, wobei diese etwas langsamer zugenom- men haben als die Gründungen. Die Fluktuation im Unternehmensbestand hat sich also in den vergangenen Jahrzehnten deutlich erhöht (vgl. Lageman/Löbbe 1999, S. 87-94).

Für eine zunehmende Bedeutung von kleinen und mittleren Unternehmen in Industrie- nationen lassen sich eine Reihe von Gründen finden. Carree et al. (2002, S. 274f) nen- nen insbesondere die folgenden:

- Die letzten 25 Jahre des zwanzigsten Jahrhunderts können als eine Periode der „kreativen Zerstörung" bezeichnet werden. Eine Reihe neuer Technologien, wie zum Beispiel die Mikroelektronik und Biotechnologie, sind entstanden und haben die Branchenstruktur in Industrienationen erheblich verändert.

- Neue Technologien haben die Bedeutung von Skalenvorteilen reduziert, was die Wettbewerbsfähigkeit von kleinen Unternehmen verbessert hat.

- Weltweit gibt es eine Tendenz zur Deregulierung und Privatisierung.

- Großunternehmen konzentrieren sich stärker auf ihre Kernkompetenzen und gliedern Bereiche aus, die nicht zu diesen gezählt werden können.

- Aufgrund des zunehmenden Wohlstands werden in steigendem Maße höherwertige und verschiedenartige Produkte und Dienstleistungen nachgefragt. Anbieter neuer und spezialisierter Produkte und Dienstleistungen sind meist kleine Unternehmen.

- Mit steigendem Wohlstand nimmt auch das Bedürfnis der Menschen nach Selbstverwirklichung zu. Da eine selbstständige Tätigkeit die Möglichkeit bietet, berufliche und persönliche Ziele miteinander zu vereinbaren, hat das Interesse hieran und auch dessen Ansehen in der Gesellschaft zugenommen.

- Der Anteil der Beschäftigten im Dienstleistungssektor, welcher durch einen hohen Anteil Selbstständiger gekennzeichnet ist, nimmt mit steigendem Wohlstand zu.

Obwohl Gründungen in der ökonomischen Theorie bislang eine untergeordnete Rolle spielen (vgl. Baumol 1968; Casson 1990, S. xiii; Fallgatter 2002, S. 75ff; Welzel 1995, S. 67), gibt es wohl keinen Forscher oder Politiker, der die Bedeutung neuer Unternehmen für die wirtschaftliche Entwicklung von Nationen oder Regionen komplett abstreiten würde. Der ungehinderte Eintritt und Austritt von Firmen ist eine wesentliche Voraussetzung für die Funktionsfähigkeit von Märkten. Unternehmensgründungen haben eine große Bedeutung im sektoralen Strukturwandel. Sie spielen eine Rolle bei der Einführung neuer Produktionsverfahren und Produktgruppen sowie bei der Konstituierung neuer Branchen. Hierdurch können sie einen bedeutenden Beitrag zur Schaffung neuer Arbeitsplätze und zu wirtschaftlichem Wachstum leisten (vgl. Birch 1987; Reynolds 1999; Schumpeter 1934; Shapero 1981).

Empirisch wurde der Zusammenhang von Unternehmensgründungen und wirtschaftlichem Wachstum bisher nur in wenigen Untersuchungen überzeugend untersucht. Als problematisch bei der Quantifizierung von Wachstumseffekten erweist sich, dass von Gründungen zwar direkte positive Beschäftigungseffekte ausgehen, welche auch messbar sind. Die Verdrängungseffekte von Neugründungen sowie indirekte Effekte in vor- oder nachgelagerten Branchen lassen sich allerdings nur schwer quantifizieren.

Zudem gibt es eine Vielzahl weiterer Einflussfaktoren auf die wirtschaftliche Entwicklung von Ländern und Regionen. Auf der Basis eines Längsschnittvergleichs von 23 OECD-Ländern zeigen Carree et al. (2002), dass eine zu geringe und auch eine zu hohe Quote an Selbstständigen negative Wachstumseffekte zur Folge hat. Für Deutschland ist hierbei nach Meinung der Autoren von einer zu geringen Selbstständigenquote auszugehen. Der Zusammenhang von Gründungen und wirtschaftlicher Entwicklung wird im internationalen Forschungsprojekt „Global Entrepreneurship Monitor (GEM)" untersucht. Die geringe Anzahl an Beobachtungsjahren lässt zwar noch kein abschließendes Urteil zu. Es deutet sich aber auch hier ein positiver Zusammenhang von Gründungsquote und nachfolgendem Wirtschaftswachstum an (vgl. Reynolds et al. 2002, S. 21f; Reynolds/Bygrave/Autio 2004, S. 19ff).

Der Zusammenhang von Gründungsaktivitäten und wirtschaftlicher Entwicklung deutscher Regionen wird von Audretsch und Fritsch (2002) untersucht. Sie gehen davon aus, dass Regionen durch unterschiedliche Wachstumsregime gekennzeichnet sind und man nicht von einem einfachen linearen Zusammenhang von Gründungsintensität und Wachstum ausgehen kann. Regionen können auf unterschiedlichen Wegen wirtschaftlich erfolgreich sein. Nicht in allen Regionen ist ein hohes Wachstum auf eine hohe Gründungsaktivität zurückzuführen. Unter Berücksichtigung von zeitlichen Verzögerungen (time-lags) deutet sich aber auch hier ein positiver Einfluss der Gründungsintensität auf die nachfolgende wirtschaftliche Entwicklung an. Insgesamt gibt es somit eine wachsende Zahl an Belegen für die Bedeutung von Unternehmensgründungen für die wirtschaftliche Entwicklung von Regionen und Nationen. Unterschiedliche Arten von Unternehmensgründungen haben hierbei auch unterschiedliche wirtschaftliche Effekte. Es sind allerdings nicht nur Hochtechnologiegründungen, die regionalwirtschaftlich von Bedeutung sind. Letztendlich ist jede Gründung auf ihre Art und Weise innovativ und besitzt Möglichkeiten für unternehmerischen Erfolg und die Schaffung von Arbeitsplätzen.

1.1.2 Weil der Region zu wenig Aufmerksamkeit geschenkt wird!

„Oddly absent from much of the standard research on entrepreneurship is the critical nature of the entrepreneur's local context, in which he/she operates on a daily basis." (Malecki 1997b, S. 164)

Die Forschung zur Rolle der Region im Gründungsgeschehen ist durch widersprüchliche Positionen gekennzeichnet. Wie durch das obige Zitat von Malecki angedeutet, vernachlässigen viele Untersuchungen das regionale Umfeld von Unternehmensgründern und beschränken sich auf die Person des Gründers, seine Herkunft, Merkmale und

5

Motive. Brüderl/Preisendörfer/Ziegler (1996, S. 35) vermuten, dass diese Faktoren in der Gründungsforschung eine so große Bedeutung haben, weil sie im Vergleich zu umweltbezogenen Faktoren leicht zu messen sind. Personenbezogene Faktoren sind unzweifelhaft von großer Bedeutung für die Erklärung von Gründungsaktivitäten, da neue Unternehmen immer durch Menschen gegründet werden. Diese Aussage mag zwar belanglos und selbstverständlich erscheinen. In der orthodoxen ökonomischen Theorie wird aber dieser Aspekt ausgeblendet und lediglich von anonymen Marktkräften gesprochen, die für den Ausgleich von Angebot und Nachfrage sorgen (vgl. Baumol 1968).

Trotz der Vernachlässigung des regionalen Umfelds in fast allen theoretischen und den meisten empirischen Studien wird an vielen anderen Stellen auf die zentrale Rolle der Region im Gründungsprozess hingewiesen. Bei Gründungen im Hochtechnologiebereich scheint es unstrittig, dass regionale Faktoren eine große Bedeutung haben (vgl. Feldman 2001; Nerlinger 1996, 1998). Aber auch bei allen anderen Gründungen ist die Region von Bedeutung, da Personen in den allermeisten Fällen dort ein Unternehmen gründen, wo sie leben und arbeiten (vgl. Albert 1994, S. 85ff; Cooper 1985; Egeln et al. 1996). Der Schritt in die Selbstständigkeit ist mit vielen Unsicherheiten verbunden, weshalb die meisten Gründer nicht bereit sind, eine weitere Unsicherheit in Form eines unbekannten regionalen Umfelds in Kauf zu nehmen. Außerdem erfolgt eine Gründung in aller Regel in einem Bereich, in dem der oder die Gründer vorher schon tätig waren. Hierbei nutzen Gründer bestehende Kontakte zu Kunden oder Zulieferern und bekommen zudem meist Unterstützung für ihr Vorhaben von Familie, Freunden und Bekannten, die häufig im Umfeld des Gründers angesiedelt sind. Birley (1985, S. 112) beschreibt den Gründungsprozess daher als „essentially geographically constrained".

Bei ihrem Vorhaben sind Gründer auf eine Reihe von Leistungen angewiesen, die sie von externen Akteuren beziehen müssen, häufig aus dem regionalen Umfeld des Gründers. Sie benötigen Kapital, nutzen Fördermöglichkeiten sowie private oder öffentliche Beratungsangebote und brauchen Räumlichkeiten für ihre Gründung. Es gibt eigentlich keine Region in Deutschland, die nicht versucht, durch politische Maßnahmen günstige Rahmenbedingungen zu schaffen und hierdurch Umfang und Qualität von Gründungsaktivitäten zu erhöhen. Viele Gründer produzieren zudem für einen lokalen oder regionalen Markt und sind daher von der Kaufkraft der regionalen Bevölkerung oder anderer Nachfrager abhängig. All die aufgeführten Belege machen deutlich, dass das regionale Umfeld eine große Bedeutung für die Gründungsneigung und die Realisierungsmöglichkeiten von Unternehmensgründungen hat. Die regionale Infrastruktur für Unternehmensgründungen sollte daher bei der Untersuchung von Gründungsaktivitäten immer berücksichtigt werden.

1.1.3 Weil der Zusammenhang von individuellen, strukturellen und kulturellen Faktoren näher untersucht werden muss!

Die vorangegangenen Ausführungen haben gezeigt, dass eine Reihe von Faktoren zur Erklärung von Gründungsaktivitäten herangezogen werden können. Die Gründungsforschung ist dementsprechend auch durch eine Vielzahl von Erklärungsansätzen aus unterschiedlichen wissenschaftlichen Disziplinen gekennzeichnet. Diese Ansätze stehen allerdings vielfach getrennt nebeneinander und werden in empirischen Untersuchungen häufig nicht miteinander kombiniert. Industrieökonomische Ansätze beschränken sich zum Beispiel auf die Untersuchung von Branchen- und Strukturmerkmalen und lassen die Person des Gründers unberücksichtigt (vgl. 2.3.1). Umgekehrt vernachlässigen psychologische und soziologische Untersuchungen häufig das regionale und Branchenumfeld von Gründern (vgl. 2.1.5 und 2.2.2). Eine solche Fokussierung auf bestimmte Einflussfaktoren ist oft notwendig, um die Komplexität des Forschungsgegenstandes handhabbar zu machen. Hierdurch bleiben allerdings Zusammenhänge zwischen verschiedenen Einflussfaktoren unberücksichtigt.

Die empirische Forschung zu regionalen Unterschieden im Gründungsgeschehen wird im Wesentlichen durch Studien bestimmt, die auf der Basis von aggregierten Daten die Anzahl der Gründungen in einer Region als abhängig von regionalen Merkmalen, wie zum Beispiel der Bevölkerungs- und Unternehmensstruktur, betrachten. Diese Studien finden meist einen engen Zusammenhang zwischen der Größen- und Branchenstruktur bestehender Unternehmen einer Region und der Anzahl und der Branchenstruktur von Gründungen dieser Region (vgl. Audretsch/Fritsch 1994a; Audretsch/Fritsch 1999; Fritsch/Falck 2002; Fritsch/Niese 2000; Maaß 2000, S. 28f; Malecki 1990; Reynolds/ Storey/Westhead 1994). Anhand struktureller Merkmale können häufig mehr als zwei Drittel der Varianz regionaler Gründungsraten erklärt werden. Diese beachtlichen Ergebnisse lassen leicht den Eindruck entstehen, dass Gründungsaktivitäten nicht mehr vom einzelnen Gründer gesteuert werden, sondern lediglich von strukturellen Merkmalen der Region abhängen. In der Realität gibt es aber keinen direkten Zusammenhang von Struktur und Gründungsaktivität. Jede Gründung ist das Ergebnis eines individuellen Entscheidungsprozesses, bei dem die Person des Gründers und seine Motive von großer Bedeutung sind. Diese Faktoren werden in den oben angesprochenen Untersuchungen allerdings völlig ausgeklammert. Ein reiner Vergleich von Unternehmensstruktur und der Anzahl an Gründungen in einer Region kann daher keine Aussagen über den dazwischen liegenden Prozess der Gründungsentscheidung und –entstehung machen. Hierdurch können auch kaum Handlungsempfehlungen für die regionale Wirtschaftspolitik abgeleitet werden. Wie bereits angeführt arbeiten Ansätze aus anderen Fächern ebenfalls häufig mit monokausalen Erklärungen von Gründungsaktivitäten. Eine umfassende Untersuchung von Gründungsaktivitäten sollte sich allerdings nicht nur auf einzelne Einflussfaktoren beschränken, sondern den Zusammenhang von strukturellen Ausgangs- und Rahmenbedingungen der Region, Motiven und Einstellungen der Bevölkerung sowie letztendlicher Gründungsaktivität berücksichtigen.

1.2 Forschungsfragen

In dieser Arbeit wird das Gründungsgeschehen in zehn deutschen Regionen vergleichend untersucht. Das Untersuchungsobjekt sind hierbei Gründer und deren Gründungsaktivitäten. Die Untersuchung folgt einem interdisziplinären Ansatz, der bewusst eine Vielzahl an Einflussfaktoren aus verschiedenen Fächern einbezieht. Als theoretische Grundlage der Arbeit dienen Ansätze aus der Ökonomie, Sozialpsychologie, Soziologie und Wirtschaftsgeographie. Insbesondere werden in dieser Arbeit vier Forschungsfragen behandelt, wobei sich diese zum Teil noch in weitere Folgefragen untergliedern lassen. Die übergeordnete Leitfrage dieser Arbeit lautet:

Welche Faktoren beeinflussen Gründungsaktivitäten in deutschen Regionen?

Wie bereits am Titel erkennbar, steht die Untersuchung von Gründungsaktivitäten in deutschen Regionen im Mittelpunkt dieser Arbeit. Hierbei wird insbesondere untersucht, wodurch sich Gründungsaktivitäten erklären lassen. Ziel dieser Arbeit ist es nicht, Regionen mit besonders hohen Gründungsquoten oder einer besonders guten Infrastruktur für Gründungen zu identifizieren. Vielmehr wird geprüft, welchen Einfluss verschiedene Faktoren auf individuelle Gründungsaktivitäten und den regionalen Umfang an Gründungsaktivitäten haben. Berücksichtigt wird hierbei, dass sich Einflussfaktoren nach Art der untersuchten Gründungen unterscheiden können. Ebenfalls nicht untersucht werden können Erfolgsfaktoren von Unternehmensgründungen, da hierzu ein anderer Forschungsansatz erforderlich gewesen wäre.

Die Untersuchung von Einflüssen auf Gründungsaktivitäten bezieht personenbezogene und regionale Faktoren ein. Ein besonderes Augenmerk wird hierbei auf die Analyse von Einflussfaktoren gerichtet, die in bisherigen Untersuchungen zu regionalen Unterschieden von Gründungsaktivitäten nicht oder nicht umfassend berücksichtigt wurden. Es handelt sich hierbei um die regionale gründungsbezogene Infrastruktur sowie gründungsbezogene Einstellungen und Fähigkeiten. Zu diesen beiden Aspekten werden daher im Folgenden gesonderte Forschungsfragen aufgestellt.

Welche Bedeutung hat die regionale gründungsbezogene Infrastruktur für den Umfang an Gründungsaktivitäten?

Die regionale gründungsbezogene Infrastruktur wird aus privaten und öffentlichen Institutionen einer Region gebildet, deren Leistungen Gründer bei der Realisierung ihres Gründungsprojekts nutzen können oder sogar auf diese angewiesen sind. Hierzu zählen zum Beispiel Kreditinstitute, Fördereinrichtungen, Technologie- und Gründerzentren, Rechtsanwälte und Steuerberater. Die Qualität der gründungsbezogenen Infrastruktur und deren Auswirkung auf das Gründungsgeschehen wurden bisher noch nicht umfassend untersucht. Die Bedeutung einer funktionierenden und umfassenden Infrastruktur wird an vielen Stellen hervorgehoben, allerdings gibt es bisher kaum empirische Belege für einen Zusammenhang zwischen Infrastruktur und Gründungsaktivitäten.

Welche Rolle spielen gründungsbezogene Einstellungen und Fähigkeiten im Gründungsprozess?

Neben der gründungsbezogenen Infrastruktur wurde in bisherigen Studien auch die Rolle gründungsbezogener Einstellungen und Fähigkeiten nur unzureichend berücksichtigt. Die Bedeutung dieser Faktoren für Gründungsaktivitäten wird in dieser Arbeit eingehend untersucht. Einstellungen sind abhängig von Werten und Normen, welche häufig kulturell geprägt sind. Die Frage nach der Bedeutung gründungsbezogener Einstellungen und Fähigkeiten hängt daher auch eng zusammen mit der Frage nach der Bedeutung von kulturellen Merkmalen. Regionen weisen einen unterschiedlichen kulturellen Hintergrund auf, der auch einen Einfluss auf gründungsbezogene Einstellungen ausüben kann. In dieser Arbeit wird daher auch untersucht, welche Bedeutung regionale kulturelle Merkmale im Gründungsprozess haben.

Welche relative Bedeutung haben die unterschiedlichen Einflussfaktoren und welcher Zusammenhang besteht zwischen ihnen?

Die letzte Forschungsfrage dieser Arbeit will die Ergebnisse der vorherigen Fragen einordnen. Auch wenn gründungsbezogene Einstellungen und Fähigkeiten sowie die gründungsbezogene Infrastruktur in statistischer Hinsicht signifikant sind, heißt das noch nicht, dass sie auch eine große Bedeutung im Gründungsprozess haben müssen. Daher wird die relative Bedeutung der angesprochenen Faktoren im Vergleich zu personenbezogenen und branchenstrukturellen Einflüssen abgeschätzt.

Zudem sind die verschiedenen Einflussfaktoren auf Gründungen vermutlich nicht unabhängig voneinander, sondern beeinflussen sich gegenseitig. Insbesondere wird analysiert, wodurch gründungsbezogene Einstellungen und Fähigkeiten bestimmt werden und welche Zusammenhänge zu anderen Einflussfaktoren bestehen.

1.3   Aufbau der Arbeit

Die Beantwortung der vorne formulierten Forschungsfragen erfolgt in mehreren Schritten. Diese Arbeit hat eine empirische Ausrichtung, was sich auch an Aufbau und Vorgehen zeigt. Der theoretische Teil der Arbeit (Kapitel 2) dient der Ableitung von Hypothesen zu den dargestellten Forschungsfragen. In den anschließenden empirischen Kapiteln werden diese Hypothesen dann im Wesentlichen anhand von Daten aus dem Forschungsprojekt „Regionaler Entrepreneurship Monitor (REM)" überprüft.

Kapitel 2 gibt zunächst einen Überblick über theoretische Ansätze zur Erklärung von Gründungsaktivitäten. Hierbei werden die Faktoren dargestellt, die im Hinblick auf die Erklärung von regionalen Gründungsaktivitäten wichtig erscheinen. Regionalen Einflussfaktoren wird hierbei besondere Aufmerksamkeit geschenkt, weil die Erklärung von regionalen Unterschieden im Gründungsgeschehen im Mittelpunkt dieser Arbeit steht. Da der Entschluss zur Gründung eines Unternehmens allerdings auch immer stark von personenbezogenen Merkmalen abhängt, werden auch diese in entsprechendem Umfang dargestellt. Auf der Basis der theoretischen Ansätze werden am Ende von Kapitel 2 Hypothesen über Einflussfaktoren auf Gründungsaktivitäten formuliert.

Der empirische Teil dieser Arbeit beruht weitgehend auf Daten aus dem Forschungsprojekt „Regionaler Entrepreneurship Monitor (REM)". Die im Rahmen dieses Forschungsprojektes durchgeführten Befragungen sowie die Operationalisierung zentraler Variablen stehen im Mittelpunkt von Kapitel 3. Dieses Kapitel stellt somit eine Art Bindeglied zwischen dem theoretischen Teil der Arbeit und den daran anschließenden empirischen Analysen dar.

Kapitel 4 gibt einen Überblick über Rahmenbedingungen für Unternehmensgründungen in den Untersuchungsregionen. Zunächst werden die allgemeinen wirtschaftlichen Rahmenbedingungen der Regionen dargestellt. Danach erfolgt eine detaillierte Darstellung und Analyse der gründungsbezogenen Infrastruktur. Da mit der durchgeführten Expertenbefragung zur Beurteilung der Qualität der Gründungsinfrastruktur Neuland betreten wird, werden die Ergebnisse dieser Befragung kritisch untersucht und hinterfragt.

Kapitel 5 und 6 widmen sich der Analyse von Gründungsaktivitäten. In Kapitel 5 wird ein Überblick über den Umfang an Gründungsaktivitäten nach Regionen, soziodemographischen Merkmalen und Branchen gegeben. Zudem werden die REM-Gründungsquoten mit den Ergebnissen anderer Statistiken verglichen. Im anschließenden Kapitel 6 erfolgt eine tiefer gehende Analyse von Einflussfaktoren auf individuelle Gründungsaktivitäten anhand verschiedener multivariater logistischer Regressionsmodelle. Diese Analyse berücksichtigt personenbezogene und regionale Variablen. Ebenfalls wird an dieser Stelle die Rolle gründungsbezogener Einstellungen und Fähigkeiten untersucht. Falls sich ein signifikanter regionaler Einfluss auf die Gründungsneigung zeigt, wird dieser anhand verschiedener regionaler Einflussfaktoren zu erklären versucht. Unter anderem wird hier auch die Bedeutung der gründungsbezogenen Infrastruktur geprüft.

Kapitel 7 untersucht die Rolle der bereits häufig angesprochenen gründungsbezogenen Einstellungen und Fähigkeiten. Diese Faktoren unterscheiden sich von Person zu Person, weswegen sich die Frage stellt, wodurch sie determiniert werden. Hierbei ist insbesondere von Interesse, ob Einstellungen lediglich von personenbezogenen Merkmalen abhängen, oder ob sich auch ein regionaler Einfluss aufzeigen lässt.

In Kapitel 8 wird eine regionale Sichtweise eingenommen. Im Unterschied zu den vorangegangenen Abschnitten, in denen jeweils alle Regionen gemeinsam untersucht werden, stehen hier exemplarisch einzelne Regionen im Mittelpunkt der Betrachtung. Eine solche Einzelfallbetrachtung macht es leichter, verschiedene Einflussfaktoren und deren Zusammenhänge darzustellen. Kapitel 8 berücksichtigt die vier Agglomerationsräume Emscher-Lippe, Köln, Leipzig und München.

Kapitel 9 gibt Anregungen und Hinweise, ob und in welcher Form Gründungsaktivitäten beeinflusst werden können. Kapitel 10 schließt die Arbeit mit einer Zusammenfassung der zentralen Ergebnisse und einem Fazit ab. Die wichtigsten Einflussfaktoren auf Gründungsaktivitäten und ihre Beziehungen untereinander werden noch einmal kurz dargestellt. Zudem gibt dieses Kapitel Empfehlungen für die weitere Forschung.

1.4 Zentrale Begriffe

In diesem Abschnitt werden die Begriffe Selbstständiger, Gründer und Entrepreneur definiert und gegeneinander abgegrenzt. Die ersten beiden Begriffe sind allgemein sehr gebräuchlich. Um Missverständnisse zu vermeiden, wird dennoch die in dieser Arbeit verwendete Bedeutung dargestellt. Der Begriff Entrepreneur beziehungsweise Entrepreneurship ist hingegen in Deutschland wenig verbreitet. Da es keine genaue deutsche Übersetzung des Begriffs gibt und dieser häufig in verschiedenen Bedeutungen gebraucht wird, erscheint auch hier eine Erläuterung notwendig. Die genaue Operationalisierung von Gründern und Selbstständigen in den empirischen Untersuchungen sowie die Berechnung der entsprechenden Quoten wird in Kapital 3 dargestellt.

1.4.1 Selbstständige

Selbstständigkeit ist ein sehr heterogenes Phänomen, welches von der unternehmerischen Tätigkeit eines Industriellen über die freiberufliche Tätigkeit von Akademikern,
eine selbstständige handwerkliche Tätigkeit bis hin zu selbstständigen Nebenerwerbstätigkeiten reicht. Selbstständige lassen sich anhand von zwei Merkmalen von anderen
Erwerbstätigen unterscheiden: Zum einen unterliegen sie keiner Weisungsbefugnis
Dritter sondern handeln auf eigene Verantwortung. Zum anderen tragen sie das wirtschaftliche Risiko ihrer Aktivität selbst und agieren somit in erheblich stärkerem Maße
unter Ungewissheit, als dies abhängig Beschäftigte tun. Trotz der Heterogenität selbstständiger Tätigkeiten lassen diese beiden Merkmale es sinnvoll erscheinen, Selbstständige als gemeinsame Gruppe zu betrachten (vgl. Frick et al. 1998, S. 25f).

Im Rahmen dieser Arbeit wird Selbstständigkeit sehr weit definiert und umfasst jegliche selbstständige Tätigkeit, auf die die beiden Merkmale „keine Weisungsbefugnis"
sowie „Tragen von wirtschaftlichem Risiko" zutreffen. Eine selbstständige Tätigkeit
kann hierbei auch in Form einer Nebenerwerbstätigkeit parallel zu einer abhängigen
Erwerbstätigkeit ausgeübt werden. Auch zeitlich befristete selbstständige Tätigkeiten
sind eingeschlossen.

Die Grenzen zwischen selbstständiger und unselbstständiger Arbeit verwischen durch
Zwischenformen wie Franchising, Sub-Unternehmertum oder freie Mitarbeiterschaft
immer mehr. Es gibt in steigendem Maße Tätigkeiten, die sowohl Merkmale von
selbstständigen als auch von abhängigen Beschäftigungsverhältnissen aufweisen (vgl.
Dietrich 1999). Man kann sogar argumentieren, dass von einem Kontinuum ausgegangen werden sollte, welches von „reiner" selbstständiger Tätigkeit auf der einen Seite
bis hin zu „reiner" abhängigen Erwerbsarbeit auf der anderen Seite reicht (vgl. Stein-
metz/Wright 1989, S. 979-981). Letztendlich ist es somit eine Frage der Abgrenzung,
welche Form der Erwerbstätigkeit noch als Selbstständigkeit zu bezeichnen ist und
welche nicht. In den empirischen Untersuchungen dieser Arbeit erfolgt die Unterscheidung anhand von Fragen, die sich auf die beiden genannten Strukturmerkmale
selbstständiger Tätigkeit beziehen. Personen werden nur dann als Selbstständige gezählt, wenn sie in der Leitung des Geschäfts oder Unternehmens tätig sind (und damit
keiner Weisungsbefugnis unterliegen) und gleichzeitig auch Inhaber oder Teilhaber
des Unternehmens oder Geschäfts sind (also einen Teil des wirtschaftlichen Risikos
ihrer Aktivität selbst tragen) (vgl. Kap. 3.4).

1.4.2 Gründer und Gründungsquote

Gründer sind Personen, die sich im Gründungsprozess befinden oder vor kurzem den Schritt in die Selbstständigkeit vollzogen haben. Hiermit ist auch der Schritt in die Nebenerwerbs-Selbstständigkeit gemeint.

Bei empirischen Untersuchungen erweist es sich immer wieder als Problem, dass sich der Zeitpunkt der Gründung eines neuen Unternehmens oder Betriebs nicht eindeutig an einem bestimmten Zeitpunkt oder Sachverhalt festmachen lässt. Als alternative Indikatoren für eine Unternehmensgründung lassen sich in Deutschland die Gewerbemeldung, der Eintrag ins Handelsregister beziehungsweise die Handwerksrolle, der Erwerb von Produktionsmitteln, die Aufnahme von Fremdkapital oder der erste Umsatz heranziehen. In der Realität fallen diese Zeitpunkte aber mehr oder weniger weit auseinander, treten in unterschiedlicher Reihenfolge und bei einigen Unternehmensgründungen gar nicht auf. Die Gewerbemeldung kann zum Beispiel lange vor der Aufnahme der Geschäftstätigkeit erfolgen. Des Weiteren gibt es eine Reihe selbstständiger Tätigkeiten (zum Beispiel in der Landwirtschaft, freiberufliche Tätigkeiten), die keinen Gewerbeeintrag erfordern und umgekehrt Unternehmen, die zwar gemeldet sind, aber nie wirtschaftlich aktiv werden. Kontrovers diskutiert wird außerdem, ob Betriebsübernahmen, Rechtsformänderungen, Veränderungen des Standorts oder des Branchenschwerpunkts als Gründung gewertet werden sollen oder nicht (vgl. z.B. Clemens/Freund 1994; Fritsch/Grotz 2002; Szyperski/Nathusius 1977, S. 23ff; Schmude/Leiner 2003). Jegliche Abgrenzung von Gründungsaktivitäten erfordert daher auch subjektive Wertungen und führt zu Gründungszahlen, die von denen bei anderen Abgrenzungen abweichen. Hierdurch erklärt sich, warum es in Deutschland keine eindeutige Gründungsstatistik gibt und auch nicht geben kann (vgl. Fritsch/Niese 2002, S. 12ff).

Der Übergang vom Gründer zum Selbstständigen ist fließend. Es lässt sich kein fester Zeitpunkt angeben, wann die Gründung eines Unternehmens abgeschlossen ist und der oder die Gründer somit nicht mehr Gründer, sondern Selbstständige sind. Daher erfolgt die Unterscheidung der beiden Personengruppen meist anhand eines festen Zeitraums nach Aufnahme der selbstständigen Tätigkeit. Im Rahmen des Forschungsprojektes Global Entrepreneurship Monitor (GEM) werden zum Beispiel all die Personen als Gründer bezeichnet, deren Unternehmen oder Betrieb noch nicht länger als 3 ½ Jahre Gewinne erzielt oder Gehälter zahlt (vgl. Reynolds et al. 2002; Sternberg/Bergmann 2003). Personen, deren Betrieb schon länger Gewinne erzielt oder Gehälter zahlt, werden als Selbstständige gezählt (vgl. Kap. 3.4).

Der Begriff der „Gründungsquote" wird in dieser Arbeit in verschiedenen Bedeutungen verwendet. Viele Studien, die im theoretischen Teil der Arbeit herangezogen werden, verwenden den Begriff zur Beschreibung der Anzahl an Gründungen relativ zur Anzahl der Erwerbspersonen („Arbeitsmarktansatz") oder relativ zur Anzahl bestehender Betriebe („betriebsökologischer Ansatz") (ausführlich hierzu: Audretsch/Fritsch 1994b). In dieser Arbeit stehen allerdings nicht Gründungen, sondern Gründer im Mittelpunkt der Analyse. Diese beiden Größen unterscheiden sich, da Personen gleichzeitig mehrere Unternehmen gründen können oder umgekehrt mehrere Gründer an einer Gründung beteiligt sein können. Im empirischen Teil der Arbeit bezieht sich der Begriff Gründungsquote daher immer auf die Anzahl an Gründungen relativ zur Anzahl der Einwohner einer Region oder der Personen einer sonstigen Gruppe. Genauso meint der Begriff „Selbstständigenquote" die Anzahl der Selbstständigen relativ zur Anzahl der Personen einer Region oder Gruppe.

In einer Reihe von populärwissenschaftlichen Veröffentlichungen zu regionalen Gründungsaktivitäten und in den Medien wird der Begriff „Gründungsklima" verwendet, wobei allerdings häufig nicht genau definiert wird, was mit dem Begriff gemeint ist (vgl. z.B. Wirtschaftswoche 2003). Zum Teil bezieht sich dieser auf die gründungsbezogenen Einstellungen der Bevölkerung, zum Teil auf die gründungsbezogene Infrastruktur und in manchen Fällen sogar auf den Umfang an Gründungsaktivitäten in einer Region. Aufgrund der Unschärfe des Begriffs findet dieser in der vorliegenden Arbeit keine Verwendung. Stattdessen wird unterschieden nach gründungsbezogenen Einstellungen der Bevölkerung sowie gründungsbezogenen Rahmenbedingungen. Diese beiden Aspekte können durchaus unterschiedlich ausgeprägt sein und werden daher nicht unter einem Oberbegriff zusammengefasst.

1.4.3 Entrepreneur und Entrepreneurship

Im Zusammenhang mit Gründungen wird im englischsprachigen Raum häufig der Begriff Entrepreneurship verwendet. Während die Begriffe Selbstständiger und Gründer relativ einfach abzugrenzen sind, fällt dies bei den Begriffen Entrepreneur und Entrepreneurship schon schwerer. Etymologisch geht der Begriff Entrepreneurship auf das lateinische „prehendere" bzw. das französische „entreprendre" zurück, was „unternehmen" oder „anstrengen" bedeutet (vgl. Fallgatter 2002, S. 12). In der Ökonomie hat der französische Bankier Cantillon (1680-1734) den Begriff Entrepreneur bekannt gemacht, der damit einen Risikoträger auf der Suche nach profitablen Geschäftsmöglichkeiten bezeichnete (vgl. Sternberg 2000a, S. 19). Heute werden mit einem Entrepreneur in der Literatur so unterschiedliche Rollen wie Risikoträger, Finanzgeber, Innovator, Entscheidungsträger, Manager, Unternehmenseigentümer oder Gründer in Verbindung gebracht (vgl. Wennekers/Thurik 1999, S. 31).

Ripsas (1997, S. 12f) identifiziert vier verschiedene Funktionen des Entrepreneurs beziehungsweise Unternehmers in der wirtschaftswissenschaftlichen Literatur, jeweils mit deren Hauptvertreter:

- Übernahme von Unsicherheit (Knight 1921)

- Innovation am Markt durchsetzen (Schumpeter 1934)

- Entdecken von Preisarbitragen (Kirzner 1978, 1985)

- Koordination von Ressourcen (Casson 1982)

Der Begriff des Entrepreneurs wurde maßgeblich von Schumpeter geprägt und wird auch heute noch oft mit ihm in Verbindung gebracht. Schumpeter (1934) betont den dynamischen und innovativen Charakter von Unternehmern. Entrepreneure beziehungsweise Unternehmer im Sinne von Schumpeter sind Personen, die durch innovative Produkte oder Produktionsmethoden neue wirschaftliche Strukturen etablieren und hierdurch bestehende Unternehmen vom Markt verdrängen. Dieser Prozess wird auch als kreative Zerstörung bezeichnet.

Wie aus den obigen Ausführungen deutlich wird, sind nicht alle Gründer und Selbstständigen Entrepreneure im Schumpeter'schen Sinne. Die meisten Gründungen finden in etablierten Branchen statt, wobei die angebotenen Produkte und Dienstleistungen durch einen geringen Grad an Innovativität gekennzeichnet sind. Ein Prozess der „kreativen Zerstörung" geht von diesen Gründungen nicht aus. Schumpeter (1934, S. 122) unterscheidet daher zwischen echten Unternehmern beziehungsweise Entrepreneuren einerseits und „Wirten" andererseits. Er weist darauf hin, dass die meisten Unternehmer nicht dauerhaft diese Rolle ausüben, sondern meist irgendwann nur noch die Funktionen eines Wirts ausüben: „...halten wir fest, daß jemand grundsätzlich nur dann Unternehmer ist, wenn er eine „neue Kombination durchsetzt" – weshalb er den Charakter verliert, wenn er die geschaffene Unternehmung dann kreislaufmäßig weiterbetreibt –..." (Schumpeter 1934, S. 116).

In ähnlicher Form unterscheiden Audretsch und Thurik (1998) zwischen zwei Typen von Selbstständigen: „echten" Schumpeter-Entrepreneuren auf der einen Seite und so genannten „Ladenbesitzern" (shopkeeper) auf der anderen Seite. In empirischen Untersuchungen ist es allerdings schwierig, zwischen diesen beiden Typen zu unterscheiden, da Selbstständige in der Realität natürlich nie völlig dem einen oder dem anderen Typ entsprechen und die Übergänge fließend sind. Da allerdings alle Gründungen und selbstständigen Tätigkeiten mit einem wirtschaftlichen Risiko verbunden sind, erscheint es angemessen, auch wenig innovative Gründer als Entrepreneure zu bezeichnen.

Entrepreneurship ist allerdings nicht auf Selbstständige beschränkt. Auch angestellte Manager können in einem Unternehmen die Rolle eines Entrepreneurs im Sinne von Schumpeter einnehmen, wenn sie neue Produkte oder Verfahren unter Unsicherheit auf dem Markt einführen und hierbei ein wirtschaftliches Risiko tragen. Diese Personen werden üblicherweise mit dem Begriff des ‚Intrapreneurs‘ bezeichnet (vgl. Wennekers/Thurik 1999, S. 47). Intrapreneurship wird in großen Unternehmen oft gefördert, um eine höhere Flexibilität und Innovativität zu erreichen (vgl. Stopford/Baden-Fuller 1994). Entrepreneurship lässt sich innerhalb von Großunternehmen nur schwer gegenüber anderen Aktivitäten abgrenzen. Obwohl sie der Schumpeterschen Begriffsdefinition entsprechen, werden Intrapreneurshipaktivitäten daher meist nicht empirisch erfasst. Carree et al. (2000, S. 5) vertreten die Position, dass ‚echte‘ Entrepreneurship-Aktivitäten in hohem Maße mit Intrapreneurship-Aktivitäten korrelieren: „It is inconceivable however that a society where entrepreneurship by self-employment thrives would not generate modern decentralised larger companies. In that sense the rate of self-employment may be a fair indicator of a general level of entrepreneurship in a society, at least in modern economies.“

Anhand der Merkmalsebenen selbstständig/angestellt und Entrepreneur-Rolle/Manager-Rolle lassen sich somit vier verschiedene Personengruppen unterscheiden, von denen drei mit Entrepreneurship in Verbindung gebracht werden. Lediglich angestellte Manager, die keine Innovationen vorantreiben, lassen sich nicht als Entrepreneure bezeichnen (vgl. Tab. 1).

Tab. 1: Systematik von Entrepreneur-Typen

	Selbstständig	Angestellt
Entrepreneur-Rolle	**Schumpeter-Entrepreneur**	**Intrapreneur**
Manager-Rolle	**'Geschäftsinhaber'**	Ausführender Angestellter

Quelle: Eigene Darstellung in Anlehnung an Wennekers/Thurik 1999, S. 47.

In empirischen Studien hat es sich aus pragmatischen Gründen weitgehend durchgesetzt, lediglich das Merkmal der Selbstständigkeit als Indikator für Entrepreneurship heranzuziehen. Meist werden sogar nur Gründer als Entrepreneure bezeichnet. Bei diesem Vorgehen berücksichtigt man alle Gründungen unabhängig vom Grad ihrer Innovativität und entfernt sich somit von der Schumpeterschen Definition. Da die Gründung eines Unternehmens aber als eine der wichtigsten Kernaktivitäten eines Entrepreneurs begriffen werden kann, erscheint die Gleichsetzung der Begriffe Entrepreneur und Gründer gerechtfertigt (vgl. Klandt 1999, S. 241).

Auch in dieser Arbeit werden die Begriffe Entrepreneur und Gründer synonym verwendet. Das Gleiche gilt für Entrepreneurship und Gründungsaktivitäten. Falls ausdrücklich Entrepreneurship im Sinne von Schumpeter gemeint ist, wird hierauf gesondert hingewiesen. Weitergehende Ausführungen über den Begriff Entrepreneurship sowie die Funktionen des Entrepreneurs finden sich bei Casson (1982), Barreto (1989), Hébert/Link (1989), Ripsas (1997) und Fallgatter (2002).

2 Erklärung des Umfangs an Gründungsaktivitäten in der Theorie

2.1 Einflussfaktoren auf das Gründungsgeschehen im Überblick

„However, it is important to understand that the company-formation process is what psychologists refer to as overdetermined, that is, no single factor can account for the outcome of the process. It is desirable and recognizable, but it is not amenable to simple manipulation." (Shapero 1984, S. 23)

Im obigen Zitat macht Albert Shapero deutlich, dass der Schritt in die Selbstständigkeit nicht anhand eines einzelnen Einflussfaktors erklärt werden kann. Es sind immer eine Reihe von Faktoren, die beeinflussen, ob sich jemand selbstständig macht oder ein neues Unternehmen gründet. Dementsprechend wird auch das regionale oder nationale Niveau an Gründungsaktivitäten von einer Vielzahl von Größen bestimmt. Die Gründung eines Unternehmens dient zwar fast immer auch einem wirtschaftlichen Zweck, weswegen ökonomischen Einflussfaktoren eine große Bedeutung bei der Entscheidung für oder gegen eine selbstständige Tätigkeit zukommt. Allerdings können diese allein die individuelle Gründungsentscheidung und damit auch das Gründungsgeschehen insgesamt nicht erklären. Empirische Untersuchungen weisen darauf hin, dass beim Schritt in die Selbstständigkeit bei vielen Gründern kein ökonomisches Motiv, sondern der Wunsch nach Selbstbestimmtheit und Selbstverwirklichung im Vordergrund steht (vgl. Galais 1998). Auch bei der Definition des Begriffs ‚Entrepreneur' ist deutlich geworden, dass nicht allein ökonomische Merkmale einen Gründer oder Unternehmer ausmachen. Schumpeter betont das rastlose Schaffen von Unternehmern, das nicht nur der Konsumbefriedigung dient. „Der typische Unternehmer frägt sich nicht, ob jede Anstrengung, der er sich unterzieht, auch einen ausreichenden „Genußüberschuss" verspricht. ... Er schafft rastlos, weil er nicht anders kann, er lebt nicht dazu, um sich des Erworbenen genießend zu erfreuen" (Schumpeter 1934, S. 137). Das von Schumpeter beschriebene Verhalten trifft zwar nicht auf alle Gründer zu. Durch die obigen Ausführungen kann allerdings anschaulich gezeigt werden, dass sich der Schritt in die Selbstständigkeit nicht aus einem einzigen fachlichen Blickwinkel umfassend erklären lässt, sondern dass es hierzu einer interdisziplinären Betrachtungsweise bedarf.

Aufgrund der Vielschichtigkeit des Forschungsgegenstandes werden Unternehmensgründungen von einer Reihe wissenschaftlicher Disziplinen unter jeweils anderen Blickwinkeln untersucht. Die Mehrheit der wissenschaftlichen Studien zu Unternehmensgründungen entstammt dem Bereich der Ökonomie. Allerdings ist die Gründungsforschung keineswegs hierauf beschränkt. Auch Soziologen, Psychologen, Wirtschaftsgeographen, Juristen und Angehörige weiterer Disziplinen beschäftigen sich mit dem Thema. Diese Interdisziplinarität hat zur Folge, dass die Gründungsforschung nicht mit einer umfassenden, anerkannten Theorie aufwarten kann, die alle Aspekte des Gründungsgeschehens erklärt. Unterschiedliche Ansätze heben jeweils unterschiedliche Einflussfaktoren auf die individuelle Gründungsentscheidung beziehungsweise das Gründungsgeschehen hervor. Die verschiedenen Ansätze haben hierbei meist nur wenig Bezug zueinander. So genannte „Entrepreneurship Theorien" bilden keine geschlossenen Theorien, sondern eher einen Untersuchungsrahmen unter Zusammenfassung verschiedener Theorieansätze (vgl. z.B. Bosma/deWitt/Carree 2003; Casson 1982; Verheul et al. 2002a). Vor diesem Hintergrund kann sich diese Arbeit daher nicht auf einen einzigen theoretischen Ansatz stützen, sondern sie verfolgt einen eklektischen Ansatz und greift auf Theorien aus unterschiedlichen Bereichen zurück. Da der Untersuchungsgegenstand dieser Arbeit Gründer und deren Gründungsaktivitäten im regionalen Kontext sind, werden im Wesentlichen Ansätze vorgestellt, die sich auf individuelle Gründungsaktivitäten beziehen. In einigen Fällen finden allerdings auch Theorien Verwendung, die gesamte Regionen oder Branchen in den Mittelpunkt ihrer Betrachtung stellen.

In Kapitel 2 wird ein Überblick über die wichtigsten theoretischen Ansätze und deren Erklärungsfaktoren gegeben. Zur besseren Orientierung erfolgt eine Systematisierung anhand von zwei Merkmalsebenen (vgl. Abb. 1). Zum einen lässt sich nach der betrachteten Untersuchungsebene differenzieren. Zum anderen können angebotsseitige und nachfrageseitige Faktoren unterschieden werden. Diese beiden Dimensionen sind weitgehend unabhängig voneinander, das heißt, es gibt auf den verschiedenen Erklärungsebenen meist jeweils sowohl angebotsseitige als auch nachfrageseitige Faktoren. Im Folgenden wird allgemein von Einflussfaktoren auf Gründungsaktivitäten gesprochen. Obwohl der Begriff „Gründungsaktivitäten" nur vage ist, wird dieser hier dennoch verwendet, da die verschiedenen Ansätze unterschiedliche Bezüge aufweisen. Einige Ansätze erklären die individuelle Gründungsentscheidung, andere den Umfang an Gründungsaktivitäten in einer Region oder Nation. Mit dem Begriff Gründungsaktivitäten können also sowohl individuelle als auch regionale oder nationale Gründungsaktivitäten gemeint sein. Die Darstellung in Abbildung 1 bezieht sich auf Einflussfaktoren und nicht auf Erklärungsansätze. Der Grund hierfür ist, dass einige Einflussfaktoren in verschiedenen Erklärungssätzen verwendet werden. Andere Faktoren lassen sich nicht eindeutig einem theoretischen Ansatz zuordnen. Bei vielen Erklärungsansätzen in der Gründungsforschung handelt es sich zudem nicht um elaborierte Theorien, sondern eher um wenig ausgearbeitete Beschreibungen von Ursache-Wirkung-Beziehungen.

Abb. 1: Einflussfaktoren auf Gründungsaktivitäten im Überblick

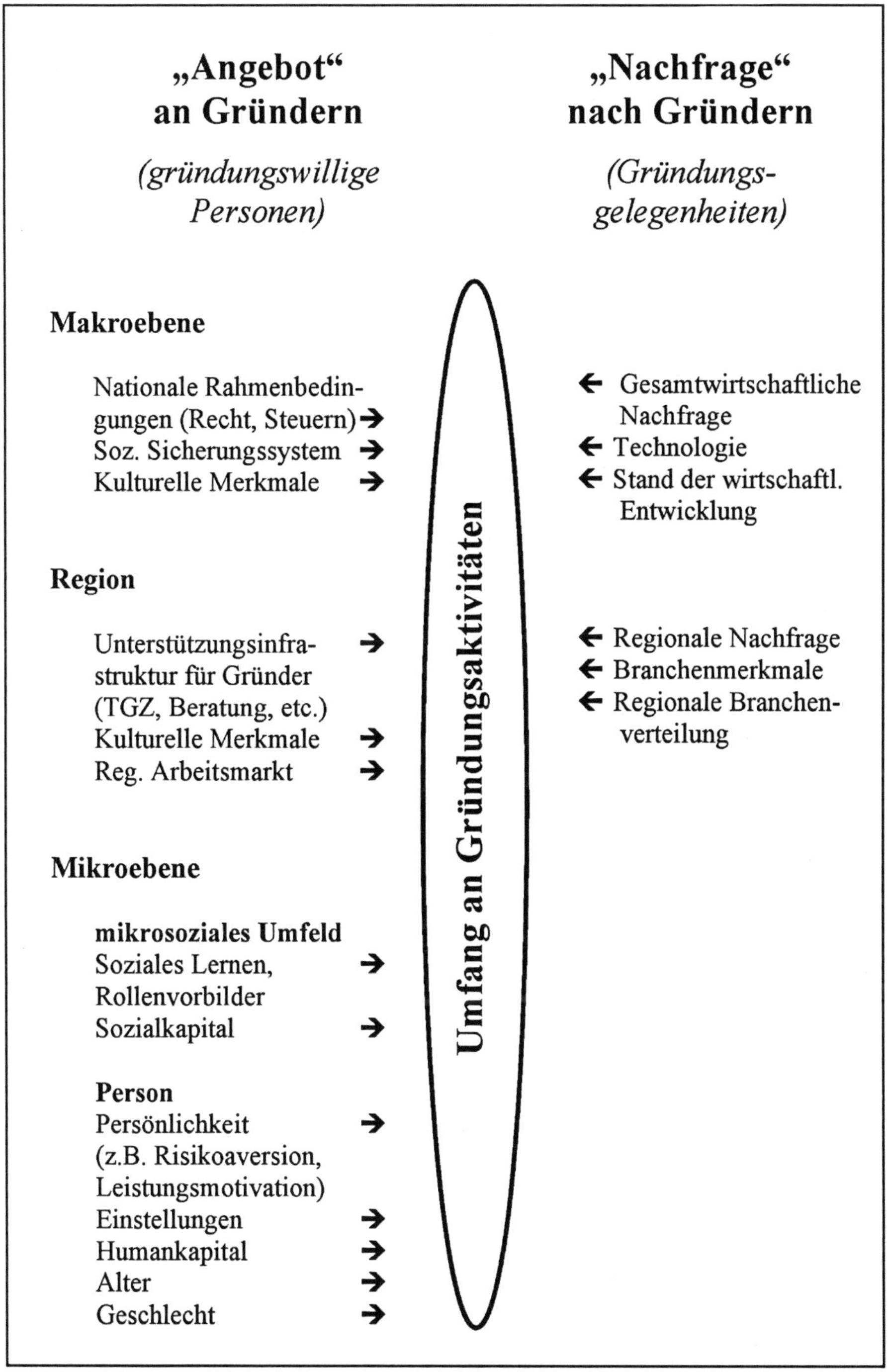

„Angebot"
an Gründern

(gründungswillige
Personen)

„Nachfrage"
nach Gründern

(Gründungs-
gelegenheiten)

Makroebene

Nationale Rahmenbedin-
gungen (Recht, Steuern)→
Soz. Sicherungssystem →
Kulturelle Merkmale   →

← Gesamtwirtschaftliche
   Nachfrage
← Technologie
← Stand der wirtschaftl.
   Entwicklung

Region

Unterstützungsinfra-   →
struktur für Gründer
(TGZ, Beratung, etc.)
Kulturelle Merkmale   →
Reg. Arbeitsmarkt   →

← Regionale Nachfrage
← Branchenmerkmale
← Regionale Branchen-
   verteilung

Mikroebene

mikrosoziales Umfeld
Soziales Lernen,   →
Rollenvorbilder
Sozialkapital   →

Person
Persönlichkeit   →
(z.B. Risikoaversion,
Leistungsmotivation)
Einstellungen   →
Humankapital   →
Alter   →
Geschlecht   →

Umfang an Gründungsaktivitäten

Quelle: Eigene Darstellung.

2.1.1 Erstes Unterscheidungsmerkmal: Einflussebene

Die Vielzahl der Einflussfaktoren auf die individuelle Gründungsentscheidung oder die Gründungsquote in einer Volkswirtschaft lässt sich zunächst nach der jeweiligen Bezugsebene ordnen. Die Persönlichkeit des Gründers, sein Bildungsstand und seine Gründungsmotivation sowie die Einbindung in familiäre und berufliche Netzwerke sind Beispiele für Faktoren, die sich auf die Person des Gründers und sein mikrosoziales Umfeld beziehen. Diese Faktoren sollen in dieser Arbeit mit dem Begriff der Mikro-Faktoren bezeichnet werden. Zum Teil erfolgt in der Literatur eine weitergehende Trennung nach personenbezogenen Faktoren und Faktoren des mikrosozialen Umfelds (vgl. Shapero 1984; Lageman/Löbbe 1999, S. 48). Personenbezogene Faktoren sind solche, die sich ausschließlich auf die Person des Gründers beziehen, also zum Beispiel Alter, Geschlecht und Persönlichkeitsmerkmale. Faktoren des mikrosozialen Umfelds umfassen die soziale und berufliche Herkunft des Gründers und seine Einbindung in informelle und professionelle Netzwerke. Die Grenze zwischen diesen beiden Faktorengruppen ist allerdings fließend. So wird zum Beispiel die Persönlichkeit auch in entscheidendem Maße vom mikrosozialen Umfeld geprägt. Aus diesem Grund lässt sich die Trennung von personenbezogenen Faktoren und mikrosozialen Umfeldfaktoren nicht immer aufrechterhalten. Der Begriff Mikroebene beziehungsweise Mikro-Einflussfaktoren bezieht sich auf alle Faktoren, die spezifisch für einzelne Personen sind und nicht für alle Personen einer Region, eines Landes oder einer sonstigen Gruppe gelten.

Neben Faktoren der Mikroebene gibt es Umfeldfaktoren der Regionsebene und der Makroebene. Die Unterscheidung nach Mikro- und Makroebene gehört zum analytischen Standardvorgehen in der Volkswirtschaftslehre und Soziologie. Die Regionsebene oder die Mesoebene wird hingegen weniger häufig als separate Untersuchungsebene abgegrenzt. Mit dem Begriff des makroökonomischen und –sozialen Umfelds sind solche Einflussfaktoren auf die Gründungsaktivitäten gemeint, die für alle Personen einer Volkswirtschaft oder Gesellschaft in gleichem Maße gelten. Hiermit ist also in der Regel die nationale Ebene angesprochen. Da in dieser Arbeit primär regionale Unterschiede im Gründungsgeschehen analysiert werden, wird der Makroebene wenig Aufmerksamkeit geschenkt.

Aufgrund der Bedeutung der Region für Unternehmensgründungen, die bereits in der Einleitung erläutert wurde, erscheint es plausibel, neben der Mikro- und Makroebene auch die Region als eigenständige Betrachtungsebene zu definieren. In der Ökonomie findet sich der Begriff der Mesoebene, der ebenfalls die Ebene zwischen Mikro- und Makroebene anspricht (vgl. Peters 2000, S. 10f). Da sich dieser Begriff aber auf so unterschiedliche Abgrenzungen wie Regionen, Branchen oder sonstige größere Gruppen beziehen kann, erscheint es nicht sinnvoll, ihn zu verwenden. In dieser Arbeit werden insbesondere regionale Einflüsse untersucht.

Der Begriff „gründungsbezogene regionale Einflussgrößen" wird in dieser Arbeit folgendermaßen verstanden: Als gründungsbezogene regionale Einflussfaktoren lassen sich die Faktoren definieren, die einen Einfluss auf die Gründungsneigung der Bewohner einer Region haben, für alle Bewohner einer Region die gleiche oder annähernd gleiche Ausprägung haben, sich aber zwischen verschiedenen Regionen unterscheiden. Die regionale Kaufkraft, die Ausstattung der Region mit Forschungseinrichtungen, das regionale Gründungsklima - also die Einstellung der Bevölkerung zum Thema Gründungen - sind für alle potenziellen Gründer einer Region gleich und können daher als regionale gründungsbezogene Einflussfaktoren bezeichnet werden. Die Unterscheidung von regionalen und personenbezogenen Einflussfaktoren ist abhängig vom kausalen Zusammenhang von Einflussgröße und Gründungsneigung. Zwar haben auch viele personenbezogene Faktoren eine regionale Dimension, da sie regional unterschiedlich ausgeprägt sind (vgl. Sternberg 2000b, S. 204). So beeinflusst zum Beispiel das Alter, als personenbezogene Größe, entscheidend die individuelle Gründungsneigung. Die Altersstruktur der Bevölkerung ist von Region zu Region unterschiedlich, so dass die regionale Altersstruktur auch in einem Zusammenhang zur regionalen Gründungsaktivität steht. Nichtsdestotrotz sollen Aggregate von personenbezogenen Einflussfaktoren hier nicht als regionale Einflussfaktoren bezeichnet werden, da der eigentliche Einfluss von personenbezogenen Faktoren individueller Natur ist. Die individuelle Gründungsneigung wird vom eigenen Alter beeinflusst und nur unwesentlich oder gar nicht von der Struktur der Bevölkerung der Region. Anders verhält es sich bei einer Größe wie zum Beispiel der Kaufkraft. Die Kaufkraft einer Region setzt sich zwar auch zusammen aus der Summe der individuellen Kaufkraft der Einwohner einer Region. Hier ist der kausale Zusammenhang aber auch tatsächlich so, dass nicht die individuelle Kaufkraft die Gründungsneigung beeinflusst, sondern die Kaufkraft der Region entscheidend ist. Somit handelt es sich bei der Kaufkraft um eine regionale Einflussgröße.

Die hier getroffene Unterscheidung von Einflussfaktoren bezieht sich auf die Gründungsentscheidung. Für den Erfolg von Unternehmensgründungen wird meist eine andere Systematik von Einflussfaktoren herangezogen. Der wesentliche Unterschied ist, dass der Erfolg von Neugründungen neben den hier angesprochenen Einflussfaktoren außerdem von Merkmalen des gegründeten Betriebs abhängt (vgl. Brüderl/Preisendörfer/Ziegler 1996, S. 36). Da in der vorliegenden Arbeit aber lediglich

Gründungsprozesse untersucht werden, und nicht der Erfolg von Unternehmensgründungen betrachtet wird, bleibt die betriebsspezifische Ebene unberücksichtigt.

2.1.2 Zweites Unterscheidungsmerkmal: Angebot von und Nachfrage nach Gründern

Neben der Unterscheidung nach Erklärungsansätzen, die auf der Mikro-, Regions- oder Makroebene angesiedelt sind, lässt sich weiterhin nach nachfrageseitigen und angebotsseitigen Ansätzen unterscheiden (vgl. Storey 1994, S. 60ff; Casson 1995; Blanchflower 2000; Verheul et al. 2002a). Die Nachfrage nach Gründern kann verstanden werden als die Anzahl und die Art selbstständiger Tätigkeiten, die eingenommen werden können. Das Angebot an Gründern wird durch die Verfügbarkeit geeigneter Personen gebildet, die diese Rollen ausfüllen können (vgl. Casson 1995, S. 94). Die Unterscheidung nach Angebot und Nachfrage dient vor allem analytischen Zwecken und ist nicht direkt vergleichbar mit dem Angebot und der Nachfrage für Güter und Dienstleistungen oder für abhängige Erwerbsarbeit. So ergibt sich die Nachfrage nach abhängiger Arbeit aus der Summe der offenen Stellen, die Unternehmen und öffentliche Einrichtungen besetzen möchten. Das Arbeitsangebot ergibt sich aus der Summe der Personen, die derzeit auf der Suche nach einer abhängigen Erwerbstätigkeit sind. Im Falle von selbstständiger Arbeit ist die Identifikation von Angebot und Nachfrage allerdings schwieriger. Zum einen gibt es keine Institution, die „freie Stellen" als Unternehmensgründer ausschreibt. Die Nachfrage nach Selbstständigen ist sehr subjektiv, da potenzielle Gründer die Möglichkeit für eine Selbstständigkeit selbst erkennen müssen. Ein Gründer, der eine gute Marktchance sieht, schafft sich somit die Nachfrage nach seiner selbstständigen Tätigkeit selbst und besetzt die Rolle durch seine Person (vgl. Casson 1995, S. 94). Die Nachfrage nach Gründern ist also eine Art gedankliches Konstrukt und keine wirklich messbare Größe.

Das Angebot an Gründern wird durch die Erwerbswahl von Personen bestimmt. Personen, die ein Unternehmen gründen wollen, bilden das Angebot an Gründern. Auch hierbei handelt es sich um keine einfach bestimmbare Größe, da sich einer Person immer verschiedene Erwerbsalternativen bieten und die Gründungsbereitschaft auch von der Attraktivität anderer Erwerbsformen abhängt. Anhand der Unterscheidung von Angebot und Nachfrage lassen sich Einflussfaktoren auf die Gründungsentscheidung analytisch darstellen. Die verschiedenen anfänglich genannten wissenschaftlichen Disziplinen beschäftigen sich nämlich in der Regel meist entweder mit der Nachfrage- oder der Angebotsseite. Abbildung 1 gibt einen Überblick über Faktoren, die Einfluss auf Gründungsaktivitäten ausüben. Die Ansätze sind jeweils der Untersuchungsebene und der Angebots- beziehungsweise Nachfrageseite zugeordnet. Mit der Auflistung von Einflussfaktoren wird nicht der Anspruch auf Vollständigkeit erhoben. Neben den genannten Faktoren gibt es eine Reihe anderer, die auf Gründungsaktivitäten einwirken. Für die Untersuchung regionaler Unterschiede im Gründungsgeschehen in Deutschland sind allerdings die wesentlichen Einflussgrößen genannt. Generell lässt sich feststellen, dass nachfrageorientierte Faktoren ihr Augenmerk vor allem auf die strukturellen Ausgangsbedingungen in einem Wirtschaftsraum richten und sich daher der Regions- oder Makroebene zuordnen lassen, wohingegen angebotsorientierte Faktoren vor allem die Person des Gründers und dessen unmittelbares Umfeld betrachten und daher der Personen- beziehungsweise Mikroebene zuzurechnen sind (vgl. Preisendörfer 1996, S. 12; Storey 1994, S. 60ff.).

Traditionell hat sich vor allem die Industrieökonomie mit der Nachfrage nach Gründern beziehungsweise dem Markteintritt von Firmen beschäftigt (vgl. Geroski 1995; Geroski/Schwalbach 1991; Orr 1974; Siegfried 1994). Ausgangspunkt bei diesen Ansätzen sind die jeweiligen Bedingungen auf einem Markt für Güter oder Dienstleistungen. Branchen, in denen sich ein hoher Grenzertrag von Kapital erzielen lässt, bieten ceteris paribus einen höheren Anreiz für den Markteintritt und sind daher auch durch eine größere Anzahl von Neugründungen gekennzeichnet. Die Nachfrage nach Unternehmern ist unpersönlich, also nicht an eine bestimmte Person gebunden. Die in bestimmten Branchen vorherrschenden guten Bedingungen für den Neueintritt von Unternehmen bieten sich grundsätzlich allen Personen; wer letztendlich die unternehmerische Initiative ergreift, wird in industrieökonomischen Ansätzen nicht untersucht. Neben industrieökonomischen Ansätzen gibt es noch eine Reihe weiterer nachfrageseitiger Ansätze, die die Gründungswahrscheinlichkeit erklären. Auf diese wird in Kapitel 2.3.1 näher eingegangen.

Während nachfrageseitige Faktoren erklären können, welche Branchen oder Regionen gute Möglichkeiten für den Schritt in die Selbstständigkeit bieten, machen sie noch keine Aussage darüber, welche Personen oder Personengruppen tatsächlich den Schritt in die Selbstständigkeit vollziehen. Das Angebot an Gründern wird vor allem von Ansätzen aus dem Bereich der Soziologie, Psychologie und Arbeitsmarktökonomie erklärt. Grundlegende Annahme dieser Ansätze ist, dass sich die Merkmale von Personen unterscheiden und Gründungsneigung und Gründungsfähigkeit keinesfalls gleich verteilt sind. Stattdessen gehen sie davon aus, dass erworbene oder angeborene Merkmale von Personen darüber entscheiden, ob und wann sich jemand selbstständig macht (vgl. Storey 1994, S. 61ff).

Auf der Angebotsseite kann zunächst der Bereich der Arbeitsmarktökonomie angeführt werden. Es wird davon ausgegangen, dass sich jeder Person die Wahl zwischen einer abhängigen Erwerbstätigkeit, Selbstständigkeit und Nichterwerbstätigkeit stellt. Auf diese Wahlmöglichkeit hat bereits Knight (1921) hingewiesen. Im grundlegenden Modell hängt die Entscheidung nur vom erzielbaren Einkommen in der Selbstständigkeit ab, wobei von Personen mit identischen Merkmalen ausgegangen wird. In weiterführenden Modellen werden dann unterschiedliche unternehmerische Fähigkeiten, unterschiedliche Kapitalerfordernisse und unterschiedliche Risikoaversionen angenommen. Außerdem wird berücksichtigt, dass sich bei Veränderungen der Anzahl der Selbstständigen auch Auswirkungen auf das Angebot an unselbstständiger Arbeit ergeben, die einen Einfluss auf die Lohnhöhe haben können (vgl. de Wit 1993).

Ansätze aus der Soziologie und der Psychologie beschäftigen sich vor allem mit der Person des Gründers und dessen Einbindung in berufliche und private Netzwerke. Psychologische Ansätze betrachten hierbei insbesondere Persönlichkeitsmerkmale von Gründern und deren Einfluss auf das Gründungsverhalten. Diese Persönlichkeitsmerkmale werden entweder als weitgehend unveränderlich angesehen oder nicht nach ihrer Herkunft untersucht (vgl. Brockhaus 1982; Frese/Rauch 2001; Shaver/Scott 1991). Ansätze aus der Soziologie und Sozialpsychologie befassen sich zwar auch mit Einstellungen und Haltungen. Diese werden allerdings nicht als konstant sondern als Resultat von Sozialisations- und Lernprozessen angesehen sowie auf die Einbindung in berufliche und private Netzwerke zurückgeführt. Sie können daher der mikrosozialen Ebene zugerechnet werden (vgl. Reynolds 1991; Shapero/Sokol 1982). Auf diese angebotsseitigen Ansätze wird im folgenden Kapitel 2.2 näher eingegangen.

Die einzelnen in Abbildung 1 dargestellten Einflussfaktoren sind nicht unabhängig voneinander. So haben zum Beispiel nationale Rahmenbedingungen auch Auswirkungen auf regionale Einflussfaktoren. Die Branchen- oder Betriebsgrößenstruktur einer Region hat Auswirkungen auf individuelle Einstellungen und Fähigkeiten. Die vielfältigen Einflüsse lassen sich allerdings nicht in einem Diagramm darstellen und werden daher im Text behandelt. Die im empirischen Teil dieser Arbeit untersuchten Zusammenhänge sind am Ende von Kapitel 2 in Abbildung 2 dargestellt.

2.2 Einflussfaktoren auf der Mikroebene

Ansätze auf der Mikroebene versuchen zu erklären, warum sich bestimmte Personen selbstständig machen und andere nicht. Diese Ansätze lassen sich nach der Systematik von Abbildung 1 der Angebotsseite zurechnen, das heißt sie erklären, warum bestimmte Personen unternehmerische Möglichkeiten nutzen und andere nicht. Hierbei steht die Person des Gründers mit seinen individuellen Eigenschaften und seinem Verhalten im Mittelpunkt der Betrachtung. Die Herkunft unternehmerischer Möglichkeiten, das heißt die Nachfrageseite, wird in diesen Ansätzen nicht betrachtet. Allerdings lässt sich auf der Mikroebene nicht immer klar zwischen Angebots- und Nachfragefaktoren unterscheiden, da die Gründungsentscheidung immer von der individuellen Wahrnehmung von Gründungsmöglichkeiten abhängig und damit sehr subjektiv ist. Die gleichen Gründungsmöglichkeiten, also in modellhafter Betrachtung die gleiche Nachfrage nach Gründern, können von unterschiedlichen Personen ganz unterschiedlich wahrgenommen und interpretiert werden und damit auch zu einem unterschiedlichen Verhalten führen. Festzuhalten bleibt allerdings, dass die Nachfrage nach Gründern auf der Makro- oder Regionsebene bestimmt wird, wohingegen die Entscheidung, ob sich jemand selbstständig macht oder nicht, in starkem Maße von personenbezogenen Faktoren abhängt (vgl. Storey 1994, S. 60ff).

Die Untersuchung von Faktoren der Mikroebene ist nicht das primäre Untersuchungsziel dieser Arbeit. Vielmehr soll die spezifische Bedeutung regionaler Einflussfaktoren herausgearbeitet werden. Da sich Faktoren der Mikroebene aber in einer Reihe anderer Untersuchungen als relevant erwiesen haben, müssen diese auch hier einbezogen werden. Die relative Bedeutung von regionalen Einflussfaktoren lässt sich nur messen, wenn auch Einflüsse der Mikro-Ebene in die Untersuchung einbezogen werden. Die Rolle von personenbezogenen und mikrosozialen Faktoren für die individuelle Gründungsneigung wurde bereits in einer Reihe theoretischer und empirischer Arbeiten dargestellt. Daher ist die folgende Darstellung kurz gehalten, und es wird jeweils auf die entsprechende Literatur verwiesen.

2.2.1 Personenbezogene Einflussfaktoren

2.2.1.1 Einkommen und Risikopräferenz

Die Person des Unternehmers oder Unternehmensgründers spielt in der modernen wirtschaftswissenschaftlichen Forschung nur eine untergeordnete Rolle (vgl. Baumol 1968; Casson 1990, S. xiii; Ripsas 1997, S. 3f). Dennoch hat das Thema Unternehmensgründung auch in der Ökonomie in den letzten zwei Jahrzehnten wieder an Bedeutung gewonnen. Neben oft älteren, meist wenig formalisierten Beiträgen zur Person des Gründers und dessen Rolle im Wirtschaftsprozess wie zum Beispiel von Schumpeter (1934), Knight (1921) und Cantillon (1755/1931) befassen sich insbesondere industrieökonomische und arbeitsmarktökonomische Ansätze mit Gründungen. Industrieökonomische Ansätze untersuchen den Marktein- und -austritt von Unternehmen, wobei der Betrieb und nicht der Unternehmer im Mittelpunkt der Betrachtung steht.

Diese Ansätze lassen sich der Regionsebene zuordnen und werden daher im folgenden Abschnitt 2.3 untersucht.

In diesem Abschnitt werden arbeitsmarktökonomische Ansätze dargestellt, die untersuchen, warum und unter welchen Bedingungen sich Personen selbstständig machen. In diesen Ansätzen wird davon ausgegangen, dass die Erwerbswahl im Wesentlichen einem rationalen Entscheidungskalkül folgt: Personen, die einer Erwerbstätigkeit nachgehen wollen, stellt sich die Wahl zwischen einer selbstständigen und einer abhängigen Erwerbstätigkeit. Diese Unterscheidung wurde zum ersten Mal von Knight (1921, S. 271ff) hervorgehoben und analysiert. Bei der Wahl einer Erwerbsstellung wird die Attraktivität einer Erwerbsform mit der von Alternativen verglichen. Die Attraktivität beziehungsweise der Nutzen einer Erwerbsform ergibt sich hierbei aus einer Reihe von Faktoren. Die wichtigste Variable, die in ökonomischen Modellen bei der Erwerbswahl betrachtet wird, ist die Lohnhöhe oder das Einkommen als Selbstständiger. Wer sich selbstständig machen will, berücksichtigt seine Opportunitätskosten in der Form entgangener Lohneinkommen. Ein Arbeitnehmer berücksichtigt potenzielle Profite als Unternehmer (vgl. Amit/Muller/Cockburn 1995; Pfeiffer 1994, S. 43). Da es sich hierbei um zukünftige Werte handelt und zudem das Einkommen als Selbstständiger mit einer großen Unsicherheit belegt ist, muss die Entscheidung auf der Basis von erwarteten zukünftigen Werten erfolgen (vgl. Knight 1921, S. 273). Auch das Einkommen in einer abhängigen Beschäftigung ist natürlich nicht völlig sicher und vorhersehbar. In den meisten Modellen wird diesbezüglich aber von einer bekannten und konstanten Größe ausgegangen. Personen stellt sich somit die Wahl zwischen einem unsicheren Gewinn als Selbstständiger und einem vergleichsweise sicheren Einkommen als Angestellter. Allgemein gilt, dass ein hohes Lohnniveau ceteris paribus mit einer geringen Gründungsneigung verbunden ist, wohingegen ein hoher erwarteter Gewinn als Unternehmer eine größere Zahl an Menschen dazu bewegt, sich selbstständig zu machen.

Ein wichtiger und auch häufig diskutierter Einflussfaktor auf die individuelle Gründungsneigung ist die Risikoaversion. Bereits Knight (1921) weist darauf hin, dass Unternehmer unter Unsicherheit handeln und vorab nicht genau wissen, welches Einkommen sie durch ihre unternehmerische Tätigkeit erzielen werden. Knight führt die bedeutende Unterscheidung zwischen Risiko und Unsicherheit ein. Er definiert Risiko als die Form von Unsicherheit, bei der die Eintrittswahrscheinlichkeit bekannt ist, wohingegen bei einer wirklichen Unsicherheit keine Aussagen über die Eintrittswahrscheinlichkeit möglich sind. Knight (1921) argumentiert, dass Unternehmer nicht unter Risiko, sondern unter Unsicherheit handeln, da sie a priori keinerlei Aussage über die zu erzielenden Gewinne machen können. Menschen unterscheiden sich danach, inwieweit sie gewillt sind, unter Unsicherheit zu handeln. In der ökonomischen Literatur wird aber meist nicht streng nach den beiden Begriffen unterschieden. Generell gilt, dass Personen mit einer geringen Unsicherheits- beziehungsweise Risikoneigung tendenziell eher ein abhängiges Beschäftigungsverhältnis wählen werden, da sie ein sicheres Einkommen als abhängig Beschäftigter höher bewerten als ein höheres, aber unsicheres Einkommen als Selbstständiger (vgl. Kihlstrom/Laffont 1979).

Der Ansatz von Knight erscheint sinnvoll für die Formulierung erster Hypothesen über den Eintritt in die Selbstständigkeit. Storey (1994, S. 63) bemängelt aber, dass in diesem Ansatz andere Faktoren als die relativen Preise der Erwerbsalternativen nicht in Betracht gezogen werden. Das Humankapital, frühere Selbstständigkeitserfahrungen oder die ethnische Herkunft bleiben unberücksichtigt. Schon Schumpeter (1934) hat auf die besonderen Persönlichkeitsmerkmale von Gründern hingewiesen. Es erscheint daher zweifelhaft, ob Personen wirklich allein auf der Basis relativer Preise über den Eintritt in die Selbstständigkeit entscheiden. Die Erweiterungen des Modells können hier nicht im Detail dargestellt werden. Ein guter Überblick wird bei de Wit (1993), Pfeiffer (1994, S. 43ff) und Schulz (1995) gegeben.

Die beschriebenen ökonomischen Ansätze leisten einen Beitrag zum Verständnis der Selbstständigkeitsentscheidung, insbesondere im Hinblick auf monetäre Einflussfaktoren. Die Modelle verbleiben aber auf einem sehr abstrakten Niveau und spiegeln das tatsächliche Entscheidungskalkül von Gründern nur unzureichend wider. In der Realität laufen Entscheidungsprozesse eher im Sinne einer groben, oftmals auch unbewussten Abwägung der Vor- und Nachteile der verschiedenen Erwerbsalternativen ab. Hierbei werden auch nicht-monetäre Faktoren wie Risikoaversion, Arbeitsplatzqualität oder die Möglichkeit der Selbstverwirklichung einbezogen (vgl. Frank/Korunka/Lueger 1999, S. 27; Welter/Bergmann 2002, S. 38).

2.2.1.2 Erwerbsstellung

Die Entscheidung für eine abhängige Erwerbstätigkeit oder eine selbstständige Tätigkeit wird nicht nur von den erwarteten Merkmalen dieser beiden Erwerbsalternativen, sondern auch von der derzeitigen Erwerbsstellung beeinflusst. In der Gründungsforschung wird insbesondere diskutiert, welchen Einfluss Arbeitslosigkeit auf die Gründungsneigung hat. Diese Diskussion geht zurück auf Oxenfeldt (1943). Mangels anderer Erwerbsalternativen ist der Druck, sich selbstständig zu machen, bei Arbeitslosen größer als bei Erwerbstätigen. Andererseits verfügen Arbeitslose häufig nicht über die notwendigen Fähigkeiten und Kenntnisse, um sich selbstständig zu machen. Mit zunehmender Dauer der Arbeitslosigkeit besteht die Gefahr, dass berufsbezogene Kenntnisse veralten und der Kontakt zum Erwerbsleben verloren geht. Letztendlich kann somit nur empirisch geklärt werden, ob Arbeitslose eine höhere Gründungsneigung als Erwerbstätige aufweisen oder nicht (vgl. Pfeiffer 1999, S. 303).

Die Ergebnisse empirischer Studien zu diesem Thema sind allerdings nicht eindeutig. Längsschnittuntersuchungen kommen meist zu anderen Ergebnissen als Querschnittuntersuchungen: „The broad consensus is that time series analysis point to unemployment being, ceteris paribus, positively associated with indices of new firm formation, whereas cross sectional, or pooled cross sectional studies appear to indicate the reverse. Attempts to reconcile these differences have not been wholly successful" (Storey 1991, S. 177). Audretsch und Jin (1994) zeigen, wie dieser vermeintliche Widerspruch durch die Berücksichtigung von Branchenschocks und gesamtwirtschaftlichen Schocks erklärt werden kann. Bei der empirischen Überprüfung des Zusammenhangs von Arbeitslosigkeit und Gründungsneigung muss daher die Untersuchungsebene beachtet werden (vgl. Schmude 1994b, S. 6). Während auf der individuellen Ebene arbeitslose Personen aufgrund geringer Opportunitätskosten möglicherweise eine höhere Gründungsneigung als Erwerbstätige haben, gilt dies nicht unbedingt auf der regionalen Ebene. Von hoher Arbeitslosigkeit sind insbesondere wirtschaftlich nicht prosperierende Regionen betroffen. Aufgrund der schlechten wirtschaftlichen Rahmenbedingungen in diesen Regionen sind die Möglichkeiten für viele Arten von Unternehmensgründungen aber eher ungünstig. Daher kann auf regionaler Ebene eine hohe Arbeitslosigkeit auch mit einer geringen Gründungsneigung einhergehen. Hierdurch wird deutlich, dass bei der Untersuchung des Einflusses der Erwerbsstellung auf die Gründungsneigung auch der regionale Kontext berücksichtigt werden muss. Der gleiche individuelle Tatbestand (Arbeitslosigkeit) kann in unterschiedlichen Regionen ganz unterschiedliche Verhaltensweisen zur Folge haben. Hamilton (1989) begründet hiermit auch die unterschiedlichen Ergebnisse von Längsschnitt- und Querschnittstudien. Er argumentiert, dass der Zusammenhang von Arbeitslosigkeit und Gründungsneigung nicht linear ist. Mit steigender Arbeitslosigkeit steigt zunächst die Gründungsneigung. Ab einer bestimmten regionalen Arbeitslosenquote sinkt sie dann aber wieder ab. Maaß (2000, S. 37ff) findet für die IHK-Bezirke Nordrhein-Westfalens Belege für einen solchen nicht-linearen Zusammenhang, wobei er die höchste Neuerrichtungsintensität bei einer Arbeitslosenquote von etwa 12% ermittelt.

Die Debatte über Gründungen aus der Arbeitslosigkeit hängt zusammen mit den unterschiedlichen Motiven für den Schritt in die Selbstständigkeit. Das Schumpetersche Ideal des Entrepreneurs, der Neuerungen am Markt durchsetzen will, entspricht nicht der Realität aller Unternehmensgründungen in Deutschland. In der Gründungsforschung wird meist nach „Push"- und „Pull"-Faktoren für den Schritt in die Selbstständigkeit unterschieden. „Push"-Faktoren stehen vermutlich bei vielen arbeitslosen Gründern im Vordergrund, da sie sich aufgrund fehlender beruflicher Perspektiven selbstständig machen. Personen, die ein Unternehmen gründen, weil sie eine gute unternehmerische Möglichkeit sehen oder sich selbst verwirklichen wollen, lassen sich der Kategorie der „Pull"-Gründungen zurechnen (vgl. Bögenhold 1987, S. 24; Storey 1991, S. 171). Im Forschungsprojekt „Global Entrepreneurship Monitor (GEM)" wird eine ähnliche Unterscheidung getroffen zwischen „Opportunity"-Entrepreneurship und „Necessity"-Entrepreneurship (vgl. Reynolds et al. 2002, S. 15ff). Es ist zu erwarten, dass der Anteil der „Gründungen aus der Not" und der „Necessity"-Gründer in Regionen mit hoher Arbeitslosigkeit größer ist als in prosperierenden Regionen.

2.2.1.3   Bildungsstand, Berufs- und Gründungserfahrung

Beim Zusammenhang von Bildungsstand und Gründungsneigung lassen sich gegenläufige Tendenzen feststellen. Einerseits haben Personen mit einem höheren Bildungsstand tendenziell bessere Chancen auf dem Arbeitsmarkt und auch höhere Verdienstaussichten als gering Qualifizierte. Die Gründungsneigung müsste nach dieser These mit zunehmendem Bildungsstand abnehmen. Andererseits gibt es eine Reihe von selbstständigen Tätigkeiten, die ein hohes Maß an Wissen und Fähigkeiten voraussetzen. Im Bereich der freien akademischen Berufe oder im Handwerk ist in Deutschland ein entsprechender Ausbildungsabschluss sogar Voraussetzung für die Aufnahme einer selbstständigen Tätigkeit (vgl. Bergmann 2000, S. 51). Die Humankapitaltheorie zeigt, dass Bildung und Wissen Personen in die Lage versetzen, wirtschaftliche Aktivitäten effizienter durchzuführen (vgl. Becker 1964; Schultz 1959). Individuen mit einem höheren Niveau an Humankapital sollten daher auch eher im Stande sein, gute wirtschaftliche Möglichkeiten für eine Unternehmensgründung zu entdecken (vgl. Davidsson/Honig 2003, S. 305). Nach dieser zweiten Hypothese müsste die Gründungsneigung also mit zunehmendem Bildungsstand zunehmen. Empirische Untersuchungen zeigen, dass der zweite Zusammenhang überwiegt und somit insgesamt von einem positiven Zusammenhang von Ausbildungsstand und Gründungsneigung auszugehen ist (vgl. Blanchflower/Meyer 1994; Brüderl/Preisendörfer/Ziegler 1996; Carrasco 1999; Davidsson/Honig 2003; Delmar/Davidsson 2000; Robinson/Sexton 1994). Bei verschiedenen Arten von Gründungen hat der Bildungsstand aber eine unterschiedliche Bedeutung. Bei wissensintensiven Dienstleistungen ist von einem deutlichen Zusammenhang zum Bildungsstand und Gründungsneigung auszugehen. Bei Gründungen im Verarbeitenden Gewerbe hat der Bildungsstand dagegen einen geringeren Einfluss (vgl. Bates 1995).

Bei ehemaligen Gründern oder Selbstständigen kann man erwarten, dass sie über das Wissen und die Fähigkeiten für eine Gründung verfügen und daher auch eine höhere Gründungsneigung aufweisen als Personen ohne eine solche Erwerbserfahrung. Personen, die mit ihrem Gründungsvorhaben gescheitert sind oder schlechte Erfahrungen während ihrer selbstständigen Tätigkeit gesammelt haben, werden zwar möglicherweise nicht noch einmal versuchen, ein Unternehmen zu gründen. Untersuchungen deuten aber darauf hin, dass dieser zweite Effekt weniger von Bedeutung ist. Ehemalige Selbstständige oder Gründer weisen ceteris paribus eine hohe Gründungsneigung auf (vgl. Davidsson/Honig 2003; Wagner 2002a). Die bei einer Gründung gewonnenen Kenntnisse und Erfahrungen sind also hilfreich für den erneuten Schritt in die Selbstständigkeit. Das gleiche gilt auch für Personen, die bereits selbstständig sind. Auch hier kann man die Kenntnisse und Fähigkeiten erwarten, die für weitere Gründungen hilfreich sind.

Viele Studien zeigen zudem einen positiven Einfluss von Berufs- und Managementerfahrung auf die Gründungsneigung (vgl. Bates 1995; Davidsson/Honig 2003; Robinson/Sexton 1994). Lazear (2002) argumentiert, dass Gründer „Jack-of-all-trades" sind, das heißt, dass sich insbesondere solche Personen selbstständig machen, die über ausgewogene Kompetenzen verfügen und bereits in vielen beruflichen Aufgabenfeldern gearbeitet haben. Wagner (2002b, 2003b) hat diese Hypothese auf der Basis der Daten aus den REM-Bevölkerungsbefragungen bereits mehrfach bestätigt.

Weiterhin gibt es eine breite Literatur darüber, welchen Einfluss die Größe und Branche des Betriebs, in dem eine Person arbeitet, auf ihre Gründungsneigung hat. Personen gründen in den meisten Fällen in den Bereichen ein Unternehmen, in denen sie bereits Berufserfahrungen gesammelt haben (vgl. Spilling 1997; Storey 1982). Unterschiedliche Branchen eignen sich aber in unterschiedlichem Maße zur Aufnahme einer selbstständigen Tätigkeit. Die Markteintrittsbarrieren und der Kapitalbedarf sind im Verarbeitenden Gewerbe in aller Regel höher als im Dienstleistungsbereich, weswegen sich Gründungen im Dienstleistungsbereich vergleichsweise leicht realisieren lassen. Bei Beschäftigten im Dienstleistungsbereich kann man daher ceteris paribus auch von einer höheren Gründungsneigung ausgehen.

In engem Zusammenhang zur Branche des Arbeitgebers steht auch die Größe des Betriebs, in dem Personen arbeiten. In kleinen Betrieben sind Mitarbeiter in stärkerem Maße in die gesamten Geschäfts- und Betriebsprozesse eingebunden als in Großunternehmen. Sie können somit eher die beruflichen Kenntnisse und Fähigkeiten erwerben, welche zur Aufnahme einer selbstständigen Tätigkeit notwendig sind. Mitarbeiter von Großunternehmen haben demgegenüber meist ein spezialisierteres Aufgabenspektrum und weniger Möglichkeiten, in die Führung eines Unternehmens Einblick zu gewinnen (vgl. Brüderl/Preisendörfer/Ziegler 1996, S. 80f). Somit erleichtert eine Beschäftigung in einem kleinen Unternehmen auch den eigenen Schritt in die Selbstständigkeit. Nach empirischen Untersuchungen hat die Größenstruktur der in einer Region ansässigen Unternehmen in den meisten Fällen einen signifikanten Einfluss auf den Umfang an Gründungsaktivitäten (vgl. Audretsch/Fritsch 1994a; Gerlach/Wagner 1994; Reynolds/ Storey/Westhead 1994b). Zudem kann gezeigt werden, dass Beschäftigte von Großunternehmen weniger häufig positive gründungsbezogene Einstellungen aufweisen (vgl. Jackson/Rodkey 1994). Da die regionale Größen- und die Branchenstruktur eng miteinander zusammenhängen, ist allerdings noch nicht abschließend geklärt, welcher der beiden Faktoren tatsächlich die hohe Gründungsneigung bedingt (vgl. Fritsch/Falck 2002). Kritisch anzumerken ist weiterhin, dass der Vergleich der regionalen Branchen- beziehungsweise Größenstruktur mit regionalen Gründungsaktivitäten die Gefahr von ökologischen Fehlschlüssen birgt (vgl. Robinson 1950; Fassmann 1984; Schmude 1994b, S. 5; siehe hierzu auch Abschnitt 3.5). Die hohe Gründungsneigung in kleinbetrieblich strukturierten Regionen lässt daher nur bedingt Rückschlüsse auf die Gründungsneigung von Personen zu, die in kleinen Unternehmen arbeiten.

2.2.1.4   Alter und Geschlecht

In ähnlicher Form wie beim Bildungsstand lassen sich beim Einfluss des Alters auf die Gründungsneigung gegenläufige Tendenzen feststellen (vgl. Klandt 1984, S. 220; Welter/Rosenbladt 1998, S. 237). Einerseits steigen mit zunehmendem Alter Kompetenz, Berufserfahrung, Selbstvertrauen und in der Regel auch das verfügbare Kapitel, was eine Gründung wahrscheinlicher macht (vgl. Bates 1995). Andererseits nimmt mit steigendem Alter auch die berufliche und familiäre Etablierung zu und der Planungshorizont des weiteren Erwerbslebens ab, was eher gegen eine Gründung spricht. Anhand von Lebenszyklusmodellen lassen sich diese beiden Einflüsse in ihrer Wirkung auf die Gründungsentscheidung analysieren (vgl. Schulz 1995, S. 114ff). Ausgangspunkt solcher Modelle ist die realistische Annahme, dass die Gründung eines Unternehmens immer mit monetären und nicht-monetären Kosten verbunden ist, die investiven Charakter haben: Gründer müssen in der Anfangsphase Geld und Arbeit investieren, die sich erst im Verlauf der Selbstständigkeit wieder auszahlen. Der Schritt in die Selbstständigkeit erfolgt in diesen Modellen in der Erwartung eines höheren zukünftigen Einkommens. Dieser Schritt lohnt aber nur, wenn die Erträge der späteren Perioden die anfänglichen Investitionen tatsächlich überkompensieren. Mit zunehmender Dauer der selbstständigen Tätigkeit steigt auch die Wahrscheinlichkeit, dass sich die anfänglichen Investitionen auszahlen. Jüngere Personen haben einen längeren Pla-

nungshorizont als ältere Personen und dadurch auch einen höheren Anreiz, sich selbstständig zu machen. Dem entgegen steht allerdings die geringe berufliche Erfahrung
und mangelndes Kapital, welche eine Gründung in jungen Jahren oft nicht möglich
machen. Der Schritt in die Selbstständigkeit erfordert nicht nur theoretisches Wissen,
sondern in der Regel auch berufliche Kenntnisse und Erfahrungen, die erst im Laufe
der Zeit erworben werden können. Aus den beiden gegenläufigen Einflüssen ergibt
sich insgesamt ein umgekehrt U-förmiger Zusammenhang von Alter und Gründungsneigung, der auch in den meisten empirischen Studien bestätigt wird: Die Gründungsneigung steigt mit dem Alter erst an, erreicht etwa mit 35-40 Jahren ihren Höhepunkt
und sinkt dann bis zum Ende des Erwerbslebens wieder ab (vgl. Bates 1995; Bergmann 2000, S. 45ff; Sternberg 2000a, S. 60f; Welter/Rosenblatt 1998).

Das Erwerbsverhalten von Frauen unterscheidet sich von dem von Männern, und auch
bei Gründungsaktivitäten gibt es deutliche geschlechtsspezifische Unterschiede. In den
meisten Industrienationen der Erde, so auch in Deutschland, ist die Gründungsneigung
von Frauen geringer als die von Männern (vgl. Reynolds et al. 2002, S. 25ff). Zum Teil
lässt sich dieser Unterschied auf Faktoren wie Ausbildungsstand, Kapitalverfügbarkeit
und Erwerbserfahrung zurückführen. Frauen weisen meist in geringerem Maße Merkmale auf, die in einem positiven Zusammenhang zur Gründungsneigung stehen. Aber
auch unabhängig davon gibt es einen geschlechtsspezifischen Einfluss. Der Erwerbs-
verlauf von Frauen ist häufiger als bei Männern durch Unterbrechungen und Teilzeittä-
tigkeiten geprägt, weswegen Frauen in geringerem Maße als Männer berufsspezifische
Kenntnisse und Erfahrungen aufbauen können, die für eine Gründung oft erforderlich
sind (Engelbrecht/Gruber/Jungkunst 1997; Jungbauer-Gans/Preisendörfer 1992). Auch
traditionelle Rollenbilder und die Wahl von Ausbildungs- und Studiengängen beeinflussen die Gründungsneigung von Frauen. Da die Ursachen für die geringere Gründungsneigung von Frauen an anderer Stelle ausführlich dargestellt werden, wird hier
nicht näher darauf eingegangen (vgl. die Ausführungen bei: Carter 1997; Rudolph/
Welter 2000; Welter/Lageman 2003).

2.2.1.5   Persönlichkeitsmerkmale

Die psychologische Betrachtung von Gründungen ist gekennzeichnet durch einen Fokus auf die Person des Gründers. Es geht um die Frage, warum bestimmte Personen
Marktchancen sehen und ein Unternehmen gründen, wohingegen andere Personen
solche Gelegenheiten nicht wahrnehmen oder bewusst eine abhängige Erwerbstätigkeit
vorziehen (vgl. Shaver/Scott 1991, S. 24f). In den vergangenen Jahrzehnten hat es eine
Reihe von Forschungsprojekten zu den Persönlichkeitseigenschaften von Gründern
und Selbstständigen gegeben (vgl. z.B. Begley/Boyd 1986; Brockhaus 1982; Horna-

day/Aboud 1971). Ziel dieser Bemühungen war es, zu untersuchen, inwieweit sich diese Personengruppen von Nicht-Gründern beziehungsweise Nicht-Selbstständigen unterscheiden. Die klassische Persönlichkeitstheorie („trait approach") geht hierbei von deutlichen Persönlichkeitsunterschieden zwischen den jeweiligen Personengruppen aus. Diese Unterschiede werden als ursächlich für die jeweils gewählte Erwerbsstellung angesehen. In der Regel wird die Entstehung von unterschiedlichen Persönlichkeitsstrukturen hierbei nicht näher untersucht, sondern es wird stattdessen davon ausgegangen, dass es sich um relativ beständige oder sogar unveränderliche Merkmale von Personen handelt. Implizit wird somit angenommen, dass sich Personen in gleichen oder ähnlichen Situationen auch gleich verhalten (vgl. Gartner 1988, S. 12). Obwohl der traditionelle Ansatz der Suche nach besonderen Persönlichkeitsmerkmalen von Gründern vor allem unter methodischen Gesichtspunkten kritisiert wurde, hat er die psychologische Forschung zu Unternehmensgründungen weitgehend bestimmt (vgl. Chell/Haworth/Brearley 1991, S. 29ff).

Unter den verschiedenen Persönlichkeitsmerkmalen ist die Leistungsmotivation („need for achievement") das Merkmal, das den Unterschied von Gründern und Nicht-Gründern mit am besten erklären kann (vgl. Shaver/Scott 1991, S. 32). Die Diskussion um dieses Persönlichkeitsmerkmal geht zurück auf McClelland (1961). Er argumentiert, dass Personen mit einem starken „need for achievement" durch eine hohe Motivation zur Leistung gekennzeichnet sind. Sie mögen Situationen, in denen sie in eigener Verantwortung handeln können und auch unmittelbar eine Rückmeldung auf ihre Handlungen erhalten. Sie wollen aus den Ergebnissen vergangener Verhaltensweisen lernen und vermeiden Situationen, in denen lediglich der Zufall über Erfolg oder Misserfolg entscheidet. Die Theorie von McClelland wurde in zahlreichen empirischen Studien überprüft und meist auch bestätigt. Gründer und Selbstständige sind tendenziell durch eine höhere Leistungsmotivation gekennzeichnet als andere Erwerbstätige (vgl. Begley/Boyd 1986; Hornaday/Aboud 1971; Johnson 1990; Komives 1972; McClelland/Winter 1969).

Weiterhin untersucht wird der Einfluss von Persönlichkeitsmerkmalen wie „interner Kontrollüberzeugung" („Locus of control", Rotter 1966), Risikobereitschaft, Bedürfnis nach Unabhängigkeit, Eigeninitiative und Flexibilität (vgl. Chell/Haworth/Brearley 1991, S. 39ff). Bei diesen Merkmalen sind die Ergebnisse der Forschung weniger eindeutig als bei der Leistungsmotivation. Zudem lässt sich bei den meisten Studien zur Persönlichkeit von Entrepreneuren kritisieren, dass es sich lediglich um Querschnittserhebungen handelt, die eine wirkliche Kausalität der Beziehungen nicht überprüfen können. Es kann somit nicht gesagt werden, ob die gemessenen Persönlichkeitsmerkmale Ursache oder Resultat des Status als Unternehmer sind (vgl. Brockhaus 1982,

S. 43; Frank/Konrunka/Lueger 1999, S. 39). Die psychologische Forschung zu Unternehmensgründern befindet sich daher in einem Dilemma. Einerseits geht die große Mehrheit der Gründungsforscher und Praktiker davon aus, dass die Person des Gründers mit ihren Eigenschaften und Fähigkeiten von großer Bedeutung im Gründungsprozess ist. Andererseits hat die Suche nach charakteristischen Persönlichkeitsmerkmalen von Gründern nur wenig greifbare und konsistente Ergebnisse geliefert. Es stellt sich daher die Frage, ob wirklich von besonderen Persönlichkeitseigenschaften von Gründern ausgegangen werden kann, oder ob der Fokus nicht stärker auf andere Faktoren gerichtet werden sollte.

Gartner (1988) lehnt die Suche nach charakteristischen Persönlichkeitsmerkmalen von Gründern ab. Seiner Meinung nach trägt diese Suche nicht zum Verständnis von Entrepreneurship bei, da ein Gründer nicht durch bestimmte innere Persönlichkeitsmerkmale charakterisiert ist, sondern dadurch, wie er sich verhält. Er empfiehlt eine Fokussierung auf den Gründungsprozess, Motive und Verhaltensweisen anstatt ausschließlich auf die Person des Gründers. „The entrepreneur is not a fixed state of existence, rather entrepreneurship is a role that individuals undertake to create organizations" (Gartner 1988, S. 28). Auch Reynolds und White (1992, S. 206) argumentieren, dass es müßig ist, sich über die besonderen Persönlichkeitseigenschaften von Gründern Gedanken zu machen. Ein großer Teil der Menschen in den USA sind irgendwann während ihres Erwerbslebens einmal selbstständig, so dass nicht von einem dauerhaften Unterschied von Gründern und Nicht-Gründern ausgegangen werden kann. Auch wenn in Deutschland die Gründungsquote nicht so hoch ist wie in den USA, gibt es auch hier eine beträchtliche Fluktuation in und aus der Selbstständigkeit. Diese Faktoren sprechen eher gegen die These dauerhafter Unternehmerattribute. Viele Persönlichkeitsmerkmale, die ausschließlich Gründern zugeschrieben werden, lassen sich daher auch bei anderen Berufsgruppen wie zum Beispiel angestellten Geschäftsführern finden (vgl. Brüderl/Preisendörfer/Ziegler 1996, S. 35).

Als Antwort auf die Kritik an der klassischen Persönlichkeitsforschung, die das Handeln von Personen allein anhand von Persönlichkeitsmerkmalen („traits") zu erklären versucht, wurden weitergehende Ansätze entwickelt, die stärker auch das Umfeld von Personen und dessen Interaktion mit den Persönlichkeitseigenschaften berücksichtigen (vgl. Chell/Haworth/Brearley 1991, S. 30). Zudem kann man nicht von einem einfachen linearen Zusammenhang von Persönlichkeitsfaktoren und Gründungsaktivität oder -erfolg ausgehen. Faktoren wie Ziele, Strategien und Humankapital spielen eine intermediäre Rolle zwischen Persönlichkeitsfaktoren und Aktivität (vgl. Frese/Rauch 2001, S. 4554).

Aufgrund der nur wenig überzeugenden Ergebnisse der Persönlichkeitsforschung und der schweren Messbarkeit von Persönlichkeitseigenschaften wird in dieser Arbeit von einer direkten Überprüfung des Einflusses von Persönlichkeitsmerkmalen auf die Gründungsabsicht abgesehen. Stattdessen wird die Kritik und Weiterentwicklung der Persönlichkeitsforschung aufgegriffen und der Gründungsprozess in den Mittelpunkt der Betrachtung gestellt. Hierbei wird der angesprochene Zusammenhang von personenbezogenen Faktoren, Umweltfaktoren, Motiven und Handlungsabsichten berücksichtigt. Geeignet erscheinen hierzu insbesondere Ansätze aus der Soziologie und Sozialpsychologie, die die Entstehung von Werten, Normen und Handlungsmustern betrachten und hierbei dem sozialen Umfeld eine große Bedeutung beimessen.

2.2.2 Mikro-soziale Einflussfaktoren

Ansätze aus der Soziologie und Sozialpsychologie suchen die Ursache für die Gründungsentscheidung nicht in vorgegebenen Persönlichkeitsmerkmalen, deren Entstehung nicht weiter hinterfragt wird, sondern beschäftigen sich mit Umwelteinflüssen und Sozialisationsprozessen, die die Neigung zu einer unternehmerischen Tätigkeit hervorgebracht haben können. Der Einfluss des mikro-sozialen Umfelds auf Gründungsaktivitäten kann anhand der Theorie geplanten Verhaltens, der Theorie sozialen Lernens und des Netzwerkansatzes untersucht werden. Diese Ansätze werden im Folgenden dargestellt. Weiterhin wird die Bedeutung situativer Einflüsse für die Gründungsentscheidung behandelt.

2.2.2.1 Die Theorie geplanten Verhaltens und Gründungsabsichten

Die Gründungsforschung hat sich in den letzten Jahren verstärkt mit Ansätzen beschäftigt, welche den Schritt in die Selbstständigkeit als das Ergebnis eines kognitiven, weitgehend rationalen Entscheidungsprozesses ansehen (vgl. Frank/Konrunka/Lueger 1999, S. 40). Aus der Sozialpsychologie ist hier vor allem die Theorie geplanten Verhaltens zu nennen, welche eine der am häufigsten verwendeten Theorien für die Erklärung und Vorhersagen menschlichen Verhaltens ist. Die Theorie und ihr Vorgänger, die „theory of reasoned action", wurden bereits auf so unterschiedliche Handlungen wie Berufswahl, Gewichtsreduzierung, Familienplanung, Anwesenheit in der Schule und Konsumverhalten angewendet (vgl. Ajzen/Fishbein 1980; Ajzen 1991; für einen Literaturüberblick: Ajzen 2002). Die Theorie geplanten Verhaltens beschreibt die Entstehung individueller Handlungsabsichten. Da hierbei auch Umfeldeinflüsse in Betracht gezogen werden, lässt sich diese Theorie der mikro-sozialen Ebene zuordnen.

Grundannahme der Theorie ist, dass sich Menschen weitgehend rational verhalten, systematisch die ihnen zugänglichen Informationen nutzen und sich die Konsequenzen ihrer Handlungen überlegen, bevor sie eine Entscheidung treffen. Der Ausführung einer Handlung geht eine entsprechende Handlungsabsicht voraus, wobei diese von den folgenden drei unabhängigen Faktoren beeinflusst wird:

- die Einstellung bezüglich der Handlung, das heißt ob die jeweilige Person die fragliche Handlung eher positiv oder negativ bewertet;

- die subjektive Norm, das heißt der wahrgenommene soziale Druck, diese Handlung auszuüben oder zu unterlassen;

- der Grad der wahrgenommenen Kontrolle über die betreffende Handlung, das heißt, ob die Durchführung der Handlung als schwierig oder leicht eingeschätzt wird. Erfahrungen, die Ausstattung mit Fähigkeiten und Ressourcen sowie wahrgenommene Hindernisse oder Schwierigkeiten können die wahrgenommene Handlungskontrolle positiv oder negativ beeinflussen.

Die relative Bedeutung dieser Faktoren variiert in Abhängigkeit von Situation und Handlung. Als generelle Regel lässt sich sagen, dass eine Handlung um so eher angestrebt wird, je positiver die Einstellung und die wahrgenommene subjektive Norm sind sowie je höher die wahrgenommene Kontrolle bezüglich dieser Handlung ist (vgl. Ajzen 1991, S. 181ff).

Krueger und Carsrud (1993) diskutieren die Anwendbarkeit der Theorie für die Gründungsforschung. Tkachev und Kolvereid (1999) sowie Kolvereid (1996) führten empirische Studien unter russischen und norwegischen Studierenden durch und befragten sie nach ihrer Absicht, ein Unternehmen zu gründen. Beide Studien kommen zum Ergebnis, dass die drei oben genannten Einflussfaktoren in einem signifikanten Zusammenhang zur ausgedrückten Gründungsabsicht stehen. Weitere Variablen, wie zum Beispiel der familiäre Hintergrund, das Geschlecht sowie vorherige Selbstständigkeitserfahrungen, haben keine zusätzliche Erklärungskraft. Diese Faktoren wirken nicht direkt auf die Gründungsabsicht ein, sie haben lediglich einen indirekten Effekt auf die drei Bestimmungsfaktoren der Gründungsabsicht (vgl. Tkachev/Kolvereid 1999, S. 277-278; Kolvereid 1996, S. 53-54). Zumholz (2002) zeigt in einer qualitativ ausgerichteten empirischen Studie, dass die Theorie geplanten Verhaltens auf sehr heterogene Gründungsprozesse bezogen werden kann. Die genannten Autoren folgern daher, dass die Theorie geplanten Verhaltens zur Erklärung und Vorhersage von beruflichen Orientierungen herangezogen werden kann.

Die Absicht, eine Handlung auszuüben, kann allerdings nicht mit dem tatsächlichen Durchführen dieser Handlung gleichgesetzt werden. Ajzen argumentiert, dass eine Handlungsabsicht nur dann auch in eine Handlung umgesetzt werden kann, wenn man eigenständig entscheiden kann, ob man diese Handlung ausübt oder nicht. Für eine Reihe von Handlungen, wie zum Beispiel das Wahlverhalten, trifft diese Annahme zu. Bei vielen anderen Handlungen hängt die Umsetzbarkeit einer Handlungsabsicht allerdings auch von der Verfügbarkeit von Ressourcen und Möglichkeiten ab, über die man nicht immer nach freiem Willen verfügen kann (vgl. Ajzen 1991, S. 181f). Für den Fall der Gründung eines Unternehmens oder den Schritt in die Selbstständigkeit kann man vermuten, dass die tatsächliche Kontrolle über diese Handlung oft nur eingeschränkt gegeben ist. Dies gilt insbesondere für Personen, die noch keine Selbstständigkeitserfahrungen und nur wenig eigene finanzielle Mittel haben. Die vielfältigen Anforderungen und Kenntnisse, die für eine selbstständige Tätigkeit erforderlich sind, eine mangelnde Kapitalverfügbarkeit oder Regulierungen können dazu führen, dass nicht beliebig über die Aufnahme einer Selbstständigkeit entschieden werden kann. Daher kann nicht automatisch von einer Gründungsabsicht auf eine tatsächliche Gründung geschlossen werden (vgl. Bergmann 2000, S. 23f). Auch Tkachev und Kolvereid (1999, S. 278) gehen davon aus, dass der Zusammenhang zwischen einer Gründungsabsicht und einer tatsächlichen Gründung noch genauer untersucht werden sollte.

Auf der Basis von Daten des Sozioökonomischen Panels (SOEP) untersucht Bergmann (2000, S. 32ff) den Zusammenhang zwischen einer Gründungsabsicht und dem tatsächlichen Schritt in die Selbstständigkeit. Als Paneluntersuchung erlaubt das SOEP die Längsschnittuntersuchung von einer Gründungsabsicht in einem Jahr und der möglichen Realisation einer Selbstständigkeit in den darauf folgenden Jahren. Erwerbstätige und Nicht-Erwerbstätige wurden im SOEP nach der Wahrscheinlichkeit einer zukünftigen Selbstständigkeit befragt.[2] Bei Personen, die die Wahrscheinlichkeit einer zukünftigen Selbstständigkeit für sich mit „ganz sicher" angeben, kann man von einer Gründungsabsicht ausgehen. Interessanterweise ist ein großer Teil der erwerbstätigen Personen (72%), die angeben, dass sie sich selbstständig machen wollen, zum Zeitpunkt der Befragung bereits selbstständig. In den nachfolgenden Jahren nimmt der Anteil der Selbstständigen nicht zu, wie man es aus der Gründungsabsicht erwarten würde, sondern ab. Mehr als die Hälfte der Personen mit einer festen Gründungsabsicht hat sich auch tatsächlich zumindest einmal selbstständig gemacht. Der Schritt in

---

2   Erwerbstätige wurden im SOEP nach der Wahrscheinlichkeit einer Selbstständigkeit innerhalb der nächsten zwei Jahre befragt. Personen, die derzeit nicht erwerbstätig sind, allerdings in Zukunft wieder eine Erwerbstätigkeit aufnehmen möchten, wurden ohne zeitliche Eingrenzung nach der Wahrscheinlichkeit einer zukünftigen Selbstständigkeit befragt.

die Selbstständigkeit erfolgte allerdings oft bereits bevor eine feste Gründungsabsicht angegeben wurde. Bei den Nicht-Erwerbstätigen, die eine „ganz sichere" oder „wahrscheinliche" Gründungsabsicht angeben, realisieren innerhalb von drei Jahren nur etwa ein Fünftel dieses Vorhaben. Aus diesen Ergebnissen erkennt man, dass der Schritt in die Selbstständigkeit nicht immer genau planbar ist und auch bei einer festen Absicht oft nicht realisiert wird. Gründer geben erst dann eine feste Gründungsabsicht an, wenn das Vorhaben bereits weit fortgeschritten ist oder schon erste konkrete Schritte zur Realisierung der Selbstständigkeit unternommen wurden. Wenn man umgekehrt die Gründer eines bestimmten Jahres betrachtet, stellt man fest, dass nur etwa ein Drittel dieser Personen zwei Jahre vor der Gründung eine konkrete oder auch nur wage Gründungsabsicht ausgedrückt hat (vgl. Bergmann 2000, S. 33ff).

Basierend auf einer Längsschnittuntersuchung für die USA aus den Jahren 1968-72 zeigt auch Katz, dass es nur einen schwachen Zusammenhang zwischen Gründungsabsicht und Gründungsrealisation gibt. Der Großteil der Personen mit einer Gründungsabsicht macht sich nicht selbstständig, daneben gibt es allerdings einen beträchtlichen Teil an tatsächlichen Gründern, die vorher keine Gründungsabsicht ausgedrückt hatten (vgl. Katz 1989, S. 48ff). Eine aktuelle Analyse auf der Basis des KfW-Gründungspanels untersucht ebenfalls die Realisierung von Gründungsvorhaben: In einer ersten Studie wurden zunächst Personen identifiziert, die angaben, dass sie sich innerhalb eines halben Jahres planen, eine Existenz zu gründen. In der Follow-up-Studie sechs Monate später zeigte sich dann aber, dass nur 29% der identifizierten Personen tatsächlich eine Gründung realisiert hatten. Die restlichen Personen befanden sich entweder noch im Gründungsprozess (21%), hatten ihre Gründung verschoben (32%) oder diese aufgegeben (18%) (vgl. Bahß/Lehnert/Reents 2003, S. 4).

Die drei angeführten empirischen Befunde deuten darauf hin, dass aus einer Gründungsabsicht nur sehr bedingt auf eine nachfolgende Gründung geschlossen werden kann. Dies schränkt die Aussagekraft der Theorie geplanten Verhaltens erheblich ein. Wie bereits oben erwähnt, ist vermutlich die unvollständige eigene Kontrolle über die Verwirklichung einer Gründung dafür verantwortlich, dass nur ein loser Zusammenhang zwischen Gründungsabsicht und -realisation besteht. Eine Gründung erfordert eine gute Vorbereitung sowie entsprechende Möglichkeiten und Ressourcen, die oft nur teilweise gegeben sind. Empirische Untersuchungen sollten daher nicht nur Einflussfaktoren auf die Gründungsabsicht untersuchen, sondern auch die tatsächliche Gründung eines Unternehmens in den Blickpunkt nehmen.

Neben der hier vorgestellten Theorie geplanten Verhaltens gibt es noch andere Ansätze, die sich mit dem Einfluss von Einstellungen auf menschliches Handeln befassen (z.B. Breckler 1984; Chaiken/Stangor 1987; Robinson et al. 1991; Rosenberg/Hovland 1960). Die grundlegende Annahme all dieser Ansätze ist, dass Einstellungen einen Einfluss auf Verhalten haben, ihrerseits aber wiederum von Umfeldfaktoren beeinflusst werden. Die verschiedenen Ansätze ähneln insofern der dargestellten Theorie und werden hier nicht im Detail diskutiert.

2.2.2.2 Rollenvorbilder, Netzwerke und Sozialkapital

Ein bekannter und auch vielfach belegter Ansatz zur Erklärung von Persönlichkeitsmerkmalen und Verhaltensweisen ist die Theorie sozialen Lernens, welche im Wesentlichen auf Bandura (1977, 1986) zurückgeht. Die Theorie betont den Einfluss von Umweltfaktoren auf die Persönlichkeitsentwicklung durch beobachtendes Lernen („observational learning"). Insbesondere lässt sich mit der Theorie erklären, warum die Kinder von selbstständigen Eltern mit einer hohen Wahrscheinlichkeit auch selbst wieder eine selbstständige Tätigkeit aufgreifen. Die Theorie lässt sich aber auch auf Situationen anwenden, bei denen Personen im persönlichen Umfeld selbstständig sind. Auch diese können die eigene Gründungsneigung beeinflussen.

Von der frühen Kindheit an beobachten Menschen das Verhalten anderer, welche als „Rollenvorbild" (role model) für das eigene Verhalten herangezogen werden können. Hierbei werden insbesondere solche Verhaltensweisen nachgeahmt, die als effektiv wahrgenommen werden. Personen, bei denen die Eltern oder andere wichtige Personen aus dem persönlichen Umfeld erfolgreich selbstständig sind, nehmen eine Selbstständigkeit als gangbaren Weg wahr. Wenn sich für sie im späteren Erwerbsleben dann Möglichkeiten für eine Gründung ergeben, werden sie diese eher wahrnehmen als andere Personen. Somit beeinflusst das Verhalten anderer auch die eigenen Einstellungen und Verhaltensweisen. Das Erwerbsverhalten der Eltern hat einen besonderen Einfluss auf die eigene Gründungsneigung, da in den frühen Phasen der Sozialisation insbesondere deren Verhalten wahrgenommen wird. Eine Reihe von Studien bestätigt, dass ein großer Teil der Selbstständigen wenigstens einen Elternteil hat, der auch selbstständig ist oder war (vgl. Börsch-Supan/Pfeiffer 1992; de Wit/van Winden 1989; Henley 2000; Hout/Rosen 1999; Scherer/Brodzinski/Wiebe 1991). Andere Studien zeigen den Einfluss, den selbstständige Personen aus dem Bekannten- und Freundeskreis auf die eigene Gründungsneigung haben können (vgl. Davidsson/Honig 2003).

Die bisherigen Ausführungen bezogen sich nur auf die Bedeutung selbstständiger Personen als Rollenvorbild für das eigene Verhalten. Familienmitglieder, Freunde, Bekannte oder Geschäftsfreunde können allerdings auch weitergehend einen Einfluss auf die individuelle Gründungsneigung ausüben. Granovetter (1985) verweist auf die soziale Einbettung wirtschaftlicher Aktivitäten. Auch bei der Gründung eines Unternehmens ist die Einbindung des Gründers in soziale und professionelle Beziehungsnetzwerke von großer Bedeutung. Netzwerke können einmal dazu dienen, Informationen über Gründungsmöglichkeiten zu verbreiten, wobei sowohl enge persönliche Beziehungen als auch eher lockere Beziehungen von Bedeutung sein können (vgl. Granovetter 1973). Weiterhin können befreundete Personen auch konkrete Hilfestellung bei der Gründung eines Unternehmens leisten, indem sie „mit Rat und Tat" zur Seite stehen, Kontakte zu Geschäftspartnern oder Banken vermitteln oder in sonstiger Art die Gründung unterstützen. Daher sind private und berufliche Beziehungsnetzwerke wichtig für den Schritt in die Selbstständigkeit. Sie können mit dem Begriff des Sozialkapitals umschrieben werden.

Ob befreundete selbstständige Personen lediglich als Rollenvorbild fungieren oder auch weitergehende Unterstützung im Gründungsprozess leisten, lässt sich nur schwer voneinander trennen. Aldrich/Renzulli/Langton (1998, S. 298) verweisen darauf, dass selbstständige Eltern nicht nur als Rollenvorbild wichtig sind, sondern auch in anderer Form die Gründungsneigung ihrer Kinder steigern können, zum Beispiel durch eine Betriebsübergabe, finanzielle Unterstützung, soziale Netzwerke oder die Vermittlung gründungsbezogener Kenntnisse und Fähigkeiten. Davidsson und Honig (2003) finden Belege für die Bedeutung von Sozialkapital im Gründungsprozess. Man kann somit unterstellen, dass sowohl Rollenvorbilder als auch das soziale Kapital einen Einfluss auf die individuelle Gründungsneigung haben. Die relative Bedeutung der beiden Faktoren ist aber nur schwer zu messen und voneinander zu unterscheiden.

2.2.2.3   Bedeutung situativer Faktoren als Auslöser für den Schritt in die Selbstständigkeit

Albert Shapero (1984) hat auf die Bedeutung eines auslösenden Ereignisses für den Schritt in die Selbstständigkeit hingewiesen. Es gibt zwar eine Vielzahl von Personen, die sich gerne selbstständig machen würden. Vollzogen wird dieser Schritt allerdings von weit weniger Menschen. Shapero geht davon aus, dass menschliches Verhalten durch eine gewisse Trägheit gekennzeichnet ist und eine Person erst dann unternehmerisch aktiv wird, wenn es ein Ereignis, ein „displacement" gibt, das den eigenen Lebensweg verändert. Solche auslösenden Ereignisse können negativ oder positiv sein. Nach Shapero wird der Schritt in die Selbstständigkeit meist aufgrund eines negativen Ereignisses vollzogen, also zum Beispiel nach einer Entlassung oder aufgrund von Unzufriedenheit mit der derzeitigen Beschäftigung oder Lebenssituation. Es gibt natürlich auch positive Ereignisse, die den Schritt in die Selbstständigkeit auslösen können, zum Beispiel die Vollendung eines Ausbildungsabschlusses, eine Ermunterung durch einen Freund, eine unerwartete Erbschaft oder ein Lotteriegewinn (vgl. Shapero 1984, S. 24f; Shapero/Sokol 1982, S. 79ff). Auch Bygrave (1997, S. 3) argumentiert, dass es fast immer ein auslösendes Ereignis („triggering event") gibt, das zur Gründung eines neuen Unternehmens führt. Fallstudien von Gründern weisen auf die Bedeutung von Zufälligkeiten im Gründungsprozess hin. Auslösende Ereignisse für die Entscheidung, ein Unternehmen zu gründen, waren beispielsweise die erfolgreiche Präsentation wissenschaftlicher Ergebnisse, ein großer Auftrag (Welter 2000a), der persönliche Kontakt zu einem Kapitalgeber (Zumholz 2002, S. 131ff) oder die bevorstehende Auflösung einer Abteilung (Koch 2003, S. 14).

Ein auslösendes Ereignis erklärt, warum jemand die Entscheidung trifft, den eigenen Lebensweg zu verändern. Nicht erklären lässt sich hiermit allerdings, warum dann auch der Schritt in die Selbstständigkeit vollzogen wird. Shapero argumentiert, dass eine Handlung dann ausgeführt wird, wenn sie einerseits erstrebenswert und andererseits auch realisierbar erscheint (vgl. Shapero 1984, S. 25). In diesem Punkt ähnelt die Argumentation von Shapero der Theorie geplanten Verhaltens. Krueger und Brazeal (1994) greifen diese Gemeinsamkeit auf und argumentieren, dass die drei im Modell geplanten Verhaltens betrachteten Einflussfaktoren (Einstellung, subjektive Norm, wahrgenommene Handlungskontrolle) noch nicht direkt zu einer Handlungsabsicht führen, sondern zunächst einmal nur beeinflussen, ob eine Person als potenzieller Gründer bezeichnet werden kann. Erst der Eintritt eines auslösenden Ereignisses im Sinne von Shapero entscheidet dann darüber, ob ein potenzieller Gründer auch tatsächlich eine Gründungsabsicht entwickelt. Personen mit positiven gründungsbezogenen Einstellungen und Fähigkeiten bilden somit die Gruppe potenzieller Gründer, auch wenn diese nicht unbedingt eine direkte Gründungsabsicht haben. Wie oben ausgeführt, hatten viele Unternehmensgründer wenige Jahre vor ihrer Gründung keine oder nur eine geringe Absicht, ein Unternehmen zu gründen (vgl. Bergmann 2000; Katz 1989). Daher ist es sinnvoller, das Potenzial an Gründern zu untersuchen, anstatt Personen mit Gründungsabsichten in den Mittelpunkt der Betrachtung zu stellen (vgl. Krueger/Brazeal 1994, S. 95). Das Potenzial an Gründern hat auch Bedeutung für die Entwicklung von Regionen. Regionen, in denen es eine große Anzahl von potenziellen Gründern gibt, können aus sich heraus besser auf Wandlungsprozesse reagieren und werden daher langfristig erfolgreicher sein als andere Regionen (vgl. Shapero 1981).

Die Bedeutung der Arbeit von Shapero liegt darin, dass die Bedeutung situativer Faktoren für den Schritt in die Selbstständigkeit hervorgehoben wird. Im vorausgegangenen Abschnitt hat sich gezeigt, dass es keine hervorstechenden Persönlichkeitsmerkmale gibt, anhand derer sich Gründer von Nicht-Gründern unterscheiden lassen. Es gibt ein großes Potenzial an Personen, für die der Schritt in die Selbstständigkeit in

Frage kommt oder erstrebenswert erscheint. Warum sich Personen mit ganz ähnlichen Verhaltensdispositionen im einen Fall selbstständig machen und im anderen Fall nicht, lässt sich anhand von situativen Einflüssen erklären.

2.3 Einflussfaktoren auf der Regionsebene

Die Bedeutung der Region für Gründungsaktivitäten wurde bereits in der Einleitung hervorgehoben (vgl. Abschnitt 1.1.2). Regionale Einflussfaktoren auf Gründungsaktivitäten lassen sich definieren als Faktoren, die einen Einfluss auf die Gründungsneigung der Bewohner einer Region haben, für alle Bewohner einer Region die gleiche oder annähernd gleiche Ausprägung haben, sich aber zwischen verschiedenen Regionen unterscheiden (vgl. Abschnitt 2.1.1).

In dieser Arbeit werden vier Gruppen von regionalen Einflussfaktoren unterschieden:

- Branchen- und Größenstruktur der bestehenden Unternehmen einer Region
- Allgemeine wirtschaftliche Rahmenbedingungen
- Gründungsbezogene Infrastruktur
- kulturelle Merkmale

Die Bedeutung der ersten beiden Faktorengruppen wurde bereits in einer Reihe empirischer Untersuchungen gezeigt (vgl. Abschnitt 2.3.1 und 2.3.2). Weniger untersucht worden sind bislang die gründungsbezogene Infrastruktur sowie regionale kulturelle Merkmale einer Region und deren Wirkung auf Gründungsaktivitäten. Diesen beiden Faktoren wird daher in der folgenden Darstellung eine besondere Aufmerksamkeit geschenkt (vgl. Abschnitt 2.3.3 und 2.3.4).

Mit der gründungsbezogenen Infrastruktur sind die Einrichtungen und Institutionen einer Region gemeint, die speziell von Gründern in Anspruch genommen werden können. Unternehmensgründer sind bei ihrem Vorhaben auf Ressourcen wie Kapital, physische Infrastruktur und spezifisches Wissen angewiesen, die sie häufig aus dem regionalen Umfeld beziehen. Die Qualität der Bereitstellung dieser Ressourcen entscheidet mit über die Realisierbarkeit von Gründungsprojekten. Zum Teil überschneidet sich die gründungsbezogene Infrastruktur mit der Infrastruktur für etablierte Unternehmen. In vielen Fällen unterscheiden sich allerdings die Bedürfnisse von neuen und etablierten Unternehmen, weswegen eine Untersuchung der spezifisch gründungsbezogenen Infrastruktur sinnvoll erscheint. In ähnlicher Weise wie in dieser Arbeit trennen auch Müller-Böling und Klandt (1990, S. 154ff) nach einem dezidierten Umsystem („Gründungsinfrastruktur"), welches sich speziell auf die Bedürfnisse von Gründungsunternehmen bezieht, und einem generellen Umsystem („Gründungskontext"), welches die allgemeinen Rahmenbedingungen für alle Unternehmen beinhaltet.

Kulturelle Merkmale werden, wenn überhaupt, lediglich bei internationalen Vergleichen von Gründungsaktivitäten untersucht. Allerdings gibt es Hinweise darauf, dass es auch regionale kulturelle Unterschiede gibt und diese auf Gründungsaktivitäten einwirken (vgl. Armington/Acs 2002, S. 39; Goetz/Freshwater 2001, S. 59; Johannisson 1984, S. 33f; Krueger/Brazeal 1994, S. 92; Malecki 1997a, S. 157ff; Shapero 1984, S. 25f; Shapero/Sokol 1982, S. 73ff).

Die Branchen- und Größenstruktur einer Region wird hier als regionaler Einflussfaktor behandelt. Bei einer engen Auslegung der obigen Definition von regionalen Einflussfaktoren muss man allerdings feststellen, dass es sich eher um einen personenbezogenen Einflussfaktor handelt. Personen haben nämlich nicht allein deswegen eine hohe Gründungsneigung, weil sie in einer Region mit einer hohen Anzahl von Unternehmen in gründungsstarken Branchen leben. Ein Einfluss auf die Gründungsneigung ergibt sich nur bei Personen, die auch tatsächlich in einer gründungsstarken Branche arbeiten. Die Branchenstruktur einer Region hat somit nicht die gleiche Wirkung auf alle Einwohner einer Region. Weil die Branchen- und Größenstruktur von Unternehmen in Studien allerdings meist als regionaler Einflussfaktor betrachtet wird, werden die Ergebnisse dieser und vergleichbarer Studien auch hier im Bereich der regionalen Faktoren dargestellt (vgl. Audretsch/Fritsch 1999; Fritsch/Niese 2000; Reynolds/Storey/ Westhead 1994).

Studien zu den regionalen Einflussfaktoren auf Unternehmensgründungen beziehen häufig unterschiedliche Erklärungsfaktoren aus den vier genannten Gruppen ein und kommen zum Teil zu unterschiedlichen Ergebnissen. Ein Teil der Unstimmigkeit ergibt sich aus der Ungenauigkeit des Begriffs „Entrepreneurship", der Ausgangspunkt vieler Studien zum Gründungsgeschehen ist. Das Begriffsverständnis reicht hierbei von allen Arten von Gründungen (vgl. z.B. Bergmann/Japsen/Tamásy 2002) bis hin zu lediglich reinen Hochtechnologiegründungen beziehungsweise innovativen Gründungen (vgl. z.B. Goetz/Freshwater 2001). Die Untersuchung regionaler Unterschiede im Gründungsgeschehen und relevanter Einflussfaktoren muss bei den verschiedenen Begriffsdefinitionen natürlich zu unterschiedlichen Ergebnissen kommen. Hochtechnologiegründungen finden sich meist nur dort, wo entsprechende Inkubatoreinrichtungen, hoch qualifizierte Arbeitskräfte und Wagniskapitalgesellschaften vorzufinden sind. Für die breite Masse der Gründungen in Handel und Dienstleistungen spielen diese Faktoren allerdings keine Rolle. Hier sind eher allgemeine wirtschaftliche Rahmenbedingungen sowie die Branchenstruktur der Region von Relevanz.

2.3.1   Regionale Struktur bestehender Unternehmen

2.3.1.1   Einfluss von Branchenmerkmalen auf Markteintritte

Der Zusammenhang von Branchenmerkmalen und Gründungsaktivitäten wird vor allem in industrieökonomischen Studien untersucht (vgl. Geroski 1995; Geroski/
Schwalbach 1991; Orr 1974; Siegfried/Evans 1994). Diese Studien untersuchen allerdings keine Unternehmensgründungen im eigentlichen Sinne, sondern Markteintritte,
wobei sich diese in der Form von wirklichen Unternehmensgründungen oder der Di-
versifizierung bestehender Unternehmen vollziehen können. Da man davon ausgehen
kann, dass Neugründungen die Mehrzahl aller Markteintritte ausmachen, werden diese
Studien dennoch herangezogen, um Erkenntnisse über Einflussfaktoren auf Unternehmensgründungen zu gewinnen. Ausgangspunkt bei industrieökonomischen Modellen
ist die Situation auf einem Markt für Güter oder Dienstleistungen. Orr (1974) entwickelt ein Modell, bei dem der Marktzutritt abhängig ist von den zu erzielenden Gewinnen auf dem Zielmarkt und den geltenden Markteintrittsbarrieren. Branchen, die durch
einen hohen Grenzertrag von Kapital gekennzeichnet sind, bieten einen Anreiz für
Firmen, neu in diesen Markt einzutreten. Durch den Eintritt neuer Firmen gleicht sich
der Grenzertrag von Kapital zwischen verschiedenen Branchen aus. Lediglich die E-
xistenz von Marktzugangsbarrieren, wie zum Beispiel positive Skalenerträge, ein hoher Kapitalbedarf oder eine hohe Werbeintensität, kann dazu führen, dass die Ertrags-
raten in manchen Branchen dauerhaft über denen anderer Branchen liegen. Der Neuzugang von Unternehmen setzt sich fort, bis die Grenzertragsrate gleich den Opportunitätskosten des Kapitals ist (vgl. Orr 1974, S. 58f). In diesem Modell, welches in ähnlicher Form in vielen industrieökonomischen Studien Verwendung gefunden hat, wird
der Neuzugang von Firmen somit lediglich von den Bedingungen auf dem Zielmarkt
bestimmt. Woher der Neuzugang von Firmen kommt, wird nicht näher behandelt. Es
kann sich hierbei um tatsächliche Neugründungen und auch um Firmen anderer Branchen handeln, die auf einem neuen Markt aktiv werden wollen. Obwohl man davon
ausgehen kann, dass die Neugründung von Firmen quantitativ der bedeutendste Weg
ist, auf dem neue Anbieter auf den Markt treten, wird die Herkunft dieser Gründer
nicht hinterfragt. Die implizite Annahme von Theorien dieser Art ist daher, dass es ein
Reservoir gründungswilliger Personen gibt, die nur darauf warten, dass die Preise in
einer Branche dauerhaft die langfristigen Durchschnittskosten übersteigen (vgl. Storey
1994, S. 62). Ansätze aus der Industrieökonomie bilden die am stärksten formalisierten
Modelle in Bezug auf die Nachfrage nach Gründern.

Cable und Schwalbach (1991), Siegfried und Evans (1994) und Geroski (1995) geben
einen Überblick über Studien, die das Modell von Orr (1974) oder vergleichbare Mo-

delle empirisch überprüft haben. Die meisten der bei den genannten Autoren berücksichtigten industrieökonomischen Studien beziehen sich lediglich auf Markteintritte im Verarbeitenden Gewerbe und damit nur auf einen kleinen Teil des gesamten Gründungsgeschehens. Dennoch werden die wichtigsten Ergebnisse hier kurz dargestellt: Die berücksichtigten Studien finden meist Belege dafür, dass der Marktzutritt von den Ertragsmöglichkeiten in der jeweiligen Branche beeinflusst wird. Marktzugangsbarrieren erweisen sich zum Teil ebenfalls als signifikant in Bezug auf die Anzahl an Markteintritten: Ein hoher Kapitalbedarf sowie die Existenz von versunkenen Kosten haben in allen Studien einen negativen Einfluss auf die branchenspezifische Eintrittsrate. Für weitere Faktoren, wie zum Beispiel Skaleneffekte und den Grad der Marktkonzentration, die zwar in theoretischen Modellen als relevante Markteintrittsbarrieren beschrieben werden, lassen sich keine einheitlichen empirischen Belege finden (vgl. Cable/Schwalbach 1991, S. 257ff; Siegfried/Evans 1994, S. 124ff). Geroski (1995, S. 430) weist darauf hin, dass empirische Untersuchungen auf der Basis von industrieökonomischen Theorien nur einen geringen Anteil der Varianz von Gründungsraten über Branchen und über die Zeit erklären können. Dies spricht für die Existenz weiterer relevanter Bestimmungsfaktoren, die sich möglicherweise zwischen Staaten unterscheiden. Auch die institutionellen Gegebenheiten eines Landes, wie zum Beispiel die Gestaltung des Bankensystems, können einen Einfluss auf branchenspezifische Gründungsraten haben (vgl. Cable/Schwalbach 1991, S. 266ff).

Zusammenfassend lässt sich sagen, dass die hier angeführten industrieökonomischen Studien das Ziel haben, den Zusammenhang von Branchenmerkmalen und Markteintritten zu erklären, und die regionale Ebene hierbei unberücksichtigt lassen. Zudem sind die meisten Modelle und empirischen Untersuchungen auf Markteintritte im Verarbeitenden Gewerbe bezogen und daher nicht direkt übertragbar auf das allgemeine Gründungsgeschehen in Deutschland, das zum großen Teil aus Gründungen im Dienstleistungsbereich besteht. Markteintrittsbarrieren haben im Dienstleistungsbereich eine geringere Bedeutung als im Verarbeitenden Gewerbe, was unter anderem auch die hohe Gründungsdynamik bei Dienstleistungen erklärt. Die bisherigen Ausführungen zu industrieökonomischen Studien dienen vor allem dazu, das Verständnis der nachfolgenden Modelle zu erleichtern.

2.3.1.2   Regionale Branchenstruktur

Industrieökonomische Studien weisen auf den Zusammenhang von Branchenmerkmalen und Gründungsaktivitäten hin. Diese Erkenntnisse lassen sich auch für die regionale Analyse von Gründungsaktivitäten nutzen. Die Argumentation ist hierbei, dass Gründungsaktivitäten in einer Region wesentlich von der bestehenden Wirtschaftsstruktur beeinflusst werden. In Kapitel 2.2.1.3 wurde auf die Bedeutung von Branchenkenntnissen für Gründungen hingewiesen. Personen gründen ein Unternehmen meist in der Branche, in der sie vorher bereits tätig waren. Da Markteintritte in manchen Branchen einfacher sind als in anderen und sich auch die Wachstumsaussichten von Branchen unterscheiden, lassen sich Berufserfahrungen in bestimmten Branchen eher für eine Gründung nutzen. Regionen mit einem hohen Anteil an Beschäftigten in Branchen, in denen sich Gründungen einfach realisieren lassen beziehungsweise gute Gewinnaussichten bestehen, sind nach dieser Argumentation auch durch hohe Gründungsquoten gekennzeichnet (vgl. Malecki 1997a, S. 163).

Eine Möglichkeit der Untersuchung des Einflusses der Branchenstruktur auf Gründungsaktivitäten ist die Durchführung einer so genannten Shift-Analyse. Dieses Verfahren wird insbesondere für die Diagnose und Prognose der Wirtschafts- und Beschäftigungsentwicklung in Teilgebieten einer Volkswirtschaft eingesetzt. Die Entwicklung einer Region wird hierbei in zwei Komponenten aufgespalten: einen Struktureffekt und einen Standorteffekt (vgl. Tengler 1989; Klemmer 1973). Bei der Analyse von Gründungsaktivitäten wird der Einfluss der Branchenstruktur auf das Gründungsgeschehen als Brancheneffekt bezeichnet. Ein positiver Brancheneffekt bedeutet, dass in der entsprechenden Region ein hoher Anteil an Branchen mit einer überdurchschnittlichen Gründungsrate angesiedelt ist. Abweichungen der tatsächlichen Anzahl an Gründungen von der Anzahl an Gründungen, die sich auf Basis der bestehenden regionalen Branchenstruktur erklären lassen, werden als Standorteffekt bezeichnet.

Fritsch und Niese (2000) führen eine solche Shift-Analyse für das Gründungsgeschehen in westdeutschen Raumordnungsregionen durch. Auf der Basis der Statistik der sozialversicherungspflichtig Beschäftigten identifizieren sie alle Betriebsgründungen der Jahre 1983-1997 mit mindestens einem sozialversicherungspflichtig Beschäftigten. Im Durchschnitt ergibt sich eine Anzahl von 126.000 Betriebsgründungen pro Jahr für Westdeutschland. Da die Untersuchung auch Aussagen zu Regionen macht, die im nachfolgenden empirischen Teil dieser Arbeit behandelt werden, erfolgt an dieser Stelle eine relativ ausführliche Darstellung der Ergebnisse: Positive Brancheneffekte sind in Deutschland im Wesentlichen auf die Verdichtungsräume konzentriert, vor allem aufgrund der dort hohen Anteile des Dienstleistungssektors. Insbesondere die Raumordnungsregionen München, Untermain (Frankfurt/Main), Rhein-Main-Taunus, Bonn, Köln, Düsseldorf und Hamburg haben einen deutlich positiven Brancheneffekt. Allerdings weisen auch einige der weniger verdichteten Räume, nämlich das Allgäu, Oberland, Lüneburg, Ostfriesland sowie Schleswig-Holstein, hohe positive Brancheneffekte auf. Verdichtungsräume mit einem negativen oder nur schwach positiven Brancheneffekt sind Stuttgart, Nürnberg und das Ruhrgebiet. In diesen Regionen gibt es also nur vergleichsweise wenig Betriebe in gründungsstarken Branchen (vgl. Fritsch/Niese 2000, S. 246). Der Standorteffekt ist ebenfalls in den Agglomerationen positiv ausgeprägt und in ländlichen Räumen meist negativ. Lediglich die Regionen Stuttgart, Nürnberg und zum Teil auch die Agglomeration Hamburg weisen nur einen durchschnittlichen Standorteffekt auf. Fritsch und Niese identifizieren zudem ein leichtes Nord-Süd-Gefälle bei den Werten des Standorteffekts. Der Norden und die Mitte Westdeutschlands weisen nach dieser Interpretation bessere Standortbedingungen auf als der Süden (vgl. Fritsch/Niese 2000, S. 246). Insgesamt können Branchen- und Standorteffekt allerdings nur einen kleinen Anteil der Varianz der Gründungen in deutschen Regionen erklären. Die Anzahl der Gründungen in einer Region lässt sich schon recht gut allein aus der Anzahl bestehender Unternehmen vorhersagen, unabhängig von deren Branche (vgl. Fritsch/Niese 2000, S. 243ff).

Die Studie von Fritsch und Niese weist auf die Bedeutung der Branchenstruktur der bestehenden Unternehmen für den Umfang an Gründungen hin. Da lediglich Gründungen mit mindestens einem Beschäftigten untersucht werden, ist sie allerdings nicht repräsentativ für das gesamte Gründungsgeschehen in Deutschland. Zudem lässt sich die Berechnung und Interpretation des Standorteffekts kritisieren. Der Standorteffekt ergibt sich als eine Art Restkategorie als Differenz der Anzahl der Gründungen, die man aus der Branchenstruktur der Region erwarten würde und der tatsächlichen Anzahl an Gründungen. Der Standorteffekt erklärt also die Gründungen, die sich durch die Branchenstruktur nicht erklären lassen und umfasst damit eine Vielzahl anderer Einflüsse auf das Gründungsgeschehen. Er erfüllt somit quasi eine Art „Mülleimerfunktion" (vgl. Tengler 1989, S. 76). Falls es in einer Region mehr Gründungen gibt, als es aus der Branchenstruktur erwartbar ist, wird dies als ein förderliches regionales Umfeld gedeutet. Bei einer geringer als erwarteten Gründungszahl wird von einem negativen regionalen Umfeld ausgegangen. Worin genau der Vor- oder Nachteil der Region liegt, kann aber nicht gesagt werden. Die Ableitung von Politikempfehlungen ist auf der Basis der Shift-Share-Analyse somit beinahe unmöglich. Branchen- und Standorteffekt lassen sich zwar mathematisch sauber trennen, ihre Interpretation ist allerdings schwierig. Die Problematik der Interpretation des Standorteffektes wird auch an den Ergebnissen der Berechnung von Fritsch und Niese (2000) deutlich. Sie kommen zum Ergebnis, dass unter anderem die Regionen Duisburg, das Emsland und das Saarland sehr positive Werte für den Standorteffekt aufweisen. Relativ zur Branchenstruktur verfügen diese Regionen daher über eine hohe Gründungsquote. Hieraus kann man allerdings nicht folgern, dass diese Regionen über ein besonders positives Umfeld für Gründungen verfügen. Insgesamt erscheint daher eine Shift-Analyse, die allein die regionale Branchenstruktur als Einflussfaktor berücksichtigt, nur bedingt geeignet zur Analyse von Unterschieden im Gründungsgeschehen.

Auch andere empirische Studien finden einen Zusammenhang zwischen der Branchenstruktur bestehender Unternehmen einer Region und der Anzahl und der Branchenstruktur von Gründungen (vgl. Audretsch/Fritsch 1999; Fritsch/Falck 2002; Maaß 2000, S. 28f; Malecki 1990). Die Anzahl an Gründungen in einer Region wird in hohem Maße von der Anzahl der Beschäftigten in den einzelnen Branchen in jeder Region bestimmt. Allerdings wird das regionale Gründungsgeschehen nicht komplett von der bestehenden Wirtschaftsstruktur determiniert. Ein Teil der Gründungen erfolgt in Branchen, in denen der oder die Gründer vorher noch nicht gearbeitet haben (vgl. Fritsch und Falck 2002, S. 18f). Es gibt somit keine völlige Pfadabhängigkeit in der Entwicklung der Wirtschaftsstruktur von Regionen.

Die Branchenstruktur einer Region hat unzweifelhaft einen Einfluss auf den Umfang und die Struktur von Gründungsaktivitäten. Ein zu starker Fokus auf die regionale Branchenstruktur erscheint allerdings aus mehreren Gründen nicht angebracht. Neue Unternehmen werden nämlich nicht von bestehenden Unternehmen, sondern von Menschen gegründet. Ein zu starker Fokus auf die Branchenstruktur einer Region birgt die Gefahr, dass von einem festen, technischen Zusammenhang von Branchenstruktur und Gründungsaktivität ausgegangen wird. Die Person des Gründers mit ihren Merkmalen, Motiven und Ressourcen gerät bei einer solchen Betrachtungsweise leicht in Vergessenheit. Welche Personen tatsächlich ein Unternehmen gründen, kann mit dem Branchenansatz nicht erklärt werden. Zudem zeigt der Ansatz kaum Möglichkeiten auf, wie Gründungsaktivitäten beeinflusst werden können. Auch die Entstehung völlig neuer Branchen kann nicht erklärt werden.

2.3.1.3   Regionale Größenstruktur der Unternehmen

Neben der Branchenstruktur hat auch die Größenstruktur der in einer Region ansässigen Unternehmen Einfluss auf Gründungsaktivitäten. Die „Inkubatorthese" besagt, dass Personen, die in kleinen Unternehmen arbeiten, eher einen Einblick in betriebliche Abläufe und die Geschäftsführung von Unternehmen erhalten und daher eher befähigt sind, selbst unternehmerisch aktiv zu werden. Daher kann man bei Beschäftigten in kleinen Unternehmen eine höhere Gründungsneigung erwarten als bei Beschäftigten von Großunternehmen (vgl. Maaß 2000, S. 34ff; Brixy/Grotz 2002, S. 117). In regionaler Betrachtung sollten Regionen mit einer kleinbetrieblichen Struktur ceteris paribus über eine höhere Gründungsneigung verfügen als großbetrieblich strukturierte Regionen, was auch in einer Reihe empirischer Studien für Deutschland, die USA und andere Länder bestätigt wurde (vgl. Armington/Acs 2002, S. 41; Reynolds/Storey/ Westhead 1994b, S. 448ff; Audretsch/Fritsch 1994a; Brixy/Grotz 2002, S. 117; Davidsson 1995). Fritsch und Falck (2002, S. 19) finden einen starken Zusammenhang

49

zwischen der Beschäftigung in kleinen Unternehmen und der optimalen Betriebsgröße. Sie argumentieren daher, dass der positive Zusammenhang zwischen dem Anteil der Beschäftigten in kleinen Unternehmen und der regionalen Gründungsquote sich zurückführen lässt auf die regionale Konzentration von Branchen mit geringen effizienten Betriebsgrößen.

Ähnlich wie die Branchenstruktur ist die Größenstruktur einer Region zwar eine regionale Größe. Der Zusammenhang von Größenstruktur und Gründungsaktivität wirkt allerdings über die personenbezogene Ebene, da nur bei solchen Personen eine höhere Gründungsneigung erwartet werden kann, die in einem kleinen Unternehmen gearbeitet haben. Die Einwohner einer kleinbetrieblich strukturierten Region haben nicht per se eine höhere Gründungsneigung als die Einwohner einer großbetrieblich strukturierten Region, sondern nur dann, wenn sie auch in einem kleinen Unternehmen arbeiten oder gearbeitet haben. Die Wahrscheinlichkeit hierfür ist in kleinbetrieblich strukturierten Regionen natürlich höher als in anderen Regionen, weswegen auch ein statistischer Zusammenhang von Größenstruktur und Gründungsquote besteht. Trotzdem besteht die Gefahr eines ökologischen Fehlschlusses, wenn dieser Zusammenhang der Regionsebene auf die Individualebene übertragen wird (vgl. Fassmann 1984; Schmude 1994b; vgl. hierzu: Abschnitt 3.5).

In dieser Arbeit wird daher untersucht, inwieweit Personen in kleinbetrieblich strukturierten Gebieten tatsächlich eher über das Wissen und die Fähigkeiten für eine Unternehmensgründung verfügen, wie es die Theorie prognostiziert. Hierdurch wird die Gefahr eines ökologischen Fehlschlusses zwar nicht komplett ausgeschaltet, aber gegenüber anderen Untersuchungen reduziert. In einem „idealen" Forschungsdesign müsste auf individueller Ebene untersucht werden, welche Größe und Branche das Unternehmen hat, in dem eine Personen arbeitet oder gearbeitet hat, und ob ein Zusammenhang zur Gründungsneigung besteht. Dieses Vorgehen war allerdings im REM-Projekt nicht möglich.

Natürlich besteht auch die Möglichkeit, dass durch eine kleinbetriebliche regionale Unternehmensstruktur nicht nur einzelne Personen in höherem Maße Gründungsfähigkeiten erwerben, sondern auch insgesamt die Einstellung der Bevölkerung zum Thema Selbstständigkeit positiver ist als in großbetrieblich strukturierten Regionen. Hierbei handelt es sich allerdings eher um einen langfristigen Effekt, der im Bereich der kulturellen Merkmale behandelt wird.

2.3.2 Allgemeine wirtschaftliche Rahmenbedingungen einer Region

2.3.2.1 Regionale Kaufkraft

Die allgemeinen wirtschaftlichen Rahmenbedingungen einer Region haben einen wesentlichen Einfluss auf den Umfang regionaler Gründungsaktivitäten. Die meisten
neuen Unternehmen produzieren zumindest in der Anfangsphase für einen regionalen
Markt, was erklärt, warum Entwicklung, Struktur und Niveau der regionalen Nachfrage einen starken Einfluss auf den Umfang an Gründungsaktivitäten haben. Empirische
Untersuchungen ziehen daher meist die Faktoren Kaufkraft, Verdichtungsgrad
und/oder Bevölkerungsdichte ein.

Mikroökonomische Entscheidungsmodelle zeigen, dass Personen sich dann selbstständig machen, wenn sie hohe Gewinne aus einer selbstständigen Tätigkeit erwarten (vgl.
Knight 1921). Bei einer Steigerung der regionalen Nachfrage werden daher üblicherweise mehr Unternehmen gegründet, da die hohe Nachfrage selbstständige Tätigkeiten
lukrativ macht. In einem Vergleich der Studien aus sechs europäischen Ländern
(Deutschland, Frankreich, Irland, Italien, Schweden, Großbritannien) und den USA
kommen Reynolds, Storey und Westhead (1994b, S. 449) zum Ergebnis, dass eine
gestiegene Nachfrage den höchsten Beitrag zur Erklärung regionaler Unterschiede bei
Unternehmensgründungen liefert: „No process is more fundamental than reactions to
increased demand for goods and services" (Reynolds/Storey/Westhead 1994, S. 446).
Neuere Studien für die USA zeigen ebenfalls den Einfluss von Nachfragefaktoren auf
den Umfang an Gründungen (vgl. Armington/Acs 2002). Auch für Deutschland gibt es
entsprechende empirische Belege (vgl. Fritsch/Falck 2002, S. 23; Audretsch/Fritsch
1994a). Eine gestiegene regionale Nachfrage wird in empirischen Studien entweder
anhand von Bevölkerungswachstum oder Wachstum des Bruttosozialprodukts gemessen. Insgesamt kann also als weitgehend gesichert gelten, dass es durch ein Wachstum
der regionalen Bevölkerung und/oder eine positive wirtschaftliche Entwicklung einer
Region auch zu einer erhöhten Anzahl an Unternehmensgründungen kommt. Regionale Kaufkraftsteigerungen üben vor allem einen Einfluss auf die Anzahl an Gründungen
im Dienstleistungsbereich aus und weniger auf Gründungen im Verarbeitenden Gewerbe. Dies lässt sich gut erklären, da Dienstleistungsunternehmen stark von der regionalen Nachfrage abhängen, wohingegen Unternehmen des Verarbeitenden Gewerbes
auch einen hohen Kundenanteil in anderen Regionen haben können (vgl.
Audretsch/Fritsch 1994a, S. 362; Keeble/Walker/Robson 1993).

Bei der Untersuchung der Wirkung von Kaufkrafterhöhungen muss allerdings beachtet werden, dass es durch eine gestiegene Kaufkraft zwar zu einer Erhöhung der absoluten Anzahl an Unternehmensgründungen kommt, möglicherweise aber nicht zu einer Erhöhung der relativen Gründungsquote. Das Bevölkerungswachstum hat sowohl nachfrageseitige als auch angebotsseitige Wirkungen auf das Gründungsgeschehen. Eine wachsende Bevölkerung erzeugt eine steigende Nachfrage nach Gütern und Dienstleistungen und bietet damit gute Gelegenheiten für Unternehmensgründungen. Gleichzeitig steigt mit wachsender Bevölkerung allerdings auch das Angebot an potenziellen Entrepreneuren. Aus diesem Grund ist der Einfluss eines Bevölkerungswachstums auf die Gründungsquote weniger eindeutig als auf die absolute Anzahl an Gründungen (vgl. Reynolds/Storey/Westhead 1994b, S. 450).

Neben der Erhöhung der regionalen Nachfrage kann auch das Niveau der regionalen Nachfrage beziehungsweise das Einkommensniveau einen Einfluss auf Gründungsaktivitäten ausüben. Bestimmte Arten von Unternehmensgründungen, zum Beispiel im Bereich höherwertiger personenbezogener Dienstleistungen, rentieren sich möglicherweise nur in solchen Regionen, in denen auch viele potenzielle Kunden mit hohem Einkommen leben. Das regionale Einkommensniveau korreliert in Deutschland relativ stark mit der Bevölkerungsdichte, weswegen sich dieser Effekt des Einkommensniveaus nur schwer von allgemeinen Agglomerationseffekten trennen lässt. Tendenziell sind Gründungsaktivitäten vor allem in Verdichtungsräumen hoch (vgl. Bartik 1989; Brixy/Grotz 2002, S. 117f).

Zusammenfassend lässt sich sagen, dass die regionale Kaufkraft ein wichtiger Faktor zur Erklärung regionaler Gründungsaktivitäten ist. Unzweifelhaft scheint zu sein, dass sich die absolute Anzahl an Gründungen mit steigendem Einkommen erhöht. Der Einfluss auf die Gründungsquote ist vermutlich auch positiv, allerdings sind die empirischen Belege hierfür weniger deutlich.

2.3.2.2   Agglomerationseffekte

Die meisten Untersuchungen zu regionalen Gründungsaktivitäten finden einen positiven Zusammenhang von Verdichtungsgrad und Gründungsaktivität. Agglomerationsräume weisen also meist höhere Gründungsraten als ländliche Räume auf (vgl. Brixy/ Grotz 2002; Fritsch/Falck 2002; Sternberg/Bergmann 2003; Reynolds/Storey/Westhead 1994). Ein solcher Zusammenhang kann aus zweierlei Gründen bestehen: Zum einen kann aufgrund der bereits angesprochenen Korrelation von Einkommensniveau und Verdichtungsgrad die höhere Gründungsaktivität in Agglomerationsräumen durch das hohe Einkommensniveau bedingt sein. Zweitens kann die höhere Gründungsaktivität auch auf Agglomerationseffekte zurückzuführen sein (vgl. Armington/Acs 2002, S. 37). Agglomerationseffekte können in der Form von Lokalisationsvorteilen, also der Nähe zu anderen Betrieben der gleichen Branche, oder Urbanisationsvorteilen, also allgemeiner Vorteile von Ballungsräumen wie der Ausstattung mit städtischen Einrichtungen oder einer intensiveren Verflechtung wirtschaftlicher Akteure, auftreten (vgl. Schätzl 2001, S. 34f). Agglomerationseffekte stehen in einem engen Zusammenhang zu Clustereffekten. Krugman (1991) führt die Ballung von Unternehmen der gleichen Branche auf zunehmende regionale Skaleneffekte zurück, die sich durch einen großen Arbeitsmarkt, Spill-over-Effekte und weitere positive externe Effekte für die Unternehmen in einem Cluster ergeben.

Insgesamt lässt sich somit festhalten, dass in Ballungsräumen mit einer höheren Gründungsintensität gerechnet werden kann. Ob diese höhere Gründungsintensität lediglich auf ein durchschnittlich höheres Einkommensniveau in Ballungsräumen oder auf weitere Agglomerationsvorteile oder Clustereffekte zurückzuführen ist, kann allerdings nur anhand empirischer Untersuchungen festgestellt werden.

Ein höherer Verdichtungsgrad kann sich nicht nur auf die hier besprochenen allgemeinen wirtschaftlichen Rahmenbedingungen auswirken, sondern auch die gründungsbezogene Infrastruktur beeinflussen. Auf diesen Zusammenhang wird in Abschnitt 2.3.3 eingegangen.

2.3.2.3   Regionale Arbeitslosenquote

In einer Reihe von Studien zur Erklärung von regionalen Unterschieden bei Unternehmensgründungen wird die Höhe der Arbeitslosigkeit in der Region als Einflussfaktor herangezogen (vgl. Armington/Acs 2002; Audretsch/Fritsch 1994a; Brixy/Grotz 2002; Fritsch/Falck 2002). Beim Faktor Arbeitslosigkeit handelt es sich aber nicht um einen regionalen Einflussfaktor im hier verwendeten Sinne, da nicht alle Personen einer Region in gleichem Maße von Arbeitslosigkeit betroffen sind. Arbeitslose haben im Vergleich zu Erwerbstätigen zwar möglicherweise eine höhere Gründungsneigung. Der Einfluss der Erwerbsstellung auf die Gründungsneigung ist allerdings personenbezogen und wurde daher in Abschnitt 2.2.1.1 behandelt. Die Betrachtung der Arbeitslosigkeit als regionalen Einflussfaktor birgt die Gefahr eines ökologischen Fehlschlusses. In Regionen mit einer hohen Arbeitslosigkeit gibt es zwar viele Personen, die aufgrund von Arbeitslosigkeit einen Anreiz zur Selbstständigkeit haben. Allerdings sind insbesondere wirtschaftlich schwache Regionen von hoher Arbeitslosigkeit betroffen. In diesen Regionen besteht aufgrund der geringen Kaufkraft ein unterdurchschnittlicher Anreiz zur Selbstständigkeit. Der Einfluss von Arbeitslosigkeit und Kaufkraft auf

Gründungsaktivitäten sollte daher separat und auf unterschiedlichen Untersuchungs-
ebenen erfolgen. In dieser Arbeit wird die Kaufkraft als regionaler Einflussfaktor und
die Erwerbsstellung als personenbezogener Einflussfaktor betrachtet.

2.3.3   Regionale gründungsbezogene Infrastruktur

Unternehmensgründer sind bei ihrem Vorhaben auf eine Reihe von Leistungen angewiesen, die sie von externen Akteuren beziehen müssen, häufig aus dem regionalen
Umfeld des Gründers. Sie benötigen Kapital, nutzen Fördermöglichkeiten sowie private oder öffentliche Beratungsangebote und brauchen Räumlichkeiten für ihre Gründung. Viele der in Anspruch genommenen Leistungen sind hierbei spezifisch für Unternehmensgründungen. Man kann daher von einer regionalen gründungsbezogenen
Infrastruktur oder regionalen gründungsbezogenen Rahmenbedingungen sprechen.
Diese beiden Begriffe werden in dieser Arbeit synonym verwendet. Wimmer (1996, S.
56) definiert die Gründungsinfrastruktur in Anlehnung an Müller-Böling und Klandt
(1990, S. 154) als „das dezidierte Umsystem, das speziell auf Gründungsunternehmen
bezogen ist und die Gründungsaktivitäten über alle Gründungsprozessphasen unterstützen soll".

Der internationale Vergleich der gründungsbezogenen Infrastruktur im Rahmen des
Projektes „Global Entrepreneurship Monitor (GEM)" zeigt, dass diese in Deutschland
insgesamt eine Reihe von positiven, aber auch negative Merkmale aufweist. Die Bereiche physische Infrastruktur, Schutz geistigen Eigentums sowie öffentliche Förderinfrastruktur zählen zu den Stärken, wohingegen es Defizite bei Regulierungen/Steuern
und der gründungsbezogenen Ausbildung gibt (vgl. Sternberg/Bergmann 2003, S. 23ff;
Sternberg/Bergmann/Tamásy 2001, S. 18ff; zum GEM-Projekt vgl. Abschnitt 3.1).
Auch Frick et al. (1998, S. 80ff) bewerten die gründungsbezogene Infrastruktur insgesamt eher positiv. Deutschland verfügt über ein dichtes und funktionierendes Netzwerk
an öffentlichen und halböffentlichen Fördereinrichtungen, das allerdings noch verbesserungswürdig ist. Die privatwirtschaftlichen Kapitalgeber sowie öffentliche Banken
sind flächendeckend vorhanden und leisten eine wichtige Funktion im Gründungsgeschehen.

Die gründungsbezogene Infrastruktur ist aber nicht in allen Regionen Deutschlands
gleich gut ausgeprägt. Viele Autoren weisen auf mehr oder weniger große regionale
Unterschiede innerhalb Deutschlands und auch innerhalb anderer Länder hin (vgl.
Frick et al. 1998, S. 146ff; Shapero 1984; van de Ven 1995; Verheul et al. 2002a).
Aufgrund der föderalen Struktur der Bundesrepublik Deutschland können Unterschie-
de im Hinblick auf politische Rahmenbedingungen und Fördereinrichtungen erwartet

werden. Auch sind viele private Finanzierungseinrichtungen und unternehmensbezogene Dienstleister ungleich im Raum verteilt. Trotz vieler Hinweise auf die Bedeutung der regionalen gründungsbezogenen Infrastruktur für Unternehmensgründungen gibt es nur wenige empirische Untersuchungen, die sich diesem Thema widmen. Dies liegt daran, dass die Qualität der gründungsbezogenen Infrastruktur kaum aus Sekundärstatistiken ablesbar ist, mit denen die meisten Untersuchungen arbeiten. Die meisten Untersuchungen vernachlässigen diese daher entweder komplett oder erfassen diese lediglich als statistische Restgröße. Hierbei wird die gründungsbezogene Infrastruktur häufig nicht getrennt betrachtet von anderen schwer erfassbaren Größen, wie zum Beispiel kulturellen Merkmalen der Region (vgl. Armington/Acs 2002; Fritsch/Niese 2000; Goetz/Freshwater 2001; Robson 1998). Andere Studien berücksichtigen die regionale gründungsbezogene Infrastruktur nicht anhand eigener empirischer Untersuchungen, sondern lediglich anhand von Hilfsindikatoren (vgl. Almus/Egeln/Engel 1999; Johannisson 1993). So verwendet zum Beispiel Johannisson (1993, S. 128) den Anteil der Beschäftigten in Banken und in unternehmensbezogenen Dienstleistungen als Indikator für den Zugang zu Finanz- und Humanressourcen. Allerdings erscheint die Annahme fragwürdig, dass ein hoher Anteil an Beschäftigten in den genannten Bereichen auch gleichzeitig eine gute Versorgung mit Kapital und Beratungsleistungen sichert. Insgesamt lässt sich feststellen, dass es keine umfassende empirische Studie zur gründungsbezogenen Infrastruktur in Deutschland gibt. Insbesondere regionale Unterschiede der Unterstützungsinfrastruktur und dessen Zusammenhang zu Gründungsaktivitäten wurden bislang noch kaum empirisch untersucht. Insgesamt gibt es somit in Bezug auf regionale Unterschiede bei der gründungsbezogenen Infrastruktur in Deutschland sowie deren Wirkung auf das Gründungsgeschehen noch einen erheblichen Evaluations- und Forschungsbedarf (vgl. Frick et al. 1998, S. 148f).

Bestehende Studien über den Einfluss der gründungsbezogenen Infrastruktur beziehen sich häufig nur auf ausgewählte Arten von Gründungen. Meist werden nur innovative, technologieorientierte Unternehmensgründungen betrachtet. Oft haben die Analysen den Charakter von regionalen Fallstudien, die nur einzelne erfolgreiche Regionen betrachten, häufig in den USA (vgl. Feldman 2001; Saxenian 1994; Segal Quince Wicksteed 2000a, 2000b). Die Ergebnisse dieser Studien lassen sich daher nur bedingt auf das Gründungsgeschehen in Deutschland übertragen. Da es allerdings keine umfassende Untersuchung über regionale gründungsbezogene Rahmenbedingungen in Deutschland gibt, werden die vorliegenden Untersuchungen trotz ihrer Schwächen kurz vorgestellt:

Bruno und Tyebjee (1982) fassen Studien für die USA zusammen, die relevante Umfeldfaktoren für Unternehmensgründungen beschreiben. Die am häufigsten genannten umfeldbezogenen Faktoren sind die folgenden:

- Verfügbarkeit von Wagniskapital
- Existenz von erfahrenen Entrepreneuren
- Technisch ausgebildete Arbeitskräfte
- Erreichbarkeit von Zulieferern
- Zugang zu Kunden und Märkten
- Günstige politische Rahmenbedingungen
- Nähe zu Universitäten
- Verfügbarkeit von physischer Infrastruktur (Land, Betriebseinrichtungen)
- Erreichbarkeit, Verkehrsinfrastruktur
- Aufgeschlossenheit der Bevölkerung
- Verfügbarkeit von unterstützenden Dienstleistungen
- Attraktive Lebensbedingungen

Birch (1987, S. 140ff) listet fünf Faktoren auf, die regional unterschiedlich ausgeprägt und für die Entwicklung von Entrepreneurship maßgeblich sind:

- Ausbildungsangebot, insbesondere im Hochschulbereich
- Angebot an qualifizierten Arbeitskräften
- Qualität von Politik und Verwaltung
- Telekommunikationsinfrastruktur
- Lebensqualität

Frick et al. (1998, S. 80ff) unterscheiden drei Typen von Akteuren, die die Infrastruktur für Gründer in einer Region bilden: öffentliche und halböffentliche Fördereinrichtungen (also Kammern und Verbände, Technologie- und Gründerzentren, Transferagenturen, Forschungseinrichtungen etc.), Beteiligungs- und Fremdkapitalgeber (Banken) sowie die Politik.

Aus der Vielzahl der genannten Einflussfaktoren werden folgende sieben Bereiche der gründungsbezogenen Infrastruktur näher erläutert: Finanzierung, politische Rahmenbedingungen, öffentliche Förderinfrastruktur, Wissens- und Technologietransfer, unternehmensbezogene Dienstleistungen, physische Infrastruktur, Arbeitsmarkt. Es handelt sich hierbei um Rahmenbedingungen, die als relevant für das regionale Gründungsgeschehen angesehen werden können und die im empirischen Teil der Arbeit untersucht werden. Die Auswahl der sieben gründungsbezogenen Rahmenbedingungen orientiert sich an den aufgeführten Studien zu gründungsbezogenen Rahmenbedingungen sowie an der Untersuchung gründungsbezogener Rahmenbedingungen im GEM-Projekt (vgl. Reynolds et al. 2002, S. 23ff; Sternberg/Bergmann 2003, S. 23ff). Bei der vorliegenden Untersuchung kann auf kein existierendes und erprobtes Erhebungsinstrument zur Qualität der gründungsbezogenen Infrastruktur zurückgegriffen werden. Die für den internationalen Vergleich der Infrastruktur entwickelten Fragebögen (z.B. Busenitz/Gómez/Spencer 2000) lassen sich nicht direkt übertragen auf den Vergleich von Regionen innerhalb eines Landes. Daher handelt es sich bei den ausgewählten sieben Rahmenbedingungen möglicherweise nicht um eine abschließende Auflistung aller relevanten Aspekte der gründungsbezogenen Infrastruktur. Allerdings berücksichtigen die aufgeführten Rahmenbedingungen alle Merkmale, die in anderen Studien häufig als wichtig genannt werden.

2.3.3.1   Finanzierung

Die Beschaffung von Kapital stellt eine wichtige Voraussetzung für die Gründung eines Unternehmens dar. In den meisten Fällen verfügen Gründer nicht über ausreichend eigenes Kapital für ihr Gründungsvorhaben und sind daher auf externes Kapital von Kreditinstituten, Beteiligungsgesellschaften oder aus sonstigen Quellen angewiesen. Die Bedeutung einer funktionierenden Finanzierungsinfrastruktur für Gründer wird von vielen Autoren hervorgehoben (vgl. Guiso/Sapienza/Zingales 2002; Frick et al. 1998, S. 116ff; Illeris 1986, S. 144; Lageman 2002; Shapero 1984, S. 29; Sternberg 2000a, S. 132). In der Mehrzahl der Fälle erfolgt die Finanzierung von Gründungen in Deutschland durch eigenes Kapital des Gründers in Verbindung mit Fremdkapital von Kreditinstituten. In Bezug auf die Entstehung von Hochtechnologieregionen hat sich die Verfügbarkeit von Beteiligungskapital als kritische Erfolgsdeterminante erwiesen (vgl. Malecki 1997a, S. 174; Lompe et al. 1998, S. 85ff). Im empirischen Teil der Arbeit wird daher das regionale Angebot an Fremd- und Eigenkapital, die Bedeutung von Beteiligungskapitalgesellschaften als Unterstützungsquelle für Gründungen sowie die Kompetenz der Kreditinstitute bei der Einschätzung von Gründungsvorhaben untersucht. Illeris (1986) argumentiert, dass die Finanzierungsmöglichkeiten in ländlichen Regionen besser sind als in großen Städten, da eher die Möglichkeit eines persönlichen Vertrauensverhältnisses zwischen Gründer und Bankangestelltem besteht. Es ist allerdings fraglich, ob dieses Argument noch von Bedeutung ist. Die Kreditvergabe von Banken und Sparkassen wird in Deutschland immer weniger anhand von qualitativen, weichen Faktoren und in stärkerem Maße von quantifizierbaren Daten des Kreditnehmers bestimmt (vgl. KfW 2002; Lageman 2002). Daher ist es unwahrscheinlich, dass von generell besseren Finanzierungsbedingungen in ländlichen Räumen auszugehen ist. Aufgrund von Skalenvorteilen und einer größeren Erfahrung im Umgang mit

Gründungsprojekten können große Kreditinstitute in Städten umgekehrt auch bessere Finanzierungsbedingungen bieten. Dies gilt insbesondere bei Gründungen, die innovative Produkte oder Dienstleistungen herstellen wollen. Auch die meisten Beteiligungskapitalgesellschaften sind in großen Städten angesiedelt. Daher wird hier davon ausgegangen, dass die Finanzierungsrahmenbedingungen in Agglomerationsräumen besser als in ländlichen Räumen sind.

2.3.3.2   Politische Rahmenbedingungen

Die Politik beeinflusst direkt und indirekt einen erheblichen Teil des Umfelds von Gründern. Eine Reihe von gründungsrelevanten politischen Entscheidungen wird zwar auf der nationalen Ebene getroffen. Aber auch die Landes- und Kommunalpolitik kann Einfluss auf regionale Rahmenbedingungen nehmen, indem sie auf die Ausgestaltung und den Ablauf von Genehmigungsverfahren einwirkt, die Höhe von Grund- und Gewerbesteuer festlegt sowie allgemein Gründungen eine mehr oder weniger hohe Priorität bei politischen Entscheidungen einräumt (vgl. Bergmann/Japsen/Tamásy 2002, S. 23). Die Debatte über Regulierungen und bürokratische Anforderungen für Unternehmensgründungen in Deutschland zeigt, dass diesem Thema eine hohe Relevanz für den Umfang an Gründungen beigemessen wird (vgl. Skambracks 1999). Frick et al. (1998, S. 81) argumentieren zwar, dass das Steuerungspotenzial der Wirtschaftspolitik in Bezug auf die regionalen gründungsbezogenen Rahmenbedingungen begrenzt ist. Dennoch gibt es einen regionalen Handlungsspielraum, weswegen es sinnvoll erscheint, die politischen Rahmenbedingungen als Teil der regionalen gründungsbezogenen Infrastruktur in die empirische Untersuchung einzubeziehen. Untersucht wird, welche Priorität die Landesregierung und die Kommunalpolitik der Unterstützung von Gründungen beimisst, ob die Gewerbe- und Grundsteuer eine erhebliche Belastung für Gründungen ist, ob Regulierungen und bürokratische Regelungen ein wesentliches Gründungshemmnis darstellen und ob Unternehmensgründungen die meisten notwendigen Genehmigungen innerhalb einer angemessen kurzen Zeit erhalten.

2.3.3.3   Öffentliche Förderinfrastruktur

In engem Zusammenhang mit den politischen Rahmenbedingungen steht die öffentliche Förderinfrastruktur. In Deutschland gibt es ein breites Angebot an Förderinstitutionen und –programmen auf Bundes-, Landes- und Kommunalebene. Die Koordination zwischen den verschiedenen Förderebenen und die Transparenz des Fördersystems sind hierbei zum Teil noch verbesserungswürdig (vgl. Klemmer/Friedrich/Lageman 1996). Öffentliche und halböffentliche Institutionen wie Industrie- und Handelskammern, Handwerkskammern und Wirtschaftsförderungseinrichtungen bieten Gründern meist unentgeltlich ihre Dienstleistungen an. Darüber hinaus gibt es eine Vielzahl an Gründungsinitiativen und Gründungsnetzwerken, die ebenfalls Leistungen für Gründer erbringen. Technologie- und Gründerzentren haben sich in den letzten Jahrzehnten zu einem weit verbreiteten Mittel der Wirtschafts- und Technologieförderung entwickelt. Auch wenn deren Wirkungen auf das Gründungsgeschehen nicht so umfassend sind, wie oft erwartet wird (vgl. Sternberg et al. 1996), werden diese hier berücksichtigt.

Viele Förderinitiativen und -programme, wie zum Beispiel das Programm zur Förderung von Existenzgründungen aus Hochschulen „EXIST" (vgl. Kulicke/Görisch 2002), haben einen ausgewiesenen regionalen Schwerpunkt. Daher liegt die Vermutung nahe, dass sich die Qualität der öffentlichen Förderinfrastruktur zwischen deutschen Regionen unterscheidet. Vergleichende Untersuchung zur gründungsbezogenen Förderinfrastruktur und deren Wirkung auf das Gründungsgeschehen sind allerdings selten. Es existieren zwar Evaluierungen einzelner Förderprogramme, die auch versuchen, deren regionale Effekte abzuschätzen (vgl. z.B. Henry/Hill/Leith 2003; Kulicke/Görisch 2002; Sternberg/Klose 2001). Diese Untersuchungen beziehen sich allerdings meist nur auf einzelne Regionen oder Länder oder nur auf bestimmte Arten von Gründungen. Im empirischen Teil dieser Arbeit soll daher die Qualität der öffentlichen Förderinfrastruktur für Unternehmensgründungen anhand von Fragen zu folgenden Aspekten untersucht werden: Breite und Effektivität der Förderinfrastruktur, Arbeit öffentlicher Beratungsstellen, Leistung von Technologie- und Gründerzentren sowie Transparenz und Koordination des Fördersystems.

2.3.3.4 Wissens- und Technologietransfer

Wissens- und technologieintensive Gründungen stellen zwar nur die Minderheit aller Unternehmensgründungen dar, dennoch finden diese besondere Beachtung, da von ihnen besondere Wirkungen auf Strukturwandel und Beschäftigung ausgehen. Studien zeigen, dass dem Transfer von Wissen und Technologie aus Forschungseinrichtungen große Bedeutung für die Gründung dieser Unternehmen zukommt (vgl. Egeln et al. 2003).

Obgleich die Qualität des Wissens- und Technologietransfers nur für eine Minderheit von wissens- und technologieorientierten Unternehmen relevant ist, erscheint es aufgrund des besonderen Wachstumspotenzials dieser Unternehmen sinnvoll, diesen Bereich als Teil der regionalen gründungsbezogenen Infrastruktur in die empirische Untersuchung einzubeziehen. Untersucht wird, ob es Forschungseinrichtungen von hoher Qualität in der Region gibt, ob neue Technologien und neues Wissen effizient aus Forschungseinrichtungen in neue Unternehmen transferiert werden, und welchen Beitrag Technologietransfereinrichtungen hierzu leisten. Agglomerationsräume bieten aufgrund ihrer besseren Ausstattung mit Forschungs- und Transfereinrichtungen bei dieser Rahmenbedingung bessere Bedingungen als ländliche Räume. Insbesondere die süd- und südwestdeutschen Ballungsräumen weisen ausgeprägte Potenziale für Innovationen und Technologietransfer auf (vgl. Koschatzky et al. 2000).

2.3.3.5 Unternehmensbezogene Dienstleistungen

Unternehmensgründungen und KMU nutzen in hohem Umfang Beratungsdienstleistungen von unternehmensbezogenen Dienstleistern wie Unternehmensberatern und Steuerberatern, Rechts- und Patentanwälten. Studien für Großbritannien zeigen, dass 95% der KMU Beratungsleistungen in Anspruch nehmen (vgl. Bennett/Robson 1999) und dass es deutliche Unterschiede in der Ausstattung von Regionen mit Beratungsdienstleistungen gibt (vgl. Bennett/Robson/Bratton 2001). Auch für Deutschland gibt es Belege für deutliche Unterschiede der Ausstattung von Regionen mit unternehmensbezogenen Dienstleistern (vgl. Almus/Egeln/Engel 1999). Über die Wirkung dieser regionalen Unterschiede auf Gründungsaktivitäten oder den Erfolg von Unternehmensgründungen gibt es allerdings keine vergleichenden Studien. Lediglich Untersuchungen zu erfolgreichen Gründerregionen zeigen, dass diese durch ein dichtes Netz an gründungsunterstützenden Institutionen gekennzeichnet sind, wobei auch unternehmensbezogene Dienstleister einbezogen sind (vgl. Bruno/Tyebjee 1982, S. 298; Feldman 2001, S. 868; Saxenian 1994, S. 40f; Segal/Quince/Wicksteed 2000b, S. 103ff; Voelzkow 2002).

Beim Schritt in die Selbstständigkeit werden häufig die Leistungen von Steuer- und Unternehmensberatern in Anspruch genommen (vgl. Bahß/Lehnert/Reents 2003, S. 5ff). Diese sind vermutlich in den meisten Regionen Deutschlands in ausreichender Anzahl angesiedelt. Wissens- oder technologieintensive Gründungen sind allerdings auch auf die Beratung durch spezialisierte Unternehmensberater oder Patentanwälte angewiesen. Bei diesen Dienstleistern ist eine Konzentration in den großen Städten zu erwarten (vgl. Almus/Egeln/Engel 1999).

2.3.3.6 Physische Infrastruktur

Als Infrastruktur bezeichnet man Einrichtungen, die Voraussetzungen wirtschaftlicher Aktivität sind. Meist handelt es sich hierbei um öffentliche Einrichtungen (vgl. Zimmermann/Henke 1994, S. 472). Mit dem Begriff der physischen Infrastruktur sind physische Voraussetzungen für wirtschaftliche Aktivität gemeint, also die Verfügbarkeit von Büro- und Gewerbeflächen sowie die Qualität der Verkehrs- und Telekommunikationsinfrastruktur. Ein Teil dieser physischen Infrastruktur wird von privatwirtschaftlichen Akteuren bereitgestellt, so dass eine unterschiedliche Ausstattung mit Büro- und Gewerbeflächen Ergebnis von Marktprozessen ist. Durch die Setzung von Rahmenbedingungen, zum Beispiel die Ausweisung von Bauland, kann der Staat aber auch in diesem Bereich Einfluss nehmen.

Der Einfluss der physischen Infrastruktur einer Region auf das Gründungsgeschehen wird nur in wenigen Studien untersucht. Bei regionalen Vergleichen von Gründungsaktivitäten wird meist davon ausgegangen, dass die physische Infrastruktur keinen Einfluss ausübt oder aber überall gleich gut ausgeprägt ist und daher nicht weiter untersucht werden muss. Befragungen von Gründern zeigen, dass die Suche nach geeigneten Büro- und Gewerbeflächen von Unternehmensgründern bisweilen als Problembereich genannt wird (vgl. Sternberg et al. 1996, S. 67; Bruno/Tyebjee 1982). Durch die Angebote von Technologie- und Gründerzentren sowie private Anbieter ist die Verfügbarkeit von Büro- und Gewerbeflächen in Deutschland insgesamt allerdings gut (vgl. Sternberg/Bergmann 2003, S. 23). Lediglich in großen Städten ist aufgrund von Agglomerationsnachteilen mit höheren Kosten zu rechnen (vgl. Illeris 1986, S. 144). Bei der Ausstattung mit Verkehrs- und Telekommunikationsinfrastruktur sind nur geringe regionale Unterschiede zu erwarten.

2.3.3.7 Verfügbarkeit von qualifizierten Arbeitskräften

Die Struktur des Arbeitsmarktes einer Region hat in zweifacher Weise Auswirkungen auf das Gründungsgeschehen. Zum einen rekrutieren sich Gründer aus dem Erwerbspersonenpotenzial einer Region, was bereits in Abschnitt 2.2.1 angesprochen wurde. Weiterhin hat der Arbeitsmarkt einer Region wesentlichen Einfluss darauf, wie leicht Gründungen und junge Unternehmen neue Mitarbeiter rekrutieren können. Viele Gründungen verbleiben zwar Ein-Personen-Unternehmen (vgl. Peistrup 2001). Für wachstumsstarke Gründungen oder Gründungen, die auf hoch qualifizierte Mitarbeiter angewiesen sind, hat die Struktur des regionalen Arbeitsmarktes aber eine große Bedeutung. Es ist zu vermuten, dass insbesondere die Verfügbarkeit von hoch qualifizierten Arbeitskräften in Agglomerationsräumen besser als in ländlichen Räumen ist. Bei der Verfügbarkeit von Arbeitskräften werden im empirischen Teil der Arbeit drei Aspekte untersucht: erstens das Angebot an qualifizierten Arbeitskräften, weiterhin die Verfügbarkeit von hoch qualifizierten Arbeitskräften und schließlich auch die Bereitschaft der Bevölkerung, in neuen Unternehmen im Gegensatz zu etablierten Unternehmen zu arbeiten.

2.3.4   Regionale kulturelle Merkmale

2.3.4.1   Einführung und Definition

„Die Frage nach den Triebkräften der Entwicklung des Kapitalismus ist nicht in erster Linie eine Frage nach der Herkunft der kapitalistisch verwertbaren Geldvorräte, sondern nach der Entwicklung des kapitalistischen Geistes. Wo er auflebt und sich auszuwirken vermag, da schaffte er sich die Geldvorräte als Mittel seines Wirkens, nicht aber umgekehrt." (Weber 1905a, S. 29)

In den Wirtschafts- und Sozialwissenschaften gibt es eine breite Debatte darüber, ob und auf welche Art kulturelle Merkmale Einfluss auf wirtschaftliche Aktivität haben. Insbesondere wird diskutiert, welche Bedeutung kulturelle Werte für die langfristige wirtschaftliche Entwicklung der westlichen Industrienationen hatten, und welche Konsequenzen sich hieraus für die Entwicklung von Ländern mit anderem kulturellen Hintergrund ergeben. In der orthodoxen ökonomischen Theorie bleiben kulturelle Faktoren unberücksichtigt. Im Bereich der Entwicklungsökonomie, Wirtschaftsgeschichte und Soziologie gibt es allerdings eine Reihe von Ansätzen, die die Bedeutung kultureller Faktoren betonen und argumentieren, dass sich Menschen nicht überall nach dem gleichen ökonomischen Rationalkalkül verhalten, sondern dass menschliches Verhalten kulturell geprägt ist und Kultur dadurch einen maßgeblichen Einfluss auf die wirtschaftliche Entwicklung von Gesellschaften hat (vgl. Berger 1991; Casson 1995; Hampden-Turner/Trompenaars 1993; Harrison/Huntington 2000; Weiss 1988).

Die Diskussion um kulturelle Unterschiede und wirtschaftliche Entwicklung geht zurück auf Max Weber. In seiner Arbeit „Die protestantische Ethik und der „Geist" des Kapitalismus" (Weber 1905a, 1905b), aus der auch das obige Zitat stammt, untersucht er den Zusammenhang zwischen religiös-ethischen Motiven und Unternehmertum. Er argumentiert, dass die protestantische Arbeitsethik einen wesentlichen Beitrag zur Entwicklung des modernen Kapitalismus geleistet hat, da sie die Einstellung zur Arbeit geändert hat. Unter dem Einfluss des Calvinismus wurde Arbeit nicht mehr nur als Notwendigkeit zum Überleben angesehen, sondern sie wurde ein Mittel zur Erlangung des Seelenheils (vgl. Berger 1991, S. 19). Zunächst soll hier der Begriff „Kultur" erklärt und definiert werden. Anschließend wird auf den Einfluss kultureller Merkmale auf wirtschaftliche Aktivitäten und Gründungsaktivitäten eingegangen, und die Ergebnisse empirischer Studien werden dargestellt.

Der Begriff der „Kultur" ist sehr vielschichtig und wird in verschiedenen Bedeutungen gebraucht. Eine vollständige Auflistung aller Definitionen würde den Rahmen dieser

Arbeit sprengen. In einer pragmatischen Abgrenzung kann man sagen, dass jede Gruppe von Menschen, deren Denken und Handeln sich von dem anderer Gruppen unterscheidet, eine „Kultur" hat (vgl. Frick et al. 1998, S. 43). Hofstede betont ebenfalls den Zusammenhang von Kultur und Gruppenzugehörigkeit. Er definiert Kultur anschaulich als „collective programming of the mind which distinguishes the members of one group or category of people from another" (Hofstede 1994, S. 5). Nach Fukuyama (2001, S. 3130) umfasst Kultur die Werte, Normen, Deutungen und Verhaltensweisen, die Gesellschaften oder andere soziale Gruppen charakterisieren. Die verschiedenen Definitionen machen deutlich, dass Kultur immer ein kollektives Phänomen ist, denn sie wird zumindest teilweise immer auch geteilt mit Menschen, die in der gleichen sozialen Umgebung leben oder der gleichen Gruppe angehören. Jeder Mensch gehört hierbei verschiedenen sozialen Gruppen an und trägt daher auch verschiedene Schichten der „mentalen Programmierung" in sich. Neben einer nationalen Ebene, die üblicherweise mit dem Begriff Kultur in Verbindung gebracht wird, gibt es unter anderem auch eine regionale Ebene, eine ethnische, religiöse und eine Geschlechterebene (vgl. Shapero 1984, S. 26; Hofstede 1994, S. 10ff). Kultur wird bewusst und unbewusst erlernt und sollte daher von der menschlichen Natur einerseits und der individuellen Persönlichkeit andererseits unterschieden werden. Kulturelle Merkmale werden in Sozialisationsprozessen weitergegeben, weswegen Kultur nicht kurzfristig veränderbar ist, sondern langfristigen Charakter hat (vgl. Hofstede 1994, S. 5).

2.3.4.2   Zusammenhang von Kultur und Unternehmertum

„The culture that places a high value on being in business, on entrepreneurship, and the kinds of behavior associated with such activities such as initiative taking, risk taking, innovation, and independence, is more likely to spawn company formation than a culture that does not value these things." (Shapero 1984, S. 25)

Kultur kann in unterschiedlicher Weise Einfluss auf wirtschaftliche Aktivität nehmen: Kultur beeinflusst die Einstellungen zu Arbeit und Konsum. Kultur hat einen Einfluss auf die Organisation wirtschaftlicher Aktivität und die Ausgestaltung und Effektivität von Institutionen, und Kultur wirkt zudem auf soziale Netzwerke und die Bildung von Vertrauen innerhalb von sozialen Gruppen (vgl. Fukuyama 2001, S. 3132ff). Für die vorliegende Untersuchung ist vor allem von Interesse, welchen Einfluss Kultur auf Gründungsaktivitäten haben kann. Ein solcher Zusammenhang kann auf verschiedene Art und Weise bestehen. Meist erfolgt die Analyse des Zusammenhangs von Kultur und Gründungsaktivitäten beziehungsweise Unternehmertum über Einstellungen zu Entrepreneurship oder Unternehmensgründungen. Es wird davon ausgegangen, dass kulturelle Merkmale gründungsbezogene Einstellungen beeinflussen, und dass diese wiederum auf Gründungsaktivitäten einwirken. Ein solcher Zusammenhang zwischen Kultur, Einstellungen und Gründungsaktivitäten kann auf individueller Ebene und auf regionaler beziehungsweise gesamtgesellschaftlicher Ebene bestehen (vgl. Davidsson/Wiklund 1997, S. 182). Ein direkter Zusammenhang auf individueller Ebene besteht dann, wenn aufgrund kultureller Merkmale viele Menschen positive gründungsbezogene Einstellungen haben und sich aufgrund dieser Einstellungen selbstständig machen. In diesem Fall besteht ein direkter Zusammenhang zwischen Kultur und Gründungsaktivitäten, da es gerade Personen mit positiven Einstellungen sind, die sich selbstständig machen. Diese Argumentation deckt sich mit der von Schumpeter (1934), McClelland (1961) und Kirzner (1985), die ebenfalls eine direkte Verbindung von Einstellungen und Gründungsaktivität beschreiben. Weiterhin kann ein Zusammenhang von Kultur und Gründungsaktivität auch auf gesellschaftlicher Ebene bestehen. Etzioni (1987) argumentiert, dass die vorherrschenden Werte und Normen im sozialen Umfeld einer Person einen Einfluss auf deren Gründungsneigung haben können. Eine gründungsfreundliche Kultur kann nach dieser Argumentation auch unabhängig von individuellen Einstellungen dazu führen, dass eine Person den Schritt in die Selbstständigkeit vollzieht. Ein Zusammenhang zwischen Kultur und Gründungsaktivität besteht in diesem Fall nicht auf individueller Ebene, sondern lediglich auf Gruppen-, Regions- oder gesellschaftlicher Ebene. Diese Argumentation geht zurück auf Forscher des Harvard Center for Entrepreneurial History, die den unterschiedlichen Entwicklungsstand von Ländern mit der gesellschaftlichen Legitimation von Entrepreneurship erklären (vgl. Cochran 1949; Lipset 1967; Martinelli 2001). Da man allerdings nicht von einem homogenen gesellschaftlichen Wertesystem ausgehen kann und Entrepreneurship sich auch in einem Umfeld entwickeln kann, in dem die Schaffung neuer Unternehmen nicht hoch angesehen ist, lässt sich diese Argumentation auch kritisieren (vgl. Gerschenkron 1962).

Ein direkter Zusammenhang zwischen Kultur und Unternehmertum, der über individuelle Werte und Einstellungen abläuft, wird in den Ansätzen von Schumpeter (1934) und Kirzner (1985) hergestellt. Schumpeter beschreibt den Unternehmer, der neue Kombinationen durchsetzt, als besonderen Typus, der nur selten anzutreffen ist. Ein Unternehmer im Schumpeterschen Sinne muss sich von Routineabläufen trennen, eigene Denk- und Verhaltensmuster überdenken und außerhalb gewohnter Bahnen tätig werden. Hinzu kommt, dass die Durchsetzung neuer Kombinationen zum Teil nur gegen gesellschaftlichen Widerstand erfolgen kann. Die Überwindung dieser inneren und äußeren Widerstände ist in unterschiedlichen Kulturen auch unterschiedlich schwierig (vgl. Schumpeter 1934, S. 110ff). Hierdurch lässt sich erklären, warum Unternehmer nicht überall gleich häufig anzutreffen sind.

Kirzner (1985) schreibt Unternehmern ebenfalls besondere Fähigkeiten zu, die kulturell unterschiedlich stark ausgeprägt sein können. Unternehmer sind Personen, die neue Gewinnmöglichkeiten erkennen und nutzen können. Im Prinzip haben viele Personen die Möglichkeit, unternehmerisch tätig zu werden. Unternehmer sind allerdings besser in der Lage, gegebene Situationen oder Sachlagen als Möglichkeiten für unternehmerisches Handeln zu erfassen. Entrepreneurship beinhaltet immer die Aspekte Entdeckung („Discovery") und Interpretation („Interpretation"). Der Begriff Entdeckung deutet darauf hin, dass Entrepreneure Dinge tun, die vorher noch nicht in gleicher Weise gemacht worden sind. Der Entrepreneur entdeckt also neue Möglichkeiten für wirtschaftliches Handeln. Der Begriff Interpretation weist darauf hin, dass sich Gewinnmöglichkeiten nicht anhand objektiver Größen ablesen lassen, sondern vielmehr vom Entrepreneur als solche interpretiert werden. Ein Entrepreneur ist also in der Lage, Gewinnchancen zu erkennen, wo andere diese nicht sehen. Er kann aus komplexen Situationen Aspekte herauslesen, die andere nicht erkannt haben (vgl. Lavoir 1991, S. 36ff). Die Entdeckung und Interpretation von unternehmerischen Möglichkeiten ist dabei immer auch kulturell geprägt. Lavoie argumentiert folgendermaßen: „Entrepreneurship, I argue, is primarily a cultural process. The seeing of profit opportunities is a matter of cultural interpretation. And like any other interpretation, this reading of profit opportunities necessarily takes place within a larger context of meaning, against a background of discursive practices, a culture" (Lavoie 1991, S. 36).

Der Ansatz von Kirzner und Lavoie macht deutlich, dass der kulturelle Hintergrund der Einwohner einer Region beeinflussen kann, in welchem Umfang unternehmerische Möglichkeiten erkannt und genutzt werden. Bei der Erklärung von regionalen Unterschieden bei Gründungsaktivitäten muss man allerdings bedenken, dass die objektiven Möglichkeiten für eine Unternehmensgründung nicht überall gleich gut ausgeprägt sind. Da Gründer in der Anfangsphase oft für einen lokalen Markt produzieren, beeinflussen auch die allgemeinen wirtschaftlichen Rahmenbedingungen einer Region die Möglichkeiten für unternehmerische Möglichkeiten. Dies erschwert den empirischen Nachweis kultureller Unterschiede. Regionale kulturelle Unterschiede bestehen dann, wenn die Menschen einer Region bei gleichen objektiven Möglichkeiten häufiger unternehmerische Möglichkeiten sehen als Menschen einer anderen Region. Der Ansatz von Kirzner und Lavoie bezieht sich im Wesentlichen nur auf die Wahrnehmung unternehmerischer Möglichkeiten und macht keine Aussage darüber, inwieweit Personen auch in der Lage sind, die notwendigen Ressourcen für den Aufbau eines Unternehmens zu organisieren.

Auch die Institutionenökonomik kann einen Zusammenhang von Kultur und unternehmerischer Aktivität herstellen. Die Institutionenökonomik beschäftigt sich mit Institutionen und deren Wirkungen auf menschliches Verhalten. Der Begriff der Institutionen ist hierbei in einem umfassenden Sinn zu verstehen und meint sowohl formelle Gesetze und Organisationen als auch informelle Verhaltensregeln, wie zum Beispiel Normen, Sitten und Gebräuche. North (1992, S. 3) beschreibt Institutionen als die von Menschen erdachten Beschränkungen menschlicher Interaktion, kurz: als Spielregeln einer Gesellschaft. Üblicherweise beschäftigt sich die Institutionenökonomik mit formellen Institutionen wie Recht, staatliche Regulierungen oder Unternehmen (vgl. Richter 1994, S. 2f). Allerdings spielen auch informelle, oder, wie North sie bezeichnet, „formlose" Beschränkungen in modernen Gesellschaften eine große Rolle. "Unser täglicher Umgang mit anderen – sei es in der Familie, in gesellschaftlichen Beziehungen, außerhalb derselben oder im Berufsleben – unterliegt einer Ordnung, die überwiegend durch Verhaltenskodizes, Sitten und Gebräuche und Konventionen bestimmt ist" (North 1992, S. 43). Formlose Beschränkungen entstehen aus Informationen, die in der Gesellschaft weitergegeben werden und sind Teil der Kultur. Kulturmerkmale und damit auch formlose Beschränkungen sind äußerst langlebig und verändern sich nur langsam. Auch bei der abrupten Veränderung von formgebundenen Beschränkungen ändern sich die kulturspezifischen formlosen Beschränkungen nur langsam (vgl. North 1992, S. 43ff). Menschliches Verhalten und damit auch Gründungsverhalten wird wesentlich durch Institutionen bestimmt. Institutionen stellen auch für Unternehmer den Handlungsspielraum dar, innerhalb dessen sie tätig werden können. Die jeweilige Ausgestaltung des institutionellen Rahmens beeinflusst das Entscheidungsverhalten für oder gegen eine Unternehmensgründung und damit auch das Angebot an Gründern. Die formellen Institutionen einer Gesellschaft sichern die Existenz von unternehmerischen Möglichkeiten. Die informellen Institutionen, also Einstellungen, Sitten und Gebräuche, bestimmen, inwieweit diese Möglichkeiten auch tatsächlich erkannt und genutzt werden (vgl. Welter 2002, S. 2f).

Die hier dargestellten Ansätze stellen einen Zusammenhang zwischen Kultur, Einstellungen und wirtschaftlicher Aktivität her. Kulturelle Werte und Normen beeinflussen Einstellungen und Verhaltensweisen und wirken dadurch auf wirtschaftliche Aktivitäten. Bei der empirischen Überprüfung dieser Ansätze erweist es sich als problematisch, dass Kultur nicht direkt gemessen werden kann. Kultur fungiert als eine Art Hintergrundvariable, die sich in Einstellungen und Verhaltensweisen manifestiert. Einstellungen und Verhaltensweisen werden aber neben der kulturellen Prägung auch noch von einer Reihe anderer, personenbezogener Einflüsse bestimmt. Darüber hinaus gehören Menschen unterschiedlichen sozialen Gruppen an, weswegen sich regionale kulturelle Merkmale mit gruppenspezifischen kulturellen Merkmalen überlagern (vgl. Hofstede 1994, S. 10ff; Shapero 1984, S. 26). Personen der gleichen regionalen kulturellen Prägung können also unterschiedliche Einstellungen und Verhaltensweisen an den Tag legen. Lediglich in der Summe ist zu erwarten, dass aufgrund kultureller Unterschiede bestimmte Einstellungen in unterschiedlichen Regionen oder Kulturgruppen unterschiedlich häufig auftreten. Daher ist die Unterscheidung zwischen personenbezogenen Merkmalen und Kulturmerkmalen schwierig. Einstellungen und Verhaltensweisen lassen sich erst dann als Kulturmerkmale einstufen, wenn es sich nicht nur um individuelle Merkmale einzelner Personen handelt, sondern diese charakteristisch für Personengruppen sind. Somit ist es eine empirische Frage, ob bestimmte Merkmale als Personenmerkmale oder Kulturmerkmale einer größeren Personengruppe angesehen werden können.

2.3.4.3 Empirische Studien zur Bedeutung kultureller Merkmale für Gründungsaktivitäten

Es gibt nur wenige empirische Studien, die den Zusammenhang von kulturellen Merkmalen und Gründungsaktivitäten direkt untersuchen. Die Untersuchungen im Rahmen des GEM-Projektes zeigen, dass sich die Einstellungen zum Thema Unternehmensgründung weltweit stark voneinander unterscheiden, was als Indikator für den Einfluss kultureller Merkmale gewertet werden kann. Insbesondere in den angloamerikanisch geprägten Ländern USA, Großbritannien, Kanada, Australien und Neuseeland werden häufig gute Möglichkeiten für eine Unternehmensgründung gesehen, ist die Angst zu scheitern gering und gibt es ein hohes Selbstvertrauen in die eigenen Gründungsfähigkeiten. Tendenziell weisen Länder mit günstigen Einstellungen der Bevölkerung auch hohe Gründungsquoten auf, was auf die Bedeutung kultureller Merkmale für Gründungsaktivitäten hinweist (vgl. Reynolds et al. 2002; Sternberg/Bergmann 2003). Auch weitere international vergleichende Untersuchungen zeigen, dass die Werte und Normen der Bevölkerung eines Landes Einfluss auf die Gründungsneigung haben. Das Potenzial an Unternehmensgründern in einem Land wird also zumindest teilweise auch durch dessen kulturellen Hintergrund beeinflusst (vgl. Busenitz/Gómez/Spence 2000; Knight 1997; Mueller/Thomas 2000; Tiessen 1997, Wildeman et al. 1999).

Wenn üblicherweise von Kultur gesprochen wird, ist damit meist die nationale Kultur eines Landes oder einer Gesellschaft gemeint. Auch innerhalb einzelner Länder gibt es allerdings kulturelle Unterschiede, wobei es schwierig ist, die Frage zu beantworten, welche Bedeutung diese für Gründungsaktivitäten oder allgemein die wirtschaftliche Entwicklung in den entsprechenden Regionen haben. Die bereits angesprochene Arbeit von Max Weber (1905a, 1905b) hebt die Rolle kultureller Faktoren für die Entwicklung deutscher Regionen hervor. Unternehmertum war im neunzehnten Jahrhundert vor allem protestantisch geprägt, was Weber auf die besondere Arbeitsethik von Protestanten zurückführt. Die Struktur der Verteilung der Konfessionen im Raum deckte sich in Deutschland recht gut mit der wirtschaftlichen Entwicklung von Regionen. Weber wertet dies als Beleg für die Bedeutung kultureller Faktoren für Unternehmertum. Religiöse Motive haben heute wahrscheinlich geringeren Einfluss auf wirtschaftliches Handeln. Trotzdem gibt es Hinweise darauf, dass die kulturellen Unterschiede zwischen deutschen Regionen auch die wirtschaftliche Entwicklung von Regionen beeinflussen (vgl. Miegel 1991).

Die Bedeutung der regionalen "Gründerkultur" oder des regionalen "Gründerklimas" wird in vielen Untersuchungen zu Unternehmensgründungen hervorgehoben (vgl. Armington/Acs 2002, S. 39; Goetz/Freshwater 2001, S. 59; Johannisson 1984, S. 33f; Krueger/Brazeal 1994, S. 92; Malecki 1997a, S. 157ff; Shapero 1984, S. 25f; Shapero/Sokol 1982, S. 73ff). Man muss allerdings feststellen, dass die Begriffe Gründungskultur oder Gründungsklima oft nicht eindeutig definiert und operationalisiert und zudem in empirischen Untersuchungen meist nicht direkt erhoben werden. Mit Ausnahme des REM-Projektes, auf dem auch diese Arbeit beruht, ist dem Autor keine Untersuchung bekannt, die regionale kulturelle Unterschiede innerhalb Deutschlands empirisch misst und als Einflussfaktor auf Gründungsaktivitäten untersucht. Auch in anderen Ländern wurde die Bedeutung kultureller Faktoren für das regionale Gründungsgeschehen noch nicht umfassend untersucht. Empirische Untersuchungen beschränken sich meist auf den Vergleich einzelner (Hochtechnologie-)Regionen. Einige Studien thematisieren kulturelle Unterschiede zwischen den Oststaaten und Kalifornien in den USA und deren Auswirkungen auf die Entwicklung der Regionen "Route 128" und dem Silicon Valley (vgl. Weiss/Delbecq 1988; Saxenian 1994). Da es sich hierbei allerdings nicht um einen repräsentativen Querschnitt amerikanischer Regionen handelt, können diese nicht herangezogen werden, um allgemeine Aussagen über die Bedeutung von kulturellen Merkmalen im regionalen Gründungsgeschehen abzuleiten.

Einige empirische Studien zum regionalen Gründungsgeschehen, die auf die Bedeutung von Kultur- und Umfeldfaktoren hinweisen, erfassen diese nicht direkt, sondern lediglich als Restkategorie. Der Teil der regionalen Varianz, der anhand von strukturellen Faktoren nicht erklärt werden kann, wird der regionalen Gründungskultur oder dem spezifischen regionalen Umfeld für Unternehmensgründer zugeschrieben (vgl. für die USA: Armington/Acs 2002, S. 42f; Goetz/Freshwater 2001, S. 61; für Deutschland: Fritsch/Niese 2000, S. 241f; für GB: Robson 1998). Dieses Vorgehen ist aber unbefriedigend, da offen bleibt, welche Aspekte der regionalen Kultur oder des regionalen Gründungsumfeld tatsächlich von Bedeutung sind oder ob nicht andere, nicht berücksichtigte Faktoren für den unerklärten Rest der Varianz verantwortlich sind.

Eine Untersuchung der Bedeutung kultureller Faktoren im Gründungsprozess bedarf einer direkten Erfassung von Werten, Normen und Einstellungen der Bevölkerung einer Region. Die einzigen dem Autor dieser Arbeit bekannten empirischen Studien, die regionale kulturelle Unterschiede anhand von direkten Bürgerbefragungen erheben und deren Beziehung zu Gründungsaktivitäten untersuchen, wurden in Schweden durchgeführt (vgl. Davidson/Wiklund 1997; Davidsson 1995; Davidsson/Delmar 1992). Angesichts der Tatsache, dass in vielen theoretischen Abhandlungen auf die Bedeutung kultureller Merkmale für Unternehmensgründungen hingewiesen wird, erstaunt diese geringe Anzahl an empirischen Forschungsergebnissen. Davidsson und Wiklund (1997, S. 182) führen diese Forschungslücke vor allem auf die hohen Erhebungskosten und methodische Probleme derartiger Untersuchungen zurück. Aufgrund der Bedeutung für diese Arbeit werden die angeführten Studien im Folgenden kurz dargestellt.

Davidsson und Delmar (1992) und Davidsson (1995) beschreiben die Ergebnisse eines empirischen Forschungsprojektes in sechs unterschiedlich strukturierten schwedischen Regionen. Anhand einer schriftlichen Befragung wurden insgesamt 1547 zufällig ausgewählte Personen der gleichen Altersgruppe aus den sechs Regionen nach gründungsbezogenen Werten und Einstellungen befragt. Hierbei wurden solche Bereiche wie Leistungsbereitschaft (achievement motivation), interne Kontrollüberzeugung (locus-of-control), Bedürfnis nach Unabhängigkeit (need for autonomy) und Bereitschaft zum Wandel (change orientation) berücksichtigt. Die regionalen Ausprägungen der Einstellungsbereiche wurden anschließend mit der regionalen Gründungsquote nach dem Arbeitsmarktansatz verglichen. Davidsson und Delmar kommen zum Ergebnis, dass Unterschiede bei den gründungsbezogenen Werten zwischen den untersuchten Regionen existieren, diese allerdings relativ klein sind. Nur für Stockholm finden sie signifikant höhere Werte als für die übrigen Regionen. Trotz dieser geringen Unterschiede und einzelner Abweichungen stellen sie tendenziell einen Zusammenhang von gründungsbezogenen Werten und regionalen Gründungsaktivitäten fest (vgl. Davidsson/Delmar 1992, S. 451f; Davidsson 1995, S. 49f). Davidsson (1995, S. 52f) zeigt weiterhin, dass ein Zusammenhang von Gründungsaktivitäten und regionalen strukturellen Merkmalen wie Selbstständigenanteil, Bevölkerungsdichte, Bevölkerungswachstum und Arbeitslosigkeit besteht. Sowohl kulturelle als auch strukturelle Faktoren beeinflussen also Gründungsaktivitäten. Die beiden genannten Gruppen von Einflussfaktoren sind aber möglicherweise nicht unabhängig voneinander: „... where the structural (pull) conditions for entrepreneurship are favourable, the culture tends to favour entrepreneurship" (Davidsson 1995, S. 53). Aufgrund der geringen Anzahl an Untersuchungsregionen und des Forschungsdesigns kann Davidsson die Frage der Kausalität von Kultur, Struktur und Gründungsintensität nicht abschließend klären. Er weist aber darauf hin, dass kulturelle Unterschiede möglicherweise nur das Resultat von strukturellen Unterschieden sind: "The possibility would remain, however, that structural pull factors are the real determinants and culture but an epiphenomenon that has no unique causal influence" (Davidsson 1995, S. 55). Der Zusammenhang von strukturellen Merkmalen und Einstellungen zu Entrepreneurship zeigt sich auch in einer Untersuchung für die USA. Personen, die in Regionen leben, die von Großunternehmen dominiert werden, haben eine eher zurückhaltende Einstellung zu Entrepreneurship, unabhängig von der Größe des Unternehmens, in dem sie selbst arbeiten (vgl. Jackson/Rodkey 1994). Allerdings wird in dieser Untersuchung nicht der Bezug zu tatsächlichen Gründungsaktivitäten hergestellt.

Um den Zusammenhang von Struktur und Kultur eingehender zu untersuchen, führten Davidsson und Wiklund (1997) eine zweite Untersuchung mit anderem Forschungsdesign durch. Anhand einer Clusteranalyse aller 80 schwedischen Arbeitsmarktregionen identifizieren sie drei strukturell gleiche Regionspaare. Die zwei Regionen eines Regionspaares gehören jeweils zum gleichen Cluster, das heißt sie unterscheiden sich nicht in Bezug auf die Branchenstruktur, Bevölkerungsdichte und andere strukturelle Faktoren, die in anderen Studien häufig als Erklärungsfaktoren für die regionale Gründungsquote herangezogen werden. Die Regionen wurden allerdings so gewählt, dass jeweils eine von ihnen eine hohe und eine eine niedrige Gründungsquote aufweist. Da sich die beiden Regionen nicht in struktureller Hinsicht unterscheiden, vermuten Davidsson und Wiklund, dass kulturelle Unterscheide für die differierenden Gründungsraten verantwortlich sind. In ähnlicher Form wie bei der vorangegangenen Untersuchung wurden die kulturellen Merkmale und Einstellungen der Einwohner der Regionen anhand einer schriftlichen Befragung von zufällig ausgewählten 35-40 Jahre alten Personen erhoben. Ein Vergleich der Befragungsergebnisse für die drei Regionspaare zeigt, dass gründungsbezogene Werte, Ansichten und Einstellungen in den gründungsstarken Regionen meist jeweils positiver ausgeprägt sind. Davidsson und Wiklund (1997, S. 189ff) folgern daher, dass kulturelle Unterschiede einen Teil der Differenz der Gründungsraten erklären. Die kulturellen Unterschiede zwischen den sechs untersuchten schwedischen Regionen sind insgesamt allerdings relativ gering. Da in anderen Studien anhand struktureller Merkmale etwa 70% der Varianz regionaler Gründungsraten erklärt werden können (vgl. Audretsch/Fritsch 1994a; Reynolds/Storey/Westhead 1994) und in der schwedischen Untersuchung kulturelle Unterschiede zwischen strukturell gleichen Regionen nur gering sind, folgern Davidsson und Wiklund (1997, S. 193), dass kulturelle Faktoren insgesamt einen geringeren Anteil der Varianz regionaler Gründungsquoten erklären als strukturelle Merkmale: „Our preferred interpretation of the results is that the cultural differences are minor and that their effects are likely to be small in comparison to the effects of some structural factors" (Davidsson/Wiklund 1997, S. 196).

Die beschriebenen schwedischen Untersuchungen leisten einen wichtigen Beitrag zum Verständnis des Zusammenhangs von kulturellen Merkmalen und regionalen Gründungsaktivitäten: Kulturelle Faktoren spielen dort eine Rolle im Gründungsprozess, vermutlich sind diese aber von geringerer Bedeutung als strukturelle Merkmale. Davidsson und Wiklund (1997, S. 193) weisen selber darauf hin, dass kulturelle Unterschiede möglicherweise in anderen Ländern größer und daher auch von höherer Bedeutung sind als in Schweden. Daher sind die Ergebnisse der schwedischen Studien nur bedingt zu verallgemeinern. Zudem basieren die Aussagen der Studien auf regionalen Aggregatdaten. Eine Studie auf der Basis von Individualdaten könnte den Zusammenhang von Werten, Einstellungen und Gründungsaktivitäten genauer untersuchen. Vermutlich besteht zudem ein Zusammenhang zwischen strukturellen Merkmalen einer Region und den Werten und Einstellungen der Bevölkerung dieser Region. Allerdings ist dieser Zusammenhang bislang noch wenig erforscht, so dass keine abschließenden Aussagen hierzu möglich sind.

2.4   Einflussfaktoren auf der Makroebene

Die Anzahl an Unternehmensgründungen und Selbstständigen in einer Volkswirtschaft wird wesentlich von Faktoren beeinflusst, die auf nationaler Ebene gelten oder gesetzt werden. Die Wirtschafts- und Sozialpolitik beeinflusst durch die Steuergesetzgebung, das Arbeitsrecht, das System der sozialen Sicherung und weitere Politikbereiche auch Anreizstrukturen in Bezug auf Unternehmensgründungen und Selbstständigkeit. Daneben gibt es weitere Institutionen, die jeweils für einen gesamten Staat gelten und ebenfalls Einfluss auf die Gründungsneigung ausüben. Es besteht wenig Zweifel daran, dass die Ausgestaltung von nationalen Institutionen und nationaler Politik sowie die Wirtschafts- und Bevölkerungsstruktur das Niveau und die Struktur von Gründungsaktivitäten und Selbstständigkeit in einer Volkswirtschaft bestimmen (vgl. Busenitz/Gómez/Spencer 2000; Verheul et al. 2002a; Reynolds et al. 2002). Empirische Belege für den Zusammenhang von Infrastruktur und Gründungsaktivitäten sind allerdings schwer zu finden, da sich die Infrastruktur immer in einer Vielzahl von Aspekten unterscheidet und daher direkte Vergleiche zwischen einzelnen Ländern schwierig sind (vgl. Delmar/Davidsson 2000, S. 3). Bei Längsschnittuntersuchungen besteht das Problem der gleichzeitigen Veränderung einer Reihe von Rahmenbedingungen, so dass die Bedeutung einzelner Faktoren nur schwer abzuschätzen ist. Aus diesem Grund beschränken sich die meisten Studien auf theoretische Betrachtungen oder deskriptive Gesamtbetrachtungen der Gründungsinfrastruktur eines Landes (vgl. Davis/Henrekson

1997; Frick et al. 1998, S. 150ff; Henrekson 2002; Henrekson/Johansson 1999; Henriquez et al. 2002; Verheul et al. 2002b; Verheul et al. 2002d).

Da der Fokus dieser Arbeit auf regionalen Unterschieden im Gründungsgeschehen in Deutschland liegt, werden Einflussfaktoren auf der Makroebene hier nur insoweit beschrieben, wie sie für die Fragestellungen dieser Arbeit von Relevanz sind. Makroökonomische oder –soziale Einflussfaktoren lassen sich in Bezug auf interregionale Unterschiede in zwei Gruppen einteilen. Auf der einen Seite gibt es Faktoren, die zwar das generelle Niveau an Gründungsaktivitäten in einem Land beeinflussen, aber keinen Einfluss auf interregionale Unterschiede haben. Diese Faktoren sind daher für die hier betrachteten Fragestellungen irrelevant und können unberücksichtigt bleiben. Weiterhin gibt es Einflussfaktoren auf der Makroebene, die zwar für alle Teile eines Landes in gleichem Maße gelten, allerdings unterschiedliche regionale Wirkungen haben, und die hierdurch auch Auswirkungen auf die regionale Struktur von Gründungsaktivitäten innerhalb eines Landes haben. So wirken nationale Rahmenbedingungen für Gründungen aus der Arbeitslosigkeit in prosperierenden Regionen anders als in strukturschwachen Regionen. Die Förderung von solchen Gründungen wird das Niveau an Gründungsaktivitäten daher insbesondere in solchen Regionen erhöhen, die von einer hohen Arbeitslosigkeit betroffen sind. Hierdurch können nationale Rahmenbedingungen auch die regionale Struktur von Gründungsaktivitäten beeinflussen.

In dieser Arbeit werden die makroökonomischen und -sozialen Rahmenbedingungen allerdings als gegeben betrachtet, und es werden die Faktoren untersucht, die unter den gegebenen Bedingungen regionale Unterschiede von Gründungsaktivitäten erklären. Der Einfluss von nationalen Rahmenbedingungen und nationaler Politik auf regionale Unterschiede im Gründungsgeschehen kann aus drei Gründen hier nicht berücksichtigt werden. Erstens ließe sich eine derartige Untersuchung in empirischer Form nur anhand des Vergleichs von mindestens zwei verschiedenen Zeitpunkten oder unter Einbezug einer Reihe von Ländern durchführen, was im Rahmen dieser Arbeit nicht möglich war. Zweitens besteht in Bezug auf spezifisch regionale Einflussfaktoren noch Forschungsbedarf. Die Hinzunahme weiterer Erklärungsfaktoren der nationalen Ebene hätte ein Forschungsdesign notwendig gemacht, das nur bedingt zur Untersuchung regionaler Einflussfaktoren geeignet gewesen wäre. Drittens hat es sich in Untersuchungen zu regionalen Unterschieden im Gründungsgeschehen innerhalb eines Landes durchgesetzt, die nationalen Rahmenbedingungen als gegeben zu betrachten und lediglich branchen-, regions- und personenbezogene Einflussfaktoren zu untersuchen (vgl. Reynolds/Storey/Westhead 1994; Audretsch/Fritsch 1994a; Brixy/Grotz 2002; Fritsch/Falck 2002). Die Aussagen zum Einfluss von regionalen Faktoren, wie beispielsweise der Kaufkraft, gelten daher immer nur unter den jeweils betrachteten nationalen Rahmenbedingungen. Daher wird in Kapitel 4.1 ein kurzer Überblick über die wirtschaftliche Situation in Deutschland zum Zeitpunkt der empirischen Untersuchungen gegeben. Eine Beschreibung und Analyse der nationalen gründungsbezogenen Infrastruktur Deutschlands findet sich bei Frick et al. (1998), Sternberg (2000a), Sternberg/Bergmann (2003) und Verheul et al. (2002c).

Wagner und Sternberg (2002, S. 20) argumentieren, dass nationale Rahmenbedingungen von geringerer Bedeutung für die individuelle Gründungsentscheidung sind als regionale oder lokale Rahmenbedingungen. Diese These kann in der vorliegenden Arbeit nicht abschließend überprüft werden. Internationale Unterschiede bei Gründungsaktivitäten scheinen größer zu sein als interregionale Unterschiede innerhalb Deutschlands, was die große Bedeutung nationaler Rahmenbedingungen und nationaler kultureller Merkmale demonstriert. Dennoch erscheint es unzweifelhaft, dass regionale Unterschiede innerhalb eines Landes vor allem durch regionale oder lokale Unterschiede der Wirtschaftsstruktur sowie gründungsbezogene und allgemeine Rahmenbedingungen determiniert werden.

2.5 Zusammenfassung der Hypothesen für den empirischen Teil der Arbeit

Im theoretischen Teil dieser Arbeit ist deutlich geworden, dass die individuelle Gründungsentscheidung und auch das regionale Niveau an Gründungsaktivitäten von einer Vielzahl von Faktoren beeinflusst werden, die auf unterschiedlichen Maßstabsebenen angesiedelt sind. Bei einigen der diskutierten und in Abbildung 1 genannten Einflussfaktoren hat sich herausgestellt, dass ein Einbezug in die weiteren Untersuchungen nicht sinnvoll ist. Im empirischen Teil dieser Arbeit werden Einflussfaktoren der Mikro-Ebene sowie der regionalen Ebene berücksichtigt. Makroökonomische und -soziale Einflüsse können aufgrund des gewählten Forschungsdesigns keine Berücksichtigung finden. Auf der Mikro-Ebene sind laut der genannten Theorien folgende Faktoren wichtig für die Erklärung von Gründungsaktivitäten und werden daher auch im empirischen Teil dieser Arbeit untersucht:

• Sozio-ökonomische Merkmale

• Gründungsbezogene Einstellungen und Fähigkeiten

• Mikrosoziales Umfeld

Auf Basis der angeführten theoretischen Ansätze sind auf der Regionsebene insbesondere die folgenden Einflussfaktoren relevant für die Erklärung von Gründungsaktivitäten:

- Struktur bestehender Unternehmen (Branche, Größe)

- Allgemeine wirtschaftliche Rahmenbedingungen

- Gründungsbezogene Infrastruktur

- Kulturelle Merkmale

In den folgenden empirischen Untersuchungen wird daher nach den genannten sieben Gruppen von Einflussfaktoren unterschieden.

Vor dem Hintergrund der theoretischen Ausführungen werden fünf Hypothesen zu den in der Einleitung formulierten Forschungsfragen aufgestellt. Ein wichtiges Ziel dieser Arbeit ist es, regionale Unterschiede der Gründungsaktivitäten in Deutschland zu erklären. Insbesondere soll herausgefunden werden, in welchem Maße regionale Einflussfaktoren die individuelle Gründungsentscheidung beeinflussen. Die relative Bedeutung von regionalen Einflussfaktoren lässt sich nur messen, wenn auch Einflüsse der Mikro-Ebene in die Untersuchung einbezogen werden. Die Hypothesen 1 und 2 beziehen sich daher auf Faktoren der Mikro-Ebene und deren Bedeutung für die Erklärung regionaler Unterschiede bei Gründungsaktivitäten.

Hypothese 1: Sozio-ökonomische Merkmale, einschließlich Branchen- und Selbstständigkeitserfahrungen, üben einen wesentlichen Einfluss auf die individuelle Gründungsneigung aus. Aufgrund der unterschiedlichen regionalen Verteilung dieser Merkmale können diese bereits einen Teil der Varianz regionaler Gründungsquoten erklären.

Im theoretischen Teil der Arbeit wurde auf die Bedeutung folgender sozio-ökonomischer Merkmale für Gründungsaktivitäten hingewiesen: Geschlecht, Alter, Bildungsstand, Einkommen, Erwerbsstellung, Selbstständigkeits- beziehungsweise Gründungserfahrung. Die genannten personenbezogenen Faktoren werden daher in die folgenden empirischen Untersuchungen einbezogen. Der Einfluss dieser Merkmale auf individuelle Gründungsaktivitäten ist bereits in einer Reihe anderer Untersuchungen gezeigt worden, meist allerdings nicht unter Berücksichtigung der regionalen Ebene. Insbesondere ist die Bedeutung von Branchen- und Selbstständigkeitserfahrungen bislang kaum auf individueller Ebene im regionalen Kontext untersucht worden.

Hypothese 2: Gründungsbezogene Einstellungen und Fähigkeiten beeinflussen die individuelle Gründungsneigung.

Die Bedeutung gründungsbezogener Einstellungen und Fähigkeiten für individuelle Gründungsaktivitäten lässt sich anhand verschiedener theoretischer Ansätze zeigen (ökonomische Entscheidungsmodelle zur Erwerbswahl, Theorie geplanten Verhaltens, psychologische Ansätze etc.). Die Relevanz dieser Faktoren ist allerdings bislang noch nicht umfassend empirisch untersucht worden. Es ist zu erwarten, dass Personen mit einem hohem Selbstvertrauen in die eigenen Gründungsfähigkeiten, einer positiven Einschätzung der Möglichkeiten für Gründer, einer positiven Einschätzung des Ansehens von Gründern sowie einer geringen Risikoaversion eine höhere Gründungsneigung haben als Personen ohne die genannten Merkmale. Dies wirft die Frage auf, wodurch gründungsbezogene Einstellungen und Fähigkeiten determiniert werden, was Gegenstand der folgenden Hypothese ist.

Hypothese 3: Gründungsbezogene Einstellungen und Fähigkeiten sind nicht nur von personenbezogenen Merkmalen, sondern auch von mikrosozialen und regionalen Faktoren abhängig. Ein etwaiger signifikanter Einfluss der regionalen Ebene zeigt die Existenz von kulturellen Unterschieden zwischen Regionen.

Der Einfluss des mikrosozialen Umfelds auf gründungsbezogene Einstellungen und Fähigkeiten lässt sich anhand von Rollenvorbildern, Netzwerken und Sozialkapital erklären. Der Einfluss regionaler Merkmale kann sich aus der regionalen Branchen- und Größenstruktur der Unternehmen, allgemeinen und gründungsbezogenen Rahmenbedingungen sowie kulturellen Merkmale ergeben. Kulturelle Merkmale von Regionen lassen sich kaum direkt erfassen. Ein signifikanter regionaler Einfluss auf gründungsbezogene Einstellungen, der sich nicht anhand von personenbezogenen Faktoren erklären lässt, kann allerdings als Hinweis auf kulturelle Einflüsse gewertet werden.

Hypothese 4: Die Infrastruktur für Gründungen weist regional eine unterschiedliche Qualität auf. Die Qualität der gründungsbezogenen Infrastruktur beeinflusst den Umfang an Gründungsaktivitäten einer Region positiv.

Die gründungsbezogene Infrastruktur beziehungsweise gründungsbezogene Rahmenbedingungen wurden in der Gründungsforschung bisher kaum berücksichtigt. Es ist zu vermuten, dass diese Infrastruktur in Deutschland nicht homogen ist, sondern regionale Unterschiede aufweist. Da es kaum Vergleichsstudien hierzu gibt, lassen sich nur schwer Hypothesen über die regionale Ausprägung der gründungsbezogenen Infrastruktur aufstellen. Vermutlich sind einige der untersuchten Rahmenbedingungen in

Agglomerationsräumen besser ausgeprägt als in anderen Regionstypen. Die gründungsbezogene Infrastruktur hat einen Einfluss auf den Umfang an Gründungsaktivitäten. Die Stärke dieses Einflusses ist abhängig von der regionalen Varianz der Rahmenbedingungen. Der Einfluss kann direkt auf die Gründungsentscheidung oder indirekt auf gründungsbezogene Einstellungen und Fähigkeiten erfolgen.

Hypothese 5: Der Umfang regionaler Gründungsaktivitäten wird in der Summe in stärkerem Maße von der Bevölkerungs- und Wirtschaftsstruktur einer Region als von kulturellen Faktoren beeinflusst. Diese strukturellen und kulturellen Faktoren sind allerdings nicht unabhängig voneinander, sondern interdependent.

Industrieökonomische Untersuchungen haben gezeigt, dass ein großer Teil der Varianz regionaler Gründungsquoten anhand der Branchenstruktur bestehender Unternehmen und der wirtschaftlichen Entwicklung einer Region erklärt werden kann. Diese Aussage ist richtig, verschleiert aber die Bedeutung von individuellen Einstellungen und Entscheidungen im Gründungsprozess. Unterschiede bei gründungsbezogenen Einstellungen und Fähigkeiten sind vermutlich zum Teil auch auf die unterschiedliche Unternehmensstruktur und Wirtschaftskraft von Regionen zurückzuführen. In diesem Sinne sind kulturelle und strukturelle Merkmalen einer Region abhängig voneinander.

Gründungsbezogene Einstellungen und Fähigkeiten spielen eine intermediäre Rolle zwischen Struktur und Gründungsaktivität. Die Unternehmensstruktur und Wirtschaftskraft einer Region führen nicht automatisch zu einer bestimmten Gründungsquote, sondern wirken auf Einstellungen und Fähigkeiten und diese wiederum auf das Niveau an Gründungsaktivitäten.

Die verschiedenen vermuteten Zusammenhänge von Person, Region, gründungsbezogenen Einstellungen und Fähigkeiten sowie Gründungsaktivitäten sind in Abbildung 2 dargestellt. Gründungsbezogene Einstellungen und Fähigkeiten sind in der Abbildung separat von der Person ausgewiesen. In der Realität handelt es sich bei diesen zwar in erster Linie um personenbezogene Merkmale. Wie bereits angesprochen sind Einstellungen allerdings möglicherweise auch kulturell geprägt und haben daher zum Teil auch regionalen Charakter. In Abbildung 2 sind die Gründungsaktivitäten ebenfalls außerhalb der Regionen dargestellt. Tatsächlich finden diese in den allermeisten Fällen in der Region statt, in der die Gründer leben. Die gesonderte Darstellung von gründungsbezogenen Einstellungen und Fähigkeiten sowie Gründungsaktivitäten dient also lediglich der Veranschaulichung der Zusammenhänge zwischen den verschiedenen Größen. In der Abbildung sind die Zusammenhänge angegeben, auf die sich die Hypothesen dieser Arbeit beziehen.

Abb. 2: Modellhafte Darstellung der betrachteten Einflussfaktoren auf gründungsbezogene Einstellungen und Gründungsaktivitäten

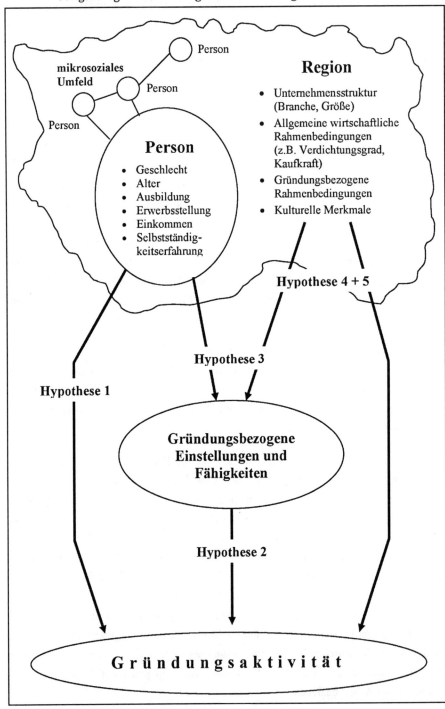

Quelle: Eigene Darstellung.

3   Empirisches Vorgehen

3.1   Das Projekt „Regionaler Entrepreneurship Monitor (REM)" als Datengrundlage

Diese Arbeit baut wesentlich auf Daten aus dem Forschungsprojekt „Regionaler Entrepreneurship Monitor (REM) – Zur Bedeutung von Entrepreneurship für regionales Wirtschaftswachstum – das Beispiel Deutschland" auf, das von der Deutschen Forschungsgemeinschaft (DFG) im Rahmen des Schwerpunktprogramms „Interdisziplinäre Gründungsforschung" von Oktober 2000 bis September 2002 gefördert wurde. Die empirischen Erhebungen in diesem Projekt wurden im Sommer 2001 durchgeführt. Das REM-Projekt wurde als Kooperationsprojekt des Wirtschafts- und Sozialgeographischen Instituts der Universität zu Köln (Antragsteller: Prof. Dr. Rolf Sternberg) und des Instituts für Volkswirtschaftslehre der Universität Lüneburg (Antragsteller: Prof. Dr. Joachim Wagner) bearbeitet.

Zu dem genannten Projekt gibt es ein Folgeprojekt, das den Titel „Regionaler Entrepreneurship Monitor (REM) – Zur Dynamik von Gründungsaktivitäten in Deutschland: Ausmaß und Ursachen" trägt und von Oktober 2002 bis September 2004 läuft. Dieses Folgeprojekt ist allerdings nicht mehr Gegenstand der Analysen dieser Arbeit. Wenn im Folgenden vom REM-Projekt gesprochen wird, ist damit immer nur das erstgenannte Forschungsprojekt gemeint.

Das REM-Projekt untersucht die folgenden drei Forschungsfragen:

- In welchem Maße variiert das Niveau der Gründungsaktivitäten zwischen deutschen Regionen?

- Welche Faktoren hemmen oder fördern Gründungsaktivitäten? Was macht eine Region „entrepreneurial"?

- Welcher Zusammenhang besteht zwischen Entrepreneurship-Aktivitäten und dem wirtschaftlichen Wachstum einer Region?

Die ersten beiden Forschungsfragen überschneiden sich mit den Forschungsfragen dieser Arbeit, weswegen die Daten aus den empirischen Erhebungen des REM-Projektes für diese Arbeit genutzt werden können.

Das REM-Projekt ist konzeptionell und methodisch an das internationale Forschungsprojekt „Global Entrepreneurship Monitor (GEM)" angelehnt, das bereits 1997 initiiert wurde. Die Ziele von GEM sind, internationale Unterschiede im Gründungsgeschehen zu erfassen und zu erklären sowie Aussagen über den Zusammenhang von Gründungsaktivitäten und wirtschaftlichem Wachstum zu machen. Die Ergebnisse des GEM-Projektes zeigen, dass es im internationalen Vergleich erhebliche Unterschiede bei Gründungsaktivitäten gibt. Diese Unterschiede lassen sich zurückführen auf Unterschiede bei gründungsbezogenen Rahmenbedingungen und Einstellungen, kulturellen Faktoren und dem wirtschaftlichen Entwicklungsstand von Nationen (vgl. Reynolds et al. 2000; Reynolds et al. 2001; Reynolds et al. 2002). Die Forschungsmethodik des REM-Projektes ist vergleichbar mit der des GEM-Projektes. In beiden Projekten werden mittels telefonischer Bevölkerungsbefragungen Gründungsaktivitäten und Einstellungen zur Selbstständigkeit erfasst. Daneben dient eine schriftliche und persönliche Befragung von Gründungsexperten der Messung der gründungsbezogenen Infrastruktur. Die Projekte GEM und REM unterscheiden sich also vor allem dahingehend, dass GEM internationale Unterschiede der Gründungsaktivitäten untersucht, während bei REM Gründungsaktivitäten in zehn deutschen Regionen analysiert und verglichen werden. Die Organisationsstrukturen der Projekte unterscheiden sich auch erheblich. GEM besteht aus einem internationalen Koordinationsteam und je einem Länderteam in jedem teilnehmenden Land. Beim REM-Projekt werden alle Regionen von Forschern der Universitäten Lüneburg und Köln betreut. Alle Mitglieder des Kölner REM-Teams sind oder waren auch am internationalen GEM-Projekt beteiligt. Das Lüneburger REM-Team arbeitet hingegen nicht direkt am GEM-Projekt mit.

Die Ergebnisse des GEM-Projektes werden jährlich in der Form eines Global Reports veröffentlicht (vgl. Reynolds/Hay/Camp 1999; Reynolds et al. 2000; Reynolds et al. 2001; Reynolds et al. 2002; Reynolds/Bygrave/Autio 2004). Darüber hinaus publizieren die meisten teilnehmenden Länderteams Berichte, die sich vor allem auf das jeweilige Land beziehen. Für Deutschland wurden bislang die folgenden GEM-Länderberichte veröffentlicht: Sternberg/Otten/Tamásy (2000a, 2000b), Sternberg (2000a), Sternberg/Bergmann/Tamásy (2001), Sternberg/Bergmann (2003) und Sternberg/Bergmann/Lückgen (2004).

Ähnlich wie bei GEM sind auch beim REM-Projekt die wichtigsten Ergebnisse in der Form eines Berichts veröffentlicht worden (vgl. Bergmann/Japsen/Tamásy 2002). Darüber hinaus sind die Daten aus dem Projekt auch schon für eine Vielzahl weiterer wissenschaftlicher Publikationen genutzt worden (vgl. u.a. Bergmann 2002; Japsen 2002b; Sternberg 2003a, 2003b; Tamásy 2003; Wagner 2002a, 2002b, 2003a, 2003b; Wagner/Sternberg 2002).

3.2   Auswahl der Untersuchungsregionen

Die Untersuchung regionaler Unterschiede im Gründungsgeschehen in Deutschland erfolgt im REM-Projekt und auch in dieser Arbeit anhand von zehn Regionalwirtschaften. Umfassend lässt sich das Gründungsgeschehen einer Region nur analysieren, wenn Stadt-Umlandverflechtungen berücksichtigt werden. Als Untersuchungsebene wurde daher die Ebene von Raumordnungsregionen (ROR) gewählt, da diese Verflechtungen zwischen Kernstädten und ihrem Umland berücksichtigen. Raumordnungsregionen stellen ein räumliches Raster für bundesweit vergleichende Regionalanalysen dar und finden in der empirischen Regionalforschung eine breite Anwendung. Sie bilden eine Zwischenstufe zwischen den Stadt- und Landkreisen einerseits und den Regierungsbezirken und Bundesländern andererseits, das heißt, sie bestehen – mit Ausnahme der Stadtstaaten Berlin, Hamburg und Bremen - aus mehreren Kreisen und/oder kreisfreien Städten. Es werden die Kreise zu einer ROR zusammengefasst, die am stärksten durch funktionalräumliche Beziehungen miteinander verflochten sind, also zum Beispiel durch Pendlerverflechtungen. In der Regel handelt es sich hierbei um eine Kernstadt und ihr Umland. Die Abgrenzung von ROR erfolgt auf der Basis von funktionalräumlichen Verflechtungen durch das Bundesamt für Bauwesen und Raumordnung. Für die vorliegende Untersuchung wurde die zum Zeitpunkt der Regionsauswahl aktuelle Abgrenzung von ROR des Jahres 1996 gewählt, Deutschland ist in dieser Abgrenzung in insgesamt 97 ROR aufgeteilt (vgl. BBR 2000).

Aus Kosten- und Zeitgründen konnten im Rahmen des REM-Projektes und damit auch im Rahmen dieser Arbeit nur zehn der insgesamt 97 deutschen Raumordnungsregionen untersucht werden. Die Auswahl der Regionen erfolgte hierbei nach einem klaren Auswahlverfahren. Ziel bei der Auswahl war es, solche Regionen zu wählen, die nach Möglichkeit repräsentativ für Deutschland insgesamt sind. In der empirischen Sozialforschung kann eine Stichprobe dann als repräsentativ bezeichnet werden, wenn „Kongruenz zwischen theoretisch definierter Gesamtheit und tatsächlich durch die Stichprobe repräsentierter Gesamtheit" besteht, das heißt wenn die Stichprobe ein „verkleinertes Abbild einer angebbaren Grundgesamtheit" ist (Kromrey 1998, S. 259). In der Regel trifft dies nur zu, wenn anhand eines Zufallsauswahlverfahrens eine ausreichende Anzahl von Elementen der Grundgesamtheit gezogen werden. Im vorliegenden Fall besteht die Grundgesamtheit aus den 97 deutschen Raumordnungsregionen, aus denen zehn für die Untersuchung ausgewählt werden sollten. Ein Zufallsauswahlverfahren wäre im vorliegenden Fall zwar möglich gewesen, allerdings lassen sich bei so geringen Fallzahlen auch nicht-zufällige Auswahlverfahren rechtfertigen (vgl. Kalton 1983, S. 91). Die zufällige Auswahl von zehn Regionen hätte zu einer sehr unausgewogenen oder räumlich geballten Auswahl führen können. Angestrebt wurde hingegen, Agglomerations- und ländliche Räume, Regionen in gen, Agglomerations- und ländliche Räume, Regionen in West- und Ostdeutschland sowie gründungsstarke und gründungsschwache Räume angemessen zu berücksichtigen.

Bei der Auswahl der Regionen wurde daher nach dem Verfahren der „Auswahl typischer Fälle" vorgegangen. Bei diesem Auswahlverfahren werden Fälle gewählt, die als besonders charakteristisch für die Grundgesamtheit angesehen werden (vgl. Schnell/ Hill/Esser 1993, S. 306ff). Im vorliegenden Fall erfolgte die Auswahl anhand von drei Kriterien, die eine ausgewogene räumliche und sachliche Verteilung der Untersuchungsregionen gewährleisten sollen (vgl. Tab. 2):

• Berücksichtigung unterschiedlicher Regionstypen (Agglomerationsräume, verstädterte Räume, ländliche Räume)
• Berücksichtigung von Regionen aus unterschiedlichen geographischen Großräumen Deutschlands
• Berücksichtigung von Regionen mit unterschiedlich hoher Gründungsaktivität

Um eine repräsentative Auswahl deutscher Regionen zu treffen, müssen verschiedene Regionstypen berücksichtigt werden, was das Ziel des ersten Auswahlkriteriums ist. Unter den 97 deutschen Raumordnungsregionen gibt es eine Spanne von dünn besiedelten ländlichen Räumen bis hin zu bevölkerungsreichen Agglomerationsräumen. Das Bundesamt für Bauwesen und Raumordnung (2001, S. 8) klassifiziert die Raumordnungsregionen anhand der zentralörtlichen Bedeutung des Zentrums und der Bevölkerungsdichte in drei verschiedene siedlungsstrukturelle Regionsgrundtypen. Diese drei Regionstypen wurden bei der Regionsauswahl entsprechend ihres Bevölkerungsanteils im Jahr 1998 berücksichtigt. Da etwa 50% der Bevölkerung Deutschlands in Agglomerationsräumen lebt, sollten fünf der zehn REM-Regionen Agglomerationsräume sein. Entsprechend sollten drei Regionen vom Typ „verstädterter Raum" und zwei vom Typ „ländlicher Raum" sein (vgl. Tab. 2). Im Vergleich zu ihrem Bevölkerungsanteil sind ländliche Räume leicht überrepräsentiert. Dies erschien allerdings sinnvoll, damit zumindest zwei Regionen von jedem Regionstyp in der Auswahl sind.

Das zweite Auswahlkriterium bezieht sich auf den geographischen Großraum in Deutschland. Die wirtschaftliche Situation ist in Ostdeutschland auch mehr als zehn Jahre nach der Wiedervereinigung schlechter als in den meisten anderen Teilen Deutschlands, weswegen es sinnvoll erschien, in angemessenem Umfang Regionen aus Ostdeutschland auszuwählen. Die Auswahl erfolgte wieder entsprechend der Bevölkerungsverteilung. Etwa 20% der Bevölkerung Deutschlands lebte 1998 in Ostdeutschland, weswegen zwei Regionen aus Ostdeutschland ausgewählt werden sollten.

Tab. 2: Kriterien für die Auswahl der Untersuchungsregionen

Kriterium 1: Berücksichtigung unterschiedlicher Regionstypen Indikator: Einwohner (1998) in unterschiedlichen Regionstypen (BBR)		
	Anteil an allen Einwohnern in D. (1998)	Anzahl REM- Regionen
Agglomerationsräume	52,2%	5
Verstädterte Räume	34,7%	3
Ländliche Räume	13,0%	2

Kriterium 2: Berücksichtigung von Regionen aus unterschiedlichen geographischen Großräumen Deutschlands Indikator: Einwohner (1998) in unterschiedlichen geographischen Großräumen		
	Anteil an allen Einwohnern in D. (1998)	Anzahl REM- Regionen
Norddeutschland (Schleswig-Holstein, Niedersachsen, Hamburg, Bremen)	15,7%	2
Westdeutschland (Nordrhein-Westfalen, Hessen, Rheinland-Pfalz, Saarland)	35,5%	3
Ostdeutschland (Mecklenburg-Vorpommern, Sachsen-Anhalt, Brandenburg, Berlin, Sachsen, Thüringen)	21.3%	2
Süddeutschland (Baden-Württemberg, Bayern)	27,4%	3

Kriterium 3: Berücksichtigung von Regionen mit unterschiedlich hoher Gründungsaktivität Indikator: Gründungsquote nach IAB-Betriebspanel (Gründungen pro 1000 abh. Erwerbspersonen, 1996-1998)			
Gründungsquote	Klassifizierung West	Klassifizierung Ost	Anzahl REM- Regionen
Hoch (oberes Drittel)	≥ 4,78	≥ 7,00	3 oder 4
Mittel (mittleres Drittel)	> 4,32	> 6,55	3 oder 4
Gering (unteres Drittel)	≤ 4,32	≤ 6,55	3 oder 4

Quellen: Bundesamt für Bauwesen und Raumordnung (2001); IAB-Betriebspanel West und Ost.

Weiterhin wurde unterschieden nach Nord- (2 Regionen), West- (3 Regionen) und Süddeutschland (3 Regionen; vgl. Tab. 2).

Als drittes Auswahlkriterium wurde die regionale Gründungsintensität berücksichtigt. Aus anderen Untersuchungen ist bekannt, dass erhebliche regionale Unterschiede bei Gründungsaktivitäten bestehen (vgl. Audretsch/Fritsch 1994a; Fritsch et al. 2002; Maaß 2000; Sternberg 2000a). Ziel des REM-Projektes ist es, diese regionalen Unterschiede zu erfassen und insbesondere diese zu erklären. Um eine ausreichende Varianz der abhängigen Variable sicherzustellen, sollten daher Regionen mit hoher, mittlerer und niedriger Gründungsintensität ausgewählt werden. Anhand der Betriebsdatei der Beschäftigtenstatistik der Bundesanstalt für Arbeit lässt sich die Anzahl der Gründungen in Deutschland und seinen Regionen abschätzen (vgl. Brixy/Fritsch 2002, Fritsch/Niese 1999). Obgleich in dieser Statistik nur Gründungen mit mindestens einem sozialversicherungspflichtig Beschäftigten erfasst werden, geben die Daten einen Hinweis darauf, ob es sich generell um eine Region mit hoher oder geringer Gründungsintensität handelt. Da das Niveau an Gründungsaktivitäten in den neunziger Jahren in Ostdeutschland deutlich über dem in Westdeutschland lag, mussten diese bei der Auswahl getrennt behandelt werden. Die Raumordnungsregionen in Ost- und in Westdeutschland wurden jeweils getrennt eingeteilt in gleich große Gruppen mit hoher, mittlerer und geringer Gründungsaktivität. Tabelle 2 zeigt die Klassifizierungsgrenzen getrennt nach Ost- und West. Aus jeder dieser drei Kategorien wurden drei oder vier Regionen ausgewählt.

Bei der Auswahl von Untersuchungsregionen wurde darauf geachtet, dass alle drei genannten Auswahlkriterien gleichermaßen erfüllt sind. Allerdings ergeben sich aus den drei Auswahlkriterien eine Reihe möglicher Kombinationen von Raumordnungsregionen. Bei der Entscheidung für oder gegen eine Region spielten daher auch noch andere Kriterien eine Rolle. Die Heimatregionen Köln und Lüneburg der beiden REM-Teams sollten in jedem Fall ausgewählt werden. Ebenfalls bestand besonderes Interesse an der Region München, da diese als Deutschlands führende Technologieregion gilt und eine Vielzahl innovativer Gründungen hervorgebracht hat (vgl. Bain & Company 2001a, 2001b; Boston Consulting Group 2001; Schwender 2000; Sternberg/Tamásy 1999). Die Emscher-Lippe-Region wurde gewählt, um eine altindustrialisierte Region in der Stichprobe zu haben. Weiterhin wurde darauf geachtet, Regionen zu wählen, die nicht räumlich aneinander grenzen, um eine zu große Ähnlichkeit der Region zu vermeiden, die sich allein aufgrund der räumlichen Nähe ergibt (räumliche Autokorrelation). Auch sollten die Regionen möglichst aus verschiedenen Bundesländern stammen. Lediglich im Fall von Nordrhein-Westfalen und Bayern wurden jeweils zwei Regionen gewählt, da dies die beiden bevölkerungsreichsten Bundesländer in Deutschland sind.

Tab. 3: **Die zehn REM-Untersuchungsregionen**

Raumordnungsregion	Regionstyp (BBR)	Geographischer Großraum	Gründungs- intensität
Schleswig-Holst. Mitte (Kiel) (3)	2a	Nord	O
Mittl. Mecklenburg / Rostock (8)	2b	Ost	O
Lüneburg (21)	3b	Nord	+
Emscher-Lippe (40)	1a	West	-
Köln (44)	1a	West	O
Mittelhessen (49)	2c	West	-
Westsachsen (Leipzig) (57)	1b	Ost	+
Stuttgart (72)	1a	Süd	-
Main-Rhön (82)	3a	Süd	-
München (93)	1b	Süd	+

Anmerkungen: Der Name der Region bezieht sich auf die aktuelle Abgrenzung der Raumordnungsregi-onen des Bundesamtes für Bauwesen und Raumordnung (BBR) aus dem Jahr 1996. In Klammern angegeben ist die Nummer der Raumordnungsregion. Gründungsintensität nach IAB Betriebspanel: +: hoch; O: mittel; -: gering
Regionstypen (BBR):
1a: Hochverdichtete Agglomerationsräume
1b: Agglomerationsräume mit herausragenden Zentren
2a: Verstädterte Räume höherer Dichte
2b: Verstädterte Räume mittlerer Dichte mit großen Oberzentren
2c: Verstädterte Räume mittlerer Dichte ohne große Oberzentren
3a: Ländliche Räume höherer Dichte
3b: Ländliche Räume geringerer Dichte
Quellen: Bundesamt für Bauwesen und Raumordnung (2001); IAB-Betriebspanel West und Ost.

Die letztendliche Regionsauswahl ist in Tabelle 3 und als Karte in Abbildung 3 darge-stellt. In den nachfolgenden Ausführungen sind die Raumordnungsregionen Schles-wig-Holstein Mitte, Mittleres Mecklenburg/ Rostock, sowie Westsachsen zum Teil nur mit dem Namen der jeweils größten Städte Kiel, Rostock und Leipzig benannt.

Da die Merkmale siedlungsstruktureller Regionstyp, geographischer Großraum und Gründungsintensität bei den zehn ausgewählten Regionen etwa ähnlich ausgeprägt sind wie in Deutschland insgesamt, lässt sich argumentieren, dass diese Regionen in Bezug auf die genannten Merkmale repräsentativ für Deutschland sind (vgl. Böltken 1976, S. 25). Für eine Reihe anderer, hier nicht kontrollierter Merkmale besteht diese Repräsentativität möglicherweise aber nicht. Die Ergebnisse des REM-Projektes und dieser Arbeit gelten daher streng genommen nur für die zehn Untersuchungsregionen und dürfen nur mit Einschränkungen für Deutschland verallgemeinert werden.

Abb. 3: Karte der REM-Untersuchungsregionen

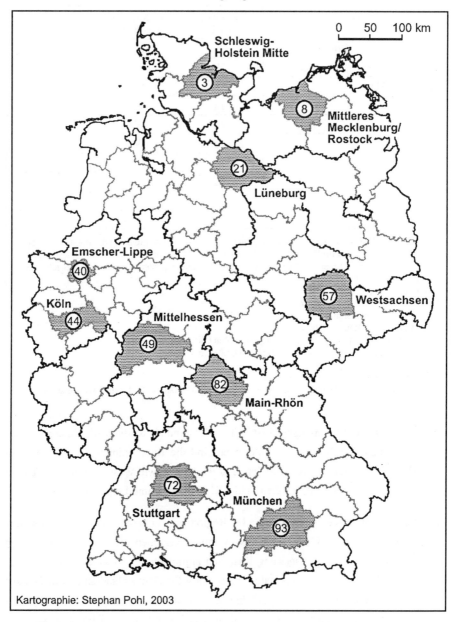

Kartographie: Stephan Pohl, 2003

3.3 Forschungsvorgehen im REM-Projekt

In Deutschland gibt es keine Statistik, die umfassend alle Arten von Unternehmensgründungen nach Regionen erfasst. Zudem lassen sich Informationen zu gründungsbezogenen Einstellungen der Bevölkerung und zur gründungsbezogenen Infrastruktur nur
in unzureichendem Maße aus Sekundärstatistiken ablesen. Im Rahmen des Forschungsprojektes „Regionaler Entrepreneurship Monitor (REM)" wurden daher eigene
empirische Erhebungen durchgeführt, deren Daten in dieser Arbeit genutzt werden.
Hierbei handelt es sich um eine repräsentative telefonische Bevölkerungsbefragung
sowie um eine schriftliche und eine persönliche Befragung von Gründungsexperten.
Im Folgenden wird das methodische Vorgehen bei diesen drei Erhebungen dargestellt.

3.3.1 Telefonische Bevölkerungsbefragung

Das REM-Forschungsprojekt untersucht regionale Unterschiede im Gründungsgeschehen in Deutschland. Zur Ermittlung der regionalen Gründungsaktivitäten wurde eine
telefonische Bevölkerungsbefragung konzipiert und durchgeführt, da die bestehenden
Sekundärstatistiken zur Messung von Gründungsaktivitäten jeweils bestimmte Schwächen aufweisen und daher für die Forschungsfragen des REM-Projektes nicht geeignet
erschienen. In Ländern mit einer hohen Netzdichte wie der Bundesrepublik Deutschland haben sich telefonische Befragungen aufgrund einer Reihe von Vorteilen inzwischen als Standardvorgehen bei repräsentativen Bevölkerungsbefragungen durchgesetzt (vgl. Diekmann 1998, S. 429ff; Schnell/Hill/Esser 1993, S. 374ff; Gabler/Häder/
Hoffmeier-Zlotnik 1998). Zunächst wird ein kurzer Überblick über die angesprochenen Sekundärstatistiken gegeben, um dann die telefonische REM-Bevölkerungsbefragung umfassend zu beschreiben.

In Deutschland gibt es keine amtliche Gründungsstatistik. Zur Abschätzung der Anzahl und Art von Unternehmensgründungen greift die Gründungsforschung daher üblicherweise auf Datenquellen zurück, die eigentlich zu anderen Zwecken erstellt werden,
allerdings auch Aussagen über Gründungsaktivitäten erlauben. Es handelt sich hierbei
insbesondere um die Gewerbeanzeigenstatistik, die Betriebsdatei der Beschäftigtenstatistik der Bundesanstalt für Arbeit, die Mannheimer Gründungspanels des Zentrums
für Europäische Wirtschaftsforschung (ZEW), den Mikrozensus und die Umsatzsteu-
erstatistik. Diese Statistiken bieten vielfältige Informationen zu verschiedenen Aspekten von Unternehmensgründungen. Ein kennzeichnendes Merkmal aller Statistiken ist
allerdings, dass sie jeweils bestimmte Aspekte des Gründungsgeschehens nicht erfassen. Die Gewerbeanzeigenstatistik erfasst zum Beispiel keine Gründung im Bereich

der Freien Berufe und der Landwirtschaft. Die Betriebsdatei der Beschäftigtenstatistik der Bundesanstalt für Arbeit nimmt nur Betriebe auf, die mindestens einen sozialversicherungspflichtig Beschäftigen haben, was auf einen großen Teil aller Gründungen und selbstständigen Tätigkeiten nicht zutrifft. Zudem enthalten die angegebenen Statistiken schwerpunktmäßig entweder nur Angaben über die Person des Gründers oder aber über das gegründete Unternehmen. Eine ausführliche Beschreibung der Vor- und Nachteile der genannten Datenquellen findet sich bei Fritsch und Grotz (2002).

Im Unterschied zu den genannten Sekundärstatistiken bietet eine eigenständige repräsentative Bevölkerungsbefragung die Möglichkeit, alle Arten von Gründungsaktivitäten sowie Merkmale der Gründer und der Unternehmen auf individueller Ebene zu erfassen. Anhand der im Rahmen des REM-Projektes durchgeführten repräsentativen telefonischen Bevölkerungsbefragung konnte ermittelt werden, in welchem Maße sich Personen an Gründungsaktivitäten beteiligen, welche Einstellungen sie zu gründungsrelevanten Themen vertreten, welche Motive bei der Gründung eines Unternehmens im Vordergrund stehen und welcher Art das gegründete Unternehmen ist. Die Erfassung von demographischen Merkmalen und gründungsbezogenen Einstellungen erfolgte hierbei sowohl bei Gründern als auch bei Nicht-Gründern.

Der Fragebogen für die telefonische Befragung enthält insgesamt zehn Fragen zur Beteiligung an Gründungsaktivitäten sowie zu gründungsbezogenen Einstellungen, die an alle Personen gerichtet wurden. Zudem wurden bei allen Befragten folgende soziodemographische Variablen erhoben: Geschlecht, Alter, Familienstand, Schulausbildung, Erwerbstätigenstatus, Haushaltsgröße und das im Haushalt verfügbare Nettoeinkommen nach Abzug der Steuern und Sozialversicherung. Darüber hinaus gab es weitere Fragen, die nur an Gründer, Selbstständige oder ehemalige Gründer gerichtet wurden. Diese Fragen betreffen Art und Umfang der selbstständigen Tätigkeit, Zeitpunkt der ersten Gewinnerzielung beziehungsweise Gehälterzahlung, Gründungsmotive, Wachstumsziele und die Anzahl der Beschäftigten. Der gesamte Fragebogen findet sich bei Japsen (2002a, S. 50ff). Die Formulierung der Fragen orientierte sich in Teilen an dem Fragenkatalog des Global Entrepreneurship Monitor (GEM), um die Ergebnisse der beiden Projekte miteinander vergleichen zu können. So wurde „Entrepreneurship" im Rahmen des REM-Projektes genau wie bei GEM bewusst sehr weit definiert und umfasst jeden Versuch, ein neues Unternehmen zu gründen, wozu jede Art selbstständiger Tätigkeit zählt. Die genaue Abgrenzung von Unternehmensgründern wird in Abschnitt 3.4.1 beschrieben.

Da es sich bei der Befragung um eine telefonische Befragung handelt, erfolgte auch der Pretest des Fragebogens in telefonischer Form. Hierzu wurde mit dem Telefonbefragungsinstitut TNS Emnid vereinbart, dass der Beginn der Feldphase als eine Art Pretest durchgeführt werden sollte. Der Ablauf der Interviews wurde überwacht, und Probleme oder Rückfragen wurden notiert. Falls Nachfragen oder Unklarheiten bei Fragen gehäuft auftraten, konnte die Formulierung oder das Spektrum möglicher Antwortvorgaben noch kurzfristig verändert werden. Da sich viele der Fragen bereits in vorherigen GEM-Befragungen bewährt hatten, war hier allerdings nicht mit größeren Problemen zu rechnen. Dies bestätigte sich auch bei der Durchführung der Befragung, so dass die meisten Fragen unverändert blieben. Lediglich bei einer neu formulierten Frage wurde aufgrund von häufigen Rückfragen der Befragten eine neue Antwortmöglichkeit hinzugefügt.

Die REM-Bevölkerungsbefragung wurde als repräsentative telefonische Bürgerbefragung von TNS Emnid, Bielefeld im Zeitraum vom 16. Juli bis 5. September 2001 durchgeführt. Die Telefonate fanden in allen Regionen außerhalb der jeweiligen Sommerferien statt. Die Grundgesamtheit für die Befragung umfasste deutschsprachige Personen ab 14 Jahren in Privathaushalten mit Telefonanschluss, die in den zehn ausgewählten Raumordnungsregionen leben. Die Ziehung der Telefonstichprobe erfolgte nach dem „Randomized-Last-Digit"-Verfahren: Ausgehend von einem bekannten Telefonnummern-Stamm wurden zufällige Telefonnummern generiert und angerufen. Falls unter der angerufenen Telefonnummer ein Privathaushalt erreicht wurde, erfolgte die Auswahl der Zielperson in Haushalten mit mehr als einer über 14 Jahre alten Person mittels hartem Geburtstagsschlüssel, das heißt es wurde die Person befragt, die als letztes Geburtstag hatte (vgl. TNS Emnid 2001, S. 2). Dieses Verfahren ist aufwändiger als die direkte Befragung der Person, die den Anruf entgegennimmt, sichert allerdings die Repräsentativität der Befragung (vgl. Schnell/Hill/Esser 1993, S. 376).

In jeder der zehn REM-Regionen wurden 1000 Telefoninterviews durchgeführt, so dass sich insgesamt ein Stichprobenumfang von 10.000 befragten Personen ergibt. Weitere Informationen zur Stichprobenziehung, Nettostichprobe und Stichprobenausschöpfung finden sich bei Japsen (2002a, S. 18ff) sowie bei TNS Emnid (2001).

Das Stichprobenverfahren führt bereits zu einer weitgehend repräsentativen Stichprobe. Dennoch kann es zufallsbedingte Abweichungen der soziodemographischen Struktur der Stichprobe von der Grundgesamtheit geben. Daher wurde eine Gewichtungsvariable berechnet, die für jede Region die Alters- und Geschlechtsstruktur der Stichprobe an die Ergebnisse des Mikrozensus des Jahres 2000 angleicht (vgl. TNS Emnid 2001, S. 3). Wenn nicht gesondert darauf hingewiesen wird, sind alle in dieser Arbeit genannten Anteilswerte unter Verwendung der Gewichtungsvariablen berechnet worden.

3.3.2 Expertenbefragungen

3.3.2.1 Abgrenzung und Auswahl von Gründungsexperten

Ein Ziel des REM-Projektes ist es, Gründungsaktivitäten in deutschen Regionen zu erklären, wobei auch spezifisch regionale Einflussfaktoren auf das Gründungsgeschehen berücksichtigt werden sollen. Im theoretischen Teil dieser Arbeit wird dargelegt, auf welche Weise die regionale gründungsbezogene Infrastruktur einen Einfluss auf Umfang und Art von Unternehmensgründungen ausüben kann. Im Rahmen des REM-Projektes werden die sieben in Kapitel 2.3.3 aufgeführten Aspekte der gründungsbezogenen Infrastruktur untersucht. Die Ausprägung dieser Rahmenbedingungen lässt sich nicht aus sekundärstatistischen Datenquellen ablesen. Daher wurden im Rahmen von REM Befragungen konzipiert, anhand der die Qualität gründungsbezogener Rahmenbedingungen bewertet werden kann.

Die Qualität der gründungsbezogenen Infrastruktur lässt sich nur durch die Befragung von Personen ermitteln, die diese umfassend überblicken können. Hierfür kommen zwei Personengruppen in Betracht: zum einen regionale Gründungsexperten, also Personen, die sich in ihrer beruflichen Tätigkeit intensiv mit Unternehmensgründungen in der Region beschäftigen, zum anderen Gründer, die über eigene Erfahrungen bei der Realisierung ihres Gründungsvorhabens verfügen. Da von Gründungsexperten ein besserer Überblick über die regionale Infrastruktur erwartet wurde, und diese zudem auch Einblick in die interne Struktur regionaler Institutionen haben, fiel die Entscheidung zugunsten dieser Befragungsgruppe aus.

Gründungsexperten wurden im Rahmen von REM definiert als Personen, die sich in ihrer beruflichen Tätigkeit oder in sonstiger Weise intensiv mit Unternehmensgründungen in der jeweiligen Region beschäftigen und daher einen Einblick in die Situation und die Rahmenbedingungen von Gründern haben. Gründungsexperten können aus ganz unterschiedlichen Bereichen stammen und möglicherweise nur bestimmte Teilaspekte der regionalen Infrastruktur einschätzen, zum Beispiel die Finanzierung, die öffentliche Förderinfrastruktur oder die politischen Rahmenbedingungen. Zumindest bei einer gründungsbezogenen Rahmenbedingung sollten sie aber einen fundierten Überblick besitzen. Gerade bei der Untersuchung von Fragestellungen, die auf der Regions- oder Mesoebene angesiedelt sind, können Expertenbefragungen sehr ergiebig sein, da Experten Einblick in interne Strukturen, Entwicklungen und Problembereiche von Institutionen haben (vgl. Krafft/Ulrich 1995, S. 27ff). Bei der Analyse der gründungsbezogenen Infrastruktur ist auch die Frage des internen Funktionierens von Organisationen relevant, da hierdurch auch die Qualität von Rahmenbedingungen beeinflusst wird. Die Befragung von Gründungsexperten hat also letztendlich zwei Zielsetzungen. Zum einen soll durch die Befragung eine fundierte Einschätzung der Qualität der gründungsbezogenen Infrastruktur erhalten werden. Zum anderen sollen auch Ursachen für das Funktionieren oder Versagen von regionalen Institutionen ermittelt werden. Diese zweite Aufgabe lässt sich nur durch die Befragung von Gründungsexperten und nicht durch eine reine Gründerbefragung erfüllen.

Da es nach Wissen der REM-Forschergruppe keine vergleichbare Studie in Deutschland gibt, in der Gründungsexperten zur regionalen gründungsbezogenen Infrastruktur befragt wurden, konnte auf keine Erfahrungen über die Gesamtzahl an Gründungsexperten in einer Region, deren Ermittlung und Antwortbereitschaft zurückgegriffen werden. Die angegebene Definition von ‚Gründungsexperten‘ kann auch immer nur relativ vage bleiben, da es nicht möglich ist, trennscharfe Kriterien anzugeben, anhand derer man Gründungsexperten von Nicht-Experten abgrenzen kann. Maßgeblich für die Auswahl von Experten ist deren Wissen über den Untersuchungsgegenstand, das sich nicht notwendigerweise an bestimmten beruflichen Positionen festmachen lässt (vgl. Deeke 1995, S. 8ff). Daher kann es bei der Auswahl von Gründungsexperten keine festen, objektiven Kriterien geben. Demzufolge kann man auch keine Aussage über die Gesamtzahl oder Grundgesamtheit an Gründungsexperten in einer Region machen, was Voraussetzung für eine Zufallsstichprobe gewesen wäre (vgl. Schnell/Hill/Esser 1993, S. 280). Die Auswahl der Experten erfolgte stattdessen nach der subjektiven Einschätzung der REM-Forschungsgruppe, welche Personen am ehesten die notwendige Kompetenz für die Einschätzung der gründungsbezogenen Infrastruktur besitzen. Es wurde angestrebt, eine möglichst vollständige Liste aller regionalen Gründungsexperten zu erstellen.

Anhand einer Internet-Recherche, Informationen von Gründungsnetzwerken und Beratungsstellen für Gründer wurden Personen identifiziert, die im Bereich der Gründungsförderung, -beratung oder -forschung tätig sind. Personen wurden nur dann in die Liste der Gründungsexperten aufgenommen, wenn sich aus dem Internet oder aus anderen Veröffentlichungen entnehmen ließ, dass sie sich mit Unternehmensgründungen beschäftigen oder als Ansprechpartner für Gründer genannt wurden. Bei potenziellen Gründungsexperten, wo kein derartiger direkter Bezug zum Thema Gründungen erkennbar war, wurde durch eine telefonische Nachfrage ermittelt, ob sie sich mit Unternehmensgründungen beschäftigen und nach eigener Einschätzung die Infrastruktur für Gründer in der Region bewerten können. Viele Kreditinstitute nennen zum Beispiel nur Ansprechpartner für den Firmenkundenbereich und keine speziellen Gründungsberater. Hier mussten geeignete Personen durch telefonisches Nachfragen ermittelt werden. Die Gründungsexperten verfügen zwar nur zum Teil über eigene Gründungserfahrungen, allerdings kommen sie durch ihre berufliche Tätigkeit mit einer Reihe von Gründern in Kontakt und haben dadurch einen Überblick über die Erfahrungen von vielen Gründern in der Region.

Gründungsexperten sind in der Regel in angestellter oder selbstständiger Form in Organisationen tätig, die die gründungsbezogene Infrastruktur in der Region mitgestalten. Hierdurch besteht die Gefahr, dass ihre Einschätzung sich nicht an objektiven Kriterien orientiert, sondern verzerrt ist. Die Experten beurteilen zum Teil die Qualität ihrer eigenen Arbeit, wodurch die Gefahr einer einseitigen, zu positiven Einschätzung besteht. Aufgrund von beruflichen Abhängigkeiten, oder weil sie ihre eigene Organisation nach außen in einem positiven Licht darstellen wollen, können sie geneigt sein, Probleme zu verschweigen und Erfolge hervorzuheben. Dieses Problem wurde bei der Auswahl der Gründungsexperten beachtet. So wurden bewusst Experten aus ganz unterschiedlichen Bereichen, also öffentlichen und privatwirtschaftlichen Institutionen, ausgewählt. In der Summe der Einschätzungen sollte sich hierdurch ein ausgewogenes Bild der regionalen Verhältnisse ergeben. Zudem erfolgte eine Zuordnung aller recherchierten Gründungsexperten zu einem von 13 Bereichen, um möglicherweise verzerrte Einschätzungen kontrollieren zu können (vgl. Tab. 4). In allen Regionen wurden ähnlich viele Experten aus den jeweiligen Bereichen ermittelt, so dass Verzerrungen in allen Regionen gleich stark auftreten sollten und dadurch keinen Einfluss auf die relative Position einer Region haben. Bei der Auswertung der schriftlichen Expertenbefragung wurde außerdem eine Gewichtungsvariable berechnet, die ebenfalls dazu dient, einseitige Einschätzungen auszugleichen. Hierauf geht Abschnitt 3.3.2.3 näher ein.

Tabelle 4 zeigt auch, wie viele Experten aus den jeweiligen Bereichen letztendlich an einem Experteninterview beziehungsweise an der schriftlichen Befragung teilgenommen haben. Lediglich ein Fragebogen der schriftlichen Befragung konnte nicht mehr genau identifiziert und daher keinem Bereich zugeordnet werden. Die Auswahl der Gründungsexperten sowie das Vorgehen bei den Befragungen wird auch bei Japsen (2002a, S. 26ff) beschrieben.

Als Alternative zur Befragung von Gründungsexperten hätte man die Qualität der gründungsbezogenen Infrastruktur auch durch die direkte Befragung von Gründern ermitteln können. Für eine solche Gründerbefragung spricht, dass diese im Gründungsprozess eigene Erfahrungen mit Institutionen der Region sammeln konnten und daher eine direkte Einschätzung abgeben können. Aus mehreren methodischen und inhaltlichen Gründen wurde aber keine derartige Gründerbefragung durchgeführt.

Tab. 4: Gründungsexperten nach Herkunftsbereichen

Institutioneller Bereich	Anzahl interviewter Experten	Anzahl schriftlich befragter Experten
Arbeitsamt: Gründungsberater des Arbeitsamtes für Gründer aus der Arbeitslosigkeit	11	21
Berater: Unternehmensberater, Steuerberater, Rechtsanwälte, sonstige private Dienstleister für Gründungen	10	70
Finanzierung: Ansprechpartner für Gründungsfinanzierung aus Sparkassen, Volks- und Raiffeisenbanken, Banken	14	57
Fraueninitiativen: Gründungsinitiativen für Frauen, Frauenbeauftragte, Netzwerke für Frauen	10	22
HWK: Gründungsberater oder Abteilungsleiter aus Handwerkskammern	10	27
IHK: Gründungsberater oder Abteilungsleiter aus Industrie- und Handelskammern	14	33
Netzwerke: Gründungsinitiativen, Gründungsnetzwerke, sonstige Fördereinrichtungen für Gründer	14	39
Technologietransfer: Technologietransfereinrichtungen	13	29
TGZ: Technologie- und Gründerzentren, Innovationszentren	11	29
VC/BA: Beteiligungskapitalgesellschaften, Business-Angels	10	25
Verbände: Unternehmer- und Branchenverbände, Interessengruppen	8	32
Wirtschaftsförderung: Wirtschaftsförderungseinrichtungen der Städte, Gemeinden und Regionen	24	61
Wissenschaft: Wissenschaftler, die sich mit Gründungen beschäftigen, aus Hochschulen und Forschungsinstit.	10	26
(nicht zuzuordnen)	-	1
Gesamtzahl	159	472

Anmerkung: Die Gruppen der interviewten Experten und der schriftlich befragten Experten überschneiden sich. Fast alle interviewten Experten nahmen auch an der schriftlichen Befragung teil.
Quelle: REM-Expertenbefragung 2001.

Zum einen verfügen Gründer oft nur über einen sehr begrenzten Überblick über die Infrastruktur der Region. Ein großer Teil der Gründer wird lediglich Erfahrungen aus einem einzigen Gründungsprojekt besitzen und daher keinen umfassenden Überblick über die Infrastruktur der Region haben. Ein repräsentatives Bild der regionalen Infrastruktur ließe sich daher nur durch die Befragung einer großen Anzahl von erfolgreichen und auch nicht erfolgreichen Unternehmensgründern ermitteln. Die oben bereits beschriebene REM-Bevölkerungsbefragung dient zwar auch der Identifizierung von

Gründern. Eine umfassende Bewertung der gründungsbezogenen Infrastruktur ist allerdings aus finanziellen und praktischen Gründen in einem Telefoninterview nicht möglich. Es hätte also einer eigenständigen, repräsentativen Befragung von erfolgreichen und gescheiterten Gründern bedurft, um die Infrastruktur durch Gründer einschätzen zu lassen. Aus anderen Untersuchungen ist allerdings bekannt, dass die repräsentative Identifizierung und Befragung von Unternehmensgründern mit vielfältigen organisatorischen und methodischen Problemen verbunden ist (vgl. Brüderl/Preisendörfer/Ziegler 1996, S. 67ff; Hinz 1998, S. 65ff). Zudem verfügen Gründer über keinen Einblick in die interne Struktur der Institutionen einer Region. Sie hätten also ein Urteil über die Qualität der Infrastruktur abgeben können, allerdings keine Ursachen für positive oder negative Einschätzungen benennen können. Die Summe der genannten Gründe hat letztendlich dazu geführt, dass von einer Gründerbefragung zur Ermittlung der gründungsbezogenen Infrastruktur Abstand genommen wurde.

3.3.2.2 Durchführung der Experteninterviews

In den Monaten August bis Oktober 2001 wurden in den zehn Untersuchungsregionen insgesamt 159 der identifizierten Gründungsexperten in der Form von leitfadengestützten Interviews zu Rahmenbedingungen für Unternehmensgründungen befragt.[3] Ziel der Experteninterviews war es, Hintergrundinformationen zur regionalen Infrastruktur zu erhalten, die sich nicht in der Form einer schriftlichen Befragung ermitteln lassen. Die Experteninterviews dienten daher der Ergänzung und Validierung der schriftlichen Befragung (vgl. Deeke 1995, S. 17ff; Schnell/Hill/Esser 1993, S. 390).

Aus jedem der in Tabelle 4 genannten 13 Bereiche sollte in jeder Region mindestens ein Experte interviewt werden. Dieses Ziel wurde auch weitgehend erreicht, durchschnittlich blieb nur etwa ein Bereich pro Region aufgrund von Terminschwierigkeiten oder mangelnder Teilnahmebereitschaft unbesetzt. Es wurden jeweils die Experten für ein Interview ausgewählt, die aufgrund ihrer Erfahrung oder Position einen sehr guten Überblick über die Infrastruktur der Region haben sollten. Hierbei handelt es sich um Personen, die bereits seit vielen Jahren in der Gründungsberatung, -förderung oder -forschung tätig sind und/oder Institutionen oder Abteilungen leiten, die gründungsbezogene Aufgaben erfüllen.

Die Experteninterviews wurden durch drei Interviewer in Form von Face-to-Face-Interviews in den zehn Regionen durchgeführt. Lediglich in Ausnahmefällen erfolgte

---

[3] Der Leitfaden zu den Experteninterviews findet sich bei Japsen (2002a).

die Befragung in telefonischer Form. Die Interviews wurden anhand eines Leitfadens geführt, der zu jeder der neun Rahmenbedingungen zwei bis vier Punkte nannte, die im Interview behandelt werden konnten. Darüber hinaus spricht der Leitfaden auch die Bereiche „Gründungschancen und Gründungsfähigkeiten in der Region" sowie „Regionalwirtschaftliche Effekte neuer Unternehmen" an (vgl. Japsen 2002a). Die Experten wurden nach ihren Einschätzungen der Infrastruktur für Gründungen in der jeweiligen Region befragt. Sie konnten hierbei sowohl auf positive Aspekte als auch auf spezifische Problemlagen eingehen und auch Besonderheiten des Gründungssektors in der Region behandeln. Die Interviews hatten eine Dauer von 45 - 90 Minuten und wurden bei Zustimmung der Experten auf Kassette aufgenommen. Anhand von Mitschrift und Kassettenaufnahme wurde später eine zwei- bis vierseitige schriftliche Zusammenfassung von jedem Interview verfasst.

3.3.2.3   Durchführung der schriftlichen Expertenbefragung

Weiterhin wurde eine schriftliche Befragung von Gründungsexperten mittels eines standardisierten Fragebogens durchgeführt.[4] Diese schriftliche Befragung diente ebenfalls der Beurteilung der regionalen Infrastruktur für Unternehmensgründungen. Im Unterschied zu den Experteninterviews, bei denen die Spezifika der Region ermittelt wurden, stand bei der schriftlichen Befragung der Erhalt von interregional vergleichbaren Ergebnissen im Vordergrund. In allen zehn Untersuchungsregionen wurde der gleiche Fragebogen verwendet, der insgesamt 41 Aussagen zu gründungsbezogenen Rahmenbedingungen enthielt, jeweils drei bis sieben zu allen neun Rahmenbedingungen. Die Experten wurden gebeten, diese Einzelfragen auf einer Skala von „Trifft überhaupt nicht zu" (1) bis „Trifft völlig zu" (5) zu bewerten. Darüber hinaus enthielt der Bogen noch Fragen zur Person des Befragten und dessen eigenen Gründungsaktivitäten, zu den Bereichen „Gründungschancen und Gründungsfähigkeiten in der Region", „Regionalwirtschaftliche Effekte neuer Unternehmen" sowie Raum für weitere Bemerkungen.

Die Formulierung der Fragen des REM-Fragebogens orientierte sich an ähnlichen Befragungen, die in den Vorjahren im Rahmen des GEM-Projektes am Wirtschafts- und Sozialgeographischen Institut der Universität zu Köln durchgeführt worden waren. Während allerdings bei GEM nationale Rahmenbedingungen abgefragt werden, beziehen sich die Fragen des REM-Fragebogens auf regionale Rahmenbedingungen.

---

4   Der Fragebogen zur schriftlichen Expertenbefragung findet sich bei Japsen (2002a).

Zum einen wurden alle Experten, die persönlich interviewt wurden, auch gebeten, an dieser schriftlichen Befragung teilzunehmen. Auf diesem Wege konnten von den 159 interviewten Experten insgesamt 149 Fragebögen gewonnen werden. Darüber hinaus wurde der Fragebogen in den Monaten Juli bis November 2001 auch an 480 weitere Experten versandt. Die Verschickung erfolgte an alle recherchierten Gründungsexperten, die nicht auch in der Form eines Interviews befragt wurden. Bei der Recherche war angestrebt worden, alle Gründungsexperten der Regionen zu erfassen, weswegen die schriftliche Befragung näherungsweise den Charakter einer Vollerhebung hat. Da allerdings nicht davon ausgegangen werden kann, dass alle Gründungsexperten einer Region auch tatsächlich auf die beschriebene Art und Weise recherchiert und erfasst werden konnten, kann nicht von einer tatsächlichen Vollerhebung gesprochen werden.

Die Experten wurden zunächst telefonisch über die Befragung informiert. Anschließend wurde der Fragebogen mit einen Umschlag für die Rückantwort verschickt. Die angeschriebenen Personen wurden mehrmals telefonisch oder per E-mail gebeten, den Fragebogen ausgefüllt zurückzusenden. Insgesamt wurden so 639 Fragebögen verschickt beziehungsweise an Interviewpartner verteilt. Der Rücklauf aus der Verschickung betrug etwa zwei Drittel. Die hohe Rücklaufquote der postalischen Befragung ergab sich aus einer hohen Teilnahmebereitschaft der befragten Experten sowie der umfangreichen Nachfassaktion. Zusammen mit den Fragebögen von den interviewten Experten stehen damit insgesamt 472 Fragebögen für die Auswertung zur Verfügung.

In Abschnitt 3.3.2.1 wurde bereits darauf hingewiesen, dass durch die Befragung von Experten die Gefahr einer verzerrten Einschätzung bestimmter Rahmenbedingungen besteht. Tatsächlich zeigte sich, dass Experten den Bereich, in dem sie selbst tätig sind, durchschnittlich etwas besser bewerten als Personen aus anderen Bereichen. Um Verzerrungen zu vermeiden, die sich aus der ungleichgewichtigen regionalen Struktur der Experten ergeben, wurde daher eine Gewichtungsvariable eingeführt, die nach der folgenden Formel berechnet wurde:

$$G_{X,Y} = \frac{N_X}{10} \times \frac{1}{n_{X,Y}}$$

Der Gewichtungsfaktor G eines Experten aus dem Bereich X aus der Region Y ergibt sich aus der durchschnittlichen Anzahl der Experten aus dem Bereich X über alle zehn Regionen geteilt durch die tatsächliche Anzahl n an Experten aus dem Bereich X in der Region Y. Zur Erläuterung: Insgesamt haben zum Beispiel 57 Experten aus Banken und Sparkassen den Fragebogen ausgefüllt. Falls in einer Region lediglich vier Experten aus diesem Bereich den Fragebogen ausfüllten, werden deren Einschätzungen mit dem Faktor 5,7 / 4 = 1,425 höher gewertet. Falls sieben Fragebögen aus Banken und

Sparkassen eingingen, wurde der Gewichtungsvariablen der Wert 0,814 zugewiesen. Mit diesem Verfahren wird gewährleistet, dass die Einschätzung der Rahmenbedingungen in allen Regionen auf Basis der gleichen Expertenstruktur berechnet wird. Falls nicht gesondert darauf hingewiesen wird, sind alle Angaben zur regionalen Infrastruktur unter Verwendung der Gewichtungsvariablen berechnet worden.

3.4 Operationalisierung der zentralen Variablen

3.4.1 Gründungsaktivitäten und Gründungsquoten

Ziel des REM-Projektes ist nicht die Messung der Anzahl an Unternehmensgründungen, sondern die Identifikation und Abgrenzung von Personen, die an Gründungsaktivitäten beteiligt sind. Diese Unterscheidung ist wichtig, da eine Person gleichzeitig mehrere Gründungsprojekte vorantreiben kann und umgekehrt bei einer Gründung mehrere Gründer beteiligt sein können. Die Definition von Gründungsaktivitäten ist hierbei bewusst weit gewählt, um das gesamte Spektrum an Unternehmensgründern zu erfassen. Die Abgrenzung von Gründern erfolgt auf der Basis einer telefonischen Bevölkerungsbefragung, was die Möglichkeit bietet, Fragen zum Unternehmen mit Fragen zur Person des Gründers und seinen Einstellungen zu verknüpfen. Eine telefonische Befragung stellt andererseits auch eine Reihe von Anforderungen an die Fragenformulierung und ist aufgrund der Kosten dieser Befragungsform auf einen geringen Fragebogenumfang beschränkt.

Im Rahmen des GEM- und des REM-Projektes wird unterschieden nach Personen, die sich noch im Gründungsprozess befinden (werdende Gründer), und Personen, die bereits gegründet haben und die als selbstständig bezeichnet werden können (Selbstständige und neue Selbstständige). Wie bereits in der Begriffsbestimmung in Abschnitt 1.5 betont, lässt sich die Gründung eines neuen Unternehmens oder Betriebs nicht eindeutig an einem bestimmten Zeitpunkt oder Sachverhalt festmachen. Im empirischen Teil dieser Arbeit erfolgt die Unterscheidung zwischen Selbstständigen und Gründern anhand der Größen „Gewinnerzielung" und „Zahlung von Löhnen und Gehältern". Bei Betrieben, die noch keine Gewinne erzielt haben und in denen die Inhaber auch noch keine Gehälter erhalten haben, kann man davon ausgehen, dass sich diese noch im Aufbau befinden und der Gründungsprozess noch nicht abgeschlossen ist. Die Inhaber dieser Betriebe werden daher nicht als Selbstständige, sondern als werdende Gründer eingestuft. Umgekehrt kann man bei Betrieben, die bereits seit mehreren Monaten Vollzeitlöhne oder -gehälter an die Inhaber oder an Angestellte zahlen, von einer bereits vollzogenen Gründung ausgehen. Die Inhaber dieser Betriebe werden daher als

Selbstständige eingestuft. Im Detail werden in dieser Arbeit die an Gründungsaktivitäten beteiligten Personengruppen folgendermaßen abgegrenzt:

„*Werdende Gründer*" sind Personen, die a) zum Zeitpunkt der Befragung versuchen, allein oder mit Partnern ein neues Unternehmen zu gründen (hierzu zählt jede Art selbstständiger Tätigkeit), b) in den letzten zwölf Monaten etwas zur Unterstützung dieser Neugründung unternommen haben (beispielsweise durch die Suche nach Ausstattung oder Standorten, Organisation des Gründungsteams, Erarbeitung eines Geschäftsplans, Bereitstellung von Kapital), c) Inhaber- oder Teilhaberschaft im Unternehmen anstreben und d) während der letzten drei Monate keine Vollzeitlöhne und -gehälter gezahlt haben. Damit eine Person sich als werdender Gründer qualifiziert, müssen also alle Bedingungen a) bis d) erfüllt sein. Darüber hinaus werden auch die Personen als werdende Gründer bezeichnet, die angeben, dass sie bereits selbstständig tätig sind, aber noch keinen Gewinn erzielt und die Inhaber noch keine Gehälter erhalten haben (vgl. Abb. 4).[5]

„*Selbstständige*" sind Personen, die Inhaber oder Teilhaber eines Unternehmens sind, bei dem sie in der Geschäftsleitung mitarbeiten. Falls dieses Unternehmen noch keine Gewinne erzielt oder Gehälter gezahlt hat, werden die entsprechenden Personen nicht als Selbstständige, sondern als werdende Gründer gezählt.

„*Neue Selbstständige*" sind eine Teilgruppe der Selbstständigen. Es handelt sich um Personen, die erst seit wenigen Jahren selbstständig sind. Zu dieser Gruppe werden Personen gezählt, die geschäftsführende Inhaber oder Teilhaber von Unternehmen sind und die noch nicht länger als dreieinhalb Jahre Gehälter erhalten oder Gewinne erzielt haben. Darüber hinaus werden auch die Personen als „neue Selbstständige" bezeichnet, die zwar angeben, dass sie sich noch im Gründungsprozess befinden, allerdings schon seit mehr als drei Monaten Vollzeitlöhne oder Gehälter zahlen. Der Wert von dreieinhalb Jahren orientiert sich an der entsprechenden Abgrenzung der „Young Entrepreneurs" im GEM-Projekt. Die REM-Befragung fand im Frühsommer 2001 statt, und es wurden die Personen als neue Selbstständige gewertet, die zum ersten Mal im Jahr 1998 oder später Gewinne erzielt oder Gehälter gezahlt haben.

„*Total Entrepreneurial Activity (TEA)*" bezeichnet die Summe aus „werdenden Gründern" und „neuen Selbstständigen". Personen, die einer der beiden Gruppen angehören, werden auch zur Gruppe der „Total Entrepreneurial Activity" gezählt. Da Perso-

---

[5] Werdende Gründer werden im GEM-Projekt als „Nascent Entrepreneurs" bezeichnet. In dieser Arbeit wird allerdings der deutsche Begriff verwendet.

nen gleichzeitig werdende Gründer und neue Selbstständige sein können, ist die Summe aus diesen beiden Gruppen etwas geringer als die Gesamtzahl der Personen, die zur TEA gehört.

„Ehemalige Gründer" sind Personen, die in der Vergangenheit alleine oder mit Partner ein neues Unternehmen gegründet haben, das dann geschlossen oder aufgegeben wurde.

Abbildung 4 stellt den Ablauf bei der Abgrenzung der relevanten Personengruppen dar. Aus der Gesamtheit der 10.001 Befragten wurden auf diese Art 322 werdende Gründer in der Altersgruppe der 18-64-Jährigen identifiziert. Ebenso wurden 305 neue Selbstständige im Alter von 18-64 Jahren abgegrenzt. Personen können gleichzeitig mehreren Kategorien angehören, das heißt sie können bereits als Selbstständiger tätig sein und gleichzeitig auch noch versuchen, ein neues Unternehmen zu gründen. Diese Personen haben in der Befragung sowohl die Fragen an Gründer als auch an Selbstständige beantwortet. Hierdurch erklärt sich, warum die Summe aus werdenden Gründern und neuen Selbstständigen etwas größer ist als die Gesamtzahl der Personen, die der Total Entrepreneurial Activity (TEA) zugerechnet werden kann. Gezählt werden bei der TEA jeweils Personen und nicht die Anzahl der Gründungsprojekte. Im vorliegenden Fall sind 39 Personen sowohl werdende Gründer als auch neue Selbstständige, in der Abbildung also der „Schnittmenge" zuzurechnen. Personen, die zu einer Frage keine Angabe machen wollten oder konnten, wurden bei den nachfolgenden Fragen nicht berücksichtigt. Hierdurch erklären sich auch die geringfügigen Abweichungen in Abbildung 4 zwischen der Anzahl der Personen in einer Antwortkategorie und der Summe der Personen in den nachfolgenden Kategorien.

Die Berechnung von regionalen oder gruppenbezogenen Gründungsquoten erfolgt in dieser Arbeit immer auf der Basis der Personen im Alter von 18 bis 64 Jahren. Eine Berechnung von Gründungsquoten ist auch für die Gesamtheit der befragten Personen im Alter von 14 bis 99 Jahre möglich. Weil für die hier untersuchten Fragestellungen vor allem die Erwerbsbevölkerung im Alter von 18-64 Jahren interessant ist, sind Gründungsaktivitäten außerhalb dieser Altersgruppe nicht in Abbildung 4 aufgeführt. Aus den Angaben in Abbildung 4 lassen sich allerdings noch keine Quoten ermitteln, da diese unter Einbezug der Gewichtungsvariablen berechnet werden (vgl. Abschnitt 4.3.1). Die in dieser Arbeit berechneten Gründungsquoten setzen die Anzahl der Gründer und Selbstständigen in Bezug zur Anzahl aller Personen im Alter von 18 bis 64 Jahren. Diese Quoten unterscheiden sich von anderen in der Gründungsforschung verwendeten Quoten, die auf der Anzahl der Gründungen und nicht der Gründer basieren (vgl. Audretsch/Fritsch 1994a, 1994b; Fritsch/Niese 2000).

98

Abb. 4: Ablaufschema zur Auswahl von werdenden Gründern, neuen Selbstständigen und Selbstständigen

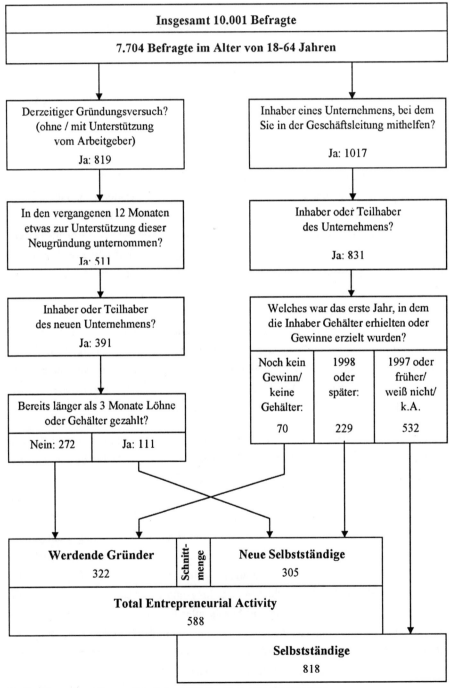

Quelle: Eigene Darstellung auf Basis der REM-Bevölkerungsbefragung 2001.

Die Gruppe der werdenden Gründer rekrutiert sich zum großen Teil aus den Personen, die die Fragen an derzeitige Gründer beantwortet haben. Im kleinen Umfang wurden aber auch solche Personen als werdende Gründer eingeordnet, die sich zwar schon als selbstständig betrachten, allerdings noch keinen Gewinn erzielt und keine Gehälter gezahlt haben. Bei diesen Personen kann man davon ausgehen, dass sie sich noch im Gründungsprozess befinden und ihr Vorhaben noch nicht komplett realisiert haben. Umgekehrt werden Personen zur Gruppe der neuen Selbstständigen gezählt, wenn sie bereits länger als 3 Monate Vollzeitlöhne oder Gehälter gezahlt haben und daher schon von einem bestehenden Unternehmen gesprochen werden kann. Diese Querverweise erscheinen sinnvoll, da hierdurch eine vollständige Erfassung von Personen sicherge-stellt werden kann, die selbstständig oder an Gründungsaktivitäten beteiligt sind. In anderen Veröffentlichungen zum REM-Projekt findet sich eine leicht andere Abgren-zung der Gruppe der werdenden Gründer und der neuen Selbstständigen (vgl. Berg-mann/Japsen/Tamásy 2002, S. 12). Dort werden die beschriebenen Querverweise nicht vorgenommen, so dass sich jeweils eine etwas kleinere Anzahl an werdenden Grün-dern und neuen Selbstständigen ergibt.

3.4.2 Branchenzuordnung von Gründern und Selbstständigen

Die Zuordnung der Branche des Gründungsvorhabens oder Unternehmens erfolgte auf Basis einer offenen Frage zur Art des Unternehmens oder der selbstständigen Tätig-keit. Die Angaben der Befragten wurden anhand der Klassifikation der Wirtschafts-zweige des Statistischen Bundesamtes WZ93 kategorisiert (vgl. Statistisches Bundes-amt 2002). Die Zuordnung der Branchen erfolgte in einem zweistufigen Verfahren. In einem ersten Schritt wurden die offenen Nennungen anhand der WZ93 klassifiziert. Hierbei zeigte sich allerdings schnell, dass einzelne Klassen insbesondere bei einer regionalen Aufteilung nur schwach besetzt sind. Daher erfolgte in einem zweiten Schritt die Einordnung in die folgenden 5 Oberkategorien, die auch in der amtlichen Statistik häufig Verwendung finden. Angegeben sind auch jeweils die entsprechenden Nummern der WZ93:

1) Land- und Forstwirtschaft, Fischerei	(WZ93 Nr. 01-05)
2) Produzierendes Gewerbe	(WZ93 Nr. 10-45)
3) Handel, Gastgewerbe, Verkehr	(WZ93 Nr. 50-64)
4) Finanzierung, Vermietung, Unternehmensdienstleistungen	(WZ93 Nr. 65-75)
5) öffentliche und private Dienstleistungen	(WZ93 Nr. 80-93)

Die ersten beiden Kategorien decken den primären und sekundären Sektor ab. Die Kategorien 3) bis 5) beziehen sich auf die verschiedenen Dienstleistungsbereiche. Die offene Nennung „Dienstleistung" ließ sich nicht eindeutig einer der drei Dienstleistungskategorien zuordnen und bildet daher eine Restkategorie. Darüber hinaus gibt es eine weitere Restkategorie mit Nennungen, die sich überhaupt nicht zuordnen lassen.

Diese Zuordnung der offenen Nennungen war beim Großteil der Befragten problemlos möglich. Falls mehrere Branchen genannt wurden, erfolgte die Zuordnung zur erstgenannten Branche. Falls nur ein bestimmtes Produkt genannt worden war, musste eine Annahme darüber getroffen werden, ob dieses Produkt hergestellt oder aber lediglich verkauft wird. Bei anspruchsvollen Produkten oder ganzen Produktgruppen (zum Beispiel „Computer", „Lebensmittel", „Medizinprodukte", „Sportbedarf", „KFZ-Zubehör", „Landtechnik") wurde davon ausgegangen, dass diese nicht selbst hergestellt werden, sondern dass lediglich mit ihnen gehandelt wird. Diese Nennungen erhielten daher die Zuordnung „Handel, Gastgewerbe und Verkehr". Bei allen anderen Produktnennungen wurde dagegen von einer Herstellung dieser Produkte ausgegangen. Die Zuordnung erfolgte dementsprechend zum Produzierenden Gewerbe. Die Nennung „Handwerk" wurde ebenfalls dem Produzierenden Gewerbe zugeordnet.

3.4.3 Indizes der gründungsbezogenen Infrastruktur

Der Expertenfragebogen enthält insgesamt 33 Aussagen (Items) zu den hier untersuchten sieben Rahmenbedingungen der gründungsbezogenen Infrastruktur. Diese 33 Aussagen waren von den befragten Experten auf einer Likert-Skala von 1-5 zu bewerten, wobei 1 „trifft überhaupt nicht zu" und 5 „trifft völlig zu" bedeutet. Für jede der Rahmenbedingungen wurde zunächst ein „Summenscore" berechnet, das heißt die Itemwerte jeder Person wurden aufsummiert, wobei „weiß nicht" und „keine Angaben" unberücksichtigt blieben und invers formulierte Fragen vorher invertiert wurden. Diese Summenwerte sind vorläufige Maße für die Qualität der jeweiligen Rahmenbedingungen. Um zu überprüfen, inwieweit diese berechneten Indizes konsistent sind und daher als reliabel angesehen werden können, wurden so genannte Trennschärfekoeffizienten berechnet. Hierzu wurde die Korrelation jeder Einzelaussage mit dem Index der jeweiligen Rahmenbedingungen berechnet. Einzelaussagen, die nur gering mit dem Summenindex korrelieren, messen einen anderen Sachverhalt als die Mehrzahl der anderen Aussagen und sollten daher aus dem Index herausgenommen werden (vgl. Diekmann 1998, S. 212ff; Schnell/Hill/Esser 1993, S. 204f). Im vorliegenden Fall wurden die Items aus der Berechnung der Indizes herausgenommen, die eine geringere Korrelation als 0,6 mit dem jeweiligen Summenindex aufwiesen. Es handelt sich hierbei um die Fragen 10, 12, 13, 19 und 37 des Expertenfragebogens. Drei dieser fünf Fragen sind invers formuliert, was darauf hindeutet, dass diese Art der Fragestellung zu Missverständnissen geführt hat.[6] Im Bereich Finanzierung wurden insgesamt drei Items aus der Indexberechnung herausgenommen. Der verbleibende Index bezieht sich jetzt ausschließlich auf die am weitesten verbreiteten Komponenten der Gründungsfinanzierung in Deutschland, die sich aus Eigenkapital des Gründers und einer Fremdkapitalfinanzierung durch Banken zusammensetzt. Die Fragen zum Thema Beteiligungskapital korrelieren hiermit nur gering und konnten daher nicht einbezogen werden. Hierdurch wird deutlich, dass die Qualität unterschiedlicher Finanzierungsformen innerhalb einer Region verschieden sein kann. Die Versorgung mit Fremdkapital korreliert nur mäßig mit der Versorgung mit Beteiligungskapital. Die herausgenommenen Fragen zum Thema Beteiligungskapital können allerdings auch nicht zur Berechnung eines eigenständigen, zweiten Finanzierungsindexes verwendet werden, da die Heterogenität der Fragen zu groß ist.

Der Index für die Rahmenbedingung „Unternehmensbezogene Dienstleistungen" besteht nach der Herausnahme von Items nur noch aus zwei Items. Dies ist zwar für eine Indexberechnung wenig. Allerdings erscheint es sinnvoller, einen Index aus lediglich zwei Items zu verwenden, als weitere Items in der Indexberechnung zu belassen, die nur schwach mit dem Summenindex korrelieren.

Die verbleibenden 28 Aussagen wurden zur Berechnung der endgültigen Indizes für die sieben Rahmenbedingungen verwendet. Durch die beschriebene Herausnahme einzelner Items konnte die interne Konsistenz der Indizes gesteigert werden. Die Reliabilität derartiger Indizes wird üblicherweise mit dem Koeffizient „Cronbachs Alpha" berechnet (vgl. Schnell/Hill/Esser 1993, S. 158ff; Diekmann 1998, S. 221). Bei allen sieben berechneten Indizes liegt der Wert für Cronbachs Alpha über 0,62. Dieser Wert ist zwar nicht so hoch, wie in manchen Lehrbüchern gefordert (vgl. z.B. Schnell/Hill/ Esser 1993, S. 161). Angesichts der geringen Anzahl von Items erscheint er allerdings noch akzeptabel (vgl. Nunnally 1967, S. 226). Tabelle 5 gibt einen Überblick über Anzahl und Inhalt der Items sowie den Wert für Cronbachs Alpha der sieben Indizes.

Die bisher beschriebenen Indizes beziehen sich auf einzelne Rahmenbedingungen. In einzelnen nachfolgenden Untersuchungen muss allerdings der Zusammenhang von Gründungsinfrastruktur insgesamt und Gründungsaktivitäten betrachtet werden, was die Bildung eines Gesamtindexes der gründungsbezogenen Infrastruktur notwendig macht.

---

[6] Im Folgeprojekt zum hier vorgestellten Projekt wurde die inverse Art der Fragenformulierung vermieden.

Tab. 5: Überblick über die sieben Indizes der gründungsbezogenen Infrastruktur

Index - Inhalt der Items	Anzahl der Items	Cronbachs Alpha
Finanzierung - Angebot an Fremdkapital für Gründungen - Angebot an Eigenkapital für Gründungen - Kompetenz der Kreditinstitute	3	0,63
Politische Rahmenbedingungen - Priorität von Gründungen bei der Landespolitik - Priorität von Gründungen bei der Kommunalpolitik - Belastung durch Gewerbesteuer - Regulierungen und bürokratische Regelungen	4	0,68
Öffentliche Förderinfrastruktur - Angebot an Förderprogrammen und Beratungsleistungen - Effektivität der Förderinfrastruktur - Kompetenz öffentlicher Beratungsstellen - Finden des richtigen Ansprechpartners - Effektivität von TGZ - Zusammenarbeit der verschiedenen Förderinstitutionen - Angebot an Gründernetzwerken	7	0,88
Wissens- und Technologietransfer - Existenz von Forschungseinrichtungen - Effizienz des Technologietransfers - Arbeit von Technologietransfereinrichtungen - Zugangsmöglichkeiten von Gründungen zu FuE - Nachfrage der Unternehmen nach Forschungskooperationen	5	0,83
Unternehmensbezogene Dienstleistungen - Angebot an unternehmensbezogenen Dienstleistungen - Kompetenz unternehmensbezogener Dienstleister	2	0,63
Physische Infrastruktur - Qualität der Verkehrsinfrastruktur - Qualität der Telekommunikationsinfrastruktur - Angebot an Büro- und Gewerbeflächen. - Kosten von Büro- und Gewerbeflächen	4	0,64
Arbeitsmarkt - Breite des Angebots an Arbeitskräften - Möglichkeit der Anwerbung hoch qualifizierter Mitarbeiter - Bereitschaft, in neuen Unternehmen zu arbeiten	3	0,68

Quelle: Eigene Berechnung.

Im vorliegenden Fall erscheint ein additiver ungewichteter Index vertretbar (vgl. Friedrichs 1990, S. 165ff). Die Bildung eines solchen Gesamtindexes ist methodisch nicht unproblematisch und kann nur unter bestimmten Annahmen vollzogen werden. Zum einen wird davon ausgegangen, dass die Einzelindikatoren weitgehend unabhängig voneinander auf die Zieldimension wirken. Ein niedriger Punktwert bei einer Rahmenbedingung kann also durch einen hohen Punktwert bei einer anderen Rahmenbedingung ausgeglichen werden. Zudem wird die Annahme getroffen, dass die untersuchten sieben Rahmenbedingungen jeweils gleich wichtig für das Gründungsgeschehen in einer Region sind. Diese Annahme ließe sich zwar mit dem Hinweis auf die größere Bedeutung zum Beispiel der Rahmenbedingung Finanzierung gegenüber der Rahmenbedingung Wissens- und Technologietransfer in Frage stellen. Allerdings gibt es kein objektives Kriterium und auch keine Theorie, anhand der man die Gewichte für die Rahmenbedingungen bestimmen kann. In diesem Fall sollte daher einem ungewichteten Index der Vorzug gegenüber einem gewichteten Index gegeben werden (vgl. Schnell/Hill/Esser 1993, S. 184ff). Der Gesamtindex der gründungsbezogenen Infrastruktur ergibt sich daher als Mittelwert der sieben untersuchten Rahmenbedingungen.

Der REM-Expertenfragebogen enthielt neben den genannten Bereichen auch noch Fragen zur Aus- und Weiterbildung von Unternehmensgründern, zu kulturellen und sozialen Normen, Gründungschancen und -fähigkeiten sowie den regionalwirtschaftlichen Effekten von Unternehmensgründungen. Da es sich bei diesen Bereichen im engeren Sinn allerdings nicht um einen Teil der regionalen Infrastruktur für Gründer handelt, werden diese hier nicht weiter behandelt.

3.5 Verbindung von Einflussfaktoren verschiedener Ebenen in empirischen Untersuchungen

Die Übersicht über Einflussfaktoren auf den Umfang an Gründungsaktivitäten hat deutlich gemacht, dass zur umfassenden Erklärung regionaler Unterschiede von Unternehmensgründungen Einflussfaktoren von verschiedenen Ebenen einbezogen werden müssen (vgl. Abb. 1). Die Einflussfaktoren haben also Mehrebenencharakter (vgl. Blien/Wiedenbeck 2002, S. 312; Fassmann 1984, S. 11). Hierbei stellt sich das methodische Problem, wie die Einflussfaktoren der verschiedenen Ebenen miteinander zu verknüpfen sind. In dieser Arbeit werden regionale Unterschiede im Gründungsgeschehen betrachtet, weswegen die Makroebene, also die nationale Ebene, weniger von Bedeutung ist. Es sind also Faktoren der Regionsebene und der Mikroebene, die für die betrachteten Fragestellungen relevant sind und daher in dieser Arbeit miteinander verknüpft werden müssen. Personenbezogene Einflussfaktoren haben jeweils individuell unterschiedliche Ausprägungen. Regionsbezogene Einflussfaktoren gelten in gleicher Weise für alle Einwohner einer Region.

Grundsätzlich gibt es zwei verschiedene Methoden, wie die Daten von zwei verschiedenen Ebenen zusammengeführt werden können: Man kann entweder die Daten von einer niedrigen Ebene zur höheren Ebene aggregieren oder aber die Daten der höher liegenden Ebene disaggregieren, das heißt allen Werten der niedrigen Ebene die jeweiligen Werte der höheren Ebene zuweisen. Beide Vorgehensweisen sind aber mit bestimmten Problemen verbunden. In empirischen Studien zu regionalen Unterschieden im Gründungsgeschehen wird meist die erstgenannte Vorgehensweise gewählt, und aggregierte Variablen werden herangezogen. Die Untersuchung des Einflusses personenbezogener Merkmale erfolgt hierbei in aggregierter Form auf Regionsebene. Der Grund für dieses Vorgehen liegt vor allem darin, dass häufig keine Individualdaten zur Verfügung stehen. So ist oft zum Beispiel lediglich die Anzahl der Unternehmensgründungen und die sozio-demographische und Branchenstruktur einer Region bekannt, ohne dass man genau weiß, welche Personen mit welchen Merkmalen Gründer sind. Snijders und Boskers (1999, S. 13ff) weisen auf eine Reihe möglicher Fehlerquellen hin, die sich bei der Verwendung von Aggregatdaten ergeben können: Zum einen kommt es durch die Aggregation von Individualdaten auf eine höhere Ebene zu einer Bedeutungsverschiebung: Die durchschnittliche Ausprägung eines individuellen Merkmals in einer Region ist eine Größe, die sich auf die Region und nicht auf einzelne Personen bezieht. Dies muss bei der Interpretation der Ergebnisse berücksichtigt werden. Die Ergebnisse der Analyse einer Analyseebene können auch nicht ungeprüft auf eine andere Analyseebene übertragen werden, da hierdurch die Gefahr eines Fehlschlusses besteht. Zusammenhänge, die für Aggregatdaten auf regionaler Ebene gelten, müssen nicht zwingend auch auf individueller Ebene gelten (vgl. Fassmann 1984; Schmude 1994b, S. 5). Auf die Gefahr eines solchen „ökologischen Fehlschlusses" hat bereits Robinson (1950) hingewiesen. Weiterhin kommt es bei einer Datenaggregation zu einem Verlust der ursprünglichen Datenstruktur. So sind Fälle denkbar, bei denen innerhalb von Teilgruppen jeweils ein negativer Zusammenhang zwischen zwei Merkmalen besteht, bei Verwendung von Aggregatdaten sich allerdings ein positiver Zusammenhang ergibt (vgl. Snijders/Boskers 1999, S. 14). Aus diesem Grund erfolgt in dieser Arbeit keine Analyse von Gründungsaktivitäten auf der Basis von regionalen Aggregatdaten. Der Schritt in die Selbstständigkeit ist das Ergebnis eines individuellen Entscheidungsprozesses und wird daher hier auch immer auf der Basis von Individualdaten analysiert.

Auch die zweite, genannte Form der Verbindung von Mikro- und Regionsdaten, die Disaggregierung, ist allerdings mit bestimmten Problemen verbunden. Bei der Disaggregierung wird allen Elementen einer Region der entsprechende regionsbezogene Wert zugewiesen. Hierdurch kommt es zu einer Vervielfachung der Anzahl der Beobachtungen. Es erscheint so, als ob es sich jeweils um unabhängige Beobachtungen handelt, in der Tat ist es allerdings nur ein Beobachtungswert, zum Beispiel für die regionale Kaufkraft, der allen Untersuchungseinheiten der Region zugewiesen wird (vgl. Snijders/Boskers 1999, S. 15). Die Anzahl der Beobachtungswerte wird also ü-überschätzt, wodurch die Signifikanz der entsprechenden Variablen überschätzt wird. Weiterhin sind die Elemente einer Region untereinander vermutlich ähnlicher als im Vergleich zu Elementen anderer Regionen. Hierdurch können sich korrelierte Fehlerterme ergeben, die ebenfalls zu einer Überschätzung der Signifikanz von regionalen Einflussfaktoren führen können (vgl. Moulton 1990).

Für das angesprochene Problem gibt es keine einfache Lösung. Eine Möglichkeit ist die Durchführung einer komplexen Mehrebenenanalyse, die auch mit den Begriffen „random coefficient model", „variance component model" oder „hierarchical linear model" bezeichnet wird (vgl. Hox 1998, S. 148). Die Durchführung einer solchen Analyse erfordert allerdings eine Mindestzahl an Regionen oder Gruppen. Die Angaben reichen von zehn bis fünfzig Gruppen, für die mindestens Daten vorliegen sollten (vgl. Snijders/Boskers 1999, S. 44; Hox 1998; Maas/Hox 2002). Im Rahmen des REM-Projektes wurden zehn Regionen untersucht. Diese Fallzahl liegt am unteren Ende der genannten Schwellenwerte, weswegen von der Durchführung einer komplexen Mehrebenenanalyse abgesehen wurde.

Eine weitere Möglichkeit, das angesprochene Problem zu lösen, ist die Verwendung spezieller Survey-Schätzer, die berücksichtigen, dass bei der hier durchgeführten Untersuchung zuerst Regionen und dann Personen innerhalb dieser Regionen ausgewählt wurden. Auch dieses Vorgehen setzt allerdings die Verwendung spezieller Statistikprogramme voraus, deren Nutzung bei dieser Arbeit nicht möglich war. Bei der Interpretation des Einflusses von regionalen Größen sollte das angesprochene Problem allerdings berücksichtigt werden. Obwohl die Stärke des Einflusses von regionalen Variablen auf individuelles Verhalten in multivariaten Untersuchungen richtig geschätzt wird, besteht die Möglichkeit, dass die angegebenen Signifikanzniveaus überschätzt werden.

Die Art der Stichprobenziehung hat ebenfalls Auswirkungen auf die Repräsentativität der Ergebnisse. Bei der im Rahmen von REM durchgeführten Bevölkerungsstichprobe handelt es sich nicht um eine reine Zufallsstichprobe in allen deutschen Regionen, sondern um ein komplexes Stichprobendesign, bei dem - wie bereits angesprochen - im ersten Schritt zehn Regionen ausgewählt wurden, und im zweiten Schritt Personen in diesen Regionen. Bei einem komplexen Stichprobendesign ist die Varianz der untersuchten Merkmale in der Regel größer als bei einem reinen Zufallsauswahlverfahren. Ein Maß für die Veränderung der Varianz ist der Design-Effekt „deff", der sich als Quotient der Varianz des interessierenden Merkmals bei komplexem Design geteilt durch die Varianz des Merkmals bei uneingeschränkter Zufallsauswahl ergibt (vgl.

Gabler/Häder 2000). Dieser Design-Effekt ist vor allem bei Untersuchungen von Interesse, bei denen anhand eines komplexen Stichprobendesigns Aussagen über die Grundgesamtheit gemacht werden sollen. Im vorliegenden Fall ist es nicht das vorrangige Ziel der Untersuchung, Aussagen über Deutschland insgesamt zu machen. Trotzdem soll versucht werden, den Design-Effekt abzuschätzen, um zu überprüfen, inwieweit die vorliegenden Ergebnisse auch verallgemeinert werden können.

Bei dieser Arbeit interessiert vor allem der Umfang an Gründungsaktivitäten, der in den meisten der folgenden Untersuchungen anhand der Gruppe der werdenden Gründer abgegrenzt wird. Der Anteil der werdenden Gründer an allen Befragten im Alter von 18 bis 64 Jahren liegt bei 0,0418, wodurch sich ein Wert für die Varianz von 0,0401 ergibt. Der genaue Anteil der werdenden Gründer, der sich bei einer reinen Zufallsauswahl ergeben würde, ist unbekannt. Dieser Wert lässt sich aber gut abschätzen mit dem entsprechenden Ergebnis der Befragung des Global Entrepreneurship Monitors (GEM) 2001 in Deutschland. Die GEM-Befragung 2001 wurde als repräsentative Bevölkerungsumfrage durchgeführt, wobei 7.500 Personen telefonisch befragt wurden. Auch wenn aufgrund der Stichprobenziehung nicht alle Personen die genau gleiche Wahrscheinlichkeit haben, in die Stichprobe zu gelangen, und es sich somit nicht um eine reine Zufallsstichprobe handelt (vgl. Gabler/Häder 1998), kann annähernd von einer solchen ausgegangen werden. Bei Verwendung der gleichen Abgrenzung von werdenden Gründern ergibt sich in der GEM-Befragung ein Anteil von 0,0383 an allen Befragten, was einer Varianz von 0,0368 entspricht.[7] Der Quotient aus den beiden Varianzen ergibt den Design-Effekt, der im vorliegenden Fall lediglich 1,0896 beträgt. Dieser Wert liegt noch recht nah bei eins, so dass man nur von einem kleinen Effekt des komplexen Stichprobendesigns auf die Befragungsergebnisse ausgehen kann. Die relativ geringe Abweichung der Anteilswerte in der REM und GEM-Befragung zeigt sogar, dass das gewählte Stichprobendesign Ergebnisse liefert, die in Bezug auf den Umfang an Gründungsaktivitäten annähernd repräsentativ für Deutschland insgesamt sind.

---

[7] Im GEM-Bericht für das Jahr 2001 ist ein höherer Wert für den Anteil der werdenden Gründer angegeben, was sich auf eine leicht abweichende Abgrenzung von werdenden Gründern zurückführen lässt (vgl. Sternberg/Bergmann/Tamásy 2001).

4   Rahmenbedingungen in den zehn Untersuchungsregionen

4.1   Die wirtschaftliche Situation in Deutschland zum Zeitpunkt der Befragungen im Sommer 2001

In dieser Arbeit stehen regionale Unterschiede im Gründungsgeschehen im Mittelpunkt. Wie bereits in Kapitel 2.4 ausgeführt, beeinflussen allerdings auch gesamtwirtschaftliche Faktoren den Umfang an Gründungsaktivitäten. Um die Ergebnisse der empirischen Erhebungen in zeitlicher Hinsicht einordnen zu können, wird hier daher kurz das gesamtwirtschaftliche Umfeld in der Bundesrepublik Deutschland zum Zeitpunkt der REM-Befragungen im Sommer Jahr 2001 dargestellt, insbesondere im Hinblick auf die Rahmenbedingungen für Gründungen.

Die deutsche Volkswirtschaft befand sich 2001 in einer Phase der konjunkturellen Abkühlung. Während die Vorjahre noch durch einen konjunkturellen Aufschwung mit sinkender Arbeitslosigkeit gekennzeichnet waren, konnte sich dieser Trend im Jahr 2001 nicht weiter fortsetzen. Mit 3,85 Millionen registrierten Arbeitslosen, was einer Quote von 9,4% entspricht, verharrte die Arbeitslosigkeit auf einem hohen Niveau (vgl. Donges et al. 2001, S. 75ff). An den Aktienmärkten hatte es in den Jahren 1995 bis 2000 einen außerordentlich starken Kursanstieg gegeben. Der Deutsche Aktienindex (DAX) hatte Anfang des Jahres 1995 noch bei etwa 2000 Punkten gelegen, stieg dann aber bis zum März 2000 auf knapp 8000 Punkte an. Besonders stark angestiegen waren die Aktien von jungen, technologieorientierten Unternehmen. Dem starken Anstieg folgte in dem Zeitraum nach März 2000 allerdings auch ein starker Kursverfall. Gegenüber dem Höchststand im März 2000 war bis Mitte 2001 der DAX bereits wieder um 25% und der Index NEMAX 50 für Unternehmen des Neuen Marktes sogar um mehr als 80% gefallen. Dieser Kursrückgang ging einher mit einer realistischeren Einschätzung der Bedeutung neuer Technologien und der Wirtschaftskraft von Unternehmensgründungen. In der Euphorie der so genannten New Economy gegen Ende der neunziger Jahre „lebten die Menschen im Glauben an dauerhaft höheres Wachstum, Gewinne und Aktienkurse" (Handelsblatt 2003, S. 8). Dieser Glaube hatte sich im Jahr 2001 bereits wieder relativiert. Steigende Insolvenzzahlen, unerfüllte Gewinnprognosen und die Aufdeckung von Bilanzfälschungen führten dazu, dass die Wachstumsaussichten von jungen Technologieunternehmen deutlich zurückhaltender eingeschätzt wurden als noch Ende der neunziger Jahre. Zudem machte der starke Kursrückgang an den Aktienmärkten Börsengänge von Unternehmen weniger attraktiv, was die Liquidität von Kapitalbeteiligungsgesellschaften verschlechterte und daher auch deren Bereitschaft senkte, in neue Unternehmen zu investieren. Im Bereich Wagniskapital haben sich die Rahmenbedingungen für Unternehmensgründungen daher seit dem Jahr 2000 verschlechtert.

Der starke Kursrückgang an den Aktienmärkten und die Insolvenz von einigen Unternehmen der „New Economy" hatten für die breite Mehrheit von Gründern und jungen Unternehmen keine direkte wirtschaftliche Bedeutung. Allerdings kam es durch diese Ereignisse und die konjunkturelle Entwicklung auch allgemein zu einer Ernüchterung im deutschen Gründungssektor. Bei der Finanzierung wurden die Geschäftspläne und die Person des Gründers beziehungsweise das Gründerteam „genauer unter die Lupe genommen", und auch die Einstellung der Bevölkerung zum Thema Unternehmensgründungen verschlechterte sich leicht (vgl. Sternberg/Bergmann/Tamásy 2001, S. 18ff).

Trotz des konjunkturellen Rückgangs und der leicht verschlechterten Rahmenbedingungen für Gründungen befand sich Deutschland im Jahr 2001 allerdings nicht in einer wirklichen Rezession. In den Folgejahren 2002 und 2003 verschlechterte sich die allgemeine wirtschaftliche Situation noch weiter, nicht zuletzt auch durch die Terroranschläge des 11. September 2001 in den USA. Alle Telefonbefragungen und auch der Großteil der Expertenbefragungen fanden im Sommer 2001 und somit vor diesen Anschlägen statt. Lediglich ein Teil der Experteninterviews wurde nach diesem Datum durchgeführt. Die durch die Terroranschläge ausgelöste weltweite wirtschaftliche und politische Unsicherheit, die möglicherweise auch Auswirkungen auf Gründungsaktivitäten hatte, betrifft also die REM-Bevölkerungsdaten und damit die wesentlichen Analysen dieser Arbeit nicht.

4.2 Allgemeine wirtschaftliche Rahmenbedingungen und Struktur bestehender Unternehmen in den zehn Untersuchungsregionen

Die Auswahl der Untersuchungsregionen berücksichtigt bewusst unterschiedlich strukturierte Regionen aus verschiedenen Teilen Deutschlands. Im theoretischen Teil wurde darauf hingewiesen, dass die Wirtschaftsstruktur einer Region einen bedeutenden Einfluss auf den Umfang und die Art von Gründungsaktivitäten hat. Daher wird an dieser Stelle ein Überblick über wichtige Strukturmerkmale der Untersuchungsregionen gegeben. In Tabelle 6 sind all die Kennzahlen aufgeführt, die auch in den Analysen der folgenden Kapitel Verwendung finden. Die Bevölkerung und Bevölkerungsdichte der Regionen variieren deutlich, was im Wesentlichen auf die Auswahl verschiedener Regionstypen zurückzuführen ist. In den Agglomerationsräumen leben deutlich mehr Menschen als in den ländlichen Räumen bei einer gleichzeitig auch höheren Bevölkerungsdichte (vgl. Tab. 6).

Tab. 6: **Wirtschaftliche Kennzahlen der zehn Untersuchungsregionen**

Raumordnungs-region	Bevöl-kerung in 1000 (2000)	Bevöl-kerungs-dichte (2000)	Kauf-kraft (€/Einw) (2001)	Entw. BWS in % (1996-2000)	Arbeits-losen-quote (2001)	Anteil der sozial-vers.pflichtig Besch. in % (2000)		
						I. Sekt.	II. Sekt.	III. Sekt.
Kiel	715,4	207	16.159	5,6	9,9	1,5	25,6	72,8
Rostock	431,2	120	13.165	6,6	18,3	2,9	23,3	73,8
Lüneburg	316,0	79	16.133	1,7	11,2	2,8	32,2	65,0
Emscher-Lippe	1.056,9	1094	15.125	5,6	13,5	0,8	37,2	61,9
Köln	2.143,1	842	18.178	7,6	9,5	0,5	31,2	68,2
Mittelhessen	1.063,5	198	15.655	9,2	7,4	0,8	39,2	60,0
Leipzig	1.091,7	249	13.433	0,3	19,0	2,1	28,9	69,0
Stuttgart	2.613,4	715	18.807	16,0	4,7	0,7	44,0	55,4
Main-Rhön	455,3	114	15.126	10,4	7,4	1,1	45,4	53,4
München	2.446,0	444	20.524	17,3	4,2	0,6	27,7	71,8

Quellen: Bundesamt für Bauwesen und Raumordnung (BBR) 2002, GFK Marktforschung 2002.

Auch die wirtschaftliche Leistung der Regionen unterscheidet sich erheblich. Das Bruttowertschöpfung pro Kopf und damit zusammenhängend die Kaufkraft pro Kopf sind insbesondere in den drei Agglomerationsräumen München, Stuttgart und Köln hoch.[8] Die geringsten Werte erreichen die beiden ostdeutschen Region Leipzig und Rostock. Die Entwicklung der Bruttowertschöpfung (BWS) deutet auf ein Süd-Nord Gefälle hin. Die drei Regionen in Baden-Württemberg und Bayern konnten ihre BWS von 1996 bis 2000 jeweils um mehr als zehn Prozentpunkte steigern. Dies schlägt sich auch in entsprechend geringen Arbeitslosenquoten nieder.

Bei der Sektoralstruktur der Regionen lassen sich keine eindeutigen Zusammenhänge zum Regionstyp erkennen. Der Anteil der Dienstleistungsbeschäftigten ist zwar erwartungsgemäß in Agglomerationsräumen meist höher als in anderen Räumen. Allerdings gibt es auch verstädterte Räume wie Kiel und Rostock mit sehr hohen Dienstleistungsanteilen und umgekehrt Agglomerationsräume wie Stuttgart, in denen ein großer Teil der Beschäftigten im Produzierenden Sektor arbeitet. Die unterschiedlichen Wachstumsraten der Regionen lassen sich also nicht allein anhand der Sektoralverteilung erklären. München ist Sitz zahlreicher Hochtechnologieunternehmen, was mit zum hohen Wachstum der Bruttowertschöpfung beigetragen hat (vgl. Stenke 2002; Sternberg/Tamásy 1999). Der Anteil der Beschäftigten in der Industrie ist in München relativ gering. Die Entwicklung der Region Stuttgart wird demgegenüber stärker von klas-

---

[8] Vergleiche zur Berechnung der Kaufkraft: GfK Marktforschung (2002).

sischen Branchen wie der Automobil- und Maschinenbauindustrie bestimmt und auch die bayerische Region Main-Rhön ist stark von der Maschinen- und KFZ-Zulieferindustrie abhängig (vgl. Blien 1993).

Trotz ihrer ohnehin geringen Kaufkraft war die Entwicklung in der zweiten Hälfte der neunziger Jahre in der Region Westsachsen/Leipzig durch eine wirtschaftliche Stagnation gekennzeichnet. Im Vergleich zu anderen Regionen in Ostdeutschland hat sich Leipzig eher problematisch entwickelt, zum Teil aufgrund der Abhängigkeit von Großbetrieben der chemischen Industrie und des Braunkohlenbergbaus (vgl. Bode 2002, S. 372). Die Arbeitslosigkeit ist hier so hoch wie in keiner anderen untersuchten Region. An dieser Stelle kann kein umfassendes Porträt aller Untersuchungsregionen geliefert werden. In Kapitel 8 werden vier ausgewählte Regionen im Detail untersucht, wobei auch der Zusammenhang von regionaler Wirtschaftsstruktur und Gründungsaktivitäten intensiv beleuchtet wird.

Zusammenfassend lässt sich sagen, dass die ausgewählten Regionen große Unterschiede im Hinblick auf ihre allgemeinen wirtschaftlichen Rahmenbedingungen aufweisen. Dies sollte bei der Analyse von Unterschieden der Gründungsaktivitäten berücksichtigt werden. Die Heterogenität der Untersuchungsregionen macht ebenfalls deutlich, dass es bei der vorliegenden Untersuchung nicht um die Identifikation besonders gründungsstarker Regionen gehen kann, da die ausgewählten Regionen allein aufgrund ihrer Wirtschaftsstruktur über sehr ungleiche Voraussetzungen verfügen. Bei der Untersuchung von Einflussfaktoren auf das Gründungsgeschehen kann die Verschiedenartigkeit der Regionen aber hilfreich sein, da hierdurch eine ausreichende Varianz bei den erklärenden Variablen sichergestellt ist.

4.3 Gründungsbezogene Infrastruktur in den zehn Untersuchungsregionen

4.3.1 Deskriptive Darstellung der Ergebnisse der Expertenbefragung

Wie in Abschnitt 3.4.3 beschrieben, wurden basierend auf der schriftlichen Expertenbefragung Indizes für die sieben gründungsbezogenen Rahmenbedingungen „Finanzierung", „Politische Rahmenbedingungen", „Öffentliche Förderinfrastruktur", „Wissens- und Technologietransfer", „Unternehmensbezogene Dienstleistungen", „Physische Infrastruktur" und „Arbeitsmarkt" berechnet. Die Einschätzung der Experten bezog sich auf Aussagen zur jeweiligen Rahmenbedingung, die auf einer Skala von 1-5 eingestuft werden sollten. Der Indexwert kann theoretisch ebenfalls Werte von 1-5 annehmen, wobei 1 auf eine sehr schlechte und 5 auf eine sehr gute durchschnittliche Einschätzung der Experten hinweist.

Tabelle 7 verdeutlicht, dass die gründungsbezogene Infrastruktur insgesamt unterschiedlich gut eingeschätzt werden. Die besten Einschätzungen bei allen Regionen erhalten die Bereiche „Physische Infrastruktur" und „Unternehmensbezogene Dienstleistungen". Die schlechteste durchschnittliche Einstufung bekommen die Indizes für „Arbeitsmarkt", „Finanzierung" und „Wissens- und Technologietransfer". Die Bereiche „Politische Rahmenbedingungen" und „Öffentliche Förderinfrastruktur" liegen im Mittelfeld. Diese Rangfolge ist aber noch wenig aussagekräftig, da die durchschnittliche Einschätzung einer Rahmenbedingung natürlich abhängig ist von der konkreten Formulierung der Fragen für die jeweilige Rahmenbedingung. Interessanter ist der regionale Vergleich von einzelnen Rahmenbedingungen. Bei allen untersuchten Rahmenbedingungen unterscheiden sich die durchschnittlichen Einschätzungen der befragten Experten mehr oder weniger stark nach Regionen. Die größten regionalen Unterschiede gibt es, gemessen an der Standardabweichung vom Mittelwert, für die Rahmenbedingungen „Finanzierung" sowie „Wissens- und Technologietransfer". Bei den anderen fünf untersuchten Rahmenbedingungen lassen sich nur kleinere regionale Unterschiede feststellen.

In Anbetracht der Tatsache, dass es sich um sehr stark unterschiedlich strukturierte Regionen handelt, erstaunen diese relativ geringen regionalen Unterschiede. München wird in vielen Studien als starke oder stärkste Gründungsregion in Deutschland hervorgehoben, zumindest in Bezug auf den Hochtechnologiebereich (vgl. Nerlinger 1998, S. 111ff; Stenke 2002, S. 56ff; Sternberg/Tamásy 1999). Andere REM-Regionen wie Emscher-Lippe und Main-Rhön gelten dagegen nicht als ausgesprochene Gründerregionen (vgl. Blien 1993; Feldotto 1997; Walter/Kampmann 2002). Vor diesem Hintergrund wären größere Unterschiede bei der gründungsbezogenen Infrastruktur zu erwarten gewesen.

Die geringen festgestellten Unterschiede lassen zwei mögliche Erklärungen zu. Entweder ist die regionale gründungsbezogene Infrastruktur in Deutschland tatsächlich relativ homogen, was angesichts der Verschiedenartigkeit der Regionen allerdings unwahrscheinlich erscheint. Die geringen Unterschiede sind möglicherweise also auf unterschiedliche Anspruchsniveaus der Experten in den einzelnen Regionen zurückzuführen. Gerade weil zum Beispiel München als Gründungsstandort bekannt ist, stellen Experten aus dieser Region hohe Ansprüche an ihre Region und messen daher vermutlich kleinen Defiziten bereits eine große Bedeutung bei.

Tab. 7: Gründungsbezogene Rahmenbedingungen (Indizes) nach Regionen

Raumordnungs-region	Index							
	Finanzierung	Politische Rahmenbedingungen	Öffentliche Förderinfrastruktur	Wissens- und Technologietransfer	Unternehmensbezogene Dienstleistungen	Physische Infrastruktur	Arbeitsmarkt	Gesamtindex
Kiel	2,97	3,51	3,67	3,08	4,08	4,10	3,03	3,49
Rostock	2,66	3,19	3,34	3,13	3,86	3,95	2,68	3,26
Lüneburg	2,86	3,38	3,51	2,83	3,69	3,81	2,96	3,29
Emscher-Lippe	3,11	3,61	3,91	2,74	4,03	3,99	2,74	3,45
Köln	3,51	3,49	3,67	3,17	4,09	4,00	2,91	3,55
Mittelhessen	3,01	3,48	3,34	3,15	3,91	4,06	3,08	3,43
Leipzig	2,75	3,50	3,53	2,98	3,92	4,33	3,12	3,45
Stuttgart	3,65	3,73	3,95	3,75	4,20	3,94	2,76	3,71
Main-Rhön	3,17	3,62	3,62	2,94	3,80	4,10	2,83	3,44
München	3,44	3,56	3,88	3,73	4,22	3,71	2,97	3,65
Durchschnitt	3,11	3,51	3,64	3,15	3,98	4,00	2,91	3,47
	Standardabweichung der regionalen Werte							
	0,33	0,15	0,22	0,34	0,17	0,17	0,15	0,14
Index	Korrelation der Rahmenbedingungen untereinander							
Finanzierung	1,00							
Politische Rah-menbedingungen	0,72	1,00						
Öffentl. Förder-infrastruktur	0,75	0,78	1,00					
Wissens- und Techn.transfer	0,66	0,32	0,42	1,00				
Unternehmens-bezogene Dienstl.	0,72	0,53	0,73	0,73	1,00			
Physische Infra-struktur	-0,38	0,08	-0,31	-0,43	-0,21	1,00		
Arbeitsmarkt	-0,19	0,02	-0,28	-0,05	-0,05	0,34	1,00	
Gesamtindex	0,88	0,79	0,78	0,76	0,88	-0,15	0,06	1,00

Quelle: Eigene Berechnung auf Basis der REM-Expertenbefragung 2001.

Bei Experten aus Regionen mit einer schwächeren gründungsbezogenen Infrastruktur ist denkbar, dass diese positive Entwicklungen bereits sehr hoch bewerten, gerade weil es in der Region in der Vergangenheit große Defizite gegeben hatte. Diese zweite Interpretation lässt sich auch mit den Aussagen einiger der interviewten Gründungsexperten stützen, die angaben, dass die Infrastruktur in der Region gut sei, diese allerdings nicht mit der von Regionen wie Köln oder München vergleichbar sei.

Wie bereits in Kapitel 2 erläutert, gibt es kaum empirische Untersuchungen, die in ähnlicher Form wie bei der REM-Befragung die gründungsbezogene Infrastruktur in den Regionen eines Landes ermittelt. Ein Vergleich der Ergebnisse ist nur mit der Untersuchung von Johannisson (1984) möglich. Bei einer Befragung von Gründern und Gründungsexperten zum regionalen Gründungsumfeld in vier verschiedenen schwedischen Regionen findet Johannisson ebenfalls nur geringe regionale Unterschiede. Johannisson vermutet, dass die Befragungsergebnisse zum Teil verzerrt sein können: "... in those communities which are less well off, the response pattern may just reflect wishful thinking. Or the other way around, in those communities which in popular speech are ascribed a thriving business climate, the entrepreneurs – or the expert/reviewers feel a responsibility for revealing the reality behind the myth" (Johannisson 1984, S. 39). Letztendlich kann die Frage nicht abschließend geklärt werden, warum die regionalen Abweichungen bei den gründungsbezogenen Rahmenbedingungen nur verhältnismäßig klein sind. Entweder sind die Abweichungen bei der regionalen gründungsbezogenen Infrastruktur in einigen Bereichen tatsächlich eher klein, oder aber die gemessenen Unterschiede der Einschätzungen der Gründungsexperten deuten auf Unterschiede hin, die in der Realität in stärkerem Maße von Bedeutung sind, als es die Daten vermuten lassen. Es bleibt aber festzuhalten, dass zumindest in Bezug auf die „Gründungsfinanzierung" und den „Wissens- und Technologietransfer" erkennbare regionale Unterschiede bestehen.

Tabelle 7 zeigt in der unteren Hälfte ebenfalls die Korrelationen zwischen den sieben untersuchten Rahmenbedingungen und dem errechneten Gesamtindex. In der Mehrzahl der Fälle bestehen positive Korrelationen zwischen den sieben Rahmenbedingungen, das heißt, tendenziell sind die Rahmenbedingungen gleichgerichtet ausgeprägt. Regionen sind in der Regel nicht durch eine Mischung aus guten und schlechten Rahmenbedingungen gekennzeichnet, sondern weisen entweder eine Mehrzahl an guten oder an schlechten Einschätzungen auf. Gut ausgeprägt ist die Infrastruktur insbesondere in Stuttgart und München. Die unterdurchschnittlichen Einschätzungen überwiegen in Rostock und Lüneburg. Allerdings gibt es auch Ausnahmen von dieser Regel, insbesondere bei den Rahmenbedingungen „Physische Infrastruktur" und „Arbeitsmarkt". Diese korrelieren entweder kaum mit den anderen Rahmenbedingungen oder sind sogar eher in den Regionen gut ausgeprägt, in denen andere Rahmenbedingungen eher schlecht eingeschätzt werden. Agglomerationsräume, die bei vielen Rahmenbedingungen gut abschneiden, belegen bei der Verfügbarkeit und den Kosten von Büro- und Gewerbeflächen sowie qualifizierten Arbeitskräften oft nur Plätze im Mittelfeld, was die geringe oder negative Korrelation dieser Rahmenbedingungen mit den anderen erklärt.

Da die einzelnen Rahmenbedingungen tendenziell aber gleichgerichtet sind, lässt sich auch die Berechnung eines Gesamtindexes der gründungsbezogenen Infrastruktur rechtfertigen. Dieser Gesamtindex ergibt sich als Mittelwert der sieben untersuchten Rahmenbedingungen. Den höchsten Wert erreichen Stuttgart und München. Rostock und Lüneburg bekommen durchschnittlich die schlechteste Einstufung.

4.3.2 Was erklärt die Experteneinschätzung der gründungsbezogenen Infrastruktur – Person, Region oder Institution?

In diesem Abschnitt wird die Einschätzung der Gründungsexperten nicht mehr nur auf Regionsebene, sondern auf Basis der Individualdaten näher untersucht. Insbesondere wird überprüft, ob sich ein signifikanter Einfluss der Untersuchungsregion auf die Einschätzung der Rahmenbedingungen feststellen lässt, und ob die institutionelle Herkunft sowie persönliche Merkmale des Experten die Einschätzung beeinflussen. Die Überprüfung der Signifikanz der regionalen Ebene erscheint notwendig, da die Durchschnittswerte der regionalen Rahmenbedingungen oft nur geringfügig voneinander abweichen. Es besteht die Möglichkeit, dass nicht Unterschiede der Region, sondern Unterschiede in der regionalen Struktur der befragten Experten einen Teil der Differenzen erklären. Denkbar ist zum Beispiel, dass weibliche Gründungsexperten die Infrastruktur anders einschätzen als männliche, Personen mit eigenen Gründungserfahrungen eine kritischere Meinung haben oder die Dauer der bisherigen Erfahrung im Gründungssektor die Einschätzung beeinflusst. Darüber hinaus hat vermutlich die institutionelle Herkunft der Experten einen Einfluss auf die Einschätzung der Gründungsinfrastruktur. Da die befragten Experten die gründungsbezogene Infrastruktur zum Teil selbst mitgestalten, werden sie die entsprechenden Bereiche positiver einschätzen als Personen aus anderen Bereichen. Eine erste deskriptive Untersuchung stützt diese Vermutung: Personen aus Banken und Sparkassen schätzen die Finanzierungsrahmenbedingungen positiver ein als der Durchschnitt; Experten aus Technologie- und Gründerzentren (TGZ) geben der Arbeit von TGZ eine bessere Note als Personen aus anderen Institutionen. Bei der Berechnung der regionalen Durchschnittswerte wurde dem durch den Einbezug einer Gewichtungsvariablen Rechnung getragen (vgl. Kapitel 3.3.2.3).

An dieser Stelle erfolgt die Untersuchung der Einflussfaktoren Person, Region und Institution in einem gemeinsamen Modell. Die Untersuchung erfolgt auf Basis der Individualdaten der Expertenbefragung. Insgesamt liegen Einschätzungen von 472 Experten aus den zehn Regionen vor. Für jeden Experten werden die Indexwerte für die sieben betrachteten Rahmenbedingungen berechnet. Dieser Indexwert wird als abhängig von den Merkmalen Alter, Geschlecht, persönliche Gründungs- oder Selbstständigkeitserfahrung, Dauer der bisherigen Tätigkeit im Gründungssektor, institutionelle Herkunft (IHK, HWK, TGZ, Wirtschaftsförderung, Beratungsunternehmen etc.) sowie Untersuchungsregion betrachtet. Der Indexwert als abhängige Variable kann jeweils als intervallskaliertes Merkmal angesehen werden, weswegen das Verfahren der multiplen linearen Regressionsanalyse angewendet wird (vgl. Backhaus et al. 2003, S. 45ff). Für alle sieben Rahmenbedingungen werden separate Regressionen berechnet.

In einem ersten Schritt werden lediglich personenbezogene Merkmale der Experten als Einflussfaktoren auf die Einschätzung von Rahmenbedingungen untersucht. Die entsprechenden Modelle werden hier aus Platzgründen nicht dargestellt, da sie jeweils nur sehr geringe Werte für das Bestimmtheitsmaß aufweisen (korrigiertes R^2 zum Beispiel für „Physische Infrastruktur": 0,001; „Finanzierung": 0,045), also nur einen geringen Anteil der aufgetretenen Varianz erklären. Die Einschätzung der regionalen Gründungsinfrastruktur hängt also nur unwesentlich von Geschlecht, Alter, Dauer der Tätigkeit im Gründungssektor und eigener Selbstständigkeitserfahrung ab. Die genannten Variablen werden aber auch in die folgenden Modelle aufgenommen, um etwaige personenbezogene Einflüsse zu erfassen. Die Variablen Alter und Anzahl der Tätigkeitsjahre im Gründungsbereich sind hierbei nur mäßig miteinander korreliert und es liegt keine Multikollinearität vor.

In weiteren Schritten werden die Einflussfaktoren Region und Institution in verschiedenen Kombinationen einbezogen. In Tabelle 8 sind beispielhaft die Ergebnisse der verschiedenen Modelle für die Rahmenbedingung „Finanzierung" dargestellt. Der Einbezug von Region und Institution ist immer nur in der Form von neun beziehungsweise zwölf Dummyvariablen möglich. Die Region Rostock fungiert als Referenzregion, da die befragten Experten dieser Region die gründungsbezogene Infrastruktur durchschnittlich am schlechtesten eingeschätzt haben Mit der gleichen Begründung wird die Gruppe der Berater (Unternehmens- und Steuerberater, Rechtsanwälte etc.) als Referenzkategorie für die institutionelle Ebene genutzt. Unter Einbezug von Region und/oder Institution weisen die Modelle eine deutlich verbesserte Modellgüte auf. Die Mehrzahl der einbezogenen Dummyvariablen zeigt einen signifikanten Einfluss auf die Einschätzung der regionalen Rahmenbedingung Finanzierung.

Die Signifikanz der regionalen oder institutionellen Ebene lässt sich allerdings nicht an der Signifikanz einzelner Dummyvariablen ablesen. Hierzu ist vielmehr ein partieller F-Test notwendig, um die Wirkung der neun regionalen Dummyvariablen gemeinsam zu testen (vgl. Backhaus et al. 2003, S. 68ff). Dieser Test ergibt, dass mit einer Wahrscheinlichkeit von mehr als 99% die regionale Ebene die Einschätzung der Rahmenbedingung „Finanzierung" beeinflusst (Tab. 8, Modell 1). In gleicher Weise wurde der Einbezug der institutionellen Herkunft der Experten (Modell 2) getestet, die sich ebenfalls als signifikant erweist. Auch der gemeinsame Einbezug von Regions- und Institutionsdummies (Modell 3) verbessert signifikant die Erklärung der Varianz der abhängigen Variablen.

In einem vierten Modell, welches hier nicht in Tabellenform dargestellt ist, wird untersucht, ob die Art der Unternehmen, mit denen Experten sich hauptsächlich beschäftigen, die Beurteilung der regionalen Rahmenbedingungen beeinflusst. Im Fragebogen waren die Experten in einer offenen Frage gebeten worden, anzugeben, mit welcher Art von Unternehmen sie sich hauptsächlich beschäftigen. Die offenen Antworten wurden in die folgenden fünf Kategorien eingeteilt: (1) alle Arten von Gründungen/ keine Einschränkungen, (2) technologieorientierte Gründungen, Gründungen aus der Hochschule, (3) Gründungen in Handwerk, Gewerbe, Industrie, (4) Handel, Dienstleistungen, Gastgewerbe, (5) Kleingründungen, Gründungen durch Frauen. Bei mehreren Nennungen der Experten wurde die erste Nennung zur Kategorisierung herangezogen. Etwa 20% der Experten machten keine Angabe oder konnten nicht zugeordnet werden. Die Hinzunahme dieser Variablen erhöht allerdings die Erklärungskraft des Modells nicht. Ein partieller F-Test ergibt, dass die Art der Unternehmen, mit denen sich die Experten beschäftigen, keinen signifikanten Einfluss auf deren Beurteilung von gründungsbezogenen Rahmenbedingungen hat. Dieses Ergebnis überrascht, da man vermuten kann, dass sich innerhalb einer Region zum Beispiel die Rahmenbedingungen für Hochtechnologiegründungen von denen für Kleingründungen unterscheiden. Die Fragen im Expertenfragebogen bezogen sich in ihrer Formulierung zwar auf alle Arten von Gründungen, aber man hätte aufgrund der unterschiedlichen Branchenerfahrungen der Experten auch unterschiedliche Urteile erwarten können. Die Einschätzung der Infrastruktur wird also durch die institutionelle Herkunft von Gründungsexperten, jedoch nicht durch deren Branchenschwerpunkte beeinflusst. Modell 3 erscheint also am besten geeignet, die Einschätzung von Experten vorherzusagen.

Tab. 8: **Einflussfaktoren auf die Bewertung der Rahmenbedingung „Finanzierung" (Index) (lineare Regressionen)**

	Modell 1			Modell 2			Modell 3		
	Beta (std.)	t	Sig.	Beta (std.)	T	Sig.	Beta (std.)	t	Sig.
(Konstante)	3,04	16,04	***	3,02	15,50	***	2,50	12,20	***
Person									
Jahre im Bereich Gründungen tätig	0,14	2,49	**	0,16	2,61	***	0,12	2,18	**
Geschlecht (w=1)	-0,07	-1,62		-0,04	-0,76		-0,03	-0,63	
Alter des Experten	-0,11	-2,04	**	-0,15	-2,48	**	-0,10	-1,70	*
Selbstst.erfahrung	-0,20	-4,55	***	-0,02	-0,41		-0,07	-1,48	
Region (Dummies)									
Kiel	0,11	1,92	*				0,12	2,11	**
Lüneburg	0,12	2,03	**				0,14	2,42	**
Emscher-Lippe	0,18	3,15	***				0,18	3,19	***
Köln	0,35	6,27	***				0,35	6,47	***
Mittelhessen	0,14	2,59	***				0,13	2,35	**
Leipzig	0,02	0,29					0,03	0,49	
Stuttgart	0,37	6,57	***				0,37	6,78	***
Main-Rhön	0,16	2,83	***				0,17	3,22	***
München	0,31	5,67	***				0,31	5,75	***
Institution (Dummies)									
Arbeitsamt				0,16	3,14	***	0,15	3,11	***
Finanzierung				0,35	5,66	***	0,33	5,79	***
Fraueninitiativen				0,01	0,25		0,00	-0,05	
HWK				0,12	2,14	**	0,10	2,06	**
IHK				0,16	2,87	***	0,15	2,92	***
Netzwerke				0,17	3,04	***	0,16	3,17	***
Technologietransf.				0,13	2,41	**	0,10	1,95	*
TGZ				0,17	3,20	***	0,11	2,28	**
VC/BA				0,19	3,65	***	0,17	3,60	***
Verband				0,12	2,29	**	0,12	2,43	**
Wirtschaftsförd.				0,28	4,60	***	0,25	4,37	***
Wissenschaft				0,18	3,39	***	0,18	3,69	***
R^2 (korrigiert)	0,203			0,113			0,265		
F-Wert	9,588			4,472			7,304		
N	438			437			437		

Anmerkungen: Sig.: Signifikanzniveau. ***: signifikant auf dem 0,01-Niveau; ** signifikant auf dem 0,05-Niveau; *: signifikant auf dem 0,10 Niveau. Rostock als Referenzregion. Berater als Referenzinstitution. Bei der Konstanten ist nicht der standardisierte Beta-Koeffizient, sondern der Regressionskoeffizient B angegeben.
Quelle: Eigene Berechnung auf Basis der REM-Expertenbefragung 2001.

118

Modell 3 (Tab. 8) weist ein korrigiertes Bestimmtheitsmaß von 0,265 auf, was angesichts der Komplexität der Einschätzung gründungsbezogener Rahmenbedingungen akzeptabel erscheint. Der hohe unerklärte Rest der Varianz zeigt aber, dass es neben den einbezogenen Erklärungsfaktoren noch eine Reihe anderer, möglicherweise auch zufälliger Einflüsse gibt, die die Einschätzung regionaler Rahmenbedingungen bestimmen. Im Vergleich zur Referenzregion Rostock werden die Finanzierungsrahmenbedingungen in fast allen Regionen signifikant positiver eingeschätzt. Bei der institutionellen Herkunft zeigen sich auch eine Reihe signifikanter Zusammenhänge. Im Vergleich zur Referenzkategorie der Berater wird die Rahmenbedingung „Finanzierung" von Personen aus fast allen anderen Bereichen signifikant besser beurteilt. Wie zu erwarten, geben Personen aus Banken und Sparkassen das positivste Urteil ab, gefolgt von Personen aus Wirtschaftsförderungseinrichtungen, die ebenfalls sehr positiv urteilen. Von den persönlichen Merkmalen der Experten erweist sich nur die Anzahl der Tätigkeitsjahre als signifikanter Einfluss. Die Beurteilung fällt bei Personen, die bereits seit längerer Zeit im Gründungsbereich arbeiten, etwas positiver als bei anderen aus. Möglicherweise ist dies darauf zurückzuführen, dass Experten mit einem weit zurück reichenden Erfahrungshorizont eher Vergleiche mit früheren Jahren oder Jahrzehnten ziehen können, in denen die Infrastruktur für Gründungen schlechter war.

In ähnlicher Weise wie für die Rahmenbedingung „Finanzierung" werden auch für alle anderen sechs Rahmenbedingungen Einflussfaktoren untersucht. Die regionale Ebene erweist sich bei allen Rahmenbedingungen als signifikant (partieller F-Test, $1-\alpha = 0,95$). Die institutionelle Ebene zeigt ebenso bei fast allen Rahmenbedingungen einen signifikanten Einfluss. Lediglich für den Bereich der „Unternehmensbezogenen Dienstleistungen" kann kein signifikanter Einfluss der institutionellen Herkunft des Experten auf die Bewertung festgestellt werden. Um eine Vergleichbarkeit für die unterschiedlichen Rahmenbedingungen zu gewährleisten, werden die Institutionsdummies dennoch in der Analyse belassen.

Tabellen 9 und 10 zeigen die Ergebnisse der multiplen Regressionen für sechs Rahmenbedingungen unter Einbezug von regionaler und institutioneller Ebene. Im Vergleich zur Rahmenbedingung „Finanzierung" (Tab. 8) sind die korrigierten Bestimmtheitsmaße R^2 bei allen anderen Rahmenbedingungen geringer. Bei der „Physischen Infrastruktur" und den „Unternehmensbezogenen Dienstleistungen" können die Modelle jeweils weniger als 10% der Varianz erklären. Die ohnehin geringen regionalen Unterschiede sind bei diesen Rahmenbedingungen also recht stark auf andere, hier nicht untersuchte Faktoren zurückzuführen.

119

Tab. 9: **Einflussfaktoren auf die Bewertung der Rahmenbedingungen „Politische Rahmenbedingungen", „Öffentliche Förderinfrastruktur" und „Wissens- und Technologietransfer" (Indizes) (lineare Regressionen)**

	Politische Rahmenbedingungen			Öffentliche Förderinfrastruktur			Wissens- und Technologietransfer		
	Beta (std.)	t	Sig.	Beta (std.)	T	Sig.	Beta (std.)	t	Sig.
(Konstante)	2,55	11,57	***	2,98	14,35	***	2,86	12,75	***
Person									
Jahre im Bereich Gründungen tätig	0,05	0,87		0,03	0,46		0,05	0,80	
Geschlecht (w=1)	-0,08	-1,67	*	-0,05	-0,95		-0,06	-1,30	
Alter des Experten	0,06	0,94		-0,03	-0,59		-0,05	-0,87	
Selbstst.erfahrung	-0,06	-1,08		-0,09	-1,78	*	0,01	0,29	
Region (Dummies)									
Kiel	0,08	1,31		0,12	2,08	**	0,03	0,55	
Lüneburg	0,09	1,51		0,11	1,95	*	-0,06	-1,08	
Emscher-Lippe	0,17	2,78	***	0,24	4,25	***	-0,11	-1,93	*
Köln	0,13	2,22	**	0,17	3,06	***	0,06	1,13	
Mittelhessen	0,11	1,92	*	0,03	0,60		0,06	1,06	
Leipzig	0,14	2,37	**	0,08	1,43		0,01	0,14	
Stuttgart	0,22	3,69	***	0,28	4,93	***	0,27	4,79	***
Main-Rhön	0,14	2,33	**	0,09	1,65		-0,09	-1,63	
München	0,17	2,91	***	0,23	4,18	***	0,25	4,60	***
Institution (Dummies)									
Arbeitsamt	0,13	2,61	***	0,14	2,90	***	0,09	1,77	*
Finanzierung	0,17	2,81	***	0,16	2,65	***	0,00	0,00	
Fraueninitiativen	0,11	2,08	**	0,04	0,85		-0,02	-0,42	
HWK	0,19	3,55	***	0,25	4,75	***	0,12	2,19	**
IHK	0,15	2,80	***	0,26	4,96	***	0,13	2,54	**
Netzwerke	0,16	2,81	***	0,18	3,36	***	0,15	2,78	***
Technologietransf.	0,30	5,67	***	0,26	5,14	***	0,20	3,76	***
TGZ	0,24	4,45	***	0,24	4,73	***	0,16	3,09	***
VC/BA	0,19	3,65	***	0,06	1,19		0,05	0,90	
Verband	0,06	1,18		0,11	2,14	**	0,08	1,59	
Wirtschaftsförd.	0,32	5,27	***	0,38	6,43	***	0,25	4,08	***
Wissenschaft	0,13	2,57	**	0,15	3,10	***	0,18	3,51	***
R^2 (korrigiert)	0,143			0,226			0,233		
F-Wert	3,933			6,130			6,252		
N	441			438			431		

Anmerkungen: Sig.: Signifikanzniveau. ***: signifikant auf dem 0,01-Niveau; ** signifikant auf dem 0,05-Niveau; *: signifikant auf dem 0,10 Niveau. Rostock als Referenzregion. Berater als Referenzinstitution. Bei der Konstanten ist nicht der standardisierte Beta-Koeffizient, sondern der Regressionskoeffizient B angegeben.
Quelle: Eigene Berechnung auf Basis der REM-Expertenbefragung 2001.

Tab. 10: Einflussfaktoren auf die Bewertung der Rahmenbedingungen „Unternehmensbezogene Dienstleistungen", „Physische Infrastruktur" und „Arbeitsmarkt" (Indizes) (lineare Regressionen)

	Unternehmensbez. Dienstleistungen			Physische Infrastruktur			Arbeitsmarkt		
	Beta (std.)	t	Sig.	Beta (std.)	T	Sig.	Beta (std.)	t	Sig.
(Konstante)	4,08	21,27	***	3,97	21,97	***	2,26	11,29	***
Person									
Jahre im Bereich Gründungen tätig	0,13	2,06	**	0,10	1,56		0,00	0,05	
Geschlecht (w=1)	-0,03	-0,48		-0,04	-0,84		0,03	0,57	
Alter des Experten	-0,13	-2,11	**	-0,09	-1,39		0,02	0,35	
Selbstst.erfahrung	-0,14	-2,55	**	-0,01	-0,13		-0,03	-0,54	
Region (Dummies)									
Kiel	0,12	1,95	*	0,06	0,96		0,19	3,07	***
Lüneburg	-0,04	-0,59		-0,09	-1,52		0,13	2,10	**
Emscher-Lippe	0,08	1,30		0,00	-0,03		0,06	1,00	
Köln	0,14	2,24	**	0,03	0,57		0,14	2,34	**
Mittelhessen	0,08	1,36		0,05	0,81		0,23	3,95	***
Leipzig	0,03	0,52		0,20	3,30	***	0,24	4,07	***
Stuttgart	0,19	3,17	***	-0,03	-0,41		0,10	1,68	*
Main-Rhön	0,00	0,02		0,03	0,54		0,11	1,87	*
München	0,18	3,00	***	-0,12	-1,96	*	0,17	2,92	***
Institution (Dummies)									
Arbeitsamt	0,05	0,96		0,02	0,38		0,13	2,43	**
Finanzierung	-0,07	-1,14		0,03	0,49		-0,01	-0,12	
Fraueninitiativen	-0,02	-0,28		-0,02	-0,38		0,05	0,99	
HWK	0,07	1,20		-0,02	-0,36		-0,06	-1,00	
IHK	0,07	1,30		0,08	1,43		0,16	2,85	***
Netzwerke	0,04	0,74		0,14	2,40	**	0,16	2,89	***
Technologietransf.	0,08	1,48		0,13	2,40	**	0,14	2,54	**
TGZ	0,07	1,20		0,17	3,09	***	0,10	1,93	*
VC/BA	-0,03	-0,48		0,03	0,63		0,22	4,10	***
Verband	0,04	0,79		0,01	0,22		0,10	1,87	*
Wirtschaftsförd.	0,02	0,27		0,17	2,69	***	0,24	3,86	***
Wissenschaft	-0,02	-0,28		0,09	1,72	*	0,17	3,31	***
R^2 (korrigiert)	0,071			0,082			0,128		
F-Wert	2,338			2,588			3,567		
N	438			442			436		

Anmerkungen: Sig.: Signifikanzniveau. ***: signifikant auf dem 0,01-Niveau; ** signifikant auf dem 0,05-Niveau; *: signifikant auf dem 0,10 Niveau. Rostock als Referenzregion. Berater als Referenzinstitution. Bei der Konstanten ist nicht der standardisierte Beta-Koeffizient, sondern der Regressionskoeffizient B angegeben.

Quelle: Eigene Berechnung auf Basis der REM-Expertenbefragung 2001.

Wie schon bei der „Finanzierung" wird die Beurteilung auch der anderen sechs Rahmenbedingungen nur unwesentlich von personenbezogenen Merkmalen beeinflusst. Zwar urteilen weibliche Experten bei fast allen Rahmenbedingungen etwas kritischer als ihre männlichen Kollegen. Dieser Einfluss ist aber nur einmal signifikant. Personen mit eigenen Gründungs- oder Selbstständigkeitserfahrungen sind ebenfalls kritischer eingestellt, meist ist aber auch dieser Zusammenhang nicht signifikant. Die Erklärungskraft der Modelle ergibt sich aus der Berücksichtigung der Region und Institution der befragten Experten. Auf der regionalen Ebene sind es insbesondere die Agglomerationsräume München, Stuttgart und Köln, die meist signifikant besser als die Referenzregion Rostock beurteilt werden. Bei der institutionellen Herkunft der Experten lässt sich ebenfalls ein Muster erkennen: Personen aus den Bereich Wirtschaftsförderung, Technologietransfer und Netzwerke geben den Rahmenbedingungen meist signifikant überdurchschnittliche Noten. Kritischer urteilen dagegen Personen, die aus dem unternehmensnahen oder privatwirtschaftlichen Bereich kommen, insbesondere Personen aus Kreditinstituten, Beteiligungskapitalgesellschaften und Unternehmensverbänden. Berater, die hier als Referenzkategorie fungieren, haben eine besonders kritische Einstellung zu allen untersuchten Rahmenbedingungen. Bei keiner der hier untersuchten Rahmenbedingungen urteilt eine andere Gruppe signifikant schlechter als Berater. Lediglich Experten aus Fraueninitiativen geben eine ähnlich zurückhaltende Einschätzung wie Berater ab. Dies kann als Indiz dafür gewertet werden, dass die Infrastruktur für Gründungen durch Frauen, mit denen sich diese Einrichtungen beschäftigen, kritischer beurteilt wird als die anderer Gründungen.

Zusammenfassend lässt sich sagen, dass die Einschätzung regionaler Rahmenbedingungen signifikant von der regionalen Ebene beeinflusst wird. Trotz der nur geringen regionalen Unterschiede kann damit die Bedeutung der Region für die Einschätzung gründungsbezogener Rahmenbedingungen aufgezeigt werden. Weiterhin wird die Einschätzung signifikant von der institutionellen Herkunft der befragten Experten bestimmt. Dies deutet auf die Notwendigkeit hin, regionale Unterschiede der institutionellen Herkunft der befragten Experten durch eine Gewichtungsvariable auszugleichen.

4.3.3   Was erklärt den regionalen Einfluss?

Im vorangegangenen Kapitel wurde gezeigt, dass bei allen gründungsbezogenen Rahmenbedingungen die Bewertung neben anderen Faktoren auch von der regionalen E-bene abhängt. Die Regionen Stuttgart und München bekommen hierbei meist die beste Bewertung, und die Region Rostock bildet bei vielen Rahmenbedingungen das Schlusslicht. An dieser Stelle werden die regionalen Unterschiede bei den gründungsbezogenen Rahmenbedingungen näher untersucht. Insbesondere interessiert die Frage, worauf diese regionalen Unterschiede zurückzuführen sind und ob sie systematisch vom Regionstyp oder der Ost/West-Unterscheidung abhängen. Nicht vorgenommen wird hier eine Beschreibung und Stärken-Schwächen-Analyse der gründungsbezogenen Rahmenbedingungen für die einzelnen Untersuchungsregionen. Eine entsprechende Analyse findet sich bei Bergmann/Japsen/Tamásy (2002).

Bei der Auswahl der Untersuchungsregionen sind bewusst verschiedene Regionstypen nach der Typisierung des Bundesamtes für Bauwesen und Raumordnung (2000) sowie Regionen aus Ost- und Westdeutschland berücksichtigt worden. Dies erfolgte aufgrund der Annahme, dass sich Gründungsaktivitäten und Rahmenbedingungen nach diesen Kategorien unterscheiden. Der Einfluss des Regionstyps sowie der Ost/West-Unterscheidung auf die Bewertung der Gründungsinfrastruktur wird wie im vorangegangenen Kapitel für jede der sieben Rahmenbedingungen in einer separaten multiplen linearen Regressionsrechnung untersucht. Als abhängige Variablen fungieren die Indizes der sieben gründungsbezogenen Rahmenbedingungen. Als erklärende Variablen werden die gleichen Variablen zur Person und institutionellen Herkunft der Experten wie in den vorangegangenen Modellen herangezogen. Lediglich die Dummyvariablen für die regionale Ebene werden durch Variablen für die alten beziehungsweise neuen Bundesländer sowie für die Regionstypen (Agglomerationsraum, verstädterter Raum, ländlicher Raum) ersetzt. Hierbei fungieren die alten Bundesländer und der Regionstyp ländlicher Raum als Referenzkategorien. Tabelle 11 zeigt die Ergebnisse der multiplen linearen Regression aus Gründen der Übersichtlichkeit lediglich für die Variablen Ost/West sowie Regionstyp. Die vollständigen Ergebnisse finden sich im Anhang.

Bei fast allen Rahmenbedingungen zeigt sich ein signifikanter Einfluss von Regionstyp und der Ost/West-Unterscheidung. Fünf der sieben Rahmenbedingungen werden in Agglomerationsräumen signifikant besser eingeschätzt als in ländlichen Räumen. Der Unterschied zwischen verstädterten und ländlichen Räumen ist hingegen weniger häufig signifikant. Zudem sind die Regressionskoeffizienten für verstädterte Räume immer kleiner als für Agglomerationsräume. Insgesamt zeigt sich also die Tendenz, dass die gründungsbezogene Infrastruktur mit zunehmendem Verdichtungsgrad besser eingeschätzt wird. In Einzelbereichen („Physische Infrastruktur") gibt es zwar Hinweise auf negative Agglomerationseffekte, insgesamt überwiegen aber die positiven Effekte deutlich. Man kann somit argumentieren, dass eine gute gründungsbezogene Infrastruktur zum Teil zu den Agglomerationsvorteilen zu zählen ist. Eine hohe Kapitalverfügbarkeit, eine gut ausgebaute öffentliche Förderinfrastruktur, ein wirksamer Wissens- und Technologietransfer und ein breites Angebot an unternehmensbezogenen Dienstleistern sind Merkmale, die vor allem in Agglomerationsräumen zu finden sind.

Die gründungsbezogene Infrastruktur erklärt daher möglicherweise einen Teil der Unterschiede, die in empirischen Studien allgemein Agglomerationseffekten zugeschrieben werden (vgl. Armington/Acs 2002, S. 37; Brixy/Grotz 2002; Fritsch/Falck 2002; Reynolds/Storey/Westhead 1994).

Tab. 11: Regressionskoeffizienten (Beta std.) der Analyse der Bewertung gründungsbezogener Rahmenbedingungen

	Abhängige Variable						
	Index Finanzierung	Index Politische Rahmenbed.	Index Öffentl. Förderinfrastruktur	Index Wissens- und Techn.-transfer	Index Unternehmensbezog. Dienstl.	Index Physische Infrastruktur	Index Arbeitsmarkt
Regionstyp (Referenz: ländlicher Raum)							
Agglomerationsraum	0,22***	0,11*	0,21***	0,30***	0,28***	0,07	0,05
Verstädterter Raum	-0,01	-0,04	-0,01	0,20***	0,19***	0,06	0,04
ABL/NBL (Referenz: ABL)							
Neue Bundesländer (NBL)	-0.27***	-0,08*	-0,15***	-0.10**	-0,15***	0,12**	-0,05

Anmerkung: ***: signifikant auf dem 0,01-Niveau, ** signifikant auf dem 0,05-Niveau, *: signifikant auf dem 0,10 Niveau. Die Regressionskoeffizienten der Variablen zur Person und Institution des Experten, die ebenfalls in die Modelle einbezogen wurden, sind hier aus Platzgründen nicht wiedergegeben. (vgl. Anhang)
Quelle: Eigene Berechnung auf Basis der REM-Expertenbefragung 2001.

Auch die Ost/West-Unterscheidung ist bei fast allen Rahmenbedingungen signifikant. Bei fünf von sieben Rahmenbedingungen beeinflusst der Status als ostdeutsche Region das Ergebnis negativ. Lediglich bei der „Physischen Infrastruktur" werden die Bedingungen in Ostdeutschland signifikant besser bewertet. Beim „Arbeitsmarkt" zeigt sich weder ein signifikanter Ost/West-Zusammenhang noch ein Einfluss des Regionstyps.

Die Ergebnisse der hier vorgestellten Untersuchungen können nicht für alle Regionen Deutschlands verallgemeinert werden, da diese nur auf Befragungen in zehn Regionen basieren, von denen lediglich zwei Regionen vom Typ ländlicher Raum und zwei Regionen aus Ostdeutschland sind. Dennoch lassen sich aus den Ergebnissen Tendenzen hinsichtlich der Qualität gründungsbezogener Rahmenbedingungen in unterschiedlichen Regionen ablesen. Zum einen zeigt sich der bereits angesprochene Zusammenhang zum Verdichtungsgrad. Weiterhin zeigt sich ein Ost/West-Unterschied, der sich zwar absolut nur in geringen Bewertungsunterschieden widerspiegelt, der aber dennoch signifikant ist. Nicht abschließend geklärt werden kann die Frage, ob das schlechte Abschneiden der beiden ostdeutschen Regionen auf eine generell unterdurchschnittliche Gründungsinfrastruktur in Ostdeutschland hindeutet, oder aber ob lediglich zwei Regionen mit schlechter Gründungsinfrastruktur ausgewählt wurden. Seit der Wiedervereinigung haben sich die Regionen Westsachsen/Leipzig und Mittleres Mecklenburg/Rostock zwar im Vergleich zu anderen ostdeutschen Regionen wirtschaftlich eher unterdurchschnittlich entwickelt (vgl. Bode 2002). Die wirtschaftliche Entwicklung steht aber nicht in einem direkten Zusammenhang zur Infrastruktur für Gründungen. Beide Regionen sind Hochschulstandorte und günstig gelegen. Die Region Leipzig ist einer der größten Agglomerationsräume der neuen Bundesländer. Vor diesem Hintergrund kann also nicht von Regionen gesprochen werden, bei denen man ein unterdurchschnittliches Abschneiden hätte erwarten können. Worauf das relativ schlechte Abschneiden der beiden ostdeutschen Regionen zurückzuführen ist, kann hier nicht abschließend beantwortet werden. Vermutlich ist der Zeitraum von zehn Jahren seit der Wiedervereinigung nicht ausreichend lang, um eine ähnlich umfassende Infrastruktur für Unternehmensgründungen aufzubauen, wie sie in vielen westdeutschen Regionen vorhanden ist. Möglicherweise schneiden ostdeutsche Regionen auch deswegen schlechter ab, weil sie sich aufgrund des Fehlens von großen Unternehmen, insbesondere im Bereich der Industrie, bis heute stark um die Ansiedlung von Großunternehmen bemühen (vgl. Gehle 2001). Die Gründungsquote lag demgegenüber in den neunziger Jahren in Ostdeutschland deutlich höher als in Westdeutschland, weswegen der Schaffung von günstigen Rahmenbedingungen für Gründungen vielleicht nicht die höchste Priorität beigemessen wurde.

Es gibt nur wenige Studien, mit denen man die hier vorgestellten Ergebnisse vergleichen kann. Bei einer Bewertung der Gründungsinfrastruktur in den fünf EXIST-Regionen Bergisch-Märkische Region, Dresden, Jena/Ilmenau/Schmalkalden, Karlsruhe/Pforzheim und Stuttgart schneiden die ostdeutschen Regionen besser als die westdeutschen Regionen ab (vgl. Kulicke/Görisch 2002, S. 54). Allerdings wurden bei dieser Befragung lediglich technologieorientierte Gründungen befragt, weswegen die Ergebnisse nur schlecht mit den vorliegenden Ergebnissen verglichen werden können.

Eine Betrachtung der Modellgüte der hier betrachteten Modelle (vgl. Anhang) zeigt, dass die Variablen Regionstyp und West/Ost insgesamt nur einen geringeren Anteil der Varianz der gründungsbezogenen Rahmenbedingungen erklären können als die Modelle mit Regionsdummies im vorangegangenen Abschnitt. Hierdurch wird deutlich, dass gründungsbezogene Rahmenbedingungen keinesfalls vom Regionstyp determiniert werden, sondern dass auch unabhängig davon regionale Unterschiede bestehen. So gibt es auch innerhalb von Regionen der gleichen Kategorie noch Unterschiede. Das gute Abschneiden der Regionen Stuttgart und München kann nicht allein dadurch erklärt werden, dass es sich um Agglomerationsräume handelt. Auch im Vergleich zu anderen Agglomerationsräumen bieten diese Regionen eine überdurchschnittliche Infrastruktur für Gründungen. Es besteht somit ein regionaler Handlungsspielraum, das Niveau gründungsbezogener Rahmenbedingungen zu beeinflussen.

5 Gründungsaktivitäten in den zehn Untersuchungsregionen

5.1 Die REM-Gründungsquote im Vergleich mit anderen Statistiken

Auf der Basis der in Abschnitt 3.5.1 gewählten Definitionen ergeben sich in der REM-Bevölkerungsbefragung die folgenden Gründungsquoten:

- Im Durchschnitt der zehn Untersuchungsregionen sind 4,2% der befragten Personen im Alter von 18-64 Jahre als „werdende Gründer" zu bezeichnen, versuchen also zum Zeitpunkt der Befragung, ein neues Unternehmen zu gründen.

- 4,1% der Personen der entsprechenden Altersgruppe gehören zur Gruppe der „neuen Selbstständigen".

- Die „Total Entrepreneurial Activity (TEA)"-Rate berechnet sich als Summe der Gruppe der werdenden Gründer und der neuen Selbstständigen und beträgt 7,8%. Diese Quote ist etwas geringer als die Summe der Einzelquoten, da Personen gleichzeitig werdende Gründer und neue Selbstständige sein können.

- Etwa 11% der Befragten gaben an, dass sie derzeit in irgendeiner Form einer selbstständigen Tätigkeit nachgehen.

An dieser Stelle erscheint es sinnvoll, die genannten Gründungsquoten mit den Ergebnissen anderer Statistiken zum Umfang der Gründungsaktivitäten in Deutschland zu vergleichen. Ein solcher Vergleich ist bislang noch nicht durchgeführt worden. Aus folgendem Grund erscheint dieser allerdings angebracht und notwendig: Im Rahmen der REM- und GEM-Projekte werden Gründer anhand von repräsentativen telefonischen Bevölkerungsbefragungen identifiziert, was ein Vorgehen ist, das in der Gründungsforschung bisher kaum Anwendung gefunden hat. Diese Befragungsart wurde unter anderem deswegen gewählt, weil es keine amtliche Gründungsstatistik in Deutschland gibt und die vorhandenen Datenquellen jeweils bestimmte Teile des Gründungsgeschehens nicht erfassen (vgl. Fritsch/Grotz 2002). Durch einen Vergleich der Ergebnisse verschiedener Statistiken und eine Einordnung der REM-Gründungsquoten ist ein besseres Verständnis der nachfolgenden Analysen möglich.

Der Vergleich der Ergebnisse der REM-Befragung mit der Anzahl der Unternehmensgründungen aus anderen Statistiken ist aus zwei Gründen nicht einfach. Zum einen handelt es sich bei REM um eine Bevölkerungsbefragung, die untersucht, welcher Anteil an Personen an Gründungsaktiväten beteiligt ist. Andere Studien zu Gründungsaktivitäten ermitteln hingegen die Anzahl an Unternehmensgründungen in einem bestimmten Zeitraum. Ein Unternehmen kann allerdings als Teamgründung gleichzeitig von mehreren Personen gegründet werden und umgekehrt kann eine Person auch mehrere Unternehmen gleichzeitig gründen, so dass man nicht automatisch von der Anzahl an Personen, die an Gründungsaktivitäten beteiligt sind, auf die Anzahl der neu gegründeten Unternehmen schließen kann. Weiterhin handelt es sich bei der REM-Gründungsquote um eine Bestandsgröße. Angegeben wird, welcher Anteil der Befragten zu einem bestimmten Zeitpunkt versucht, eine neues Unternehmen zu gründen oder eine solches gegründet hat. Bei den Angaben auf der Basis von Sekundärstatistiken, die zur Abschätzung der Anzahl an Gründungen herangezogen werden, handelt es sich jedoch um Stromgrößen. Hierbei wird die Anzahl an Gründungen innerhalb eines bestimmten Zeitraums angegeben, wobei üblicherweise der Zeitraum eines Jahres gewählt wird.

Der Vergleich zwischen Angaben zu Gründungsaktivitäten in Deutschland aus Sekundärstatistiken und der REM-Gründungsquote lässt sich daher nur unter bestimmten Annahmen vollziehen. Zunächst soll die durchschnittliche Anzahl an Gründern abgeschätzt werden, die an einem Gründungsprojekt beteiligt ist. Hierzu finden sich in der Literatur nur wenige Angaben für Deutschland. In der Münchner Gründerstudie gründeten 17% der Befragten mit einem Partner und 4% mit zwei oder mehr Partnern (vgl. Brüderl/Preisendörfer/Ziegler 1996, S. 188). Wenn man bei den letztgenannten Teamgründungen mit zwei oder mehr Partnern von durchschnittlich drei Partnern ausgeht (also vier Gründern) kommt man insgesamt auf eine Gründungsgröße von 1,29 Gründern pro Unternehmen. In der REM-Bevölkerungsbefragung sind bei den neuen Selbstständigen (18-64 Jahre) 61,3% allein tätig, 22,7% mit einem Geschäftspartner und 16% mit mehr als einem Geschäftspartner. Hier ergibt sich eine durchschnittliche Gründungsgröße von 1,70 Gründern pro Unternehmen. Als Abschätzung wird ein Mittelwert zwischen den genannten Werten verwendet. Es wird in den folgenden Rechnungen davon ausgegangen, dass bei einem Gründungsvorhaben durchschnittlich 1,5 Gründer beteiligt sind.

Fritsch und Niese (2002, S. 144) schätzen die Anzahl der Unternehmensgründungen in Deutschland auf der Basis einer vergleichenden Gegenüberstellung der Ergebnisse von Beschäftigtenstatistik, Gewerbeanzeigenstatistik und Mannheimer Gründungspanel für den Zeitraum 1996-1998 auf etwa 310.000 Gründungen pro Jahr. Aktuellere Abschätzungen liegen nicht vor. Unter der Annahme, dass bei jeder Gründung durchschnittlich etwa 1,5 Gründerpersonen beteiligt sind und der weiteren Annahme, dass eine Person in einem Jahr nicht an mehreren Gründungsprojekten beteiligt ist, ergibt sich hieraus eine Anzahl von 465.000 Gründern. Im Jahr 1997 lebten nach Angaben des Statistischen Bundesamtes (2002a, S. 55) etwa 53,2 Mill. Menschen im Alter von 18 bis einschließlich 64 Jahre in der Bundesrepublik Deutschland. Unternehmensgründungen finden fast ausschließlich in der genannten Altersgruppe statt. Auf Basis der Zahl von Fritsch und Niese ergibt sich unter den genannten Angaben eine Quote von 0,87% der Bevölkerung im Alter von 18-64 Jahre, die im Zeitraum eines Jahres ein Unternehmen gegründet haben.

Die von Fritsch und Niese angegebene Anzahl an Unternehmensgründungen beinhaltet nur tatsächlich realisierte Gründungen und kann daher nicht mit der Quote werdender Gründer verglichen werden, die auch noch nicht vollständig realisierte Gründungsprojekte umfasst. Besser geeignet erscheint die Gruppe der neuen Selbstständigen, die nur wirtschaftlich aktive Gründungsprojekte enthält. In der üblichen Abgrenzung umfasst diese Quote alle Gründungen, die innerhalb der vergangenen dreieinhalb Jahre realisiert wurden. Die Quote lässt sich allerdings auch für andere Zeiträume berechnen. 2,68% der Bevölkerung sind selbstständig und haben im Zeitraum der vergangenen eineinhalb Jahre vor dem Befragungszeitpunkt zum ersten Mal Gehälter gezahlt oder Gewinne erhalten. Für den Zeitraum des vergangenen halben Jahres beträgt die entsprechende Quote 1,97%. Der Mittelwert der beiden Quoten kann zur Abschätzung der jährlich stattfindenden Gründungen herangezogen werden. Bei 2,32% der Bevölkerung kann man daher davon ausgehen, dass sie im Zeitraum eines Jahres mit einem neuen Unternehmen wirtschaftlich aktiv geworden sind.

Die auf der Basis der REM-Erhebung ermittelte Quote ist mehr als doppelt so hoch wie die Quote, die auf der Basis der Angaben von Fritsch und Niese berechnet wurde. Unter anderen Annahmen (geringere durchschnittliche Anzahl an Gründern pro Gründung; Berücksichtigung der Aufgabe/Schließung neu gegründeter Betriebe; Berücksichtigung von Personen, die gleichzeitig mehrere Unternehmen gründen) würde sich ein noch größerer Unterschied zwischen den angegebenen Quoten ergeben. Hierdurch wird deutlich, dass in der REM-Erhebung eine Reihe von Gründungsaktivitäten erfasst werden, die entweder in den üblicherweise verwendeten Statistiken zu Unternehmensgründungen bewusst nicht berücksichtigt oder aber unbewusst nicht erfasst werden. Es erscheint unwahrscheinlich, dass in der Gewerbestatistik, der Betriebsdatei der Beschäftigtenstatistik und den Mannheimer Gründungspaneln in großem Umfang Gründungen nicht erfasst werden, die eigentlich zur Grundgesamtheit der jeweiligen Statistik gehören. Vermutlich handelt es sich bei der Abweichung der Quoten daher nicht um zufällig verteilte, sondern um systematische Unterschiede in der Erfassung von Unternehmensgründungen. Es sind mit großer Wahrscheinlichkeit kleine Gründungen und selbstständige Nebenerwerbstätigkeiten, die im Rahmen von REM erfasst werden, in den üblichen Statistiken aber nicht auftauchen. Gründungsprojekte, die einen Gewerbeeintrag erfordern, bei denen eine Kreditaufnahme bei einer Bank oder Sparkasse erfolgte, oder die neben den Gründern weitere Angestellte haben, sind mit großer Wahrscheinlichkeit in der Gewerbestatistik, der Betriebsdatei der Beschäftigtenstatistik und/oder den Mannheimer Gründungspaneln erfasst. Neben der Anzahl von etwa 300.000 Gründungen, die von Fritsch und Niese genannt wird, gibt es also noch einmal mehr als die gleiche Anzahl an Gründungen, die in jedem Jahr wirtschaftlich aktiv werden.

Eine Datenquelle für Untersuchungen über Unternehmensgründungen, die bisher noch nicht angesprochen wurde, ist der Gründungsmonitor der Deutschen Ausgleichsbank (DtA 2003). Hierbei handelt es sich um eine bevölkerungsrepräsentative telefonische Bevölkerungsstichprobe, die jährlich durchgeführt wird, beginnend mit dem Jahr 2000. Der DtA-Gründungsmonitor ermittelt anhand einer Stichprobe von jährlich mindestens 20.000 Fällen den Anteil der Bevölkerung, die innerhalb eines Jahres vor dem Befragungszeitpunkt eine selbstständige Tätigkeit neu aufgenommen haben. Diese Definition entspricht in hohem Maße der hier verwendeten Quote der neuen Selbstständigen, die innerhalb eines Jahres wirtschaftlich aktiv geworden sind. Der DtA-Gründungsmonitor ermittelt für das Jahr 2001 eine Quote von 2,44% der Bevölkerung, die innerhalb des letzten Jahres eine selbstständige Tätigkeit aufgenommen haben. Für die Altersgruppe der 18-64-Jährigen liegt die entsprechende Quote bei 2,92%, was auf einem ähnlichen Niveau wie die beschriebene REM-Gründungsquote von 2,32% liegt. Der DtA-Gründungsmonitor verwendet hierbei eine andere Gesprächsführung und andere Auswahlfragen als die REM-Befragung. Die trotzdem hohe Übereinstimmung der Quoten kann als Beleg dafür gewertet werden, dass es sich bei der in der REM-Befragung ermittelten Gründungsquote um eine realistische Abschätzung des Umfangs an Gründungsaktivitäten in Deutschland handelt.

Der Vergleich der REM-Gründungsquote mit der Abschätzung auf Basis von Fritsch/Niese (2002) macht allerdings auch deutlich, dass die bei REM erfassten Gründungsprojekte nicht direkt vergleichbar sind mit den Gründungen, die üblicherweise in der Gründungsforschung untersucht werden und die im Rahmen der Betriebsdatei oder der ZEW-Gründungspanels als Gründungen ausgewiesen werden. In der REM-Befragung werden alle Arten selbstständiger Tätigkeit erfasst, wozu auch Tätigkeiten im Nebenerwerb, in der Scheinselbstständigkeit und vermutlich auch in der Schwarzarbeit gehören. Auch zeitlich begrenzte selbstständige Tätigkeiten, die eher den Charakter von Projektarbeiten haben, werden berücksichtigt. Die bei REM ermittelten Quoten sollten daher nicht als Gründungsquoten von Unternehmen im engeren Sinne verstanden werden. Vielmehr sind die REM-Quoten Indikatoren für die unternehmerische Aktivität der Bevölkerung, die wirkliche Unternehmensgründungen berücksichtigen, allerdings auch alle anderen Formen selbstständiger Tätigkeit. Umgekehrt lässt sich

sagen, dass die üblicherweise herangezogenen Sekundärstatistiken zu Unternehmensgründungen in Deutschland (Gewerbestatistik, Betriebsdatei der Beschäftigtenstatistik
oder Mannheimer Gründungspanel) einen weiten Bereich von Entrepreneurship-Aktivitäten nicht erfassen.

Die von Fritsch und Niese durchgeführte Abschätzung der jährlichen Anzahl an Unternehmensgründungen in Deutschland beruht im Wesentlichen auf dem Vergleich von
Beschäftigtenstatistik und Mannheimer Gründungspaneln. Angaben aus der Gewerbemeldestatistik fließen nur für den Bereich der Zweigbetriebs-Gründungen ein (vgl.
Fritsch/Niese 2002, S. 142ff). Insgesamt weist die Gewerbeanzeigenstatistik mit etwa
584.000 Betriebs-, Nebenerwerbs- und Kleingewerbegründungen eine deutlich höhere
Anzahl an Gründungen aus als die beiden anderen genannten Datenquellen (vgl. Angele 2002, S. 369). Die sich aus dieser Anzahl ergebende Quote liegt nahe bei der Gründungsquote von 2,32%, die auf der Basis von REM berechnet wurde. Dies bedeutet
allerdings nicht, dass sich die Gewerbeanzeigenstatistik und die REM-Bevölkerungsbefragung auf die gleiche Gruppe von Gründungen beziehen. Die REM-Quote beinhaltet nur Gründungen, die tatsächlich wirtschaftlich aktiv geworden sind und bereits
Gewinne erzielt beziehungsweise Gehälter gezahlt haben. Dies gilt allerdings nicht für
die Gewerbemeldungen. Bei den Gewerbemeldungen handelt es sich um Absichtser-
klärungen, bei denen man nicht überprüfen kann, inwieweit diese tatsächlich zur Aufnahme einer gewerblichen Tätigkeit führen (vgl. Leiner 2002, S. 117).

Die Quote der werdenden Gründer liegt bei 4,2% der Bevölkerung im Alter von 18-64
Jahre und damit fast doppelt so hoch wie die hier ermittelte Quote jährlicher Gründungsaktivitäten. Dies zeigt, dass viele der werdenden Gründer ihr Gründungsvorhaben nicht oder zumindest nicht innerhalb einer kurzen Frist realisieren. Dieser Befund
stützt die Existenz eines „Gründungstrichters", das heißt, die Anzahl an tatsächlichen
Gründern ist geringer als die Anzahl werdender Gründer. Je konkreter ein Gründungsvorhaben wird, desto weniger Personen gibt es, die den entsprechenden Gründungsquoten zuzurechnen sind (vgl. Katz 1990; Welter 2000b; Welter/Bergmann 2002).

5.2   Gründungsquoten in den REM-Regionen

Tabelle 12 zeigt, dass sich die ermittelten Gründungs- bzw. Selbstständigenquoten
erheblich nach Regionen unterscheiden. In den Regionen Köln und München ist der
Anteil der werdenden Gründer mehr als doppelt so hoch wie in den beiden ostdeutschen Regionen Leipzig und Rostock. Aber auch innerhalb der westdeutschen Raumordnungsregionen gibt es deutliche Unterschiede. Um zu überprüfen, ob es sich bei
diesen Unterschieden nicht allein um zufällige Unterschiede handelt, wurde ein Chi-

Quadrat-Test durchgeführt (vgl. Snijders/Boskers 1999, S. 209). Dieser ergab, dass es sich bezogen auf die werdenden Gründer mit einer Wahrscheinlichkeit von 99% nicht um zufällige, sondern um systematische Unterschiede zwischen den Regionen handelt. Auch bei den neuen Selbstständigen, der TEA-Quote und den Selbstständigen gibt es erhebliche regionale Unterschiede.

Tab. 12: Gründungsquoten und Selbstständigenquote nach Raumordnungs-regionen (in % der Bevölkerung, 18-64 Jahre)

Raumordnungsregionen	Werdende Gründer	Neue Selbst-ständige	TEA	Selbst-ständige
Schleswig-Holstein Mitte/Kiel	4,4	4,5	8,3	10,5
Mittl. Mecklenburg/Rostock	2,6	3,6	5,6	10,0
Lüneburg	5,3	5,2	9,7	12,8
Emscher-Lippe	3,4	1,9	5,3	5,9
Köln	6,6	5,0	10,9	11,4
Mittelhessen	3,6	3,8	7,0	12,4
Westsachsen/Leipzig	2,9	3,4	5,7	9,0
Stuttgart	3,9	4,2	7,3	12,6
Main-Rhön	3,8	4,1	7,2	10,8
München	5,9	5,3	10,5	13,4
Insgesamt	**4,2**	**4,1**	**7,8**	**10,9**

Quelle: Eigene Berechnung auf Basis der REM-Bevölkerungsbefragung 2001.

Die Abschätzung des Umfangs an Gründungsaktivitäten in Abschnitt 5.1 hat gezeigt, dass REM ein breiteres Spektrum an Gründungsaktivitäten erfasst als andere Statistiken, die in der Gründungsforschung Verwendung finden. An dieser Stelle soll die regionale Struktur der Ergebnisse der REM-Erhebung mit der anderer Statistiken verglichen werden. Ein solcher Vergleich erlaubt Rückschlüsse über den Zusammenhang der in anderen Statistiken und bei REM erfassten Gründungen. Wie im vorangegangenen Abschnitt wird für diesen Vergleich der Anteil der Personen abgeschätzt, die an Gründungsprojekten beteiligt sind, die innerhalb eines Jahres vor dem Befragungszeitpunkt realisiert wurden. Diese Quote wird bezeichnet als "neue Selbstständige (1 Jahr)" und ergibt sich als Mittel der Quote der Selbstständigen, die im Zeitraum des vergangenen halben Jahres vor dem Befragungszeitpunkt zum ersten Mal Gehälter gezahlt oder Gewinne erhalten haben, und der entsprechenden Quote für den Zeitraum von eineinhalb Jahren. Die Größe der Personengruppe der „neuen Selbstständigen (1 Jahr)" lässt Rückschlüsse auf den Umfang an Gründungsaktivitäten pro Jahr zu. Die regionale Verteilung dieser Gründungsquote kann mit anderen Sekundärstatistiken verglichen werden.

Zum Vergleich werden die regionalen Ergebnisse der Mannheimer Gründungspanels des Zentrums für Europäische Wirtschaftsforschung GmbH (ZEW), der Betriebsdatei der Beschäftigtenstatistik der Bundesanstalt für Arbeit und der Gewerbeanzeigenstatistik herangezogen. Hierbei handelt es sich um die am häufigsten verwendeten Sekundärstatistiken im Bereich der Gründungsforschung in Deutschland. Im Unterschied zum vorangegangenen Abschnitt gibt es keine Abschätzung der Anzahl an Gründungen für Regionen auf der Basis mehrerer Sekundärstatistiken. Daher muss der Vergleich jeweils mit den einzelnen Statistiken erfolgen. Der Vergleich der regionalen Quoten bezieht sich nicht auf die absolute Höhe der Quoten, die ja bereits im vorangegangenen Abschnitt miteinander verglichen wurde, sondern nur auf deren regionale Struktur. Um diesen Vergleich zu vereinfachen, findet sich in Tabelle 13 neben der absoluten Quote auch immer die Quote relativ zum jeweiligen Durchschnitt.

Bei dem Vergleich der Quoten muss bedacht werden, dass die REM-Ergebnisse nur für zehn Regionen vorliegen und zudem auf einer Stichprobe beruhen, die immer auch mit Zufallsfehlern belegt sein kann. Außerdem zeigen auch die drei Vergleichsstatistiken nicht in jeder Hinsicht ein einheitliches Bild regionaler Gründungsquoten (vgl. Grotz/Brixy/Otto 2002). Daher ist nicht zu erwarten, dass die regionale Struktur der REM-Quoten mit einer oder mehrerer der Vergleichsquoten völlig übereinstimmt.

Der Vergleich der regionalen Struktur der Gründungsquoten zeigt zunächst, dass die beiden REM-Regionen mit der höchsten Quote „neuer Selbstständiger (1 Jahr)", Köln und München, auch in allen drei Vergleichsstatistiken überdurchschnittliche Werte erzielen. Die Region mit dem geringsten Anteil „neuer Selbstständiger (1 Jahr)", Emscher-Lippe, schneidet auch bei den drei Vergleichsstatistiken jeweils stark unterdurchschnittlich ab. Die beiden ostdeutschen Regionen zeigen hingegen deutliche Abweichungen zwischen der im Rahmen von REM ermittelten Gründungsquote und den Quoten auf Basis von Gewerbemelde-, IAB- und ZEW-Daten. Leipzig und Rostock weisen nach der REM-Befragung nur eine unterdurchschnittliche Gründungsquote auf. In den drei Vergleichsstatistiken ergeben sich aber immer überdurchschnittliche Werte. Umgekehrt ergibt sich für Lüneburg in der REM-Befragung eine überdurchschnittliche Gründungsquote. Die Vergleichsstatistiken weisen aber leicht bis deutlich unterdurchschnittliche Werte auf. Worauf diese Unterschiede zurückzuführen sind, kann hier nicht abschließend geklärt werden. Hinz (1998, S. 115) weist darauf hin, dass Nebenerwerbsgründungen in Westdeutschland von höherer Bedeutung als in Ostdeutschland sind. Da diese bei REM berücksichtigt werden, in den drei Vergleichsstatistiken allerdings häufig nicht, erklärt dies zum Teil, warum westdeutsche Regionen bei REM besser abschneiden, ostdeutsche Regionen hingegen bei den Vergleichsstatistiken.

Tab. 13: Vergleich der REM-Quoten mit den Ergebnissen anderer Statistiken

Raumordnungsregionen	Neue Selbst- ständige (1 Jahr) (REM)	IAB- Quote	ZEW- Quote	Gewerbe- meldungen- Quote
Schleswig-Holstein Mitte/Kiel	2,30%	0,56%	0,59%	1,13%
Mittleres Mecklenburg/Rostock	2,23%	0,62%	0,72%	1,21%
Lüneburg	2,60%	0,56%	0,40%	1,10%
Emscher-Lippe	1,35%	0,43%	0,48%	0,90%
Köln	3,00%	0,64%	0,71%	1,34%
Mittelhessen	2,31%	0,47%	0,53%	1,07%
Westsachsen/Leipzig	2,04%	0,67%	0,62%	1,27%
Stuttgart	2,40%	0,54%	0,56%	1,12%
Main-Rhön	1,94%	0,47%	0,43%	0,95%
München	3,02%	0,77%	0,93%	1,50%
Durchschnitt	2,32%	0,57%	0,60%	1,16%

	Gründungsquote relativ zum jeweiligen Durchschnitt			
Schleswig-Holstein Mitte/Kiel	0,99	0,98	0,98	0,97
Mittleres Mecklenburg/Rostock	0,96	1,09	1,21	1,04
Lüneburg	1,12	0,98	0,68	0,95
Emscher-Lippe	0,58	0,76	0,80	0,78
Köln	1,29	1,11	1,19	1,16
Mittelhessen	0,99	0,81	0,88	0,92
Westsachsen/Leipzig	0,88	1,17	1,04	1,09
Stuttgart	1,03	0,94	0,94	0,96
Main-Rhön	0,83	0,83	0,72	0,82
München	1,30	1,34	1,57	1,30
Durchschnitt	1,00	1,00	1,00	1,00

	Korrelationsmatrix			
	Neue Selbst- ständige (1 Jahr)	IAB- Quote	ZEW- Quote	Gewerbe- meldungen- Quote
Neue Selbstständige (1 Jahr)	1,00			
IAB-Quote	0,68	1,00		
ZEW-Quote	0,59	0,85	1,00	
Gewerbemeldungen-Quote	0,80	0,96	0,89	1,00

Anmerkungen: IAB-Quote: Anzahl der Gründungen im privaten Sektor 2001 * 1,5 / Einwohnerzahl 18-64 Jahre 2000; ZEW-Quote: Anzahl der Gründungen im privaten Sektor 2001 * 1,5 / Einwohnerzahl 18-64 Jahre 2000; Gewerbemeldungen-Quote: Anzahl der Gewerbemeldungen (Neuerrichtungen) 2001 / Einwohnerzahl 18-64 Jahre 2000
Quellen: Eigene Berechnung auf Basis von Daten aus dem DFG-Projekt Gründungsdaten und Analysen des Gründungsgeschehens ("Gründungsatlas"), Statistik Regional 2002 und der REM-Bevölkerungs-befragung 2001.

Zudem lässt sich vermuten, dass das Gründungsgeschehen in Ostdeutschland in stärkerem Maße als in Westdeutschland von Personen getragen wird, die gleichzeitig mehrere Unternehmungen gründen. Ein nicht zu vernachlässigender Teil der Gründungen in Ostdeutschland erfolgt durch Personen, die aus Westdeutschland zugewandert sind. Diese Personen verfügen häufig bereits über Selbstständigkeitserfahrung und sind zum Zwecke einer Unternehmensgründung nach Ostdeutschland gegangen (vgl. Hinz 1998, S. 133ff). Die Vermutung liegt nah, dass es sich bei diesen Personen oft um Mehrfachgründer handelt. Bei REM werden Personen, die gleichzeitig mehrere Gründungsprojekte vorantreiben, nur einfach gezählt. In den Vergleichsstatistiken wird hingegen jede Gründung separat erfasst. Auch hierdurch ließe sich erklären, warum die beiden ostdeutschen Regionen bei REM nicht gut abschneiden, bei den Vergleichsstatistiken hingegen schon.

Der Zusammenhang zwischen REM-Gründungsquote und den Vergleichsstatistiken lässt sich weiterhin anhand der Korrelation der Werte untersuchen. Der Korrelationskoeffizient zwischen der Quote für „neue Selbstständige (1 Jahr)" und den drei Vergleichsquoten liegt im Bereich von +0,59 bis +0,80 (vgl. Tab. 13). Trotz Abweichungen bei einzelnen Regionen besteht insgesamt also eine recht hohe Übereinstimmung zwischen der regionalen Struktur der REM-Gründungsquote und der der Vergleichsstatistiken.

Der statistische Zusammenhang der REM-Quote und der Gewerbemeldestatistik (Neuerrichtungen) ist mit einem Korrelationskoeffizient von 0,80 am stärksten ausgeprägt. Im Unterschied zu den beiden anderen Vergleichsstatistiken, aber ähnlich wie bei REM, erfasst die Gewerbeanzeigenstatistik auch Nebenerwerbstätigkeiten und kleine Gründungen (vgl. Angele 2002; Angele 2003), was die relativ starke Übereinstimmung mit der REM-Quote erklärt. Während allerdings bei der Gewerbeanzeigenstatistik keine Kontrolle darüber existiert, ob der gemeldete Betrieb auch tatsächlich wirtschaftlich aktiv geworden ist, umfasst die REM-Quote der neuen Selbstständigen nur Personen, die tatsächlich bereits Gewinne erzielt oder Gehälter gezahlt haben. Anhand der REM-Ergebnisse lässt sich nicht feststellen, welcher Anteil der Gewerbemeldungen wirtschaftlich nicht aktiv wird. Die hohe Übereinstimmung von REM-Quote und der Quote auf Basis der Gewerbeanzeigenstatistik lässt allerdings vermuten, dass es regional keine großen Abweichungen hinsichtlich der Frage gibt, welcher Anteil der Gewerbemeldungen auch tatsächlich wirtschaftlich aktiv wird.

Die Korrelation zur REM-Gründungsquote ist bei der ZEW-Quote (0,59) und der IAB-Quote mit (0,68) etwas geringer als bei der Gewerbemeldestatistik. Dies ist erklärbar, da bei den ZEW-Gründungspanels lediglich Gründungen erfasst werden, die einen

Kredit beantragen (vgl. Almus/Engel/Prantl 2002), und bei der Betriebsdatei der Beschäftigtenstatistik der Bundesanstalt für Arbeit (IAB-Quote) nur Gründungen berücksichtigt werden, die neben dem Gründer auch noch mindestens einen sozialversicherungspflichtig Beschäftigten haben (vgl. Brixy/Fritsch 2002). Kleine Gründungsprojekte werden bei diesen beiden Quoten also nicht erfasst. Die IAB- und ZEW-Quoten können daher nicht als Indikator für jegliche Entrepreneurship-Aktivitäten herangezogen werden. In der REM-Erhebung werden hingegen alle Arten von Gründungen erfasst, wozu auch Nebenerwerbstätigkeiten und Ein-Personen-Unternehmen zählen.

Zusammenfassend kann man feststellen, dass sich die regionale Struktur der Gründungsquoten der REM-Erhebung recht gut mit den Ergebnissen anderer Statistiken zum Gründungsgeschehen deckt. Unter Berücksichtigung der methodischen Abweichungen der Erhebungen korrelieren die Vergleichsstatistiken erstaunlich stark mit der REM-Gründungsquote. Da in der REM-Befragung alle Arten selbstständiger Tätigkeiten erfasst werden, ist die Übereinstimmung mit der Gewerbemeldestatistik am größten, die ebenfalls ein sehr breites Spektrum an Gründungsaktivitäten berücksichtigt.

5.3   Gründungsquoten nach sozio-demographischen Merkmalen

Sozio-ökonomische Merkmale sind wesentliche Bestimmungsfaktoren der individuellen Gründungsneigung und werden daher auch in dieser Arbeit angemessen berücksichtigt. In diesem Abschnitt wird der Zusammenhang von sozio-ökonomischen Merkmalen und Gründungsaktivität zunächst deskriptiv dargestellt und untersucht. Hierdurch soll deutlich gemacht werden, dass Gründungsaktivitäten nicht gleichmäßig über alle Bevölkerungsschichten verteilt sind, sondern verstärkt durch bestimmte Personengruppen erfolgen. Zugleich dient diese deskriptive Darstellung dazu, Hinweise über die Art des Zusammenhangs von unabhängiger Variable und Gründungsaktivität für die nachfolgenden multivariaten Untersuchungen zu erhalten. Im theoretischen Teil dieser Arbeit wurde zum Beispiel darauf hingewiesen, dass der Zusammenhang von Alter und Gründungsaktivität nicht linear ist, sondern von einem umgekehrt U-förmigen Verlauf der Gründungsneigung ausgegangen werden kann: Mit zunehmendem Alter steigt die Gründungsneigung zunächst an, um dann ab einem bestimmten Alter wieder abzunehmen. Ob in der Realität tatsächlich ein derartiger Zusammenhang vorliegt, kann abschließend nur anhand empirischer Untersuchungen ermittelt werden.

Die unterschiedliche Beteiligung verschiedener Personengruppen an Gründungsaktivitäten lässt sich anhand von Gründungsquoten belegen. Tabelle 14 stellt die Gründungsquoten nach verschiedenen sozio-demographischen Merkmalen dar. Tabelle 15 gibt einen Überblick über die sozio-ökonomischen Merkmale von Gründern und

Selbstständigen. Beim Geschlecht zeigt sich das erwartete Muster: Die Gründungsneigung von Männern ist deutlich höher als die von Frauen. Während mehr als 10% aller
Männer an Gründungsaktivitäten (TEA) beteiligt sind, liegt die entsprechende Quote
der Frauen bei nur knapp 5%. Dies bedeutet umgekehrt, dass mehr als zwei Drittel
aller neuen Unternehmen von Männern gegründet werden und nur etwa 30% von
Frauen. Bei den Selbstständigen liegt der Frauenanteil etwas höher als bei Gründern.
Immerhin etwa ein Drittel aller Selbstständigen sind weiblich. Der etwas höhere Frauenanteil bei den Selbstständigen im Vergleich zu den Gründern deutet auf eine leicht
höhere Bestandsfestigkeit von Gründungen durch Frauen hin, was sich möglicherweise
auf eine intensivere Gründungsvorbereitung zurückführen lässt (vgl. Welter/Lageman
2003, S. 36f).

Die Gründungsneigung nimmt mit zunehmendem Alter zunächst zu und fällt dann
wieder ab. Die höchste Gründungsneigung (TEA) findet sich in der Altersklasse der
35-44-Jährigen. Fast ein Drittel aller Gründungen erfolgen durch Personen dieser Altersgruppe. Wie erwartet, erfolgen Gründungen also tatsächlich meist in der Mitte des
Erwerbslebens, wenn einerseits bereits erste berufliche Erfahrungen gesammelt werden
konnten und andererseits noch eine ausreichend lange Erwerbszeit verbleibt, um die
monetären und nicht-monetären Anfangsinvestitionen einer Gründung wieder zu er-
wirtschaften. Die Daten geben keine Hinweise auf eine ansteigende Gründungsneigung
gegen Ende des Erwerbslebens, wie es vereinzelt Untersuchungen aus den USA zeigen. Die Gründungsneigung geht im Gegenteil ab Anfang 40 kontinuierlich zurück
und ist bei Personen über 60 nur noch sehr klein.

Die deskriptiven Untersuchungen machen deutlich, dass bei der nachfolgenden multivariaten Untersuchung nicht von einem linearen Zusammenhang zwischen Alter und
Gründungsneigung ausgegangen werden kann. Die Gründungsneigung ist insbesondere im Alter von 25 bis 44 Jahre hoch und sowohl vor als auch nach dieser Altersspanne
niedriger (vgl. Tab. 14). Im Unterschied zu den Gründern ist der Anteil der Selbstständigen auch in den Altersklassen ab 45 Jahre noch hoch. Die höchsten Anteile finden
sich bei den Personen im Alter von 35-54 Jahre. Dieser Zusammenhang ergibt sich aus
der Bestandsdauer von Gründungen. Der Schritt in die Selbstständigkeit erfolgt im
Durchschnitt etwa in der Mitte des Erwerbslebens. Die selbstständige Tätigkeit wird
dann oft bis zum Ende des Erwerbslebens aufrechterhalten.

Tab. 14: Gründungs- und Selbstständigenquoten nach sozio-demographischen Merkmalen (Angaben in %)

	Werdende Gründer	Neue Selbst- ständige	TEA	Selbst- ständige
Geschlecht				
Männlich	5,5	6,0	10,8	14,8
Weiblich	2,9	2,2	4,7	6,9
Alter				
18-24 Jahre	3,6	4,0	7,1	5,1
25-34 Jahre	5,1	5,2	9,8	9,4
35-44 Jahre	5,4	5,4	10,0	13,6
45-54 Jahre	4,1	4,4	7,7	13,9
55-64 Jahre	2,5	1,5	3,7	9,2
Bildungsstand				
kein Schulabschluss/Volks-/Hauptschule ohne Lehre	1,5	2,4	3,9	4,9
Volks-/Hauptschule mit Lehre	3,1	3,3	6,1	9,0
Weiterbild. Schule ohne Abitur	3,8	3,9	7,0	9,5
Abitur, (Fach-)Hochschulreife	4,6	4,5	8,7	11,3
Studium (Uni, FH)	6,6	5,7	11,4	16,6
Erwerbsstellung				
erwerbstätig (Voll-/Teilzeit)	5,1	5,7	10,1	15,4
arbeitslos / nicht erwerbstätig	5,0	0,9	5,6	2,4
Hausfrau /-mann	1,6	0,6	2,1	3,4
Rentner, Pensionär	1,3	0,1	1,5	0,8
Schüler, Auszubildender, Wehr- pflichtiger, Zivildienstleistender	1,6	3,3	4,4	4,0
Student	6,2	3,7	8,5	5,7
Haushaltseinkommen				
bis unter 2000 DM	3,3	3,6	6,3	7,0
2000 bis unter 4000 DM	3,2	2,8	5,3	6,6
4000 bis unter 6000 DM	4,5	4,3	8,4	9,8
6000 bis unter 8000 DM	5,7	5,3	10,2	14,8
8000 DM und mehr	8,1	10,6	17,6	30,7
Keine Angabe	3,8	3,0	6,7	12,2
Ehemalige Selbstständigkeit				
Nein	3,4	3,4	6,4	9,5
Ja	12,9	11,0	21,9	25,0
Insgesamt	4,2	4,1	7,8	10,9

Quelle: Eigene Berechnung auf Basis der REM-Bevölkerungsbefragung 2001 (N=7704; 18-64 Jahre).

Tab. 15: Sozio-demographische Merkmale der unterschiedlichen Gründer- und Selbstständigengruppen im Vergleich zu allen Befragten (Angaben in %)

	Werdende Gründer	Neue Selbst-ständige	TEA	Selbst-ständige	Alle Befragten
Geschlecht					
Männlich	66,4	74,3	70,4	68,7	50,7
Weiblich	33,6	25,7	29,6	31,3	49,3
Alter					
18-24 Jahre	9,7	11,0	10,4	5,3	11,4
25-34 Jahre	24,2	25,1	25,0	17,2	19,9
35-44 Jahre	32,4	33,1	32,8	31,9	25,5
45-54 Jahre	21,3	23,1	21,6	27,8	21,9
55-64 Jahre	12,5	7,7	10,2	17,8	21,3
Bildungsstand					
kein Schulabschluss/Volks-/Hauptschule ohne Lehre	1,7	2,8	2,4	2,1	4,8
Volks-/Hauptschule mit Lehre	19,3	20,7	20,5	21,5	26,1
weiterbild. Schule ohne Abitur	26,2	27,5	26,1	25,6	29,1
Abitur, (Fach-)Hochschulreife	21,0	21,2	21,5	20,0	19,3
Studium (Uni, FH)	31,5	27,8	29,4	30,6	20,1
Keine Angabe	0,2	0,0	0,1	0,3	0,6
Erwerbsstellung					
berufstätig (Voll-/Teilzeit)	77,7	88,5	83,5	90,7	64,4
arbeitslos, nicht erwerbstätig	7,5	1,4	4,6	1,4	6,4
Hausfrau /-mann	3,3	1,4	2,4	2,8	9,0
Rentner, Pensionär	3,3	0,4	2,0	0,8	10,6
Schüler, Auszubildender, Wehr-pflichtiger, Zivildienstleistender	2,1	4,3	3,0	2,0	5,3
Student	5,8	3,6	4,3	2,1	4,0
Keine Angabe	0,4	0,4	0,2	0,2	0,4
Haushaltseinkommen					
bis unter 2000 DM	8,2	9,2	8,4	6,7	10,4
2000 bis unter 4000 DM	24,3	22,1	22,4	19,7	32,6
4000 bis unter 6000 DM	25,9	25,3	26,0	21,7	24,2
6000 bis unter 8000 DM	13,7	13,2	13,4	14,0	10,3
8000 DM und mehr	14,4	19,3	17,0	21,1	7,5
Keine Angabe	13,4	10,9	12,8	16,8	15,0
Ehemalige Selbstständigkeit					
Nein	72,0	75,6	74,1	79,0	90,8
Ja	28,0	24,4	25,9	21,0	9,2
Insgesamt	**100,0**	**100,0**	**100,0**	**100,0**	**100,0**

Quelle: Eigene Berechnung auf Basis der REM-Bevölkerungsbefragung 2001 (N=7704; 18-64 Jahre).

Mit steigendem Bildungsabschluss nehmen auch die Gründungsneigung und die Selbstständigenquote zu. Die höchsten Werte erreichen Hochschulabsolventen. Personen ohne Ausbildungsabschluss oder mit Volks-/Hauptschulabschluss (ohne Lehre) streben nur selten den Schritt in die Selbstständigkeit an und haben dementsprechend auch eine geringe Selbstständigenquote. Mehr als die Hälfte aller Gründer und Selbstständigen hat Abitur oder Studium, wohingegen ihr Anteil an allen Personen im Alter von 18-64 Jahren bei weniger als 40% liegt. Bei den folgenden multivariaten Untersuchungen wird daher in Bezug auf den Bildungsstand nach zwei Kategorien unterschieden: einerseits Personen mit Abitur und/oder Studium und andererseits Personen ohne einen dieser Bildungsabschlüsse.

Der weitaus größte Teil aller Gründungen erfolgt aus einer bestehenden Erwerbstätigkeit. Dieses Ergebnis erstaunt nicht, da Erwerbstätige auch die größte Gruppe unter den betrachteten Erwerbsstellungen bilden. Allerdings ist auch die relative Gründungsneigung bei dieser Personengruppe am größten. Lediglich Studierende zeigen noch eine ähnlich hohe Gründungsneigung. Da die Gruppe der Studierenden aber zahlenmäßig deutlich kleiner ist, erfolgen nur etwa 4% aller Gründungen (TEA) durch Studierende. Studierende befinden sich häufig noch im Gründungsprozess und haben ihre Gründung noch nicht realisiert. Der Anteil der Studierenden an den werdenden Gründern ist mit 5,8% vergleichsweise hoch, liegt aber bei den neuen Selbstständigen mit 3,5% deutlich niedriger. Unter allen Selbstständigen finden sich nur 2,2% Studierende. Auch Personen, die derzeit arbeitslos oder nicht erwerbstätig sind, haben eine leicht überdurchschnittliche Gründungsneigung. Bei dieser Personengruppe gibt es erwartungsgemäß kaum Selbstständige. Dass es überhaupt Arbeitslose gibt, die einer selbstständigen Tätigkeit nachgehen, erscheint zunächst widersprüchlich. In geringem Umfang sind selbstständige Tätigkeiten allerdings auch bei Arbeitslosen erlaubt. Zudem gibt es unter Arbeitslosen wahrscheinlich auch Personen, die eine selbstständige Tätigkeit als Schwarzarbeit ausüben. Die geringsten Gründungs- und Selbstständigenquoten finden sich bei Rentnern und Personen, die in der Regel nicht mehr die Absicht haben, eine Erwerbstätigkeit aufzunehmen. Auch Personen, die sich selbst als Hausfrau oder Hausmann einordnen, sowie Schüler, Auszubildende, Wehrpflichtige und Zivildienstleistende sind kaum an Gründungsaktivitäten beteiligt. Bei den folgenden multivariaten Untersuchungen wird nach drei verschiedenen Erwerbsstellungen unterschieden: Derzeit Erwerbstätige bilden die Gruppe mit einer zu erwartenden hohen Gründungsneigung. Die zweite Gruppe wird durch Rentner und Hausfrauen/-männer gebildet. Hierbei handelt es sich um Personen, die derzeit nicht erwerbstätig sind und vermutlich auch in Zukunft keine Erwerbstätigkeit anstreben. Daher kann bei diesen von einer nur geringen Gründungsneigung ausgegangen werden. Als dritte Gruppe werden Personen abgegrenzt, die zwar zurzeit nicht erwerbstätig (im engeren Sinne) sind, aber vermutlich in Zukunft eine Erwerbstätigkeit anstreben. Hierbei handelt es sich um Arbeitslose, sonstige Nicht-Erwerbstätige, Schüler, Auszubildende, Wehr- und Zivildienstleistende sowie Studierende. Bei diesen Personen kann von einer Gründungsneigung ausgegangen werden, die höher als bei Rentnern und Hausfrauen/-männern liegt. Auf eine weitergehende Differenzierung der Erwerbsstellungen wird verzichtet, da einige Erwerbskategorien nur dünn besetzt sind.

Das Haushaltseinkommen steht ebenfalls in einem Zusammenhang zur Gründungsneigung. Mit zunehmendem Haushaltseinkommen steigt auch die Gründungsneigung. Bei der Variable Haushaltseinkommen wird nur die Gruppe der werdenden Gründer betrachtet, da diese per Definition noch keine Gewinne aus der selbstständigen Tätigkeit erwirtschaftet haben. Für den Zusammenhang zwischen Haushaltseinkommen und Gründungsneigung gibt es zwei mögliche Erklärungen. Zum einen kann man bei Haushalten mit einem hohen Einkommen davon ausgehen, dass sie eher die notwendigen finanziellen Eigenmittel für eine Unternehmensgründung aufbringen können als Haushalte mit geringem Einkommen. Auch andere Studien weisen auf fehlendes Kapital als Hinderungsgrund für die Aufnahme einer selbstständigen Tätigkeit hin (vgl. Blanchflower/Oswald 1998). Weiterhin korreliert das Haushaltseinkommen mit dem Bildungsstand, für den der Zusammenhang mit der Gründungsneigung bereits erläutert wurde. Die Beziehung zwischen Einkommen und Gründungsneigung wird in Abschnitt 6.2.1 näher untersucht. Bei den folgenden Untersuchungen wird unterschieden nach Personen in Haushalten mit einem Einkommen von 4000 DM und mehr (entspricht etwa 2045 EUR und mehr) und Haushalten mit weniger als 4000 DM Einkommen.

Erfahrungsgemäß - so auch in der REM-Erhebung - ist die Antwortverweigerung bei Einkommensfragen hoch. In der REM-Befragung wollten oder konnten 15% der 18-64 Jährigen keine Angabe zum Haushaltseinkommen machen. Antwortverweigerungen sind insbesondere dann problematisch, wenn sie nicht zufällig erfolgen, sondern in einem Zusammenhang zur betrachteten abhängigen Variable, hier der Gründungsneigung, stehen (vgl. Schnell/Hill/Esser 1993, S. 316ff). Die erste, univariate Untersuchung zeigt einen leichten Zusammenhang von Antwortverweigerung und Gründungs- und Selbstständigenquote: Personen, die der Gründungsquote TEA zuzurechnen sind, verweigern nur in 12,8% der Fälle die Aussage über das Haushaltseinkommen, was leicht unterdurchschnittlich ist. Selbstständige weisen dagegen eine überdurchschnittliche Verweigerungsquote auf. Möglicherweise ist dies darauf zurückzuführen, dass Selbstständige im Unterschied zu Gründern schon seit längerem Einnahmen aus ihrer selbstständigen Tätigkeit erhalten, die sie nicht am Telefon preisgeben wollen. Diese erste Analyse zeigt, dass durch die alleinige Betrachtung von Personen, die ihr Haushaltseinkommen angegeben haben, Ergebnisverzerrungen möglich sind. Daher muss die Problematik der hohen Antwortverweigerung bei dieser Variable auch nachfolgend berücksichtigt werden.

Personen, die bereits in der Vergangenheit ein Unternehmen gegründet hatten, was dann später aber aufgegeben oder geschlossen wurde, zeigen eine deutlich höhere Gründungsneigung als Personen ohne einen solchen Erfahrungshintergrund. Die TEA-Quote liegt bei Personen mit Gründungserfahrung bei mehr als 20 Prozent. Mehr als ein Viertel aller Gründungen erfolgt durch Personen, die in der Vergangenheit bereits einmal gegründet hatten. Dieser Wert korrespondiert mit dem Ergebnis der Befragung von Brüderl, Preisendörfer und Ziegler (1996, S. 87), in der etwa 30% der Befragten angaben, dass sie bereits vor der derzeitigen Gründung ein Gewerbe angemeldet hatten. Die zurückliegende Aufgabe einer selbstständigen Tätigkeit schreckt also nicht von einem erneuten Gründungsversuch ab, sondern fördert sogar die Gründungsneigung erheblich. Wenn man nicht nur Personen berücksichtigt, die in der Vergangenheit schon einmal gegründet hatten, sondern auch noch derzeit Selbstständige einbezieht, ergibt sich ein noch höherer Anteil von Gründern mit Selbstständigkeitserfahrungen (vgl. den folgenden Abschnitt 5.4).

Anhand der hohen Gründungsneigung von ehemals Selbstständigen lässt sich allerdings keine Aussage über die Gründungsneigung von gescheiterten Gründern treffen, da diese beiden Personengruppen nicht identisch sind. Trotz eines deutlichen Anstiegs in den letzten Jahren machen Insolvenzen, die von außen oft als Scheitern des Gründers wahrgenommen werden, nur einen kleinen Teil aller Betriebsaufgaben aus. Der weitaus größte Teil aller Betriebsaufgaben erfolgt durch freiwillige Schließungen (vgl. ZEW 2002, S. 2). Es gibt Hinweise darauf, dass gescheiterte Gründer in Deutschland stigmatisiert werden und im Gegensatz zu den USA kaum die Möglichkeit einer zweiten Chance erhalten (vgl. Sternberg/Bergmann/Tamásy 2001, S. 27). Bei der Mehrzahl aller ehemals Selbstständigen ist diesbezüglich aber kein negativer Einfluss feststellbar. Die bei einer Gründung gewonnenen Erfahrungen und Erkenntnisse erleichtern den erneuten Schritt in die Selbstständigkeit und fördern die Gründungsneigung. Eine ausführliche Diskussion von Einflussfaktoren auf die Gründungsneigung von ehemals Selbstständigen findet sich bei Wagner (2002a).

Die bisherigen Ausführungen berücksichtigten jeweils immer nur den Einfluss einer Merkmalsvariablen auf die Gründungsneigung. Durch die Kombination verschiedener Merkmale lassen sich Personengruppen mit besonders hoher oder geringer Gründungsneigung identifizieren, von denen hier zwei beispielhaft vorgestellt werden. Eine besonders hohe Gründungsneigung haben zum Beispiel erwerbstätige Männer im Alter von 35-44 Jahren mit Hochschulabschluss, die in der Vergangenheit bereits einmal ein Unternehmen gegründet hatten. Bei dieser Personengruppe liegt die TEA-Quote bei fast 40%. Umgekehrt lassen sich auch Personengruppen mit sehr geringer Gründungs-neigung aufzeigen. Frauen im Alter von 55-64 Jahren, die keine weiterführende Schule besucht haben und über keine Gründungserfahrung verfügen, weisen eine TEA-Quote von lediglich 0,5% auf.

Die aufgeführten Beispiele machen deutlich, dass sozio-demographische Merkmale einen großen Einfluss auf Gründungsaktivitäten haben. Die sozio-demographische Struktur der Bevölkerung einer Region beeinflusst daher die regionale Gründungsquo-te. Unterschiede in Bezug auf Geschlecht, Alter, Bildungsstand, Erwerbsstellung, Haushaltseinkommen und Selbstständigkeitserfahrung erklären vermutlich bereits ei-nen Teil regionaler Unterschiede der Gründungsquoten. In Kapitel 6.2 wird daher der Einfluss sozio-demographischer Merkmale auf das regionale Gründungsgeschehen anhand einer multivariaten Untersuchung näher analysiert. Hierbei werden die Merk-male Geschlecht, Alter, Schulbildung, Erwerbsstellung, Haushaltseinkommen und Selbstständigkeitserfahrung in der jeweils beschriebenen Kategorisierung einbezogen.

5.4 Selbstständigkeitserfahrung der Bevölkerung und von Gründern

Im vorangegangenen Abschnitt wurde auf die hohe Gründungsneigung von Personen hingewiesen, die in der Vergangenheit bereits einmal ein Unternehmen gegründet hat-ten, selbstständig waren oder immer noch selbstständig sind (im Folgenden: Personen mit „Selbstständigkeitserfahrung"). Dieser Abschnitt untersucht derartige Erwerbser-fahrungen näher und berücksichtigt hierbei auch regionale Unterschiede.

Tabelle 16 gibt einen Überblick über die Selbstständigkeitserfahrung der Bevölkerung und von Gründern. Die Erfahrung der Bevölkerung mit Selbstständigkeit ist regional unterschiedlich verteilt. Bei den Regionen, die diesbezüglich die höchsten Werte auf-weisen (Stuttgart, München, Lüneburg, Köln) handelt es sich, mit Ausnahme von Stuttgart, um die Regionen, die auch eine hohe Gründungsquote aufweisen. Regionen mit geringer Selbstständigkeitserfahrung weisen auch nur geringe Gründungsquoten auf (Emscher-Lippe, Leipzig, Rostock). Dieser Befund deutet auf den engen Zusam-menhang von Selbstständigkeitserfahrung der Bevölkerung und dem Umfang an Gründungsaktivitäten in einer Region hin.

Tab. 16: Anteil der Bevölkerung mit Selbstständigkeitserfahrung, Erst- und Zweitgründer (werdende Gründer) nach Regionen

Raumordnungsregion	Selbst-ständig-keits-erfahrung	Erst-gründer	Zweit-gründer	Anteil der Zweitgrün-der an allen Gründern
	in % der Bev.	in % der Bev.	in % der Bev.	in %
Schleswig-Holstein Mitte/Kiel	17,5	2,6	1,7	39,6
Mittleres Mecklenburg/Rostock	15,4	1,1	1,5	58,5
Lüneburg	21,0	2,0	3,3	62,6
Emscher-Lippe	13,8	2,2	1,2	35,1
Köln	18,9	4,3	2,3	35,6
Mittelhessen	17,7	2,1	1,4	39,7
Westsachsen/Leipzig	14,4	1,0	1,9	66,0
Stuttgart	21,4	1,7	2,2	55,8
Main-Rhön	16,8	1,6	2,2	58,7
München	20,7	3,1	2,9	48,3
Insgesamt	**17,8**	**2,2**	**2,1**	**48,8**
Korrelation mit Selbstständigkeits-erfahrung	/	0,40	0,76	/

Quelle: Eigene Berechnung auf Basis der REM-Bevölkerungsbefragung 2001 (N=7704; 18-64 Jahre).

Als „Erstgründer" werden im Folgenden solche Gründer verstanden, die bisher noch keine Erwerbserfahrungen in selbstständiger Tätigkeit sammeln konnten. „Zweitgründer" sind hingegen Gründer, die bereits in der Vergangenheit einmal ein Unternehmen gegründet haben oder derzeit noch in anderer Form einer selbstständigen Tätigkeit nachgehen.

Fast die Hälfte aller werdenden Gründer können als Zweitgründer bezeichnet werden, verfügen also bereits über Selbstständigkeitserfahrung (vgl. Tab. 16). Dies deckt sich mit dem Befund anderer Studien, dass ein erheblicher Anteil von Gründungen durch Mehrfach- oder Seriengründer erfolgt (vgl. Ucbasaran/Wright/Westhead 2003; Westhead/Wright 1999). Eine Reihe von Gründern vollzieht den Schritt in die Selbstständigkeit also nach dem Muster eines „Trial-and-Error"-Prozesses (vgl. Brüderl/Preisendörfer/Ziegler 1996, S. 87). Regionen mit einem hohen Anteil von Personen mit Selbstständigkeitserfahrungen bringen viele Zweitgründer hervor, was sich an der hohen Korrelation von +0,76 der entsprechenden Quoten zeigt.

5.5   Branchenverteilung der Gründungen

In der REM-Bevölkerungsbefragung wurde auch die Branche der neugegründeten
Betriebe bzw. Unternehmen erhoben. Tabelle 17 gibt einen Überblick über die Branchenstruktur der Gründungen (TEA) nach den drei Sektoren Landwirtschaft, Produzie-
rendes Gewerbe und Dienstleistungen, wobei die Dienstleistungen noch einmal weitergehend untergliedert sind. Die Zuordnung erfolgte entsprechend der WZ 93 (vgl.
Kap. 3.4.2).

Wie aus einer Vielzahl anderer Studien bekannt, erfolgen die meisten Gründungen in
Deutschland im Dienstleistungsbereich. In der vorliegenden Erhebung liegt der Anteil
der Gründungen im primären Sektor bei etwa 3%. Nur knapp 20% aller Gründungen
finden im Produzierenden Gewerbe, also im Verarbeitenden Gewerbe und der Bau-
wirtschaft, statt. Mehr als drei Viertel aller Gründungen erfolgen in den verschiedenen
Dienstleistungsbereichen. Die Struktur der Gründungen unterscheidet sich aber deutlich nach Regionen. Der Anteil der Gründungen in der Land- und Forstwirtschaft ist
insbesondere in den ländlichen Räumen Lüneburg und Main-Rhön sowie in den beiden
ostdeutschen Regionen Rostock und Leipzig/Westsachsen hoch. Der hohe Anteil
landwirtschaftlicher Gründungen erklärt sich in Ostdeutschland vermutlich durch die
absolut geringe Anzahl an Gründungen in anderen Bereichen. Im Produzierenden Gewerbe liegt der Anteil der Gründungen in Mittelhessen, Stuttgart und Main-Rhön am
höchsten. Es handelt sich hierbei um die drei Regionen, in der die bestehende Wirtschaftsstruktur nach wie vor stark durch das Produzierende Gewerbe geprägt ist. Der
Anteil der sozialversicherungspflichtig Beschäftigten im Produzierenden Gewerbe ist
in diesen drei Regionen höher als in allen andern Untersuchungsregionen (vgl. Tab. 6).
In der Emscher-Lippe-Region hätte man, gemessen an dem Anteil der Beschäftigten
im Produzierenden Gewerbe, einen höheren Anteil von Gründungen in diesem Bereich
erwarten können. Allerdings wird die Industriestruktur der Region nach wie vor stark
von der Montan- und Chemieindustrie geprägt (vgl. Feldotto 1997). Berufserfahrungen
in diesem Bereich eignen sich kaum für eine eigene selbstständige Tätigkeit.

Dienstleistungsgründungen machen in allen Regionen mehr als zwei Drittel aller
Gründungen aus. Hinsichtlich Umfang und Struktur gibt es allerdings auch hier regionale Unterschiede. Der hohe Anteil von Dienstleistungsgründungen in den Regionen
München und Rostock erstaunt nicht, da der Dienstleistungsbereich stark in diesen
Regionen vertreten ist. Auch die Struktur der Dienstleistungsgründungen weist regionale Unterschiede auf. Interessant ist vor allem der Umfang an Gründungen im Bereich der unternehmensnahen Dienstleistungen, da diese häufig wissensintensiv sind
und einen wichtigen Beitrag zur wirtschaftlichen Entwicklung leisten (vgl. Hild et al.

1999; Strambach 1995). Aus anderen Untersuchungen ist bekannt, dass Gründungen im Bereich der unternehmensnahen Dienstleistungen vor allem in großen Städten häufig sind (vgl. Almus/Egeln/Engel 1999), was die vorliegenden Ergebnisse bestätigen: München, Leipzig, Köln und Mittelhessen weisen die höchsten Anteile auf.

Tab. 17: Gründungsaktivitäten (TEA) in verschiedenen Branchen nach Region und Geschlecht (in %)

	Landwirtschaft	Prod. Gewerbe	Dienstleistungen	davon:				nicht zuzuordnen
				Handel, Gastgewerbe, Verkehr	Finanz., Vermietung, unternehmensbez. Dienstleistungen	Öffentl. und private Dienstleistungen	Dienstleistungen (nicht zuzuordnen)	
Kiel	4,9	16,4	77,2	23,0	27,9	23,0	3,3	1,6
Rostock	7,9	10,5	81,5	18,4	28,9	23,7	10,5	0,0
Lüneburg	5,3	17,3	76,0	22,7	25,3	20,0	8,0	1,3
Emscher-Lippe	0,0	15,4	82,0	48,7	12,8	17,9	2,6	2,6
Köln	1,2	19,5	79,3	22,0	32,9	17,1	7,3	0,0
Mittelhessen	3,8	28,8	67,3	17,3	32,7	13,5	3,8	0,0
Leipzig	5,6	16,7	77,7	19,4	44,4	11,1	2,8	0,0
Stuttgart	0,0	22,8	75,5	22,8	31,6	15,8	5,3	1,8
Main-Rhön	5,9	21,6	72,5	35,3	23,5	9,8	3,9	0,0
München	0,0	14,5	84,2	14,5	48,7	17,1	3,9	1,3
Männer	4,3	21,5	73,1	22,3	33,3	11,6	5,9	1,1
Frauen	1,0	12,8	85,6	25,6	28,2	27,7	4,1	0,5
Insgesamt	**3,2**	**18,5**	**77,5**	**23,5**	**31,6**	**17,1**	**5,3**	**0,9**

Quelle: Eigene Berechnung auf Basis der REM-Bevölkerungsbefragung 2001.

Das Gründungsverhalten von Frauen unterscheidet sich auch hinsichtlich der Branche deutlich von dem der Männer. Weibliche Gründer sind in stärkerem Maße als Männer in Branchen mit geringen Markteintrittsbarrieren zu finden, also im Dienstleistungsbereich und hier vor allem im Bereich der persönlichen Dienstleistungen sowie in Handel und Gastgewerbe (vgl. Lageman/Löbbe 1999, S. 49). Im Produzierenden Gewerbe und in der Landwirtschaft gibt es nur sehr wenige Gründungen durch Frauen.

Wie bereits anhand einzelner Regionen angedeutet, steht die Branchenstruktur von Gründungen in einem engen Zusammenhang zur bestehenden Branchenstruktur der Region. Die regionalen Anteile der Gründungen nach Sektoren korrelieren stark mit dem Anteil der sozialversicherungspflichtig Beschäftigten nach Sektoren. Die Korrelation beträgt 0,80 für den primären Sektor, 0,74 für den sekundären Sektor und 0,62 für den Dienstleistungsbereich. Die Wirtschaftsstruktur einer Region reproduziert sich also teilweise durch Neugründungen (vgl. Spilling 1997). In den Regionen, wo ein hoher Anteil der Beschäftigten im Dienstleistungsbereich oder im Produzierenden Gewerbe arbeitet, ist auch der entsprechende Anteil der Gründungen in diesem Bereich hoch.

In den vorangegangenen Abschnitten wurde häufig darauf hingewiesen, dass ein Zusammenhang auf der Basis von regionalen Durchschnittswerten noch keine Rückschlüsse auf kausale Zusammenhänge auf individueller Ebene zulässt. Im Rahmen der REM-Befragung wurde lediglich die Branche von Gründungen und nicht der Tätigkeitsbereich aller Erwerbstätigen erhoben. Daher kann keine Aussage über die Gründungsneigung von Erwerbstätigen aus verschiedenen Branchen gemacht werden. Allerdings liegen Angaben darüber vor, ob Gründer die Tätigkeit, mit der sie sich selbstständig machen oder gemacht haben, bereits vorher in irgendeiner Form ausgeübt haben. Hier zeigt sich ein enger Zusammenhang von vorher ausgeübter Tätigkeit und Gründungsbranche. Mehr als die Hälfte aller Gründer haben die Tätigkeit, mit der sie sich selbstständig machen, vorher bereits einmal im Haupt- oder Nebenerwerb ausgeübt. Dieser Befund deckt sich mit Brüderl/Preisendörfer/Ziegler (1996, S. 87), die herausfinden, dass 57% der untersuchten Gründer „über einschlägige berufliche Erfahrungen in der Branche ihrer Gründung verfügten“. Unter Berücksichtigung von freien, unbezahlten oder sonstigen Tätigkeiten ergibt sich in der vorliegenden Untersuchung sogar ein Anteil von mehr als drei Viertel branchenerfahrener Gründer. Lediglich etwa ein Fünftel aller Gründungen erfolgt in einem Bereich, in dem der Gründer vorher noch nicht tätig war (vgl. Tab. 18). Auch auf individueller Ebene besteht also ein enger Zusammenhang von früherer Tätigkeit und Gründungsbranche. Dieser Zusammenhang ist stärker bei Gründungen im primären und sekundären Sektor als bei Gründungen im Dienstleistungsbereich. Der Anteil von „Quereinsteigern“, also Personen ohne vorherige Berufserfahrung im Gründungsbereich, ist bei Dienstleistungen relativ hoch. Dies lässt sich vermutlich auf geringe Markteintrittsbarrieren in diesem Bereich zurückführen. Den höchsten Anteil an Quereinsteigern weisen Gründungen im Handel, Gastgewerbe und Verkehr auf. Die geringe Bestandsfestigkeit von Betrieben in diesem Bereich erklärt sich also wohl auch durch die Unerfahrenheit der Gründer (vgl. Lageman/Löbbe 1999, S. 96ff). Wie bereits angeführt, kann hier keine Aussage darüber getroffen werden, ob Beschäftigte im Dienstleistungsbereich aufgrund geringerer

Markteintrittsbarrieren eine höhere Gründungsneigung aufweisen als zum Beispiel Beschäftigte im Produzierenden Gewerbe. Deutlich wird allerdings, dass geringe Markteintrittsbarrieren einen höheren Anteil von Gründern ohne Branchenerfahrung zur Folge haben.

Frauen gründen häufiger als Männer ohne entsprechende Branchenerfahrung. Dies liegt zum Teil wahrscheinlich an der geringeren Erwerbsbeteiligung von Frauen, die den Erwerb von Branchenkenntnissen verhindert. Zudem gründen Frauen häufiger als Männer im Dienstleistungsbereich, in dem der Anteil der Branchenneulinge höher als in den anderen beiden Sektoren liegt. Der Anteil der branchenunerfahrenen Gründerinnen ist hier etwas höher als in Vergleichsstudien (vgl. Lauxen-Ulbrich/Leicht 2002, S. 32), was vermutlich an der Berücksichtigung auch sehr kleiner Gründungsprojekte in der vorliegenden Untersuchung liegt.

Tab. 18: Branchenerfahrung von Gründern (TEA) nach Gründungsbranche und Geschlecht (in %)

Gründungsbranche/ Geschlecht	„Haben Sie die Tätigkeit, mit der Sie sich jetzt selbstständig machen oder gemacht haben, schon vor Ihrer Existenzgründung ausgeübt?"		
	Ja, im Haupt-/ Nebenerwerb	Ja, als freie, unbez. oder sonst. Tätigk.	Nein, Tätigkeit vorher nicht ausgeübt
Landwirtschaft	64,7	23,5	11,8
Produzierendes Gewerbe	69,2	17,3	13,5
Dienstleistungen	55,3	21,3	23,4
- Handel, Gastgewerbe, Verkehr	50,4	17,6	32,1
- Finanzierung, Vermiet., unternehmensbezogene Dienstl.	55,6	24,0	20,5
- öffentliche und private Dienstl.	58,8	23,7	17,5
- Dienstl., nicht zuzuordnen	64,3	14,3	21,4
Branche nicht zuzuordnen	60,0	40,0	0,0
Männer	62,3	19,1	18,6
Frauen	48,5	23,8	27,7
Insgesamt	57,4	20,8	21,8

Quelle: Eigene Berechnung auf Basis der REM-Bevölkerungsbefragung 2001.

Zusammenfassend lässt sich sagen, dass sich regionale Gründungsaktivitäten nicht nur quantitativ, sondern auch im Hinblick auf die Branchenverteilung deutlich unterscheiden. Die bestehende Sektoralstruktur der Region steht in einem engen Zusammenhang zur Struktur von Gründungsaktivitäten. Der Schritt in die Selbstständigkeit ist in hohem Maße durch vergangene Erwerbstätigkeiten geprägt. Individuelle Erwerbsverläufe sind durch eine Pfadabhängigkeit gekennzeichnet, aus der sich in der Summe auch eine Pfadabhängigkeit der Wirtschaftsstruktur einer Region ergibt. Ein Teil der Gründungen erfolgt allerdings auch in Bereichen, in denen der Gründer oder die Gründerin vorher noch nicht gearbeitet hat. Hiermit wird deutlich, dass auch die Struktur regionaler Gründungsaktivitäten nicht vollständig determiniert ist, sondern dass Entwicklungsmöglichkeiten bestehen.

5.6   Gründungsmotive und Wachstumsabsichten der Gründer

Bei den bisherigen Analysen von Gründungsaktivitäten wurden meist alle Gründer gemeinsam betrachtet, wobei nicht weiter nach Gründungsmotiven und/oder Wachstumszielen unterschieden wurde. Für die folgenden Darstellungen erscheint eine solche weitergehende Unterscheidung allerdings sinnvoll, da Gründungsmotive und Wachstumsabsichten einen wesentlichen Einfluss auf die tatsächliche Erfolgswahrscheinlichkeit einer Gründung haben (vgl. Birley/Westhead 1994; Tamásy 2002).

Zum einen wurde bei allen Gründern in der REM-Befragung ermittelt, ob sie sich selbstständig machen wollen, um eine Geschäftsidee auszunutzen, oder weil sie keine bessere Erwerbsalternative haben. Alle Personen, die angegeben haben, dass sie sich mangels anderer Erwerbsalternativen oder aus einer Kombination der beiden Gründe selbstständig gemacht haben, werden hier als „Notgründer" bezeichnet. Weiterhin wurde in der REM-Bevölkerungsbefragung nach Wachstumszielen gefragt. Konkret lautet die Frage: „Was ist Ihr Ziel in Bezug auf die Größe Ihres Unternehmens oder Geschäfts?". Die Antwortalternative „ich strebe eine Unternehmung an, die erfolgreich wächst und möglichst groß wird" deutet hierbei auf Gründungen mit starker Wachstumsabsicht hin.

Insgesamt lässt sich etwa ein Viertel aller werdenden Gründer als Notgründer charakterisieren. Die regionalen Anteilswerte sind hierbei sehr unterschiedlich. Wie zu erwarten ist der Anteil der Notgründer insbesondere in den Regionen mit einer hohen Arbeitslosigkeit groß, also Rostock, Emscher-Lippe und Leipzig. Der absolute Anteil von Notgründern an allen Befragten ist allerdings mit Abstand in Köln am größten (vgl. Tab. 19).

Tab. 19: Gründungen mangels besserer Erwerbsalternativen und Gründungen mit starker Wachstumsabsicht nach Regionen (werdende Gründer)

Raumordnungsregionen	Gründungen mangels besserer Erwerbsalternativen („Notgründer")		Gründungen mit starker Wachstumsabsicht	
	Gründungsquote (18-64 J.) in %	Anteil an allen Gründern in %	Gründungsquote (18-64 J.) in %	Anteil an allen Gründern in %
Schleswig-Holstein Mitte/Kiel	1,1	25,5	0,8	18,4
Mittleres Mecklenburg/Rostock	1,0	40,4	0,3	12,0
Lüneburg	1,3	24,3	0,9	17,3
Emscher-Lippe	1,3	36,5	0,3	8,9
Köln	1,8	27,2	1,1	16,1
Mittelhessen	0,8	21,0	0,5	14,2
Westsachsen/Leipzig	1,2	40,2	0,5	17,9
Stuttgart	1,0	25,0	0,8	19,9
Main-Rhön	0,5	14,1	0,9	24,9
München	0,8	12,8	0,9	15,5
Insgesamt	**1,1**	**25,1**	**0,7**	**16,7**

Quelle: Eigene Berechnung auf Basis der REM-Bevölkerungsbefragung 2001.

Gründungen mit einer starken Wachstumsabsicht finden sich tendenziell eher in wirtschaftlich starken Regionen. Die höchste Anzahl gibt es bezogen auf die Bevölkerung in Köln. In Rostock, Emscher-Lippe, Mittelhessen und Leipzig finden sich dagegen kaum Personen, die ein wachstumsstarkes Unternehmen gründen wollen. Der Anteil der Notgründungen an allen Gründungen korreliert hierbei deutlich negativ (-0,53) mit dem Anteil wachstumsstarker Gründungen an allen Gründungen. Dies lässt sich damit erklären, dass Notgründer nur selten die Absicht haben, ein Unternehmen zu gründen, das möglichst groß wird. Der Anteil von Notgründungen und wachstumsstarken Gründungen an allen Befragten ist dagegen kaum miteinander korreliert.

6 Einflussfaktoren auf Gründungsaktivitäten

In diesem Kapitel werden Einflussfaktoren aus verschiedenen Bereichen auf individuelle Gründungsaktivitäten untersucht. Die Untersuchung erfolgt hierbei auf Basis der Individualdaten der REM-Bevölkerungsbefragung aus dem Sommer 2001. Im Unterschied zu den vorangegangenen Analysen werden hier multivariate Analysemethoden eingesetzt, um in einem Modell gleichzeitig die Bedeutung mehrerer Einflussfaktoren untersuchen zu können. Da es sich bei den hier untersuchten abhängigen Variablen immer um dichotome Variablen handelt (Gründer: ja/nein), wird das Verfahren der logistischen Regressionsanalyse angewandt, das eine Reihe von Vorteilen gegenüber anderen Verfahren, wie zum Beispiel der Diskriminanzanalyse, besitzt (vgl. Andreß/Hagenaars/Kühnel 1997, S. 261ff; Backhaus et al. 2003, S. 418ff; Baltes-Götz 2002, S. 4).

6.1 Das Modell der logistischen Regression

Dieser Abschnitt gibt zunächst eine knappe Einführung in das Modell der logistischen Regression. Die Ergebnisse des logistischen Regressionsmodells sind anders zu interpretieren als die des geläufigen linearen Regressionsmodells, weswegen einige methodische Anmerkungen zum besseren Verständnis und zur Einordnung der Ergebnisse sinnvoll erscheinen. Der mathematische Hintergrund der logistischen Regressionsanalyse kann hier allerdings nicht im Detail erklärt werden. Eine detailliertere Beschreibung findet sich bei Andreß/Hagenaars/Kühnel (1997, S. 261ff), Backhaus et al. (2003, S. 417ff), Baltes-Götz (2002), Long (1997), Menard (1995) oder Pampel (2000). Logistische Regressionsmodelle liefern ähnliche Resultate wie Probit-Modelle, die auch häufig Verwendung finden, hier aber nicht weiter verfolgt werden.

Beim logistischen Regressionsmodell oder auch „Logit-Modell" hat die abhängige Variable nur zwei mögliche Ausprägungen, so dass man diese nicht als linear abhängig von den erklärenden Variablen ansehen kann. Stattdessen wird beim Logit-Modell die Wahrscheinlichkeit des Eintretens eines bestimmten Ereignisses untersucht. Der Quotient aus der Wahrscheinlichkeit des Eintretens und der Wahrscheinlichkeit des Nicht-Eintretens wird als Wahrscheinlichkeitsverhältnis oder „Odds" bezeichnet. Ein logistisches Regressionsmodell betrachtet den Logarithmus dieses Wahrscheinlichkeitsverhältnisses als linear abhängig von den erklärenden Variablen. Während im herkömmlichen linearen Regressionsmodell die Regressionskoeffizienten den Einfluss der Veränderung der unabhängigen Variable um eine Einheit auf die abhängige Variable zeigen, ist der Zusammenhang bei der logistischen Regression komplexer. Hier geben die Regressionskoeffizienten B_i den Einfluss der unabhängigen Variablen auf die logarithmierten Odds der abhängigen Variablen an (Pampel 2000, S. 19). Diese Regressionskoeffizienten B lassen sich nur schwer interpretieren, weswegen es üblich ist, den Antilogarithmus Exp(B) zu berechnen, der einfacher zu interpretieren ist. Der Exp(B) Koeffizient gibt den Einfluss der unabhängigen Variablen auf das Wahrscheinlichkeitsverhältnis (Odds) der abhängigen Variablen an. Ein Wert von Exp(B) = 1 deutet auf keinen Einfluss hin. Ein Wert von größer als eins erhöht die Odds, also die Wahrscheinlichkeit des Eintretens eines Ereignisses, und ein Wert von kleiner als eins senkt die Odds. Der Einfluss auf die Odds ist umso stärker, je weiter der Wert von Exp(B) von eins abweicht (Pampel 2000, S. 21f). Die Signifikanz einzelner Regressionskoeffizienten wird in der Regel, und so auch im Folgenden, anhand der Wald-Statistik getestet (vgl. Baltes-Götz 2002, S. 28).

Bei der Verwendung von nominalskalierten Variablen mit mehreren Ausprägungen wird mit „Dummyvariablen" (oder auch: „Kodiervariablen", „Designvariablen") gearbeitet (vgl. Andreß/Hagenaars/Kühnel 1997, S. 276ff). In Bezug auf die regionale E-bene werden beispielsweise neun Dummyvariablen verwendet, wobei die zehnte Region als Referenzregion fungiert. Die Signifikanz der regionalen Ebene kann in diesem Fall nicht anhand der Signifikanz einzelner Dummyvariablen gezeigt werden. Vielmehr ist ein Test der Nullhypothese erforderlich, dass alle Regressionskoeffizienten der neun Regionsdummies null sind. Dieser Test erfolgt nach dem sogenannten Likelihood-Quotienten-Prinzip. Bei der logistischen Regression werden die Koeffizienten nach dem Maximum-Likelihood-Prinzip geschätzt, das heißt, die Koeffizienten B_i werden so geschätzt, dass die Wahrscheinlichkeit (Likelihood) der Stichprobendaten im Vergleich zum Modell maximal wird. Je besser ein Modell zu den Daten passt, desto größer wird seine „Likelihood". Für den Vergleich verschiedener Modelle wird der mit −2 multiplizierte logarithmierte Likelihood-Wert -2LL verwendet. Der -2LL-Wert wird mit steigender Anpassung des Modells an die Daten immer kleiner (vgl. Baltes-Götz 2002, S. 22f).

Ein Test auf die Signifikanz mehrerer Kodiervariablen erfolgt durch die Berechnung des Modells mit und ohne Kodiervariablen. Die Differenz der −2LL-Werte der beiden Modelle wird als Chi-Quadrat-verteilte Testgröße mit k-1 Freiheitsgraden herangezogen, wobei k die Anzahl der Kategorien der kategorialen Variablen ist: k-1 entspricht also der Anzahl der Dummyvariablen. Im Fall von zehn Regionen sind also neun Dummyvariablen nötig. Wenn die Differenz der beiden −2LL-Werte größer als der entsprechende Chi-Quadrat-Wert ist, kann die Nullhypothese, dass alle Regressionskoeffizienten B der betrachteten Variablen null sind, abgelehnt werden. In diesem Fall kann also von einer Signifikanz der kategorialen Variable (zum Beispiel der regionalen Ebene) ausgegangen werden.

In ähnlicher Form erfolgt auch der Test der Relevanz des gesamten Modells. Getestet wird die globale Nullhypothese, dass alle Regressionskoeffizienten der einbezogenen Variablen null sind, das Modell also keinerlei Erklärungskraft hat. Im Folgenden werden bei allen Rechnungen der empirische Chi-Quadrat-Wert und dessen Signifikanzniveau angegeben. Ein relativ zur Anzahl der einbezogenen Variablen hoher Chi-Quadrat-Wert führt zu einer Ablehnung der Nullhypothese; das Modell kann also als relevant betrachtet werden.

Als weitere Maßzahl zur Modellgüte ist bei den folgenden Rechnungen der Wert des Pseudo-R^2 nach Nagelkerke angegeben. Dieser Indikator kann als Ersatz für den Determinationskoeffizienten R^2 des klassischen linearen Regressionsmodells betrachtet werden. Der Wert dieses Koeffizienten deutet darauf hin, welchen Anteil der aufgetretenen Varianz das Modell erklären kann, wobei der Wertebereich zwischen 0 und 1 liegt. Ein Wert von 0 zeigt keinerlei erklärte Varianz an. Bei einem Wert von 1 erklärt das Modell vollständig die abhängige Variable. Schließlich ist in einigen folgenden Modellen noch der Vorhersageerfolg des Modells angeben. Dieser Koeffizient gibt an, welcher Anteil der Fälle aufgrund der Kenntnis der unabhängigen Variablen durch das Modell richtig der abhängigen Variablen zugeordnet wird. Die Höhe dieses Koeffizienten sollte aber immer nur im Vergleich zur Leistung des Basismodells (nur konstanter Term, keine unabhängigen Variablen) interpretiert werden (vgl. Baltes-Götz 2002, S. 23f). Eine hohe Vorhersagequote lässt sich nämlich auch schon allein dadurch erzielen, dass alle Fälle der jeweils stärker besetzten Gruppe zugeordnet werden. Da nur ein sehr kleiner Anteil der Bevölkerung an Gründungsaktivitäten beteiligt ist, kann man einen Vorhersageerfolg von über 90% erreichen, indem alle Personen der Kategorie „kein Gründer" zugeordnet werden. Eine derart hohe Vorhersagegenauigkeit ist nur schwer zu steigern, weswegen der Koeffizient in diesem Fall seine Aussagekraft verliert.

6.2   Einfluss personenbezogener Merkmale auf Gründungsaktivitäten

Zunächst wird die Bedeutung personenbezogener Merkmale für die Gründungsentscheidung untersucht. Hierbei werden sozio-ökonomische Merkmale und gründungsbezogene Einstellungen und Fähigkeiten berücksichtigt. Sozio-ökonomische Merkmale sind in ihrer Wirkung auf Gründungsaktivitäten bereits in einer Vielzahl anderer Studien untersucht worden. Gründungsbezogene Einstellungen und Fähigkeiten wurden dagegen bisher noch kaum berücksichtigt. Da in dieser Arbeit regionale Unterschiede im Gründungsgeschehen im Vordergrund stehen, wird auch jeweils die regionale Ebene in die Analyse einbezogen. In diesem Abschnitt wird allerdings lediglich überprüft, ob sich neben den einbezogenen personenbezogenen Merkmalen auch ein regionaler Einfluss feststellen lässt. Hierbei handelt es also nur um eine Ja/Nein-Aussage. Der genaue Zusammenhang von regionalen Variablen und Gründungsaktivitäten wird im nachfolgenden Abschnitt 6.3 untersucht.

6.2.1   Entscheidung über Aufnahme der Einkommensvariable

Bei der Untersuchung des Einflusses sozio-ökonomischer Merkmale auf die Gründungsneigung muss zunächst entschieden werden, ob die Variable Haushaltseinkommen in das Modell aufgenommen wird. In Kapitel 5.3 wurde bereits darauf hingewiesen, dass der Anteil der Antwortverweigerungen bei dieser Frage relativ groß ist und zudem bei Gründern, Selbstständigen und Personen, die keiner dieser beiden Gruppen zuzurechnen sind, unterschiedlich hoch ausfällt. Wenn nur Personen berücksichtigt werden, die Angaben zum Haushaltseinkommen gemacht haben, besteht hierdurch die Gefahr verzerrter Ergebnisse. Beim Verfahren der logistischen Regression können nämlich nur Fälle berücksichtigt werden, für die bei allen Variablen Angaben vorliegen. Variablen mit einem hohen Anteil fehlender Werte senken daher die Anzahl auswertbarer Fälle.

Daher wurden verschiedene Modelle mit und ohne Berücksichtigung der Variable Haushaltseinkommen berechnet. Diese Modelle unterscheiden sich insbesondere im Hinblick auf die Signifikanz der Variable Bildungsstand, die mit dem Haushaltseinkommen korreliert ist. Diese beiden Variablen sind abhängig voneinander, da die Einkommenssituation zum Teil auch das Resultat von Bildungsunterschieden ist. Bei Nicht-Berücksichtigung des Einkommens zeigt sich ein signifikanter Einfluss des Bildungsstandes auf die Gründungsneigung, der im Fall der Berücksichtigung des Einkommens nicht auftritt. Eine Kontrolle auf Verzerrungen durch die Antwortverweigerungen ist durch den direkten Vergleich der Ergebnisse des gleichen Modells bei unterschiedlichen Personengruppen möglich. Daher wurde das Modell, das die Variable Einkommen nicht berücksichtigt, in einem Fall mit allen möglichen 7632 Personen und in einem anderen Fall nur mit den 6875 Personen gerechnet, bei denen Angaben zum Einkommen vorliegen. Obwohl in beiden Fällen die gleichen Variablen berücksichtigt werden, ergeben sich unterschiedliche Ergebnisse in Bezug auf den Bildungsstand, was darauf hindeutet, dass es durch die Antwortverweigerer zu einer Ergebnisverzerrung kommt. Daher wird die Einkommensvariable bei den folgenden Modellen nicht berücksichtigt.

6.2.2   **Einfluss sozio-ökonomischer Merkmale auf Gründungsaktivitäten**

In einem ersten Modell wird der Einfluss sozio-ökonomischer Merkmale auf die Gründungsneigung (werdende Gründer) untersucht. Berücksichtigt werden hierbei Geschlecht, Alter, Bildungsstand, Erwerbsstellung, derzeitige Selbstständigkeit sowie frühere Gründungserfahrung. Bei den meisten Variablen zeigt sich der erwartete Zusammenhang zur Gründungsneigung (vgl. Tab. 20). Frauen weisen auch unter Berücksichtigung weiterer Einflussfaktoren eine geringere Gründungsneigung auf als Männer. Das Alter der befragten Personen wird sowohl in einfacher Form (in Jahren) als auch in quadrierter Form in das Modell aufgenommen. Hierdurch lassen sich auch nichtlineare Zusammenhänge von Alter und Gründungsneigung feststellen, wie sie sich auch in vielen anderen empirischen Untersuchungen gezeigt haben. Ob das Alter einen signifikanten Einfluss auf die Gründungsneigung ausübt, lässt sich nicht anhand der Signifikanz der beiden Altersvariablen feststellen. Wie vorne ausgeführt, ist hierzu ein Log-Likelihood-Test erforderlich. Ohne Einbezug der beiden Altersvariablen weist das Modell einen −2-Log-Likelihood-Wert von 2411,5 auf. Beim hier dargestellten Modell beträgt der Wert 2401,1. Die Differenz von 10,4 ist größer als der entsprechende Chi-Quadrat-Testwert von 5,99 (2 Freiheitsgrade, $1-\alpha = 0,95$), so dass von einem signifikanten Einfluss des Alters ausgegangen werden kann. Die Regressionskoeffizienten der beiden Altersvariablen haben unterschiedliche Vorzeichen, was die Interpretation etwas erschwert. Eine genaue Analyse des Zusammenhangs kann erfolgen, indem man die beiden Regressionskoeffizienten in eine Gleichung einsetzt, welche dann die folgende Form annimmt:

$$X = 0,059*\text{Alter} - 0,00089*\text{Alter}^2$$

Der sich ergebende Wert X gibt den Einfluss des Alters auf die logarithmierten Odds der abhängigen Variablen an (vgl. Pampel 2000, S. 19). Die Kurve von X in Abhängigkeit vom Alter weist einen umgekehrt U-förmigen Verlauf auf. Abbildung 5 zeigt einen schematischen Verlauf des Kurvenverlaufs. Die Gründungsneigung steigt mit zunehmendem Alter zunächst an, erreicht bereits bei etwa 33 Jahren ihren Höhepunkt und fällt dann stetig bis zum Ende des Erwerbslebens ab. Vergleichsstudien finden die höchste Gründungsrate häufig bei Personen, die etwa 35-40 Jahre alt sind (vgl. Bates 1995; Bergmann 2000, S. 45ff; Sternberg 2000a, S. 60f; Welter/Rosenbladt 1998, vgl. Abschnitt 2.2.1.4). Der hier ermittelte geringere Wert ist vermutlich darauf zurückzuführen, dass die verwendete Definition von Gründern (werdende Gründer) auch Gründungsprojekte berücksichtigt, die sich noch in einer frühen Entstehungsphase befinden.

Abb. 5: Einfluss des Alters auf die Gründungsneigung (schematische Darstellung)

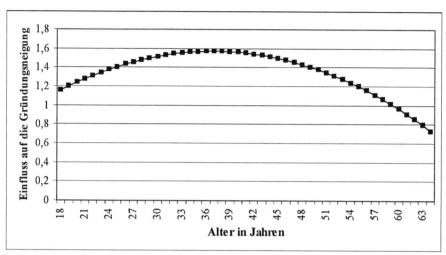

Quelle: Eigene Darstellung.

Ein hoher Bildungsstand beeinflusst auch unter Berücksichtigung von weiteren Einflussfaktoren signifikant die individuelle Gründungsneigung, was sich mit den Ergebnissen anderer Studien deckt (vgl. Brüderl/Preisendörfer/Ziegler 1996; Carrasco 1999; Davidsson/Honig 2003; Delmar/Davidsson 2000; Robinson/Sexton 1994).

Bei der Erwerbsstellung werden drei Personengruppen unterschieden:

1) derzeit Erwerbstätige

2) Nicht-Erwerbstätige, die auch in Zukunft vermutlich nicht erwerbstätig sein werden (Rentner und Hausfrauen/-männer) sowie

3) Personen, die derzeit zwar nicht im engeren Sinne erwerbstätig sind, in Zukunft aber vermutlich eine Erwerbstätigkeit anstreben (Schüler, Studierende, Auszubildende, Arbeitslose, Wehrpflichtige und Zivildienstleistende).

Die zuletzt genannte Kategorie fungiert als Referenzkategorie, die beiden anderen Kategorien wurden in Form von Dummyvariablen einbezogen (vgl. Andreß/Hagenaars/Kühnel 1997, S. 276ff). Die Ergebnisse bestätigen die erwartete geringe Gründungsneigung von Rentnern und Hausfrauen oder -männern. Eine Erwerbstätigkeit führt dagegen ceteris paribus nicht unmittelbar zu einer höheren Gründungsneigung. Obwohl die Gründungsquote bei Erwerbstätigen höher als bei den anderen beiden Gruppen ist (vgl. Kapitel 5.3), deuten die Ergebnisse dieser multivariaten Untersuchung nicht auf einen Einfluss der Erwerbstätigkeit hin. Die hohe Gründungsquote von Erwerbstätigen ist also im Wesentlichen nicht auf deren Erwerbsstellung, sondern auf andere Merkmale wie Alter, Geschlecht und Gründungserfahrung zurückzuführen.

Tab. 20: Einflussfaktoren auf die Gründungsentscheidung (werdende Gründer) (logistische Regressionen)

Abhängige Variable: werdende Gründer

	Modell 1: ohne Regionen			Modell 2: mit Regionen			Modell 3: mit Regionen ohne Variable Selbstständigkeit/ ehem. Gründer		
	B	Exp(B)	Sig.	B	Exp(B)	Sig.	B	Exp(B)	Sig.
Geschlecht (w)	-0,38	0,68	***	-0,38	0,68	***	-0,55	0,58	***
Alter (in Jahren)	0,06	1,06		0,06	1,06		0,08	1,09	**
Alter (quadriert)	-9*E-4	1,00	*	-9*E-4	1,00	*	-1*E-3	1,00	**
Abitur / Studium	0,30	1,35	**	0,26	1,30	**	0,35	1,41	***
Erwerbstätig	-0,02	0,98		-0,07	0,94		0,05	1,05	
Rentner/Hausfrau	-0,65	0,52	**	-0,71	0,49	**	-0,74	0,48	***
Selbstständig	0,98	2,66	***	0,98	2,66	***			
Ehem. Gründer	1,24	3,45	***	1,23	3,41	***			
Kiel				0,57	1,78	*	0,56	1,76	*
Lüneburg				0,82	2,26	***	0,88	2,42	***
Emscher-Lippe				0,45	1,57		0,36	1,44	
Köln				0,92	2,50	***	0,93	2,52	***
Mittelhessen				0,30	1,35		0,33	1,39	
Leipzig				0,15	1,17		0,14	1,16	
Stuttgart				0,31	1,36		0,38	1,46	
Main-Rhön				0,45	1,58		0,49	1,62	
München				0,77	2,17	***	0,82	2,26	***
Konstante	-4,17	0,02	***	-4,62	0,01	***	-4,95	0,01	***
Chi-Quadrat		218,5	***		241,2	***		112,0	***
-2LL		2423,8			2401,1			2530,2	
Nakelkerke R^2		0,096			0,106			0,050	
Vorhersageerfolg		95,8%			95,8%			95,8%	
Vorh.erf. (Basis)		95,8%			95,8%			95,8%	
N		7614			7614			7614	

Anmerkungen: Sig.: Signifikanzniveau. ***: signifikant auf dem 0,01-Niveau; ** signifikant auf dem 0,05-Niveau; *: signifikant auf dem 0,10 Niveau. Rostock als Referenzregion. Nicht-Erwerbstätige (Schüler, Studenten, Auszubildende, Arbeitslose) als Referenzkategorie zu Erwerbstätigen und Rentnern/Hausfrauen/-männern
Quelle: Eigene Berechnung auf Basis der REM-Bevölkerungsbefragung 2001.

Personen, die bereits in der Vergangenheit einmal ein Unternehmen gegründet haben, das dann geschlossen oder aufgegeben wurde, sowie derzeit Selbstständige haben eine höhere Gründungsneigung als andere Personen (Vgl. Tab. 20, Modell 1). Bei beiden Variablen zeigen sich deutlich signifikante Einflüsse. Da mit Ausnahme der Altersvariablen alle unabhängigen Variablen in gleicher Weise kodiert sind (0/1), können die Werte der Regressionkoeffizienten beziehungsweise Exp(B) Werte direkt miteinander verglichen werden. Der Exp(B) Wert gibt den Faktor an, um den sich das Wahrscheinlichkeitsverhältnis Odds verändert, wenn die unabhängige Variable zutrifft, also die Ausprägung 1 hat. Ein Wert von Exp(B) > 1 deutet auf einen positiven Zusammenhang hin, ein Wert von Exp(B) < 1 auf einen negativen. Berücksichtigt werden muss hierbei allerdings, dass ein Wert von Exp(B) = 2 auf einen positiven Einfluss hindeutet, der genauso stark ist wie ein negativer Einfluss mit dem Wert Exp(B)= 0,5. Ein Vergleich der Stärke des Einflusses von Variablen ist möglich, wenn bei Exp(B)-Werten von kleiner als 1 der Kehrwert gebildet wird (vgl. Andreß/Hagenaars/Kühnel 1997, S. 270). Es zeigt sich, dass der stärkste Einfluss auf die Gründungsneigung von einer derzeitigen Selbstständigkeit und einer zurückliegenden Gründung ausgeht. Gründungs- und Selbstständigkeitserfahrungen haben also einen starken Einfluss auf die erneute Gründung von Unternehmen. Dies deckt sich mit dem Befund vieler Studien, dass ein erheblicher Anteil von Gründungen durch Mehrfach- oder Seriengründer erfolgt (vgl. Ucbasaran/Wright/Westhead 2003; Westhead/Wright 1999).

Neben den sozio-ökonomischen Merkmalen wurde in einem zweiten Modell die Regionsebene als Einflussfaktor einbezogen. In die logistische Regression geht die regionale Ebene in der Form von neun Dummyvariablen ein. Die Region Mittleres Mecklenburg (Rostock) fungiert als Referenzregion ohne eigene Dummyvariable, da dies die Region mit der geringsten Quote werdender Gründer ist. Die Wahl der Referenzregion beeinflusst die Interpretation der in Tabelle 20 genannten Regressionskoeffizienten, nicht aber das Gesamtergebnis in Bezug auf die Signifikanz der regionalen Ebene. Die Koeffizienten der neun Regionsvariablen in Tabelle 20 geben immer nur den Einfluss der jeweiligen Region im Vergleich zur Region Rostock an. Auch unter Berücksichtigung der sozio-ökonomischen Merkmale unterscheidet sich die Gründungsneigung in Kiel, Lüneburg, Köln und München signifikant von der in der Region Rostock.

Interessanter ist allerdings die Frage, ob die regionale Ebene insgesamt die Gründungsneigung signifikant beeinflusst. Hierauf hat die Wahl der Referenzregion keinen Einfluss. Die Frage, ob es insgesamt einen signifikanten Einfluss der Region gibt, kann nicht anhand der Signifikanz einzelner Regionsdummies beantwortet werden, sondern erfolgt anhand des oben beschriebenen Likelihood-Quotiententest (vgl. Baltes-Götz 2002, S. 22). Hierzu erfolgt ein Vergleich der Modelle 1 und 2. Die Differenz der -2-

Log-Likelihood Werte der beiden Modelle beträgt 22,7, was größer ist als der Chi-Quadrat-Testwert von 16,9 (9 Freiheitsgrade, $1-\alpha = 0,95$). Somit muss die Nullhypothese, dass alle neun Regionsdummies null sind, abgelehnt werden. Man kann also von einem signifikanten Einfluss der regionalen Ebene auf die Gründungsentscheidung ausgehen. Der Einbezug der regionalen Ebene erhöht zudem die Erklärungskraft des Modells leicht. Insgesamt bewegt sich die Erklärungskraft des Modells allerdings immer noch auf einem relativ geringen Niveau. Der Vorhersageerfolg der Modelle ist zwar sehr hoch. Allerdings ist dieser Indikator hier nicht aussagekräftig, da ein sehr großer Teil der Befragten nicht zur Gruppe der Gründer gehört und man somit allein durch die Schätzung, dass alle Personen keine Gründer sind, einen sehr guten Vorhersageerfolg erzielen kann.

In einem dritten Modell werden ebenfalls wieder sozio-ökonomische Merkmale sowie die Regionsebene berücksichtigt. Im Unterschied zu Modell 2 bleiben allerdings die Variablen zu einer derzeitigen Selbstständigkeit sowie zu einer früheren Gründungserfahrung unberücksichtigt. Hierdurch lässt sich die relative Bedeutung dieser beiden Variablen für derzeitige Gründungsaktivitäten abschätzen. Selbstständigkeit und frühere Gründungsaktivitäten werden in empirischen Studien häufig nicht als erklärende Faktoren, sondern als Indikatoren für Entrepreneurship herangezogen. Daher soll hier untersucht werden, welche Konsequenzen sich durch den Verzicht auf diese beiden erklärenden Variablen ergibt.

Im Vergleich zu Modell 2 zeigt sich in Modell 3 ein stärkerer Einfluss sozio-ökonomischer Merkmale. Die entsprechenden Exp(B)-Werte weichen etwas stärker von eins ab und erreichen höhere Signifikanzniveaus. Die stärkere Bedeutung sozio-ökonomischer Merkmale bei Nicht-Berücksichtigung von Selbstständigkeit/Gründungserfahrung deutet auf die ungleiche Verteilung dieser beiden Merkmale in der Bevölkerung hin. Selbstständige Personen beziehungsweise Personen mit Gründungserfahrung sind eher männlich, älter und haben einen höheren Bildungsabschluss. Die Altersvariablen zeigen in diesem Modell einen anderen Einfluss als in den vorangegangenen Modellen. Der umgekehrt U-förmige Verlauf der Stärke des Einflusses bleibt bestehen (vgl. Abb. 5). Allerdings ist die Kurve etwas nach hinten verschoben, das heißt im Alter von etwa 38 Jahren hat das Alter den stärksten Einfluss auf die Gründungsneigung. Dieser Wert entspricht gut dem Wert, der auch in anderen Studien gezeigt wurde. Der in Modell 1 festgestellte starke Einfluss des Alters bei jüngeren Personen ist also vor allem auf die Berücksichtigung der Variablen zur Selbstständigkeit oder Gründungserfahrung zurückzuführen. Ohne Kenntnis darüber, ob eine Person bereits entsprechende Erfahrungen hat, ist die Gründungsneigung also tatsächlich im Alter von 35 bis 40 Jahren am höchsten. Hierdurch wird deutlich, dass die Ergebnisse multivariater Untersuchungen voneinander abweichen können, je nachdem welche Einflussfaktoren berücksichtigt werden.

Weiterhin ist die Modellgüte von Modell 3 im Vergleich zu Modell 2 deutlich geringer. Der Anteil der erklärten Varianz liegt bei nur noch 0,05 (Nagelkerke R^2), und auch der Unterschied der -2-Log-Likelihood-Werte der beiden Modelle ist groß. Dies zeigt die große Erklärungskraft von derzeitiger Selbstständigkeit und früherer Gründungserfahrung für derzeitige Gründungsaktivitäten. Die Kenntnis darüber, ob jemand bereits Gründungs- oder Selbstständigkeitserfahrung hat, macht es deutlich einfacher abzuschätzen, ob diese Person auch aktuell wieder an einem Gründungsprojekt beteiligt ist.

28% aller derzeitigen Gründer haben bereits in der Vergangenheit ein Unternehmen gegründet, das dann irgendwann geschlossen wurde (vgl. Tab. 15). Sogar 31% aller Gründer sind derzeit in irgendeiner Form selbstständig. Auf etwa 10% der Gründer trifft sogar beides zu. Insgesamt hat damit fast die Hälfte der derzeitigen Gründer zum Zeitpunkt der Gründung bereits in irgendeiner Form Erfahrungen mit einer selbstständigen Tätigkeit (vgl. Abschnitt 5.4).

Aus diesem Befund erklärt sich zum Teil die Pfadabhängigkeit in der Entwicklung von regionalen Gründungsquoten. In Regionen mit einem hohen Selbstständigenanteil oder einer hohen Gründungsquote verfügen viele Personen über diesbezügliche Erfahrungen, was auch nachfolgend zu einer hohen Gründungsquote in dieser Region führt. Die Ergebnisse der bisherigen Modelle deuten darauf hin, dass dieser Zusammenhang auf individueller Ebene abläuft. Personen haben nicht allein dadurch eine hohe Gründungsneigung, dass sie in einer Region mit einer hohen Selbstständigenquote leben. Erst durch eigene Selbstständigkeitserfahrungen steigt auch die eigene Gründungsneigung. Dieser Befund ist allerdings nicht zufrieden stellend, da nicht erklärt wird, warum in manchen Regionen ein höherer Anteil von Personen Gründungs- und Selbstständigkeitserfahrung hat. Daher wird dieser Zusammenhang in den nachfolgenden Abschnitten noch eingehender untersucht. Hierbei werden auch weitere Einflussfaktoren des mikrosozialen und regionalen Umfelds auf die Gründungsneigung berücksichtigt.

6.2.3 Einfluss gründungsbezogener Einstellungen und Fähigkeiten auf Gründungsaktivitäten

In diesem Abschnitt werden gründungsbezogene Einstellungen und Fähigkeiten in ihrer Wirkung auf Gründungsaktivitäten (werdende Gründer) untersucht. Wie im vorangegangenen Abschnitt erfolgt diese Untersuchung wieder anhand verschiedener

160

logistischer Regressionsmodelle, wobei neben sozio-demographischen Merkmalen und der regionalen Ebene vier weitere Variablen einbezogen werden: Es handelt sich hierbei um die Fragen nach dem Vertrauen in die eigenen Gründungsfähigkeiten („Fähigkeiten"), der Einschätzung der Möglichkeiten für eine Unternehmensgründung in der Region („Möglichkeiten"), der Einschätzung des Ansehens von erfolgreichen Gründern in der Region („Ansehen") sowie die Frage, ob die Angst zu scheitern die Befragten von einer Gründung abhalten würde („Angst"). Alle Fragen sind Ja/Nein kodiert. Die genauen Formulierungen der Fragen finden sich bei Japsen (2002a).

Insgesamt wurden drei verschiedene Modelle berechnet, um den relativen Einfluss der Einstellungsvariablen sowie der regionalen Ebene abschätzen zu können (vgl. Tab. 21). Das Verfahren der logistischen Regression kann nur Fälle einbeziehen, bei denen zu allen Variablen Angaben vorliegen. Um die Ergebnisse der Modelle vergleichbar zu machen, wurden alle Modelle mit der gleichen Personengruppe gerechnet, das heißt es wurden nur solche Personen berücksichtigt, die alle genannten Einstellungsfragen beantwortet haben. Bei den Fragen nach guten Möglichkeiten für eine Unternehmensgründung in der Region sowie nach dem Ansehen von Gründern in der Region ist der Anteil der fehlenden Werte relativ hoch. Hier wollten oder konnten 12,3% beziehungsweise 8,0% der Befragten im Alter von 18-64 Jahren keine Angabe machen. Bei der Frage nach der Angst zu scheitern beträgt der Anteil der fehlenden Werte lediglich 1,7%.

Durch die Herausnahme von Personen aufgrund von fehlenden Werten sind Ergebnisverzerrungen möglich, da fehlende Angaben häufig nicht zufällig erfolgen, sondern in einem Zusammenhang zum abgefragten Aspekt stehen. Auch bei der vorliegenden Untersuchung sind zum Beispiel Personen, die die Möglichkeiten für Unternehmensgründungen in der Region nicht einschätzen können, seltener an Gründungsaktivitäten beteiligt als der Durchschnitt der Befragten. Verfahren zur Schätzung von fehlenden Werten sind allerdings auch mit einigen methodischen Problemen verbunden (vgl. Schnell 1985). Man kann zwar argumentieren, dass Personen, die das Ansehen von Gründern oder die Möglichkeiten für eine Unternehmensgründung in der Region nicht einschätzen können, sich nicht mit dem Thema beschäftigen und daher vermutlich eher eine zurückhaltende Einstellung zu Gründungen haben. Es kann allerdings auch inhaltliche Gründe für eine fehlende Antwort geben, beispielsweise wenn eine Person erst seit kurzem in der Region lebt. Daher wurden fehlende Werte auch als solche behandelt und die Fälle nicht in die Analyse einbezogen. Lediglich bei der Frage nach den gründungsbezogenen Fähigkeiten wird hier argumentiert, dass eine fehlende Angabe als Hinweis auf ein mangelndes Vertrauen in die eigenen Gründungsfähigkeiten gedeutet werden kann. Die 2,5% der Befragten, die bei dieser Frage keine Angaben gemacht haben, wurden daher umkodiert und als Nein-Antworten gezählt. Insgesamt ergibt sich somit eine verwendbare Stichprobengröße von 6115 Personen im Vergleich zu 7614 Personen bei den vorangegangenen Untersuchungen.

In Modell 1 (Tab. 21) werden neben den sozio-ökonomischen Merkmalen, die bereits im vorangegangenen Abschnitt diskutiert wurden, die genannten Einstellungsfragen einbezogen. Drei der vier untersuchten Einstellungsvariablen üben einen signifikanten Einfluss auf die Gründungsneigung aus, der jeweils auch die erwartete Richtung hat. Personen, die glauben, dass sie das Wissen und die Fähigkeiten für eine Unternehmensgründung haben, sind auch signifikant häufiger an Gründungsaktivitäten beteiligt. Das Gleiche gilt für die Wahrnehmung guter Gründungsmöglichkeiten in der Region. Umgekehrt haben Personen, die angeben, dass sie die Angst vor dem Scheitern von einer Gründung abhalten würde, auch tatsächlich eine geringere Gründungsneigung. Lediglich bei der Frage nach dem Ansehen von erfolgreichen Gründern in der Region lässt sich kein signifikanter Einfluss auf die Gründungsneigung feststellen. Die Meinung anderer Menschen in der Region scheint also weniger handlungsrelevant zu sein als die übrigen Einstellungsfragen.

Modell 2 (Tab. 21) berücksichtigt neben sozio-ökonomischen Merkmalen und den vier Einstellungsvariablen ebenfalls die regionale Ebene in der Form von neun regionalen Dummyvariablen. Die Differenz der –2-Log-Likelihood-Werte von Modell 1 und Modell 2 beträgt 18,9, was leicht höher als der entsprechende Chi-Quadrat-Testwert (9 Freiheitsgrade; $1-\alpha = 0,95$) von 16,9 ist. Die Nullhypothese, dass die regionale Ebene nicht von Bedeutung ist, muss also abgelehnt werden. Auch unter Berücksichtigung der Einstellungsvariablen übt die regionale Ebene einen Einfluss auf die Gründungsneigung aus.

Modell 3 (Tab. 21) dient zur Abschätzung der Bedeutung der vier neu einbezogenen Einstellungsfragen. Dieses Modell beinhaltet zwar genau dieselben Variablen wie das im vorherigen Kapitel beschriebene Modell 2 (Tab. 20). Allerdings wurden hier, wie in den beiden anderen Modellen in diesem Abschnitt, nur die 6115 Fälle einbezogen, für die Angaben zu den Einstellungsfragen vorliegen, um einen direkten Vergleich der Modelle zu ermöglichen. Die Hinzunahme der vier Einstellungsfragen führt zu einer geringeren Bedeutung sozio-ökonomischer Merkmale. Im Unterschied zum Modell 2 ist das Geschlecht in Modell 3 signifikant (Tab. 21). Die höhere Gründungsneigung von Männern im Vergleich zu Frauen erklärt sich also wesentlich durch unterschiedliche Einstellungen zum Thema Gründungen.

Tab. 21: Einflussfaktoren auf die Gründungsentscheidung (werdende Gründer) unter Einbezug von Einstellungen und Fähigkeiten (logist. Regressionen)

Abhängige Variable: werdende Gründer

	Modell 1 mit Einstellungsvar.			Modell 2 mit Einstellungsvar. mit Regionen			Modell 3 mit Regionen		
	B	Exp(B)	Sig.	B	Exp(B)	Sig.	B	Exp(B)	Sig.
Geschlecht (w)	-0,18	0,84		-0,17	0,84		-0,34	0,71	***
Alter (in Jahren)	0,03	1,03		0,02	1,02		0,05	1,05	
Alter (quadriert)	-6*E-4	1,00		-5*E-4	1,00		-7*E-4	1,00	
Abitur / Studium	0,09	1,10		0,07	1,07		0,23	1,26	*
Erwerbstätig	-0,13	0,88		-0,15	0,86		-0,12	0,88	
Rentner/Hausfrau	-0,78	0,46	**	-0,82	0,44	***	-0,87	0,42	***
Selbstständig	0,46	1,58	***	0,49	1,63	***	1,05	2,86	***
Ehem. Gründer	0,88	2,40	***	0,86	2,37	***	1,13	3,11	***
Fähigkeiten	1,40	4,04	***	1,40	4,06	***			
Möglichkeiten	0,65	1,92	***	0,61	1,84	***			
Ansehen	-0,26	0,77		-0,27	0,76				
Angst	-0,45	0,63	***	-0,42	0,66	***			
Kiel				0,67	1,96	**	0,79	2,21	**
Lüneburg				0,72	2,06	**	0,86	2,35	***
Emscher-Lippe				0,52	1,68		0,54	1,71	
Köln				0,99	2,70	***	1,14	3,14	***
Mittelhessen				0,28	1,32		0,32	1,38	
Leipzig				0,14	1,15		0,12	1,13	
Stuttgart				0,29	1,34		0,51	1,66	
Main-Rhön				0,58	1,79	*	0,62	1,86	*
München				0,52	1,69		0,83	2,29	***
Konstante	-3,87	0,02	***	-4,25	0,01	***	-4,36	0,01	***
Chi-Quadrat		316,8	***		335,7	***		215,1	***
-2LL		1950,9			1932,0			2052,7	
Nakelkerke R²		0,163			0,172			0,112	
Vorhersageerfolg		95,4%			95,4%			95,4%	
Vorh.erf. (Basis)		95,4%			95,4%			95,4%	
N		6115			6115			6115	

Anmerkungen: Sig.: Signifikanzniveau. ***: signifikant auf dem 0,01-Niveau; ** signifikant auf dem 0,05-Niveau; *: signifikant auf dem 0,10 Niveau. Rostock als Referenzregion. Nicht-Erwerbstätige (Schüler, Studenten, Auszubildende, Arbeitslose) als Referenzkategorie zu Erwerbstätigen und Rentnern/Hausfrauen/-männern.
Quelle: Eigene Berechnung auf Basis der REM-Bevölkerungsbefragung 2001.

Auch der Bildungsstand ist in Modell 3 leicht signifikant. Dies deutet darauf hin, dass gründungsbezogene Einstellungen und Fähigkeiten einen Teil der Varianz bei Gründungsaktivitäten erklären, ihrerseits aber wiederum von sozio-ökonomischen Merkmalen beeinflusst werden. Die Hinzunahme der Einstellungsfragen verringert zudem die Bedeutung der regionalen Dummyvariablen. Die entsprechenden Regressionskoeffizienten werden kleiner oder sind weniger signifikant. Für die Region München bedeutet das beispielsweise, dass sich die hohe Gründungsneigung im Wesentlichen durch die positiven gründungsbezogenen Einstellungen und Fähigkeiten der Einwohner erklären lässt. Unter Einbezug dieser Variablen hat die Region im Vergleich zur Referenzregion Rostock keinen signifikanten Einfluss auf den Umfang an Gründungsaktivitäten mehr.

Ein Vergleich der Modelle 2 und 3 weist auf eine erhebliche Verbesserung der Modellgüte durch die Hinzunahme der vier Einstellungsfragen hin. Der Unterschied der – 2-Log-Likelihood-Werte ist deutlich größer als zwischen Modell 1 und 2. Die Hinzunahme der Einstellungsvariablen liefert also einen höheren zusätzlichen Erklärungsbeitrag als die Hinzunahme der regionalen Ebene. Ähnlich wie bei der Analyse sozioökonomischer Merkmale wird hierdurch der individuelle Charakter von Gründungsentscheidungen deutlich. Weniger regionale Merkmale als vielmehr individuelle Merkmale und Einstellungen bestimmen den Schritt in die Selbstständigkeit, wobei diese allerdings deutlich regional variieren. Die hohe Erklärungskraft der gründungsbezogenen Einstellungen und Fähigkeiten für die Gründungsentscheidung wirft die Frage auf, wodurch diese determiniert werden. Diese Frage steht im Mittelpunkt von Kapitel 7. Die deutlichen regionalen Unterschiede bei gründungsbezogenen Einstellungen und Fähigkeiten lassen die Vermutung zu, dass diese zum Teil von regionalen Merkmalen beeinflusst werden.

6.2.4 Interpretation der Ergebnisse im Licht der Theorie geplanten Verhaltens

Der hier untersuchte Zusammenhang von Einstellungen und Gründungsaktivitäten kann von der Theorie geplanten Verhaltens abgeleitet werden (vgl. Kap. 2.2.2.1). Die Theorie geplanten Verhaltens geht davon aus, dass Handlungsabsichten durch die folgenden drei unabhängigen Faktoren bestimmt werden: die Einstellung bezüglich der Handlung, die subjektive Norm sowie den Grad der wahrgenommenen Handlungskontrolle. Andere Faktoren, wie zum Beispiel personenbezogene Merkmale, wirken nicht direkt auf Handlungsabsichten, beeinflussen aber indirekt die drei genannten Einflussfaktoren (vgl. Ajzen 1991, Ajzen/Fishbein 1980).

Mit den Fragen aus der REM-Bevölkerungsbefragung ist keine exakte Nachbildung der drei Einflussfaktoren der Theorie geplanten Verhaltens möglich. Die Durchführung der Befragung als Telefonbefragung schränkte die Anzahl möglicher Fragen erheblich ein. Es gibt aber deutliche inhaltliche Überschneidungen zwischen den hier untersuchten gründungsbezogenen Einstellungen und Fähigkeiten sowie den drei Einflussfaktoren der Theorie geplanten Verhaltens: Der Grad der wahrgenommenen Kontrolle über die betreffende Handlung fragt danach, ob die Durchführung der Handlung als schwierig oder leicht eingeschätzt wird. Bei Personen, die angeben, dass sie über „das Wissen, die Fähigkeiten und die Erfahrung verfügen, die notwendig sind, um ein Unternehmen zu gründen", kann man von einer hohen wahrgenommenen Handlungskontrolle ausgehen. Der zweite Einflussfaktor der Theorie, die subjektive Norm, eine Handlung auszuüben oder zu unterlassen, ist in Bezug auf eine Gründung nicht einfach zu messen. Die Aufnahme einer selbstständigen Tätigkeit ist eher die Ausnahme als die Regel in Deutschland. Man kann daher nicht davon ausgehen, dass es einen sozialen Druck gibt, ein Unternehmen zu gründen. Bei Arbeitslosen wird zwar von der Allgemeinheit erwartet, dass sie sich um eine neue Beschäftigung bemühen. Auch hier gibt es allerdings keinen sozialen Druck, sich selbstständig zu machen. Umgekehrt kann es aber in bestimmten Regionen oder bei Personengruppen einen sozialen Druck geben, keine selbstständige Tätigkeit zu ergreifen. Das Bild des Unternehmers ist in Deutschland nach wie vor ambivalent, was Personen möglicherweise davon abhält, selbst die Rolle des Unternehmers zu ergreifen (vgl. Forschungsinstitut für Ordnungspolitik 2000). Die Frage nach dem Ansehen von erfolgreichen Gründern in der Region kann daher herangezogen werden, um zu überprüfen, ob ein sozialer Druck wahrgenommen wird, sich nicht selbstständig zu machen. Der dritte Einflussfaktor, die Einstellung bezüglich der Handlung, das heißt ob die jeweilige Person die fragliche Handlung eher positiv oder negativ bewertet, wird nicht direkt in der REM-Befragung abgefragt. Ajzen und Fishbein (1980) argumentieren aber, dass die Einstellung zu einer Handlung von den Erwartungen über den wahrscheinlichen Ausgang einer Handlung abhängt. Personen, die glauben, dass sich in nächster Zeit „gute Möglichkeiten für eine Unternehmensgründung in der Region ergeben werden", haben daher eine positivere Einstellung zu Gründungen als Personen, die keine guten Möglichkeiten sehen. Weiterhin kann die Antwort auf die Frage nach der Angst zu scheitern als ein Indikator für die Einstellung zu Gründungen angesehen werden. Personen, die aus Angst zu scheitern kein Unternehmen gründen würden, haben keine positive Einstellung zu einer Gründung. Diese beiden Variablen lassen sich daher heranziehen, um die Einstellung zu Unternehmensgründungen nachzubilden (vgl. Bergmann 2002, S. 7ff). Insgesamt bestehen somit deutliche Parallelen zwischen den Einflussfaktoren der Theorie geplanten Verhaltens und den hier untersuchten Einstellungsvariablen.

Die Ergebnisse der hier durchgeführten Berechnungen bestätigen zum Teil die Vorhersagen der Theorie geplanten Verhaltens. Drei der vier untersuchten gründungsbezogenen Einstellungen und Fähigkeiten beeinflussen Gründungsaktivitäten signifikant.
Durch die Hinzunahme der vier Einstellungsvariablen verringert sich die Bedeutung
von sozio-ökonomischen Merkmalen und der regionalen Ebene. Unter Einbezug der
Einstellungen (Tab. 21, Modell 2) kann kein signifikanter Einfluss von Geschlecht und
Bildungsstand mehr festgestellt werden. Hier kann man also wirklich davon ausgehen,
dass entsprechend der Theorie geplanten Verhaltens nur ein indirekter Zusammenhang
von sozio-ökonomischen Merkmalen und Handlungsabsichten besteht. Ebenfalls
nimmt die Bedeutung der regionalen Ebene durch die Hinzunahme der Einstellungsvariablen ab. In Modell 3 erweisen sich vier Regionsdummies als signifikant (5%-
Niveau), wohingegen im erweiterten Modell 2 die Anzahl auf drei sinkt (Tab. 21). Die
hohe Gründungsneigung in München erklärt sich also vor allem durch positive Einstellungen der Bevölkerung dort.

Neben den gründungsbezogenen Einstellungen und Fähigkeiten beeinflussen aber nach
wie vor auch einige personenbezogene Merkmale sowie die regionale Ebene die Gründungsneigung. Dies entspricht nicht der Aussage der Theorie geplanten Verhaltens.
Die Theorie geht von einer vollständigen Erklärung von Handlungsabsichten durch die
drei unabhängigen Faktoren aus. Die vier einbezogenen Einstellungsvariablen verrin-
gern zwar die Bedeutung der anderen Erklärungsfaktoren, machen diese aber nicht
überflüssig. Aus zwei Gründen konnte im vorliegenden Fall aber nicht davon ausgegangen werden, dass die hier einbezogenen Einstellungen und Fähigkeiten Gründungsaktivitäten im Sinne der Theorie geplanten Verhaltens vollständig erklären. Zum einen
wurde bereits auf die beschränkte Anzahl an Einstellungsvariablen hingewiesen, die
keine komplette Nachbildung der Theorie geplanten Verhaltens erlauben. Andere empirische Überprüfungen der Theorie arbeiten mit mehr als zehn Fragen, um die drei
Einflussfaktoren abzubilden (vgl. Ajzen 2001; Kolvereid 1996; Tkachev/Kolvereid
1999), was im vorliegenden Fall nicht möglich war. Zudem steht bei der Theorie geplanten Verhaltens der Zusammenhang von Einstellungen und Handlungsabsichten im
Mittelpunkt der Betrachtung, wohingegen hier tatsächliche Handlungen untersucht
werden. Der Zusammenhang von Gründungsabsichten und Gründungsaktivitäten ist
aber nur vage (vgl. Bergmann 2000, S. 32ff; Katz 1989). Eine Handlungsabsicht steht
nur dann in einem engen Zusammenhang zur tatsächlichen Handlung, wenn nicht nur
die wahrgenommene Handlungskontrolle hoch ist, sondern auch eine tatsächliche
Handlungskontrolle gegeben ist, eine Person also beliebig entscheiden kann, ob sie ein
Unternehmen gründet oder nicht (vgl. Ajzen 1991, S. 181f). Im Fall einer Unternehmensgründung ist allerdings keine vollständige Handlungskontrolle gegeben, da die
Realisierung eines Gründungsprojektes auch von einer Reihe externer Ressourcen

abhängt. Vor diesem Hintergrund können die vorliegenden Ergebnisse nicht direkt zu einer Überprüfung der Theorie geplanten Verhaltens herangezogen werden. Tendenziell entsprechen die Befunde aber den Vorhersagen der Theorie. Der Einfluss gründungsbezogener Einstellungen auf Gründungsabsichten ist vermutlich stärker als auf tatsächliche Gründungsaktivitäten. Die Tatsache, dass bei der vorliegenden Untersuchung dennoch ein deutlicher Zusammenhang aufgedeckt werden konnte, weist auf die Relevanz der Theorie geplanten Verhaltens für die Erklärung von Gründungsaktivitäten hin.

6.3 Einfluss regionaler Merkmale auf Gründungsaktivitäten

In den vorangegangenen Abschnitten wurde häufig auf die Bedeutung der regionalen Ebene für die Erklärung von Gründungsaktivitäten hingewiesen. In diesem Kapitel soll nun der regionale Einfluss auf Gründungsaktivitäten eingehender untersucht werden. Während die Analyse bisher lediglich regionale Dummyvariablen berücksichtigte, basiert die folgende Analyse auf Regionaldaten zur Struktur und Entwicklung der Untersuchungsregionen. Dem Einbezug regionaler Strukturmerkmale sind allerdings Grenzen gesetzt. Sozio-ökonomische Merkmale und gründungsbezogene Einstellungen liegen auf individueller Ebene vor, so dass bei der großen Anzahl an Fällen viele Einflüsse gleichzeitig untersucht werden können. Auf regionaler Ebene lässt sich allerdings nur nach den zehn REM-Untersuchungsregionen unterscheiden, was aufgrund der geringen Anzahl an Freiheitsgraden nur den Einbezug weniger regionaler Einflussfaktoren möglich macht.

Bei der Untersuchung regionaler Einflussfaktoren auf Gründungsaktivitäten werden die gründungsbezogenen Einstellungen und Fähigkeiten nicht in die Analyse einbezogen, da davon ausgegangen werden kann, dass diese nicht unabhängig von regionalen Faktoren sind, sondern zum Teil von diesen determiniert werden. So hängt zum Beispiel die Einschätzung der Möglichkeiten für eine Unternehmensgründung in der Region vermutlich stark von der regionalen Wirtschaftskraft ab. Sozio-ökonomische Merkmale werden zwar in die Modelle einbezogen, hier aber nicht weiter diskutiert, da dies schon Gegenstand der vorangegangenen Abschnitte war.

Reynolds, Storey und Westhead (1994) finden im internationalen Vergleich von sieben Industrienationen drei Faktoren, die einen durchgehend positiven Einfluss auf regionale Gründungsraten haben: Nachfragesteigerungen, ein hoher Anteil von kleinen Unternehmen sowie Agglomerationseffekte. Auch für Deutschland gibt es empirische Belege für die Bedeutung dieser Faktoren (vgl. Fritsch/Falck 2002; Audretsch/Fritsch 1994a). Zunächst werden diese drei Faktoren in ihrer Wirkung auf das Gründungsgeschehen in den zehn betrachteten Regionen untersucht. Modell 1 in Tabelle 22 berücksichtigt daher neben den bereits bisher einbezogenen sozio-ökonomischen Merkmalen die Variablen „Wachstum der Bruttowertschöpfung (1996-2000)" als Indikator für Nachfragesteigerungen, Agglomerationsraum (ja/nein) sowie die Selbstständigenquote als Indikator für einen hohen Anteil kleiner Unternehmen in der Region. Die Werte der Variablen für die zehn Regionen sind in Tabelle 3 (Kapitel 3) sowie Tabelle 6 (Kapitel 4) zu finden.

In Modell 1 (Tab. 22) hat nur eine der drei einbezogenen regionalen Variablen einen signifikanten positiven Effekt auf individuelle Gründungsaktivitäten. Die regionale Selbstständigenquote weist einen Einfluss auf dem 5%-Signifikanzniveau auf. Regionen mit einem hohen Anteil kleiner Betriebe sind also durch eine höhere individuelle Gründungsaktivität gekennzeichnet. Der Einfluss der Agglomerationsvariablen erreicht nur ein Signifikanzniveau von 11%. Das Wachstum der Bruttowertschöpfung ist ebenfalls nur auf diesem Niveau signifikant und weist zudem ein negatives Vorzeichen auf, was nicht den Erwartungen entspricht. Eine Zunahme der Bruttowertschöpfung ist mit einer geringeren Gründungsneigung verbunden. Auch wenn dieser Befund nicht überinterpretiert werden sollte, da er wie angesprochen nur schwach signifikant ist, wird er hier zum Anlass genommen, den Zusammenhang von wirtschaftlichem Wachstum der Region und Gründungsaktivitäten zu überdenken. Im Theorieteil wurde darauf verwiesen, dass der Zusammenhang von Arbeitslosigkeit und Gründungsaktivität vermutlich nicht linear ist. Mit steigender Arbeitslosigkeit steigt zunächst der Anreiz zur Selbstständigkeit, da andere Erwerbsalternativen knapp werden. Ab einer bestimmten Arbeitslosenquote sinkt der Anreiz allerdings wieder, weil die Kaufkraft in Regionen mit hoher Arbeitslosigkeit meist nur gering ist (vgl. Hamilton 1989; Maaß 2000, S. 37ff).

Die regionale Arbeitslosenquote korreliert hoch negativ mit dem hier untersuchten Zuwachs der Bruttowertschöpfung. Daher lässt sich vermuten, dass auch der Zusammenhang von Bruttowertschöpfungswachstum und Gründungsaktivitäten nicht linear ist, was das negative Vorzeichen des Regressionskoeffizienten erklären kann. Die Untersuchungsregionen wurden daher anhand der Arbeitslosenquote in drei Gruppen eingeteilt: Rostock, Leipzig und Emscher-Lippe sind durch eine sehr hohe Arbeitslosigkeit (13,5% und mehr) und ein unterdurchschnittliches Wachstum der Bruttowertschöpfung gekennzeichnet. Kiel, Lüneburg und Köln weisen durchschnittliche Werte auf, die Arbeitslosenquote liegt in diesen Regionen im Bereich von 9,5% bis 11,2%. Die Regionen Mittelhessen, Stuttgart, Main-Rhön und München haben sich dagegen von 1996 bis 2000 überdurchschnittlich entwickelt und weisen auch dementsprechend geringe Arbeitslosenquoten von unter 8% auf.

Tab. 22: Einflussfaktoren auf die Gründungsentscheidung (werdende Gründer) unter Einbezug von regionalen Variablen (logistische Regressionen)

Abhängige Variable: werdende Gründer									
	Modell 2a			Modell 2b			Modell 2c		
	B	Exp(B)	Sig.	B	Exp(B)	Sig.	B	Exp(B)	Sig.
Geschlecht (w)	-0,38	0,68	***	-0,38	0,69	***	-0,54	0,58	***
Alter (in Jahren)	0,06	1,06		0,06	1,06		0,09	1,09	**
Alter (quadriert)	-9*E-4	1,00	**	-9*E-4	1,00	**	-1*E-3	1,00	**
Abitur / Studium	0,28	1,32	**	0,25	1,29	**	0,34	1,40	***
Erwerbstätig	-0,03	0,97		-0,04	0,96		0,08	1,08	
Rentner/Hausfrau	-0,64	0,53	**	-0,66	0,52	**	-0,70	0,50	**
Selbstständig	0,97	2,63	***	0,98	2,65	***			
Ehem. Gründer	1,23	3,41	***	1,23	3,41	***			
Region:									
BWS 1996-2000	-0,02	0,98							
Al.quote 8-12%				0,43	1,53	***	0,42	1,52	***
Agglomeration	0,22	1,25		0,21	1,23	*	0,20	1,22	*
Selbstst.quote	0,09	1,09	**	0,04	1,04		0,06	1,06	**
Konstante	-5,09	0,01	***	-4,87	0,01	***	-5,39	0,00	***
Chi-Quadrat	225,2		***	234,2		***	105,3		***
-2LL	2417,1			2408,1			2536,9		
Nakelkerke R²	0,099			0,103			0,047		
Vorhersageerfolg	95,8			95,8			95,8		
Vorh.erf. (Basis)	95,8			95,8			95,8		
N	7614			7614			7614		

Anmerkungen: Sig.: Signifikanzniveau. ***: signifikant auf dem 0,01-Niveau; ** signifikant auf dem 0,05-Niveau; *: signifikant auf dem 0,10 Niveau. Nicht-Erwerbstätige (Schüler, Studenten, Auszubildende, Arbeitslose) als Referenzkategorie zu Erwerbstätigen und Rentnern/Hausfrauen/-männern. Quelle: Eigene Berechnung auf Basis der REM-Bevölkerungsbefragung 2001.

Nach der angesprochenen Hypothese müsste die Gründungsneigung in Regionen mit einer durchschnittlichen wirtschaftlichen Entwicklung beziehungsweise Arbeitslosenquote am höchsten sein. Die entsprechende Kodiervariable gibt daher den Regionen Kiel, Lüneburg und Köln den Wert eins und allen anderen Regionen den Wert null. In Modell 2 (Tab. 22) wird diese Variable anstatt der Variablen für die Entwicklung der Bruttowertschöpfung einbezogen. Es zeigt sich, dass eine mittlere Arbeitslosenquote tatsächlich signifikant positiv Gründungsaktivitäten beeinflusst. Der Status als Agglomerationsraum hat in diesem Modell ebenfalls einen positiven Einfluss auf die Gründungsneigung. Im Unterschied zum Modell 1 ist allerdings die Selbstständigenquote in diesem Modell nicht signifikant.

Die Selbstständigenquote dient als Indikator für eine kleinbetrieblich strukturierte Region. Beschäftigte in kleinen Unternehmen haben eine höhere Gründungsneigung, weil sie in verschiedene Geschäfts- und Betriebsabläufe eingebunden sind und daher eher die beruflichen Kenntnisse und Fähigkeiten erwerben, welche zur Aufnahme einer selbstständigen Tätigkeit notwendig sind (vgl. Audretsch/Fritsch 1994a; Brüderl/Preisendörfer/Ziegler 1996, S. 80f; Gerlach/Wagner 1994; Reynolds/Storey/Westhead 1994). Zudem hängt die Größenstruktur von Unternehmen auch mit der Branchenstruktur zusammen, wodurch sich ebenfalls Einflüsse auf die Gründungsneigung ergeben können. Modell 2 berücksichtigt bereits auf individueller Ebene Angaben zu Selbstständigkeit und Gründungserfahrung von Personen. Dies kann erklären, warum die regionale Selbstständigenquote nicht signifikant ist.

Zu Vergleichszwecken wurde daher noch ein drittes Modell berechnet, welches die individuelle Selbstständigkeits- und Gründungserfahrung nicht berücksichtigt. In diesem Modell 3 weist auch die regionale Selbstständigenquote einen signifikanten Einfluss auf Gründungsaktivitäten aus. Auch die beiden anderen regionalen Strukturvariablen sind weiterhin signifikant. Ein Blick auf die Modellgüte der betrachteten Modelle macht aber deutlich, dass Modell 2 unter Einbezug der Variablen zu individueller Selbstständigkeit und Gründungserfahrung die besten Werte erreicht. In Modell 3 sind zwar alle drei regionalen Strukturvariablen signifikant, allerdings zum Preis von einem nur noch halb so großen Anteil der erklärten Varianz (Nagelkerke R^2). Wie in den vorangegangenen Untersuchungen wird hierdurch der individuelle Charakter von Gründungsprozessen belegt. Unter den in Tabelle 22 dargestellten Modellen erreicht also Modell 2 die beste Anpassung an die Daten. Im Vergleich zu den vorangegangenen Modellen, die gründungsbezogene Einstellungen und Fähigkeiten berücksichtigen, hat allerdings auch dieses Modell 2 eine eher schwache Erklärungskraft. Es zeichnet sich also die Tendenz ab, dass Modelle umso besser individuelle Gründungsaktivitäten erklären können, je mehr personenbezogene Merkmale einbezogen werden. Regionsbezogene Merkmale leisten nur einen schwachen Beitrag zur Erklärung individueller Gründungsaktivitäten.

Neben den hier dargestellten Modellen werden in weiteren Modellen noch andere regionale Einflussfaktoren berücksichtigt. Von besonderem Interesse ist der Einfluss der gründungsbezogenen Infrastruktur auf Gründungsaktivitäten. Bei der Untersuchung dieses Zusammenhangs steht man vor dem Problem, dass Gründungsaktivitäten nicht durch einzelne gründungsbezogene Rahmenbedingungen beeinflusst werden, sondern die gesamte Gründungsinfrastruktur auf das regionale Gründungsgeschehen einwirkt. Für die Analyse des Zusammenhangs von Rahmenbedingungen und Gründungsaktivitäten wird daher der Gesamtindex der gründungsbezogenen Infrastruktur herangezogen (vgl. Abschnitt 3.4.3). Dieser Index weist eine Korrelation von 0,39 mit der regionalen Gründungsquote (werdende Gründer) auf. In Kapitel 4 wurde demonstriert, dass die gründungsbezogene Infrastruktur tendenziell in den Agglomerationsräumen besser eingeschätzt wird. Aufgrund dieses Zusammenhangs ist es nicht sinnvoll, beide Variablen gleichzeitig in ein Modell zu integrieren. Eine Berücksichtigung der gründungsbezogenen Infrastruktur (Gesamtindex) anstatt der Agglomerationsvariable liefert allerdings weniger signifikante Ergebnisse und führt zu einer geringeren Erklärungskraft des Modells im Vergleich zu Modell 2. Zudem lässt sich die Frage der Kausalität hier nicht eindeutig beantworten. Die Qualität der gründungsbezogenen Infrastruktur wird zwar nicht komplett vom Regionstyp determiniert, aber ihre Einschätzung wird signifikant hiervon beeinflusst (vgl. Abschnitt 4.3.3). Es erscheint daher sinnvoller, mit der Dummyvariablen für den Agglomerationsraum anstatt mit der Variablen für die gründungsbezogene Infrastruktur zu rechnen. Insgesamt lässt sich damit kein direkter signifikanter Einfluss von gründungsbezogener Infrastruktur auf Gründungsaktivitäten nachweisen. Wie bereits angeführt hat die gründungsbezogene Infrastruktur zum Teil den Charakter eines Agglomerationsvorteils, der einen positiven Einfluss auf Gründungsaktivitäten hat. Unabhängig davon lässt sich allerdings kein weiterer Zusammenhang belegen.

Sternberg und Bergmann (2003, S. 34) vermuten, dass der Zusammenhang von gründungsbezogener Infrastruktur und Gründungsaktivitäten mittelfristiger Natur ist und durch zeitliche Verzögerungen („time-lags") gekennzeichnet ist: „Gründer, die aufgrund guter Rahmenbedingungen positive Erfahrungen mit dem Schritt in die Selbstständigkeit gemacht haben, werden direkt oder indirekt auch andere Leute dazu ermutigen, sich selbstständig zu machen. Auf diese Weise können Rahmenbedingungen auch zu einer Veränderung der Einstellung zur Selbstständigkeit und damit zu einem kulturellen Wandel beitragen." Im nachfolgenden Kapitel wird untersucht, ob sich tatsächlich ein solcher Einfluss von gründungsbezogener Infrastruktur auf gründungsbezogene Einstellungen aufzeigen lässt. Da sowohl Gründungsaktivitäten als auch die Qualität der Infrastruktur im Sommer 2001 gemessen wurden, lässt sich in dieser Arbeit allerdings nicht feststellen, ob es einen zeitlich verzögerten Einfluss derartiger Rahmenbedingungen gibt. Durch die Kombination der hier verwendeten Datensätze mit Datensätzen aus zukünftigen REM-Untersuchungen wird eine solche Untersuchung von time-lags allerdings möglich sein.

7 Gründungsbezogene Einstellungen und Fähigkeiten und ihre Determinanten

7.1 Einleitung und Überblick

In den bisherigen Analysen konnte gezeigt werden, dass sozio-ökonomische Merkmale sowie gründungsbezogene Einstellungen und Fähigkeiten die individuelle Gründungsneigung und auch das Niveau an Gründungsaktivitäten in einer Region beeinflussen. Die hohe Gründungsquote der Region München erklärt sich beispielsweise wesentlich durch positive Einstellungen und Fähigkeiten der Bevölkerung. Die Ausprägung sozio-ökonomischer Merkmale kann nicht weiter hinterfragt werden. Gründungsbezogene Einstellungen und Fähigkeiten sind allerdings nicht festgelegt, was die wichtige Frage aufwirft, welche Faktoren für eine positive oder negative Gründungseinstellung verantwortlich sind. Diese Frage wird in den folgenden Analysen untersucht. Während die Einstellungsfragen bisher als Einflussfaktoren auf die Gründungsaktivität herangezogen wurden, fungieren sie jetzt als abhängige Variablen. Entsprechend dem in Kapitel 2.5 dargestellten Modell werden sowohl personenbezogene als auch regionsbezogene Merkmale in die Untersuchung einbezogen. Ausgangspunkt der Untersuchungen sind jeweils Merkmale der befragten Personen, die dann durch die regionale Ebene in der Form von Regionsdummies oder regionalen Kennziffern ergänzt werden. Die Auswahl der einbezogenen Erklärungsfaktoren orientiert sich an theoretischen Überlegungen sowie an vorab durchgeführten bivariaten Untersuchungen des Zusammenhangs von Einflussgrößen und Gründungseinstellungen. Im Bereich der sozio-ökonomischen Faktoren werden nach Möglichkeit die gleichen Variablen und Abgrenzungen wie im vorangegangenen Abschnitt verwendet. In einigen Fällen erscheint es allerdings aufgrund theoretischer Überlegungen sinnvoller, andere Abgrenzungen zu verwenden. Dies gilt zum Beispiel für die Erwerbsstellung, bei der nach Voll- und Teilzeit-Erwerbstätigkeit unterschieden wird. Kulturelle Merkmale von Regionen lassen sich kaum direkt empirisch erfassen. Ein signifikanter regionaler Einfluss auf gründungsbezogene Einstellungen, der sich nicht anhand von personenbezogenen Faktoren erklären lässt, kann allerdings als Hinweis auf kulturelle Einflüsse gewertet werden.

Tabelle 23 gibt zunächst einen deskriptiven Überblick über die Anteilswerte der vier gründungsbezogenen Einstellungen und Fähigkeiten in den zehn Untersuchungsregionen. Auf die regionale Verteilung dieser Merkmale wird in den folgenden Analysen noch näher eingegangen. Die Untersuchung von Einflussfaktoren auf diese Einstellungen und Fähigkeiten erfolgt allerdings nicht auf regionaler, sondern auf individueller Ebene unter Einbezug der Region als erklärender Variablen.

Tab. 23: Gründungsbezogene Einstellungen und Fähigkeiten nach Regionen (Anteil der Ja-Antworten in %; 18-64 Jahre)

Raumordnungsregionen	Wissen und Fähigkeiten	Gute Möglichkeiten	Erfolgreiche Gründer angesehen	Angst zu scheitern
Kiel	42,6	22,9	81,9	40,7
Rostock	38,5	10,1	72,8	51,1
Lüneburg	42,0	19,6	76,1	42,6
Emscher-Lippe	35,9	23,1	75,6	49,8
Köln	42,9	37,5	84,4	40,9
Mittelhessen	39,0	23,3	82,1	48,1
Leipzig	34,7	21,1	76,0	57,3
Stuttgart	41,4	44,9	90,2	44,2
Main-Rhön	36,7	20,8	83,9	48,3
München	45,3	51,5	90,5	38,7
Insgesamt	**39,9**	**27,5**	**81,5**	**46,1**
Standardabweichung	3,3	12,2	5,8	5,5

Quelle: Eigene Berechnung auf Basis der REM-Bevölkerungsbefragung 2001 (N=7704).

Die weitere Untersuchung berücksichtigt die drei gründungsbezogenen Einstellungen und Fähigkeiten, die sich im vorangegangenen Kapitel als relevant in Bezug auf die Gründungsneigung von Personen herausgestellt haben. Hierbei handelt es sich um die Einschätzung der eigenen Gründungsfähigkeiten und –kenntnisse („Wissen und Fähigkeiten"), die Einschätzung der Möglichkeiten für eine Unternehmensgründung in der Region („Gute Möglichkeiten") sowie die Frage, ob die Angst zu scheitern von einer Gründung abhalten würde („Angst zu scheitern"). Die Bedeutung dieser Einstellungsfragen für Gründungsaktivitäten lässt sich auch anhand der hohen Gründungsquote von Personen mit positiven Einstellungen zeigen. Personen im Alter von 18 bis 64 Jahren, die sich eine Gründung zutrauen, gute Gründungsmöglichkeiten sehen und keine Angst zu scheitern haben, weisen eine Gründungsquote von über 15% auf (werdende Gründer). Bei allen Befragten im entsprechenden Alter beträgt diese Quote nur 4,2%. Die Frage nach der Einschätzung des Ansehens von erfolgreichen Gründern in der Region hat sich als nicht signifikant für die individuelle Gründungsneigung erwiesen (vgl. Abschnitt 6.2.3) und wird daher nicht weiter untersucht.

Wie im vorangegangenen Kapitel basiert die Untersuchung auf den Individualdaten der REM-Bevölkerungsbefragung. Da die untersuchten Einstellungsfragen jeweils mit ja/nein beantwortet werden konnten, also bivariat ausgeprägt sind, wird wieder die Methode der logistischen Regressionsanalyse herangezogen (vgl. Abschnitt 6.1).

7.2 Was beeinflusst die Wahrnehmung der eigenen Gründungsfähigkeiten?

Insgesamt glauben etwa 40% der Bevölkerung in den zehn Regionen (18-64 Jahre), dass sie „über das Wissen, die Fähigkeiten und die Erfahrungen verfügen, die notwendig sind, um ein Unternehmen zu gründen". Nach Regionen reicht die Spanne hierbei von 35% in Westsachsen/Leipzig bis hin zu 45% in München. In den vorangegangenen Analysen ist deutlich geworden, dass Personen mit Vertrauen in die eigenen Gründungsfähigkeiten signifikant häufiger an Gründungsaktivitäten beteiligt sind als andere Personen. Dieses Resultat ist zunächst einmal nicht überraschend, da man von jedem Gründer erwarten kann, dass er oder sie sich eine Gründung auch zutraut. Das hohe Selbstvertrauen in die eigenen Gründungsfähigkeiten in manchen Regionen erklärt sich aber nicht nur durch den hohen Anteil von Gründern oder Selbstständigen in diesen Regionen. Die regionale Varianz ist nämlich bei der Variable Gründungsfähigkeiten deutlich höher als bei den Gründungs- oder Selbstständigkeitsquoten (vgl. Tab. 12 und Tab. 23). Vielmehr ist der Zusammenhang umgekehrt: In Regionen, in denen das Selbstvertrauen in die eigenen Gründungsfähigkeiten hoch ist, kann auch eine hohe Anzahl an Gründungen erwartet werden. Daher ist die Frage von Interesse, worauf eine positive Einschätzung der eigenen Gründungsfähigkeiten zurückzuführen ist. Wie bereits bei den vorhergehenden Analysen kann man von einem Einfluss personenbezogener Merkmale ausgehen. Im Folgenden wird geprüft, ob auch regionale oder kulturelle Faktoren diese Selbsteinschätzung beeinflussen.

Der Begriff der „notwendigen Kenntnisse, Fähigkeiten und Erfahrungen für eine Unternehmensgründung" wurde bewusst vage formuliert, da es keinen bestimmten Kenntnisstand gibt, den eine Person erreicht haben muss, um ein Unternehmen zu gründen. Die Erfolgsfaktorenforschung zeigt zwar, dass eine gründliche Vorbereitung und betriebswirtschaftliche Kenntnisse die Überlebens- und Erfolgswahrscheinlichkeit von Gründungen fördern (vgl. Brüderl/Preisendörfer/Ziegler 1996, S. 160ff). Beispiele von Gründern wie Bill Gates deuten aber darauf hin, dass erfolgreiche Unternehmensgründungen auch ohne einen formalen Ausbildungsabschluss möglich sind. Nicht so sehr der formale Bildungsabschluss als vielmehr das Vertrauen in die eigenen Gründungsfähigkeiten ist daher die relevante Größe bei Gründungsaktivitäten. Dieses Selbstvertrauen wird vermutlich durch persönliche Gründungserfahrungen, langjährige Berufserfahrung und weitere Faktoren gestärkt.

Tab. 24: Einflussfaktoren auf die Einschätzung, ob Wissen und Fähigkeiten für eine Unternehmensgründung vorhanden sind (logistische Regressionen)

Abhängige Variable: Wissen und Fähigkeiten für eine Unternehmensgründung								
	Modell 1 Nur personenbez. Merkmale			Modell 2 Personenbez. Merkmale + Regionsdummies			Modell 3 Personenbez. Merkmale + Regionsmerkmale	
	B	Exp(B)	Sig.	B	Exp(B)	Sig.	B	Exp(B)	Sig.
Geschlecht (w)	-0,49	0,61	***	-0,48	0,62	***	-0,48	0,62	***
Alter (Jahre)	0,07	1,07	***	0,07	1,07	***	0,07	1,07	***
Alter (quadriert)	-5*E-4	1,00	***	-5*E-4	1,00	***	-5*E-4	1,00	***
Abitur / Studium	0,33	1,40	***	0,32	1,38	***	0,32	1,38	***
Vollzeit	0,29	1,34	***	0,27	1,31	***	0,27	1,31	***
Teilzeit	0,02	1,03		-0,01	0,99		-0,01	0,99	
Rentner/Hausfrau	-0,11	0,90		-0,13	0,88		-0,13	0,88	
Ehem. Gründer	1,33	3,79	***	1,32	3,76	***	1,32	3,76	***
Selbstständig	2,40	11,04	***	2,40	10,98	***	2,40	10,98	***
Gründ. persönlich	0,63	1,87	***	0,63	1,87	***	0,63	1,87	***
Viele Gründer	0,52	1,69	***	0,52	1,68	***	0,52	1,68	***
Kiel				0,20	1,22	*			
Lüneburg				0,12	1,13				
Emscher-Lippe				0,01	1,01				
Köln				0,13	1,14				
Mittelhessen				0,05	1,05				
Leipzig				-0,14	0,87				
Stuttgart				0,06	1,06				
Main-Rhön				-0,02	0,98				
München				0,20	1,22				
DL.beschäft.(%)							0,01	1,01	**
Selbst.quote (%)							0,01	1,01	
Ost							-0,22	0,80	***
Konstante	-3,30	0,04	***	-3,37	0,03	***	-4,09	0,02	***
Chi-Quadrat	1898,1		***	1912,0		***	1911,3		***
-2LL	8298,9			8285,0			8285,7		
Nakelkerke R²	0,299			0,301			0,301		
Vorhersageerfolg	72,8			73,2			73,3		
Vorh.erf. (Basis)	60,7			60,7			60,7		
N	7610			7610			7610		

Anmerkungen: Sig.: Signifikanzniveau. ***: signifikant auf dem 0,01-Niveau; ** signifikant auf dem 0,05-Niveau; *: signifikant auf dem 0,10 Niveau. Rostock als Referenzregion. Nicht-Erwerbstätige (Schüler, Studenten, Auszubildende, Arbeitslose) als Referenzkategorie zu Erwerbstätigen und Rentnern/Hausfrauen/-männern
Quelle: Eigene Berechnung auf Basis der REM-Bevölkerungsbefragung 2001.

Tabelle 24 zeigt die Ergebnisse von drei logistischen Regressionen, die jeweils verschiedene Einflussfaktoren berücksichtigen. Bevor auf die Unterschiede der Modelle eingegangen wird, sollen hier die Gemeinsamkeiten dargestellt werden. In alle drei Modellen werden die gleichen personenbezogenen Einflussfaktoren aufgenommen. Deren Zusammenhang mit den Gründungsfähigkeiten entspricht weitgehend dem erwarteten Muster. Auch unter Kontrolle von Drittvariablen hat das Geschlecht einen Einfluss auf das Selbstvertrauen in die eigenen Gründungsfähigkeiten: Frauen sind diesbezüglich zurückhaltender als Männer. Bei der Erwerbsstellung kann von einem Zusammenhang von Erwerbstätigkeit und Gründungsfähigkeiten ausgegangen werden, da die notwendigen Kenntnisse und Fähigkeiten für eine Unternehmensgründung zum großen Teil im Berufsleben erworben werden (vgl. Bates 1995; Davidsson/Honig 2003). In den empirischen Modellen wird nach Vollzeit- und Teilzeit-Erwerbstätigkeit unterschieden, da bei Teilzeit-Erwerbstätigen in geringerem Maße berufsspezifische Kenntnisse aufgebaut werden können, die für eine Unternehmensgründung von Bedeutung sind. Dies bestätigen auch die Ergebnisse der logistischen Regressionen. Im Vergleich zu Nicht-Erwerbstätigen weisen nur Vollzeit-Erwerbstätige ein höheres Vertrauen in die eigenen Gründungsfähigkeiten auf. Teilzeit-Erwerbstätige unterscheiden sich nicht signifikant von Nicht-Erwerbstätigen. Hausfrauen und Rentner haben eher ein geringes Vertrauen in die eigenen Gründungsfähigkeiten. Auch hier ist allerdings kein signifikanter Unterschied zu anderen Nicht-Erwerbstätigen, wie Arbeitslosen oder Schülern/Studierenden, festzustellen.

Lebenszyklusmodelle gehen von einer Zunahme von Gründungskenntnissen und -fähigkeiten mit zunehmendem Alter aus (vgl. Klandt 1984, S. 220; Schulz 1995, S. 114ff; Welter/Rosenblatt 1998, S. 237). Wie bei den vorangegangenen Untersuchungen wurde das Alter einfach und in quadrierter Form in die Modelle integriert, um mögliche nicht-lineare Zusammenhänge erkennen zu können. Die Regressionskoeffizienten für diese beiden Variablen haben unterschiedliche Vorzeichen, wobei der Einfluss der quadrierten Altersvariablen negativ ist. Dies deutet auf einen umgekehrt U-förmigen Zusammenhang von Alter und Gründungsfähigkeiten hin. Eine genaue Analyse des Zusammenhangs kann erfolgen, indem man die beiden Regressionskoeffizienten in eine Gleichung einsetzt, welche dann die folgende Form annimmt:

$$X = 0{,}071 * \text{Alter} - 0{,}00053 * \text{Alter}^2$$

Der sich ergebende Wert X gibt den Einfluss des Alters auf die logarithmierten Odds der abhängigen Variablen an (vgl. Pampel 2000, S. 19). Die Höhe dieses Einflusses ist nur schwer interpretierbar. Aus dem Verlauf der Kurve von X, die schematisch in Abbildung 6 dargestellt ist, lässt sich aber erkennen, dass über das gesamte Erwerbsleben

von einem positiven Einfluss des Alters auf die Einschätzung der eigenen Gründungsfähigkeiten auszugehen ist, wobei die Zunahme mit steigendem Alter allerdings geringer wird. Der Scheitelpunkt der Kurve liegt am Ende des Erwerbslebens. Es kommt
also während des Erwerbslebens nicht zu einem Abfallen der Kurve. Damit lässt sich
die Hypothese bestätigen, dass die Gründungsfähigkeiten mit zunehmendem Alter
steigen.

**Abb. 6: Einfluss des Alters auf gründungsbezogene Einstellungen und Fähig-
keiten (schematische Darstellung)**

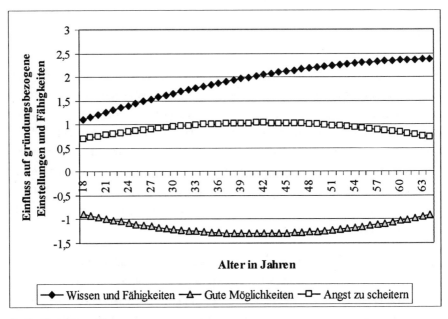

Quelle: Eigene Darstellung.

Wie bereits erwartet, zeigen Selbstständige und ehemalige Gründer ein sehr hohes
Vertrauen in ihre eigenen Gründungsfähigkeiten. Der Einfluss dieser beiden Variablen
ist deutlich stärker als der der anderen untersuchten Faktoren, was sich an den hohen
Exp(B)-Werten erkennen lässt.

Neben den bisher angesprochenen sozio-ökonomischen Merkmalen wurden zwei Variablen in die Untersuchung einbezogen, die sich auf das mikrosoziale beziehungsweise
das weitere Umfeld der befragten Person beziehen. Menschen, die persönlich jemanden kennen, der in den vergangenen zwei Jahren ein Unternehmen gegründet hat (in
der Tabelle: „Gründ. persönlich"), fühlen sich auch selbst eher dazu in der Lage. Dies
kann als Bestätigung der Bedeutung von Sozialkapital im Gründungsprozess interpretiert werden (vgl. Davidsson/Honig 2003). Weiterhin findet sich auch bei Personen, die

„persönlich oder aus den Medien eine Vielzahl an Personen kennen, die erfolgreich ein Unternehmen gegründet haben" („Viele Gründer"), ein höheres Vertrauen in die eigenen Gründungsfähigkeiten. Da es sich hierbei um einen recht weiten Personenkreis handelt, kann nicht von einer unmittelbaren Unterstützung eigener Gründungsaktivitäten im Sinne des Sozialkapitalansatzes ausgegangen werden. Vielmehr zeigt der signifikante Zusammenhang, dass auch Rollenvorbilder aus dem weiteren Umfeld für die Einschätzung der eigenen Fähigkeiten von Bedeutung sind. Der Schritt in die Selbstständigkeit wird als gangbarer Weg wahrgenommen, wenn man viele andere Personen kennt, die ebenfalls erfolgreich gegründet haben (vgl. Aldrich/Renzulli/Langton 1998, S. 314f; Scherer/Brodzinski/Wiebe 1991, S. 196f).

In einem zweiten Modell wurde neben den bisher diskutierten personenbezogenen Merkmalen die regionale Ebene als weiterer Erklärungsfaktor aufgenommen. Anhand dieses Modells soll geprüft werden, ob es regionale Unterschiede in der Wahrnehmung von Gründungsfähigkeiten gibt, die sich nicht aus personenbezogenen Merkmalen erklären lassen. Die Untersuchung der Bedeutung der regionalen Ebene erfolgt zunächst anhand von neun Regionsdummies. Keiner der Regionsdummies ist allerdings auf dem 0,05-Niveau signifikant. Auch ein Log-Likelihood-Test deutet nicht auf einen Einfluss der regionalen Ebene hin. Die Differenz der –2-Log-Likelihood-Werte von Modell 1 und Modell 2 beträgt 13,9, was etwas weniger als der Chi-Quadrat-Testwert von 16,9 ist (Alpha= 0,95 und k-1=9 Freiheitsgrade). Die am Anfang des Kapitels genannten großen regionalen Unterschiede in der Bewertung der eigenen Gründungsfähigkeiten lassen sich also weitgehend durch personenbezogene Faktoren erklären. Weil es also in der Region München mehr Personen gibt, die selbstständig sind, Gründungserfahrungen besitzen oder in ihrem Bekanntenkreis viele Gründer haben, werden die Gründungsfähigkeiten dort durchschnittlich besser eingeschätzt als beispielsweise in der Region Rostock. Dies heißt allerdings nicht, dass die Region keine Bedeutung für das Gründungsgeschehen hat. Weil in gründungsstarken Regionen die Wahrscheinlichkeit höher ist, dass man einen Gründer in seinem Bekanntenkreis hat, ist man hier auch selbst eher geneigt, sich eine Selbstständigkeit zuzutrauen. In diesem Sinne beeinflussen regionale Merkmale Gründungseinstellungen und damit auch den eigenen Schritt in die Selbstständigkeit.

In einem weiteren Schritt wird die Bedeutung der regionalen Ebene noch einmal in anderer Form überprüft. In diesem Modell 3 (Tab. 24) wird die regionale Ebene in der Form von drei Variablen aufgenommen, die regionale Charakteristika berücksichtigen. Zum einen wird nach alten und neuen Bundesländern unterschieden. Da der Durchschnittswert der beiden ostdeutschen Regionen deutlich unter dem Wert der westdeutschen Region liegt, wird überprüft, ob ostdeutsche Gründer auch unter Berücksichti-

178

gung anderer Einflussfaktoren ein geringeres Vertrauen in ihre Gründungsfähigkeiten aufweisen als westdeutsche Gründer. Man kann vermuten, dass die unternehmerischen Kenntnisse und Fähigkeiten auch nach mehr als zehn Jahren Erfahrung mit dem marktwirtschaftlichen System in Ostdeutschland noch weniger verbreitet sind als in Westdeutschland. Darüber hinaus wird die Annahme überprüft, ob Personen aus Regionen mit einem hohen Anteil an Beschäftigten in kleinen Unternehmen und im Dienstleistungsbereich eher die Kenntnisse und Fähigkeiten besitzen, die für eine Gründung notwendig sind (vgl. Kapitel 2.4.1). Diese Hypothese kann hier nur anhand von regionalen Durchschnittswerten geprüft werden. Sowohl der Anteil der Dienstleistungsbeschäftigten als auch der Selbstständigenanteil (als Indikator für einen hohen Anteil kleiner Unternehmen) werden daher in das Modell aufgenommen. Die Ergebnisse deuten darauf hin, dass die ostdeutschen Befragten ihre eigenen Gründungsfähigkeiten tatsächlich signifikant weniger häufig als ausreichend ansehen. Auch der Anteil der Dienstleistungsbeschäftigten in der Region hat einen leicht positiven Effekt auf die Einschätzung der Gründungsfähigkeiten. Im Vergleich zum ersten Modell ohne regionale Einflussvariablen weisen die Modelle 2 und 3 mit regionalen Einflussfaktoren aber nur unwesentliche Verbesserungen der Modellgüte auf. Der Vorhersageerfolg der Modelle ist nur geringfügig besser als beim ersten Modell, und auch der Anteil der erklärten Varianz der Modelle, gemessen an Nagelkerkes R^2, ist nur marginal höher.

Zusammenfassend lässt sich somit sagen, dass die Einschätzung der eigenen Gründungsfähigkeiten im Wesentlichen von personenbezogenen und mikrosozialen Einflussfaktoren bestimmt wird. Eine langjährige Erwerbstätigkeit, ein hoher Bildungsabschluss, Selbstständigkeitserfahrungen sowie die Kenntnis von anderen Gründern erhöhen die Einschätzung der Gründungsfähigkeiten merklich. Der spezifisch regionale Einfluss ist neben den genannten personenbezogenen Einflüssen sehr klein. So hat beispielsweise eine frühere Selbstständigkeitserfahrung ceteris paribus eine sehr viel höhere Bedeutung als die Frage, ob jemand in München oder Rostock lebt. Die regionale Ebene hat lediglich in Bezug auf den Ost/West-Unterschied sowie den Anteil der Dienstleistungsbeschäftigten in der Region einen leichten Einfluss. Sie ist allerdings dahingehend stärker von Bedeutung, dass Selbstständigkeitserfahrungen sowie die persönliche Kenntnis anderer Gründer regional unterschiedlich verteilt sind. Hierdurch wird Selbstständigkeit in manchen Regionen eher als übliche Erwerbsalternative wahrgenommen, weswegen sich auch mehr Personen selbst die Gründung eines Unternehmens zutrauen.

**7.3   Welche Personen sehen gute Möglichkeiten für eine Unternehmens-
gründung?**

Die meisten Gründer in Deutschland machen sich nicht deswegen selbstständig, weil
sie keine bessere Erwerbsalternative haben, sondern weil sie eine gute Geschäftsidee
ausnutzen wollen (vgl. Sternberg/Bergmann 2003, S. 13ff). Gründungsmöglichkeiten
können hierbei regional unterschiedlich verteilt sein, weswegen eine diesbezügliche
Frage in die REM-Bevölkerungsbefragung integriert wurde. Konkret wurde ermittelt,
ob die Befragten der folgenden Behauptung zustimmen: „In den nächsten sechs Monaten werden sich in der Region, in der Sie leben, gute Möglichkeiten für eine Unternehmensgründung ergeben.". Gute Gründungsmöglichkeiten können sich aufgrund
einer Vielzahl von Faktoren ergeben. Ähnlich wie bei der Frage nach den Gründungsfähigkeiten kann man gute Gründungsmöglichkeiten nicht objektiv messen. Vielmehr
hängt es von der Fähigkeit des Entrepreneurs ab, gegebene Situationen oder Sachlagen
als Möglichkeiten für unternehmerisches Handeln zu erfassen (vgl. Kirzner 1985). Die
Frage nach guten Gründungsmöglichkeiten zielt daher weniger auf konkret existieren-
de Marktlücken ab, sondern fragt eher nach der allgemeinen Wahrnehmung der Befragten von Möglichkeiten für Gründungen in der Region.

Insgesamt glaubt etwa ein Drittel der Bevölkerung in den zehn Regionen (18-64 Jahre), dass sich in ihrer Region gute Möglichkeiten für eine Unternehmensgründung ergeben werden. Die regionalen Unterschiede sind hierbei sehr groß. In München sieht
mehr als die Hälfte der Personen gute Möglichkeiten. In Rostock sind nur etwa zehn
Prozent der Befragten derart optimistisch. Im vorangegangenen Kapitel wurde demonstriert, dass die Wahrnehmung guter Möglichkeiten signifikant die individuelle
Gründungsneigung beeinflusst. Vergleichbar zur Analyse der Wahrnehmung der eigenen Gründungsfähigkeiten wird daher jetzt die Wahrnehmung guter Gründungsmöglichkeiten analysiert. Hierbei werden personenbezogene, mikrosoziale und regionale
Einflussfaktoren einbezogen.

Das Geschlecht hat einen signifikanten Einfluss auf die Einschätzung von Gründungsmöglichkeiten. Frauen sind weniger optimistisch als Männer, was einen Teil der
geringeren Gründungsneigung von Frauen erklärt (vgl. Welter/Lageman 2003, S.
16ff). Das Alter wurde sowohl einfach als auch in quadrierter Form in die Modelle
integriert, um mögliche nicht-lineare Zusammenhänge aufdecken zu können (vgl. Tab.
25). Die Vorzeichen der Regressionskoeffizienten deuten auf einen U-förmigen Zusammenhang zwischen Alter und Wahrnehmung von Gründungsmöglichkeiten hin.
Wie im vorangegangenen Abschnitt erfolgt die genaue Analyse, indem die beiden

Regressionskoeffizienten in eine Gleichung eingesetzt werden, welche dann die folgende Form annimmt:

$$X = -0{,}063 * Alter + 0{,}00077 * Alter^2$$

Der sich ergebende Wert X gibt den Einfluss des Alters auf die logarithmierten Odds der abhängigen Variablen an (vgl. Pampel 2000, S. 19). Es zeigt sich, dass jüngere Personen eher gute Möglichkeiten für eine Gründung sehen. Bis zum Alter von etwa 40 Jahren wird die Einschätzung allerdings pessimistischer und steigt danach wieder an (vgl. Abb. 6). Dieses Ergebnis ist zunächst einmal überraschend, da man ähnlich wie bei den Gründungsfähigkeiten mit einer stetig positiveren Einschätzung hätte rechnen können. Möglicherweise ist die positive Einschätzung in jungen Jahren auf einen Generationeneffekt zurückzuführen. Der Gründungsboom Ende der neunziger Jahre hat vermutlich insbesondere bei jungen Leuten die Einstellung zur Selbstständigkeit positiv beeinflusst, was sich auch in einer positiveren Wahrnehmung von Gründungsmöglichkeiten widerspiegelt. Andererseits kann die positive Wahrnehmung von Gründungsmöglichkeiten in jungen Jahren auf eine noch eher vage Vorstellung von Gründungen und Unternehmertum zurückzuführen sein. Welter und Bergmann (2002, S. 48f) zeigen, dass junge Menschen zwar oft schon den Wunsch haben, sich selbstständig zu machen, allerdings relativ selten konkrete Schritte zur Realisierung dieses Wunsches unternehmen.

Der Bildungsstand beeinflusst die Wahrnehmung von Gründungsmöglichkeiten positiv. Dies bestätigt die Hypothese der Humankapitaltheorie, dass Individuen mit einem höheren Niveau an Humankapital eher in der Lage sind, gute wirtschaftliche Möglichkeiten für eine Unternehmensgründung zu entdecken (vgl. Davidsson/Honig 2003, S. 305). Erstaunlicherweise lässt sich allerdings kein Einfluss der Erwerbsstellung auf die Wahrnehmung von Gründungsmöglichkeiten feststellen. Weder eine derzeitige Erwerbstätigkeit noch der Status als Rentner/Hausfrau/-mann zeigt einen Einfluss relativ zur dritten hier betrachteten Gruppe der sonstigen Nicht-Erwerbstätigen, die als Referenzkategorie fungiert. Man könnte vermuten, dass Erwerbstätige in ihrer beruflichen Tätigkeit in stärkerem Maße mit Situationen konfrontiert werden, die Möglichkeiten für unternehmerische Betätigung aufzeigen. Da sich die genannte Frage allerdings auf die Region und nicht auf das konkrete berufliche Umfeld bezieht, trifft diese Vermutung hier nicht zu.

Selbstständige nehmen in höherem Maße gute Möglichkeiten wahr als Nicht-Selbstständige. Dieses Resultat entspricht den Erwartungen, da es zu den notwendigen Kompetenzen von Unternehmern gehört, gute Geschäftsmöglichkeiten zu erkennen und zu

Tab. 25: Einflussfaktoren auf die Einschätzung, ob es in der Region gute Möglichkeiten für eine Unternehmensgründung gibt (logist. Regressionen)

Abhängige Variable: Gute Möglichkeiten für eine Unternehmensgründung in der Region								
	Modell 1			Modell 2			Modell 3		
	Nur personenbez. Merkmale			Personenbez. Merkmale + Regionsdummies			Personenbez. Merkmale + Regionsmerkmale		
	B	Exp(B)	Sig.	B	Exp(B)	Sig.	B	Exp(B)	Sig.
Geschlecht (w)	-0,16	0,85	***	-0,13	0,88	**	-0,13	0,88	**
Alter (Jahre)	-0,06	0,94	***	-0,06	0,95	***	-0,06	0,95	***
Alter (quadriert)	8*E-4	1,00	***	7*E-4	1,00	***	7*E-4	1,00	***
Abitur / Studium	0,45	1,57	***	0,39	1,48	***	0,38	1,46	***
Erwerbstätig	0,03	1,03		-0,14	0,87		-0,14	0,87	
Rentner/Hausfrau	0,00	1,00		-0,16	0,86		-0,15	0,86	
Ehem. Gründer	0,08	1,08		0,02	1,02		0,03	1,03	
Selbstständig	0,36	1,43	***	0,34	1,41	***	0,35	1,42	***
Gründ. persönlich	0,19	1,21	***	0,24	1,28	***	0,24	1,27	***
Viele Gründer	0,48	1,62	***	0,50	1,66	***	0,50	1,65	***
Kiel				1,01	2,74	***			
Lüneburg				0,85	2,33	***			
Emscher-Lippe				1,09	2,96	***			
Köln				1,65	5,22	***			
Mittelhessen				1,08	2,94	***			
Leipzig				0,92	2,51	***			
Stuttgart				2,07	7,91	***			
Main-Rhön				0,96	2,60	***			
München				2,29	9,92	***			
Kaufkraft (1000 €)							0,15	1,17	***
Infrastruktur							1,72	5,59	***
Agglomeration							0,19	1,21	**
Konstante	-0,35	0,71		-1,67	0,19	***	-9,03	0,00	***
Chi-Quadrat	258,5		***	725,8		***	714,4		***
-2LL	7566,0			7098,8			7110,2		
Nakelkerke R²	0,055			0,149			0,147		
Vorhersageerfolg	72,8			74,3			74,4		
Vorh.erf. (Basis)	72,8			72,8			72,8		
N	6689			6689			6689		

Anmerkungen: Sig.: Signifikanzniveau. ***: signifikant auf dem 0,01-Niveau; ** signifikant auf dem 0,05-Niveau; *: signifikant auf dem 0,10 Niveau. Rostock als Referenzregion. Nicht-Erwerbstätige (Schüler, Studenten, Auszubildende, Arbeitslose) als Referenzkategorie zu Erwerbstätigen und Rentnern/Hausfrauen/-männern.
Quelle: Eigene Berechnung auf Basis der REM-Bevölkerungsbefragung 2001.

nutzen. Nach Kirzner (1985) zeichnen sich Unternehmer dadurch aus, dass sie besser als andere in der Lage sind, gegebene Situationen oder Sachlagen als Möglichkeiten für unternehmerisches Handeln zu erfassen. Bei ehemaligen Selbstständigen kann allerdings kein signifikanter Einfluss festgestellt werden. Vermutlich gibt es eine Reihe von Personen, die ihre selbstständige Tätigkeit unfreiwillig aufgegeben haben, weil sie nicht erfolgreich waren. Zudem gibt es eine Tendenz bei gescheiterten Gründern, die Ursachen des Scheiterns vor allem in externen Faktoren und nicht in eigenen Fehlern zu sehen. Dies erklärt, warum ehemalige Gründer zwar überdurchschnittlich häufig glauben, dass sie über gute Gründungsfähigkeiten verfügen, die Gründungsmöglichkeiten in der Region aber nicht besser einschätzen als die übrigen Befragten.

Ähnlich wie bei den Gründungsfähigkeiten sind soziale Netzwerke auch für die Wahrnehmung guter Gründungsmöglichkeiten von Bedeutung. Menschen, die persönlich jemanden kennen, der in den vergangenen Jahren ein Unternehmen gegründet hat, sehen auch selbst gute Möglichkeiten („Gründ. persönlich"). Ähnlich verhält es sich mit Personen, die lediglich aus den Medien viele erfolgreiche Gründer kennen („Viele Gründer"). Auch sie sehen die Möglichkeiten für Unternehmensgründungen eher positiv in der Region. Wenn Personen also Beispiele für erfolgreiche Gründungen kennen, schätzen sie auch die Möglichkeiten für Gründungen besser ein.

In Modell 2 wurde neben den bereits diskutierten personenbezogenen Variablen auch die regionale Ebene in der Form von Regionsdummies als Einflussfaktor einbezogen. Im Bezug zur Referenzregion Rostock sind die Dummyvariablen von allen anderen neun Regionen hoch signifikant. Die Gründungsmöglichkeiten werden also überall positiver als in Rostock eingeschätzt. Der stärkste Einfluss zeigt sich in den Regionen München, Stuttgart und Köln. Ein Log-Likelihood-Test der Nullhypothese, dass die Regressionskoeffizienten aller neun Regionsdummies null sind, kann zur Überprüfung der Signifikanz der regionalen Ebene insgesamt herangezogen werden. Die Differenz der −2-Log-Likelihood-Werte von Modell 1 und Modell 2 beträgt 467,2, was deutlich mehr als der Chi-Quadrat-Testwert von 16,9 ist (Alpha= 0,95 und k-1=9 Freiheitsgrade). Auch die erklärte Varianz des Modells (Nagelkerke R^2) erhöht sich deutlich. Die regionale Ebene hat also einen starken, signifikanten Einfluss auf die Einschätzung von Gründungsmöglichkeiten in der Region.

In einem letzten Modell wird dieser Einfluss der regionalen Ebene genauer untersucht. Anstatt der Regionsdummies werden drei regionale Strukturvariablen in das Modell aufgenommen. Wie erwartet, werden die Gründungsmöglichkeiten signifikant besser in Regionen eingeschätzt, die sich durch eine hohe Kaufkraft der regionalen Bevölkerung auszeichnen. Hinzu kommt ein signifikanter Einfluss des Regionstyps. In Agglomerationsräumen werden bessere Möglichkeiten gesehen als in ländlichen oder verstädterten Regionen. Auch die gründungsbezogene Infrastruktur in der Region beeinflusst signifikant die Wahrnehmung guter Gründungsmöglichkeiten. Regionen, in denen sich auf der Basis der Expertenbefragung ein hoher Wert für den Gesamtindex der Gründungsinfrastruktur ergibt, weisen auch tendenziell eine positive Einschätzung von Gründungsmöglichkeiten durch die Bevölkerung auf.

In Abschnitt 3.5 wurde bereits darauf hingewiesen, dass die Verknüpfung von Individualdaten mit regionalen Durchschnittswerten nicht unproblematisch ist. Die zuletzt angeführten Zusammenhänge zwischen regionalen Strukturmerkmalen und Gründungseinstellungen sollten daher nicht überbewertet werden. Die Anzahl der regionalen Beobachtungswerte liegt bei der vorliegenden Untersuchung nur bei zehn. Bei der Verknüpfung mit Individualdaten wird diese Anzahl allerdings stark überschätzt, wodurch die Signifikanzniveaus von regionalen Einflussgrößen überschätzt werden (vgl. Moulton 1990). Der Befund der Signifikanz der regionalen Ebene (Modell 2) ist hiervon allerdings unabhängig und kann als gesichert gelten. Bei der Erklärung dieses Befunds kann hier angesichts der oben angesprochenen Problematik und auch angesichts der geringen Anzahl an Untersuchungsregionen kein abschließendes Ergebnis präsentiert werden. Es erscheint sehr plausibel, dass die Einschätzung von Gründungsmöglichkeiten durch den Verdichtungsgrad der Region (Agglomerationsraum) und die regionale Kaufkraft beeinflusst wird und damit allgemeine wirtschaftliche Rahmenbedingungen von Bedeutung sind. Der Zusammenhang von gründungsbezogener Infrastruktur und Gründungsmöglichkeiten bedarf dagegen noch weiterer empirischer Überprüfungen, auch unter Einbezug einer größeren Anzahl von Regionen.

7.4 Welche Personen hält die Angst zu scheitern von einer Gründung ab?

Die Gründung eines Unternehmens oder eine selbstständige Tätigkeit erfordert in hohem Maße die Bereitschaft, unter Unsicherheit zu handeln. Das Scheitern einer Neugründung kann in finanzieller und persönlicher Hinsicht negative Auswirkungen für den Gründer haben. Personen unterscheiden sich danach, inwieweit sie gewillt sind, das Risiko einer selbstständigen Tätigkeit zu tragen (vgl. Kihlstrom/Laffont 1979; Knight 1921). In der REM-Bevölkerungsbefragung wurde daher um eine Einschätzung der folgenden Aussage gebeten: „Die Angst zu scheitern würde Sie davon abhalten, ein Unternehmen zu gründen". Bei der Formulierung der Frage wurde bewusst der Konjunktiv gewählt, da bei einer möglichst breiten Bevölkerungsgruppe die Einstellung zu Risiko und Unsicherheit gemessen werden sollte. Die Alternativformulierung „Die Angst zu scheitern hält Sie davon ab, ein Unternehmen zu gründen" wurde nicht gewählt, da diese nach einem konkreten Gründungshemmnis fragt. Hier können andere

Faktoren, wie zum Beispiel Rente, eine Schwangerschaft oder fehlendes Interesse, von größerer Bedeutung sein, warum der Schritt in die Selbstständigkeit nicht vollzogen wird. Daher könnten Personen bei der Alternativformulierung geneigt sein, mit nein zu antworten, obwohl sie risikoavers sind und sie auch die Angst zu scheitern von einer Gründung abhalten würde.

Insgesamt bejahten mehr als 45% der Befragten im Alter von 18 bis 64 Jahren die Aussage, dass die Angst zu scheitern sie von einer Gründung abhalten würde. Die regionalen Unterschiede sind hierbei erheblich: Die höchste Angst vor dem Scheitern besteht in Westsachsen/Leipzig. Am wenigsten spielt sie in München eine Rolle.

Die logistischen Regressionsmodelle zeigen für den Einfluss personenbezogener Merkmale auf die Angst zu scheitern ähnliche Ergebnisse wie bei den beiden vorher untersuchten Einstellungsfragen (Tab. 26). Frauen zeichnen sich durch eine geringere Bereitschaft aus, das Risiko einer Selbstständigkeit zu tragen. Ein höherer Bildungsstand hat dagegen den gegenteiligen Einfluss. Eine Erwerbstätigkeit erhöht die Angst zu scheitern, was auf die höheren Opportunitätskosten von Erwerbstätigen im Vergleich zu Nicht-Erwerbstätigen zurückgeführt werden kann (vgl. Amit/Muller/Cockburn 1995). Abhängige Erwerbstätige müssten ihre derzeitige Stelle bei einer Gründung vermutlich aufgeben und eine sichere gegen eine unsichere Erwerbstätigkeit eintauschen. Nicht-Erwerbstätige haben dagegen keine sichere Erwerbstätigkeit, die beim Schritt in die Selbstständigkeit verloren geht.

Bei der Untersuchung des Alters wird neben der Altersvariablen in Jahren auch eine Variable mit dem quadrierten Wert des Alters einbezogen, um mögliche nicht-lineare Zusammenhänge aufdecken zu können. Die Vorzeichen und Werte der Regressionskoeffizienten deuten auf einen umgekehrt U-förmigen Zusammenhang von Alter und Angst zu scheitern hin. Die Angst zu scheitern nimmt also erst zu und fällt dann bis zum Ende des Erwerbslebens wieder ab (vgl. Abb. 6). Über die Ursachen für diesen Zusammenhang können nur Vermutungen angestellt werden. Mit dem Alter nimmt die berufliche und familiäre Etablierung zu (vgl. Klandt 1984: 220; Welter/Rosenblatt 1998, S. 237), was vermutlich mit einem wachsenden Sicherheitsbedürfnis einhergeht und die Angst zu scheitern zunächst erhöht. Mit zunehmendem Alter steigt in der Regel allerdings auch die Berufserfahrung, was Gründungen möglicherweise weniger risikoreich erscheinen lässt. Ab einem bestimmten Zeitpunkt ist dieser zweite Einfluss vermutlich stärker als das Sicherheitsbedürfnis, was dann zu einem Rückgang der Angst zu scheitern führt. Zudem nimmt mit dem Alter in der Regel auch das Einkommen zu. Hierdurch steigt das Bedürfnis nach Selbstverwirklichung, wodurch das Bedürfnis nach Sicherheit relativ an Bedeutung verliert (vgl. Maslow 1954).

Tab. 26: Einflussfaktoren auf die Einschätzung, ob die Angst zu scheitern von einer Unternehmensgründung abhalten würde (logist. Regressionen)

Abhängige Variable: Angst zu scheitern									
	Modell 1 Nur personenbez. Merkmale			Modell 2 Personenbez. Merkmale + Regionsdummies			Modell 3 Personenbez. Merkmale + Regionsmerkmale		
	B	Exp(B)	Sig.	B	Exp(B)	Sig.	B	Exp(B)	Sig.
Geschlecht (w)	0,31	1,37	***	0,30	1,35	***	0,30	1,35	***
Alter (Jahre)	0,05	1,05	***	0,05	1,05	***	0,05	1,05	***
Alter (quadriert)	-6*E-4	1,00	***	-6*E-4	1,00	***	-6*E-4	1,00	***
Abitur / Studium	-0,39	0,68	***	-0,38	0,68	***	-0,38	0,68	***
Erwerbstätig	0,15	1,17	*	0,22	1,25	***	0,23	1,26	***
Rentner/Hausfrau	0,10	1,11		0,18	1,20	*	0,18	1,20	*
Ehem. Gründer	-0,42	0,66	***	-0,39	0,67	***	-0,39	0,68	***
Selbstständig	-1,37	0,25	***	-1,37	0,25	***	-1,36	0,26	***
Gründ. persönlich	-0,17	0,84	***	-0,18	0,84	***	-0,18	0,83	***
Viele Gründer	-0,20	0,82	***	-0,19	0,82	***	-0,20	0,82	***
Kiel				-0,46	0,63	***			
Lüneburg				-0,37	0,69	***			
Emscher-Lippe				-0,17	0,84				
Köln				-0,43	0,65	***			
Mittelhessen				-0,18	0,83	*			
Leipzig				0,23	1,25	**			
Stuttgart				-0,29	0,75	***			
Main-Rhön				-0,24	0,79	**			
München				-0,54	0,58	***			
Kaufkraft (1000€)							-0,04	0,96	**
Selbst.quote (%)							-0,01	0,99	
Ost							0,29	1,33	***
Konstante	-0,86	0,42	***	-0,63	0,53	**	-0,17	0,84	
Chi-Quadrat	561,3	***		639,5	***		624,0	***	
-2LL	9770,3			9692,1			9707,6		
Nakelkerke R²	0,097			0,109			0,107		
Vorhersageerfolg	59,8			61,3			61,4		
Vorh.erf. (Basis)	53,1			53,1			53,1		
N	7474			7474			7474		

Anmerkungen: Sig.: Signifikanzniveau. ***: signifikant auf dem 0,01-Niveau; ** signifikant auf dem 0,05-Niveau; *: signifikant auf dem 0,10 Niveau. Rostock als Referenzregion; Nicht-Erwerbstätige (Schüler, Studenten, Auszubildende, Arbeitslose) als Referenzkategorie zu Erwerbstätigen und Rentnern/Hausfrauen/-männern
Quelle: Eigene Berechnung auf Basis der REM-Bevölkerungsbefragung 2001.

Die Einkommensvariable wurde bei den hier dargestellten Modellen nicht einbezogen, da durch den hohen Anteil an Antwortverweigerungen die Gefahr von Verzerrungen besteht (vgl. Abschnitt 6.2.1). Wenn das Haushaltseinkommen dennoch ins Modell integriert wird, zeigt sich ein signifikanter Einfluss dieser Variablen. Mit zunehmendem Haushaltseinkommen nimmt die Angst zu scheitern ab, was die Hypothese auf Basis der Maslow'schen Bedürfnishierarchie bestätigt. Der umgekehrt U-förmige Verlauf des Einflusses des Alters auf die Angst zu scheitern lässt sich daher anhand der genannten Thesen gut erklären.

Ehemalige Gründer und Selbstständige haben wie erwartet nur eine geringe Angst zu scheitern. Bei Selbstständigen ist dies einleuchtend, da sie bereits durch ihre Erwerbsstellung demonstrieren, dass sie die Angst zu scheitern nicht von einer Selbstständigkeit abhält. Vermutlich hat ein Teil der ehemaligen Gründer bereits persönliche Erfahrungen des Scheiterns mit einem Gründungsprojekt. Die Angst zu scheitern liegt daher höher als bei Selbstständigen, aber immer noch niedriger als bei den übrigen Befragten. Die persönliche oder weitere Bekanntschaft von Gründern verringert ebenfalls die Angst vor einer eigenen Gründung.

In Modell 2 wurde die regionale Ebene in der Form von neun Dummyvariablen als weitere Erklärungsvariable einbezogen. Im Vergleich zur Referenzregion Rostock weisen fast alle Regionen einen signifikanten Einfluss auf die Angst zu scheitern auf. In den meisten Regionen ist diese Angst geringer als in Rostock, lediglich in der Region Westsachsen/Leipzig liegt sie höher. Ein Log-Likelihood-Test macht deutlich, dass die regionale Ebene insgesamt von Bedeutung ist. Auch die Modellgüte und der Vorhersageerfolg verbessern sich durch die Hinzunahme der regionalen Ebene. Die festgestellten regionalen Unterschiede bei der Angst zu scheitern lassen sich also nicht nur durch personenbezogene Merkmalen erklären, sondern hängen zum Teil auch von der Untersuchungsregion ab. Man kann daher argumentieren, dass kulturelle Merkmale der Regionen für den festgestellten regionalen Einfluss verantwortlich sind. Kulturelle Merkmale beeinflussen das generelle Niveau der Risikoaversion in einer Region und haben dadurch auch einen Effekt auf die individuelle Angst zu scheitern. Natürlich gibt es auch in Regionen, in denen die Angst zu scheitern hoch ist, Personen, die die Unsicherheit einer Gründung nicht scheuen. Der Anteil dieser Personen ist aber auch unter Kontrolle von anderen Einflussgrößen in manchen Regionen höher als in anderen. Dies deutet auf die Existenz kultureller Unterschiede hin. Da die Angst zu scheitern auch einen Einfluss auf Gründungsaktivitäten hat, bestimmen kulturelle Merkmale hierdurch teilweise den Umfang an Gründungsaktivitäten in einer Region.

In einem weiteren Modell 3 wird untersucht, worauf dieser regionale Einfluss zurück-zuführen ist. Eine Hypothese dieser Arbeit lautet, dass kulturelle Merkmale einer Region auch von strukturellen Faktoren beeinflusst werden. Hierzu wurden drei regionale Strukturvariablen anstatt der Regionsdummies einbezogen. Es zeigt sich ein Zusammenhang zur regionalen Kaufkraft, der allerdings nur schwach signifikant ist. In wohlhabenden Regionen wird die Angst zu scheitern tendenziell eher gering eingeschätzt. Vermutlich schätzen Personen die Erfolgsaussichten von Gründungen in wohlhabenden Regionen besser ein und fürchten daher auch weniger einen möglichen Misserfolg. Dieser Einfluss zeigt sich auch unter Kontrolle des individuellen Haushaltseinkommens. Die diesbezüglichen Ergebnisse sind hier nicht dargestellt, da der Anteil der fehlenden Werte bei dieser Variablen sehr hoch ist. Die Selbstständigenquote hat keinen Einfluss auf die Angst zu scheitern. Man hätte vermuten können, dass in Regionen, die sich durch eine hohe Selbstständigenquote auszeichnen, die Gründung eines Unternehmens als etwas Normales und Alltägliches angesehen wird und sich daher langfristig auch eine Kultur entwickelt, bei der nur eine geringe Angst vor der Unsicherheit einer Selbstständigkeit besteht. Ein solcher Einfluss ist allerdings nicht feststellbar. Während also auf individueller Ebene ein negativer Zusammenhang zwischen der Kenntnis von Gründern und der Gründungsangst besteht, gibt es keine Hinweise darauf, dass die festgestellten Mentalitätsunterschiede auf regional unterschiedliche Selbstständigkeitsquoten zurückzuführen sind.

Schließlich zeigt sich ein deutlicher Einfluss der Ost/West-Unterscheidung. Die Angst zu scheitern ist in den beiden ostdeutschen Regionen höher als in den anderen acht Regionen. Dieser Einfluss ergibt sich auch unter Berücksichtigung der eher geringen Kaufkraft in Ostdeutschland. Zwischen Ost- und Westdeutschland gibt es also einen Mentalitätsunterschied, der sich auf den Umfang an Gründungsaktivitäten auswirkt. Da in dieser Arbeit nur zwei ostdeutsche Regionen untersucht werden, sollte dieser Zusammenhang allerdings noch anhand von Daten für Ostdeutschland insgesamt geprüft werden. Auch Untersuchungen im Rahmen des Global Entrepreneurship Monitor deuten auf signifikante Mentalitätsunterschiede zwischen Ost- und Westdeutschland hin (vgl. Sternberg/Bergmann 2003, S. 38ff).

Man könnte vermuten, dass auch die Höhe der regionalen Arbeitslosigkeit einen Einfluss auf die Angst zu scheitern hat. Dies kann nicht bestätigt werden. Die regionale Arbeitslosenquote erweist sich unter Einbezug der regionalen Kaufkraft nicht als relevant und ist daher bei den hier dargestellten Modellen nicht berücksichtigt worden. Eine hohe Arbeitslosigkeit hat sogar eher einen negativen Einfluss auf die durchschnittliche Angst zu scheitern in einer Region. Bei einer hohen Arbeitslosigkeit ist tendenziell der Anteil der Erwerbstätigen gering, die sich durch eine überdurchschnittliche Gründungsangst auszeichnen.

8 Analyse der Gründungsaktivitäten in vier Beispielregionen

Die bisherigen Darstellungen im empirischen Teil dieser Arbeit beruhten im Wesentlichen auf der Auswertung der REM-Bevölkerungsbefragung und der REM-Expertenbefragung. Die Analysen waren hierbei quantitativ ausgerichtet und verwendeten zum Teil multivariate Analysemethoden. Der große Vorteil dieser Methoden liegt darin, dass der Einfluss einer Reihe von Faktoren auf Gründungsaktivitäten gleichzeitig untersucht und damit die relative Bedeutung einzelner Faktoren bestimmt werden kann. Nachteilig ist allerdings, dass diese Modelle sehr abstrakte Ergebnisse liefern und zudem keine regionsspezifischen Zusammenhänge berücksichtigen. Insbesondere von Seiten vieler Wirtschaftsgeographen wird ein solches Forschungsvorgehen, das sich allein auf formalisierte, quantitative Modelle beschränkt, daher kritisiert und stattdessen eine Verknüpfung quantitativer Analysen und der Auswertung qualitativer Informationen der Wirtschaftsregion empfohlen (vgl. Sternberg 2001, S. 7ff).

Die quantitativen Analysen der vorangegangenen Kapitel werden daher in diesem Kapitel durch eine stärker qualitativ ausgerichtete Betrachtung einzelner Regionen ergänzt. Das Gründungsgeschehen einzelner Regionen wird im regionalen Kontext dargestellt und erklärt. Hierzu werden neben den bisher verwendeten Datenquellen auch die Informationen aus den REM-Experteninterviews herangezogen. Diese Analyse erfolgt beispielhaft für vier der zehn Untersuchungsregionen. Reynolds, Storey und Westhead (1994) kommen auf der Basis eines internationalen Vergleichs zum Ergebnis, dass der Agglomerationsgrad einer Region ein wichtiger Einflussfaktor auf den Umfang Gründungsaktivitäten ist. Um die folgende Darstellung und Erklärung von Gründungsaktivitäten in vier Regionen daher vergleichbar zu machen, werden ausschließlich Agglomerationsräume ausgewählt.

Von den fünf Agglomerationsräumen, die im Rahmen von REM untersucht worden sind, werden die beiden Regionen mit der höchsten Gründungsquote (Köln und München) und die beiden Regionen mit der geringsten Gründungsquote (Emscher-Lippe und Leipzig) ausgewählt. Das Ziel der folgenden Darstellung dieser Regionen ist es, die Ursachen für die hohen beziehungsweise geringen Gründungsquoten aufzuzeigen. Es geht nicht darum, das gute oder schlechte Abschneiden zu bewerten oder eine Rangfolge von Gründungsregionen aufzustellen.

Die Auswahl der vier genannten Regionen ist zudem interessant, da die Gründungsquoten von zwei der vier Regionen nicht in dieser Form erwartet wurden. Bei der Auswahl der zehn REM-Untersuchungsregionen erfolgte auch eine Orientierung an den regionalen Gründungsquoten in Sekundarstatistiken. Als Indikator wurde die Gründungsquote nach dem IAB-Betriebspanel herangezogen (Anzahl der Gründungen

1996-1998 pro 1000 abhängig Erwerbstätige; vgl. Abschnitt 3.2). Die Emscher-Lippe-Region weist nach dieser Statistik eine geringe Gründungsquote auf, was sich in der vorliegenden Untersuchung bestätigt hat. München hat sowohl beim IAB-Betriebspanel als auch in dieser Untersuchung eine hohe Gründungsquote. Die Region Köln weist in der REM-Befragung ebenfalls eine sehr hohe Gründungsquote auf, was auf Basis des IAB-Betriebspanels allerdings nicht erwartet werden konnte. Dort schneidet Köln nur durchschnittlich ab.

Die IAB-Betriebspanels weisen für die Jahre 1996 bis 1998 auf eine höhere durchschnittliche Gründungsneigung für Ostdeutschland im Vergleich zu Westdeutschland hin. Innerhalb der ostdeutschen Region weist die Region Leipzig nach dem IAB-Betriebspanel Ost eine der höchsten Gründungsquoten überhaupt auf. Für Leipzig wurde in der REM-Befragung daher eine überdurchschnittliche Gründungsquote erwartet. Tatsächlich weist diese Region in der REM-Untersuchung allerdings nur eine sehr geringe Gründungsquote.

Die Auswahl der Regionen in diesem Kapitel berücksichtigt somit vier Regionen, von denen zwei unerwartet gut beziehungsweise schlecht abschneiden und zwei den Erwartungen entsprechend abschneiden. In den folgenden Untersuchungen soll analysiert werden, welche Bedeutung die verschiedenen Einflussfaktoren für die Gründungsquote der Region sowie die Abweichungen von den erwarteten Werten haben.

8.1   München

„Munich is at present the leading high technology region in Germany and, judged by the number of technology-oriented business start-ups, can be expected to remain so in the mid-term." (Sternberg/Tamásy 1999, S. 375)

Die Darstellung einzelner Regionen beginnt mit der Region München, da anhand dieser Region am besten dargestellt werden kann, wie Rahmenbedingungen und gründungsbezogene Einstellungen interagieren und zu einer hohen Anzahl an Unternehmensgründungen führen.

Die Region München ist schon in zahlreichen Studien zu Gründungsaktivitäten oder Hochtechnologieindustrien untersucht worden. Die Region gilt gemeinhin als bedeutendste deutsche Hochtechnologieregion und als „Gründungshochburg" und genießt daher auch in der Forschung ein besonderes Interesse (vgl. Brüderl/Preisendörfer/ Ziegler 1996; Hampe/Steininger 2001; Sternberg/Tamásy 1999). Verglichen mit anderen europäischen Metropolen ist München noch eine relativ junge Hochtechnologieregion. Bayern war bis in die sechziger Jahre des zwanzigsten Jahrhunderts vor allem agrarisch geprägt und auch München, als größte Stadt und wirtschaftliches Zentrum Bayerns, hatte lange Zeit nur eine relativ geringe Industriedichte. Erst in den sechziger und siebziger Jahren entwickelte die Region München eine ausgesprochene wirtschaftliche Dynamik, die bis heute anhält (vgl. Stenke 2002, S. 56ff; Sternberg 1998, S. 229ff). Die Entwicklung der Region München zur Hochtechnologieregion soll hier nicht im Detail nachgezeichnet werden, da dies bereits an anderer Stelle ausführlich gemacht wurde und zudem die Hochtechnologie nicht im Mittelpunkt dieser Arbeit steht (vgl. Castells/Hall 1994; Haas 1991; Sternberg 1998). Hier werden nur einige wesentliche Merkmale aufgeführt: München besitzt eine große Anzahl öffentlich geförderter Forschungsinstitute und die mit Abstand höchste Zahl an FuE-Beschäftigten in High-Tech-Sektoren. Die Schlüsselbranche der Hochtechnologieregion München ist die Mikroelektronik-Industrie, die stark durch die Siemens AG beeinflusst wird (vgl. Sternberg 1998, S. 230ff). Zudem ist die Region auch bei der Biotechnologie, welche als eine zukünftige Schlüsseltechnologie gilt, gut positioniert. München ist eine der Gewinnerregionen des BioRegio-Wettbewerbs und eine der führenden Biotechnologieregionen in Deutschland. München verfügt über eine hohe Anzahl technologieorientierter Gründungen und die meisten VC-Firmen in Deutschland (vgl. Boston Consulting Group 2001, Dohse 1998; Ernst & Young 2003; Schwender 2000).

Im Rahmen des REM-Projektes, auf dessen Daten die vorliegende Arbeit beruht, hat die Region München sehr gut abgeschnitten. München weist eine der höchsten Quoten an Gründern und die höchste Selbstständigenquote unter den zehn untersuchten Regionen auf (vgl. Tab. 12). Diese hohen Quoten werden bei der Präsentation von Ergebnissen des REM-Projektes meist als keine große Überraschung wahrgenommen. Die große Anzahl an Gründungen wird hierbei in Verbindung gebracht mit der herausragenden Stellung Münchens als Technologiestandort und dem wirtschaftlichen Erfolg der Region. Bei genauerer Betrachtung besteht allerdings zumindest kein direkter Zusammenhang zwischen der Präsenz von Technologieunternehmen und der hohen Gründungsquote. Die meisten Gründungen in der Region München sind nicht im Technologiebereich sondern eher in klassischen Branchen angesiedelt. Bei den im Rahmen des REM-Projektes erfassten Gründungen handelt es sich vor allem um Gründungen im Bereich der persönlichen und insbesondere der unternehmensbezogenen Dienstleistungen (vgl. Tab. 17). Mit großer Wahrscheinlichkeit sind dies keine Ausgründungen aus der umfangreichen Forschungsinfrastruktur der Region. Der Vergleich mit der Region Stuttgart, die ebenfalls durch eine hohe Anzahl an FuE-Beschäftigten sowie eine Vielzahl an Technologieunternehmen gekennzeichnet ist, zeigt, dass diese Merkmale allein kein Garant für eine hohe Gründungsquote sind.

Nicht nur bei den Gründungsquoten, sondern auch bei der gründungsbezogenen Infrastruktur schneidet die Region gut ab. München verfügt über eine umfangreiche und gut ausgebaute Infrastruktur für Unternehmensgründungen. Lediglich im Bereich „physische Infrastruktur" zeigen sich negative Auswirkungen des wirtschaftlichen Erfolgs der Region: Büro- und Gewerbeflächen sind sehr teuer, was häufiger als in anderen Regionen ein Hindernis für Gründer darstellt (vgl. Tab. 7 sowie Bergmann/Japsen/Tamásy 2002, S. 21ff). Aber auch bei der gründungsbezogenen Infrastruktur kann nicht von einem unmittelbaren und direkten Zusammenhang zur Gründungsquote ausgegangen werden. Die Region Stuttgart weist auch hier sehr gute Bedingungen auf, ist aber nur durch eine durchschnittliche Gründungsquote gekennzeichnet. Wie bereits in Kapitel 6 angesprochen, besteht vermutlich kein direkter, sondern ein zeitverzögerter Zusammenhang von regionaler Gründungsinfrastruktur und Gründungsquote.

Die hohe Gründungsquote der Region München erklärt sich daher vor allem durch die positiven gründungsbezogenen Einstellungen und Fähigkeiten der Bevölkerung sowie die häufig anzutreffenden Selbstständigkeitserfahrungen. Im Kapitel 6 konnte gezeigt werden, dass diese Faktoren die Gründungsneigung wesentlich beeinflussen. Im Vergleich der zehn untersuchten Regionen schneidet München bei allen vier Fragen zu gründungsbezogenen Einstellungen und Fähigkeiten am besten ab (vgl. Tab. 23). Fast die Hälfte aller Befragten traut sich eine Gründung zu und nur 39% würde die Angst zu scheitern von einer Gründung abhalten. Mehr als die Hälfte der Befragten sieht gute Möglichkeiten für eine Unternehmensgründung.

Diese positiven gründungsbezogenen Einstellungen sind zum Teil kulturell bedingt, zum Teil allerdings auch auf die guten wirtschaftlichen Rahmenbedingungen der Region zurückzuführen. München und Oberbayern waren in den neunziger Jahren wirtschaftlich außerordentlich erfolgreich. Die Bruttowertschöpfung wuchs hier so stark wie in keiner anderen untersuchten Region und auch die Kaufkraft je Einwohner liegt höher als in den anderen REM-Regionen. Die Arbeitslosigkeit war im Jahr 2001 mit einer Quote von 4,2% dementsprechend niedrig (vgl. Tab. 6). Wie bereits angesprochen hat dieser wirtschaftliche Boom allerdings auch seine Schattenseiten: Die Preise für Büro- und Gewerbeimmobilien waren 2001 so hoch wie in keiner anderen deutschen Großstadt, und Unternehmen haben Schwierigkeiten, qualifizierte Mitarbeiter zu finden (vgl. Handelsblatt 2001).

Die vorangegangenen Kapitel haben deutlich gemacht, dass gründungsbezogene Einstellungen und Fähigkeiten eine intermediäre Rolle zwischen personenbezogenen Faktoren und regionalen Merkmalen auf der einen Seite sowie Gründungsaktivitäten auf der anderen Seite einnehmen. Personen aus der Region München haben eine signifikant höhere Gründungsneigung als Personen anderer Regionen. Dieser signifikante Einfluss verschwindet allerdings unter Berücksichtigung der vier Fragen zu gründungsbezogenen Einstellungen und Fähigkeiten völlig. Die hohe Gründungsneigung in der Region erklärt sich also dadurch, dass viele Einwohner dem Thema Entrepreneurship positiv gegenüberstehen. Diese positive Einstellung ist wiederum auf die Wirtschaftskraft der Region, die gut ausgebaute Infrastruktur für Gründungen sowie vermutlich die kulturelle Prägung der Bevölkerung zurückzuführen.

8.2   Emscher-Lippe

„Waren das Ruhrgebiet einschließlich des nördlichen Ruhrgebiets und des Emscher-Lippe-Raumes früher einmal prosperierende Industrieregionen, so kämpfen sie nunmehr seit vielen Jahren mit der Bewältigung des Strukturwandels. Kohle und Stahl, großbetrieblich organisiert, brachten der Region Wohlstand, sind nunmehr aber Ursache und Auslöser anhaltender wirtschaftlicher Probleme." (Schulte 2003, S. 89)

Die Emscher-Lippe-Region wurde nicht in Erwartung einer hohen Gründungsquote als REM-Untersuchungsregion ausgewählt. Als Teil des Ruhrgebiets gilt sie als Prototyp einer alt industrialisierten Region, die durch einen tief greifenden Strukturwandel gekennzeichnet ist. Insbesondere die Bereiche Bergbau und Chemie, die die Region lange Zeit geprägt haben, sind von diesem Strukturwandel betroffen.

Die Emscher-Lippe-Region liegt im Norden des Ruhrgebiets. Der nördliche Teil der Emscher-Lippe-Region bildet den Übergang zum Münsterland und ist auch heute noch ländlich geprägt. Der große Teil der mehr als eine Million Einwohner der Region lebt allerdings im stark industrialisierten Süden der Region. Die größten Städte sind Bottrop, Gelsenkirchen und Recklinghausen. Die rasante Industrialisierung der Region im 19. Jahrhundert basierte auf der Verfügbarkeit der Ressource Kohle, die in den Zechen der Emscher-Lippe-Region gefördert wurde. Kohle dient als Rohstoff für die Stahlindustrie und die Chemische Industrie, die in der Region stark vertreten ist.

Die Region war viele Jahrzehnte wirtschaftlich außerordentlich erfolgreich, was sich auch an der Vielzahl von Zuwanderern aus anderen Teilen Deutschlands und aus dem Ausland zeigte. In den fünfziger Jahren wurde in der Emscher-Zone des Ruhrgebiets das höchste Bruttosozialprodukt pro Einwohner in der Bundesrepublik erwirtschaftet. Die Region war „das schwerindustrielle Herz der deutschen Wirtschaft und der Motor des deutschen Wirtschaftswunders" (Siebel 1996, S. 98). In den sechziger Jahren zeichnete sich dann aber schon der allmähliche wirtschaftliche Niedergang der regionalen Industrie ab. Im Vergleich zu importierter Kohle wurde die deutsche Kohle zu teuer. In den folgenden Jahrzehnten mussten auch die Stahl- und Chemische Industrie strukturelle Probleme bewältigen. Diese Entwicklungen hatten zur Folge, dass die traditionellen Industriezweige der Region in erheblichem Umfang Beschäftigung abbauen mussten, ohne dass im gleichen Umfang in anderen Bereichen neue Arbeitsplätze geschaffen werden konnten. Zwischen 1992 und 1999 gingen von 300.000 sozialversicherungspflichtig Beschäftigten 38.000 verloren, hiervon allein 20.300 im Bergbau und 13.000 in der Chemischen Industrie (vgl. Fröhlich 2003). Bedingt durch diesen Beschäftigungsabbau in der Industrie liegt der Anteil der sozialversicherungspflichtig Beschäftigten im sekundären Sektor heute bei nur noch 37%, was zwar immer noch überdurchschnittlich ist, aber weniger als zum Beispiel in den Regionen Stuttgart, Main-Rhön und Mittelhessen (vgl. Tab. 6). Während sich die Städte der Hellwegzone des Ruhrgebiets Essen, Bochum und Dortmund inzwischen gänzlich vom Bergbau gelöst haben, ist der Strukturwandel in der Emscher-Lippe-Region noch nicht so weit fortgeschritten. Es gibt dort heute noch drei fördernde Bergwerke mit über 10.000 aktiven Bergleuten. Der Strukturwandel der Emscher-Lippe-Region und die damit verbundenen Probleme sind Gegenstand einer Reihe weiterer Untersuchungen (vgl. Blotevogel 2003; Siebe 2002; Meyer/Ewerhart/Siebe 1999).

Die Emscher-Lippe-Region weist eine Gründungsquote von 3,4% der Bevölkerung auf (werdende Gründer) und wird damit von den meisten anderen REM-Untersuchungsregionen übertroffen. Der Anteil der Selbstständigen liegt bei 5,9%, was der geringste Wert in der REM-Untersuchung ist (vgl. Tab. 12). Der geringe Anteil an Gründern und Selbstständigen lässt sich durch die zurückhaltende Einstellung der Bevölkerung zu Entrepreneurship erklären. Bei allen vier untersuchten Fragen zu gründungsbezogenen Einstellungen und Fähigkeiten belegt die Region hintere Plätze. Der Anteil der Personen, die nach eigener Einschätzung über das Wissen und die Fähigkeiten für eine Unternehmensgründung verfügen, ist mit 35,9% so gering wie in keiner anderen untersuchten Region. Unterdurchschnittlich sind ebenfalls das Ansehen von Gründern sowie die Wahrnehmung guter Möglichkeiten für eine Unternehmensgründung. Die Angst zu scheitern stellt dagegen häufig ein Gründungshemmnis dar. Die Region ist daher nicht durch eine „Kultur der Selbstständigkeit" (vgl. Lageman/ Frick/Welter 1999), sondern eher durch eine Kultur der abhängigen Erwerbsarbeit gekennzeichnet. Historisch lässt sich die vorherrschende Mentalität der Bevölkerung folgendermaßen erklären: Die Emscher-Lippe-Region war lange Zeit wirtschaftlich außerordentlich erfolgreich. Großbetriebe im Bereich Bergbau, Stahl und Chemie sorgten für eine geringe Arbeitslosigkeit und ein hohes Einkommen der Beschäftigten. Entrepreneurship war nicht erforderlich und hätte sich vielfach in finanzieller Hinsicht auch nicht gelohnt. Hierdurch hat sich im Laufe der Jahre eine Arbeitnehmerkultur entwickelt. Auch Kunzmann (1996, S. 128f) führt die geringe Zahl an innovativen Klein- und Mittelbetrieben

im Ruhrgebiet auf das die Region dominierende Milieu des großindustriellen Montan-
bereichs zurück: „In diesem Milieu waren die gutbezahlten Arbeitsplätze in den tech-
nologisch hoch entwickelten Produktionsstätten so attraktiv, daß es wenig Veranlas-
sung gab, selbst und mit hohem Risiko unternehmerisch tätig zu werden".

Auch wenn es heute in der Region nur noch wenige Großbetriebe der Montanindustrie
gibt und die Arbeitslosigkeit hoch ist, hat sich noch kein grundlegender Mentalitätswandel hin zu einer unternehmerischen Erwerbsorientierung vollzogen. Die folgenden
Aspekte können erklären, warum in der Emscher-Lippe-Region nach wie vor eine eher
zurückhaltende Einstellung zur Selbstständigkeit vorherrscht: Zunächst kann die ange-
spannte wirtschaftliche Lage des nördlichen Ruhrgebiets angeführt werden. Gute unternehmerische Möglichkeiten werden vor allem in kaufkraftstarken Regionen gesehen. Dort ist auch die Angst zu scheitern geringer als in ärmeren Regionen (vgl. Kapitel 7). Die Emscher-Lippe-Region weist jedoch nur eine vergleichsweise geringe
Kaufkraft pro Kopf auf und hat sich zudem in den vergangenen Jahren wirtschaftlich
schlechter entwickelt als die meisten anderen untersuchten Regionen.

Als weiterer und vermutlich wichtigerer Grund kann die fehlende unternehmerische
Tradition der Region angeführt werden. Da die Region in der Vergangenheit vor allem
großbetrieblich strukturiert war, gibt es nur wenige Personen, die selbst einmal ein
Unternehmen gegründet haben oder noch selbstständig sind. In keiner REM-Region
verfügen weniger Personen über eigene Erwerbserfahrungen in der Selbstständigkeit
als im nördlichen Ruhrgebiet, was auch erklären kann, warum das Vertrauen in die
eigenen Gründungsfähigkeiten hier so gering ist (vgl. Tab. 23). Außerdem gibt es infolgedessen wenige unternehmerische Vorbilder in der Region. In der REM-
Bevölkerungsbefragung ist der Anteil der Personen, die jemanden kennen, der in den
vergangenen zwei Jahren ein Unternehmen gegründet hat, so gering wie in sonst keiner anderen untersuchten Region. In Kapitel 6 konnte gezeigt werden, dass diese Faktoren signifikant den erstmaligen oder erneuten Schritt in die Selbstständigkeit beeinflussen. Zudem gründen Personen meist in der Branche ein neues Unternehmen, in der
sie vorher bereits einmal tätig waren. Berufserfahrungen im Bergbau oder der Chemischen Industrie lassen sich allerdings nur schwer bei einem Gründungsvorhaben nutzen, was ein zusätzliches Gründungshemmnis darstellen kann.

Die geringe Selbstständigenquote ist somit Ursache und Wirkung zugleich. Weil es
wenig unternehmerische Vorbilder in der Region gibt, ist auch das Vertrauen in die
eigenen Gründungsfähigkeiten gering und die Angst zu scheitern eher groß. Diese
Faktoren führen zu einer geringen regionalen Gründungsneigung und haben letztendlich zur Konsequenz, dass die Selbstständigenquote niedrig bleibt. Schulte (2003, S.

92) argumentiert, dass der Strukturwandel in der Region mit einem Mentalitäts- und Identitätswandel einhergehen muss. Die Ergebnisse dieser Arbeit zeigen die Relevanz von Einstellungen für Gründungsaktivitäten und deuten damit darauf hin, dass ein solcher Mentalitätswandel Voraussetzung für die Entstehung neuer Unternehmen und Branchen ist.

In der Emscher-Lippe-Region wird von politischer Seite viel getan, um die Einstellung der Bevölkerung zu verbessern und gute Rahmenbedingungen für die Gründung eines Unternehmens zu schaffen. An der Fachhochschule gibt es ein Institut zu Förderung von Innovation und Existenzgründung. Die Gründungsoffensive „GO" des Landes NRW sowie deren regionaler Ableger ELGO! leisten einen wichtigen Beitrag zur Steigerung der Attraktivität der Selbstständigkeit in der Region. Die gründungsbezogene Infrastruktur wird dementsprechend in der Region besser als in vielen anderen Regionen eingeschätzt, insbesondere im Bereich der politischen Rahmenbedingungen und der öffentlichen Förderinfrastruktur (vgl. Kapitel 4). Dennoch ist die Gründungsquote in der Region relativ niedrig, was darauf hindeutet, dass es keinen unmittelbaren Zusammenhang von Gründungsinfrastruktur und Umfang an Gründungsaktivitäten gibt und weitere Einflussfaktoren von Bedeutung sind. Die Schaffung einer attraktiven Infrastruktur für Gründungen ist trotzdem ein wichtiger Baustein, um mittelfristig eine gründungsfreundliche Kultur in der Emscher-Lippe-Region zu etablieren. Ergänzt werden sollte diese durch die Vermittlung gründungsbezogener Kenntnisse und Fähigkeiten an Schulen und Hochschulen.

8.3   Köln

„Denken die Deutschen an Köln, fällt ihnen als erstes der Kölner Dom ein. Mit weitem Abstand folgen Karneval und Rhein. Der Kölner selbst orientiert sich bei der Beurteilung seiner Heimat dagegen überwiegend an der Lebensart der Bewohner. ... Aber reicht das? Wo bleiben Attribute wie reformfreudig, wachstums- und wissenschaftsstark oder zukunftsorientiert? Nur die wenigsten Einwohner bescheinigen ihrer Stadt besagte wirtschaftsrelevante Eigenschaften." (IHK Köln 2003, S. 4)

Während die hohe Gründungsquote der Region München erwartet werden konnte, hat der hohe Anteil der Gründer in der Region Köln überrascht. Die Region Köln gilt zwar seit einigen Jahren als Hochburg der Medienwirtschaft in Deutschland (vgl. Geschwandtner-Andreß 1999; Voelzkow 2002). Abgesehen davon ist Köln im Vergleich zu anderen Agglomerationsräumen allerdings bislang nicht als Region mit einer hohen Gründungsquote in Erscheinung getreten. Die IAB-Daten, auf deren Basis die Auswahl der REM-Untersuchungsregionen erfolgte, weist für Köln für die Jahre 1996-

98 nur eine durchschnittliche Gründungsquote auf (vgl. Abschnitt 3.2). In der REM-Befragung des Jahres 2001 erreicht Köln jedoch mit 6,6% der Bevölkerung (18-64 Jahre) den höchsten Anteil werdender Gründer unter allen untersuchten REM-Regionen.

Die Raumordnungsregion Köln hat sich in den vergangenen Jahren wirtschaftlich positiv entwickelt. Köln konnte seine Bedeutung als Standort der Medienindustrie stärken und die Anzahl der Beschäftigten im Dienstleistungsbereich insgesamt weiter ausbauen. Im Erftkreis und in Leverkusen ist die Chemische Industrie von großer Bedeutung (IHK Köln 2003). Die Anzahl der Selbstständigen hat sich im Verlauf der neunziger Jahre um mehr als 30% erhöht, was im Vergleich zu NRW oder Westdeutschland insgesamt ein deutlich stärkerer Anstieg ist (Welter 2003b). Im direkten Vergleich zu anderen deutschen Großstädten wie Düsseldorf, Frankfurt, Hamburg, München oder Stuttgart muss die wirtschaftliche Entwicklung von Köln allerdings zurückhaltender bewertet werden. Die Bruttowertschöpfung ist in der zweiten Hälfte der neunziger Jahre in den REM-Regionen München und Stuttgart deutlich stärker als in Köln gestiegen und die Arbeitslosenquote liegt in diesen Regionen nur halb so hoch wie in Köln (vgl. Tab. 6). Die IHK Köln (2003) argumentiert, dass die Potenziale der Region nicht hinreichend genutzt werden und ein klares Leitbild für die zukünftige Entwicklung fehlt.

Bei den gründungsbezogenen Einstellungen und Fähigkeiten erreicht Köln durchgehend gute Werte und auch die Qualität der gründungsbezogenen Infrastruktur wird weitgehend positiv eingeschätzt. Bei all den genannten Bereichen erreicht die Region allerdings keine Spitzenwerte (vgl. Tab. 23). Vor diesem Hintergrund überrascht die sehr hohe Gründungsquote der Region, die im Folgenden erklärt werden soll.

In ähnlicher Form wie München als High-Tech-Standort gilt, wird Köln häufig als Medienstadt wahrgenommen. Auch hier gilt allerdings, dass der Standort vieler Medienunternehmen allein nicht die hohe Gründungsquote der Region erklären kann. Bei den meisten der im Rahmen der REM-Befragung ermittelten Gründung handelt es sich nicht um Medienunternehmen, sondern um allgemeine personen- und unternehmensbezogene Dienstleister. Die hohe Gründungsquote der Region ist eher auf eine Mischung aus Agglomerationsvorteilen, einer Branchenstruktur mit einem hohen Dienstleistungsanteil, einer guten Gründungsinfrastruktur und einer positiven Einstellung der Bevölkerung zurückzuführen.

Köln ist einer der bedeutendsten Hochschulstandorte in Deutschland und weist schon vor diesem Hintergrund ein großes Potenzial für unternehmerische Aktivität auf. Bei mehr als 10 Prozent aller ermittelten Gründer in der Region Köln handelt es um Studierende. Auch wenn man diese Zahl nicht überbewerten sollte, da insgesamt nur etwa 40 Studenten in der Region befragt wurden und somit Zufallsfehler möglich und wahrscheinlich sind, zeigt dieser Befund, dass viele junge Menschen die Bereitschaft zur Selbstständigkeit aufweisen. Bei vielen der ermittelten selbstständigen Tätigkeiten von Studierenden handelt es sich zwar nur um selbstständige Nebenerwerbstätigkeiten. Wie bereits erläutert ergibt sich hieraus später allerdings häufig eine Vollerwerbstätigkeit (Kay/May-Strobl/Maaß 2001). Das Gründungsverhalten von Studenten an Kölner Hochschulen wird ausführlich von Backes-Gellner/Demirer/Sternberg (2002) und Otten (2000) untersucht.

Die hohe Gründungsquote der Region Köln lässt sich nicht nur auf positive Rahmenbedingungen, sondern auch auf die negative Situation auf dem Arbeitsmarkt zurückführen. Im Jahr 2001 lag die Arbeitslosenquote in Köln mit 9,5% auf einem deutlich höheren Niveau als in den beiden untersuchten süddeutschen Agglomerationsräumen Stuttgart und München, allerdings niedriger als in der Emscher-Lippe-Region und in Leipzig. Hamilton (1989) und Maaß (2000) argumentieren, dass der Zusammenhang von regionaler Arbeitslosenquote und Gründungsneigung nicht-linear ist: Mit steigender Arbeitslosigkeit steigt die Anzahl der Gründungen zunächst an, geht dann aber ab einer bestimmten Arbeitslosenquote wieder zurück. Dieser Zusammenhang trifft auch auf die untersuchten REM-Regionen zu. Regionen mit einer durchschnittlichen Arbeitslosenquote weisen tendenziell eine höhere Gründungsquote auf als Regionen mit hoher oder geringer Arbeitslosigkeit. In der Region Köln gibt es viele Personen, die aufgrund fehlender Erwerbsalternativen den Schritt in die Selbstständigkeit vollziehen. Aufgrund der hohen Kaufkraft der Region wird eine Selbstständigkeit in Köln als tragfähige Erwerbsmöglichkeit angesehen, was in strukturschwachen Regionen häufig nicht in vergleichbarer Weise der Fall ist. Infolgedessen ist die Anzahl an Gründern, die mangels besserer Erwerbsalternativen den Schritt in die Selbstständigkeit vollziehen, in Köln höher als in allen anderen untersuchten Regionen (vgl. Tab. 19).

Die hohe Gründungsquote der Region erklärt sich also durch die aus der Mischung aus positiven Einstellungen und guten Rahmenbedingungen einerseits und andererseits der vergleichsweise hohen Arbeitslosigkeit, die zu einer hohen Anzahl von Gründungen aufgrund mangelnder Erwerbsalternativen führt.

8.4 Leipzig

„Nach verbreiteter Auffassung besitzt die Region Leipzig neben Berlin unter den ostdeutschen Stadtregionen die günstigsten Entwicklungschancen." (Usbeck 1996, S. 304)

„... schließlich finden sich Regionen, deren Entwicklungen vor allem deshalb als besonders problematisch angesehen werden könnten, weil sie nicht nur sinkende Erwerbstätigenzahlen, sondern gleichzeitig auch noch einen Rückgang der Produktivität gegenüber dem Bundesdurchschnitt zu verzeichnen hatten. Dies waren in der zweiten Hälfte der neunziger Jahre vier Raumordnungsregionen: Berlin, ... Oberlausitz-Niederschlesien ... Westsachsen (Leipzig) ... und die Mecklenburgische Seenplatte ...“ (Bode 2002, S. 372)

Die beiden obigen Zitate machen deutlich, wie schwierig die Prognose der wirtschaftlichen Entwicklung ostdeutscher Regionen ist. Der Region Leipzig wurden nach dem Fall der Mauer meist gute Entwicklungschancen prognostiziert (vgl. Cornelsen/Scherzinger/Usbeck 1992). Diese Einschätzung basierte auf der verkehrsgünstigen Lage, insbesondere aber auf der Wahrnehmung, dass die Stadt über gute Möglichkeiten verfügt, zu einem bedeutenden Standort für die Dienstleistungs- und Medienbranche zu werden (vgl. Hinz 1998, S. 92). Leipzig besitzt eine lange Tradition als Handels- und Messestadt, die bis ins Mittelalter zurückreicht und auch zu DDR-Zeiten Bestand hatte. Nach der Wende wollte die Stadt an diese Tradition wieder anknüpfen beziehungsweise auf ihr aufbauen. Es wurden umfangreiche Investitionen in den Bau eines neuen Messegeländes getätigt. Der Mitteldeutsche Rundfunk fungierte als Keimzelle eines Clusters der Medienbranche, das allerdings kleiner als in anderen deutschen Medienstädten ist und zudem nur einen geringen Einfluss auf den regionalen Arbeitsmarkt hat. Dennoch ist die Medienbranche eine der wenigen Branchen, in der in den neunziger Jahren die Beschäftigung ausgebaut werden konnte (vgl. Bathelt 2001, S. 10).

Die genannten positiven Entwicklungen konnten allerdings nicht den Arbeitsplatzabbau kompensieren, der sich in den meisten anderen Branchen in der Region Leipzig vollzog. Insbesondere im Produzierenden Gewerbe verloren in erheblichem Umfang Personen ihren Arbeitsplatz. Die Anzahl der Beschäftigten halbierte sich in diesem Bereich im Verlauf der neunziger Jahre. Als Folge dessen stieg die Arbeitslosenquote auf 19% im Jahr 2001 und lag damit höher als in allen anderen untersuchten REM-Regionen und auch höher als im Durchschnitt der fünf neuen Bundesländer. Wirtschaftliches Wachstum hat es in der zweiten Hälfte der neunziger Jahre praktisch nicht gegeben (vgl. Tab 6). Die optimistischen Prognosen über die Wirtschaftsentwicklung der Region Leipzig haben sich daher bisher im Wesentlichen nicht bestätigt.

Auch in Bezug auf den Umfang an Gründungsaktivitäten konnte die Einschätzung bei der Auswahl der Untersuchungsregionen, dass die Region Leipzig eine hohe Gründungsquote aufweist, nicht bestätigt werden. Das IAB-Betriebspanel gibt für Leipzig für die Jahre 1996-98 eine der höchsten Gründungsquoten Deutschlands an (vgl.

Tab. 3). Zum Zeitpunkt der Auswahl der Untersuchungsregionen waren dies die aktu-
ellsten verfügbaren Angaben. In der vorliegenden REM-Untersuchung weist die Region allerdings nur einen unterdurchschnittlichen Anteil werdender Gründer auf. Nur in
der Region Rostock finden sich weniger Gründer relativ zur Bevölkerung im Alter von
18-64 Jahren. Wie bereits angeführt ist die Arbeitslosenquote in der Region Westsachsen so hoch wie in keiner anderen untersuchten Region. Von allen Gründern vollziehen 40% den Schritt in die Selbstständigkeit, weil sie keine besseren Erwerbsalternativen haben (vgl. Tab. 19). Absolut gesehen ist die Anzahl der Notgründungen allerdings geringer als in der Region Köln. Infolge der in den Jahren 2002 und 2003 verbesserten Möglichkeiten für Gründungen aus der Arbeitslosigkeit wird sich die Anzahl
der Gründungen aufgrund fehlender Erwerbsalternativen bei zukünftigen Untersuchungen möglicherweise noch erhöhen.

Die Begründung für die geringe Gründungsquote in der Region Westsachsen/Leipzig
ähnelt der für die Emscher-Lippe-Region. Die Bevölkerung in Leipzig hat nur eine
zurückhaltende Einstellung zu Unternehmensgründungen. Die Angst zu scheitern würde 57% der Befragten davon abhalten, ein Unternehmen zu gründen. Dieser Wert liegt
höher als in allen anderen untersuchten Regionen und deutet auf eine hohe Risikoaversion der Bevölkerung hin. Die ausgeprägte Angst vor den Folgen des Scheiterns kann
einerseits rational begründet sein, falls die Wahrscheinlichkeit oder die Folgen eines
Scheiterns in Leipzig gravierender als in anderen Regionen sind, oder andererseits auf
eine besondere kulturelle Prägung zurückzuführen sein. Für beide Begründungen lassen sich Belege finden. Durch die Stagnation der regionalen Wirtschaft in der zweiten
Hälfte der neunziger Jahre und der hiermit verbundenen schlechten Entwicklung vieler
Unternehmen hat sich möglicherweise in der Bevölkerung der Eindruck verfestigt,
dass Gründungsaktivitäten mit einem hohen Risiko verbunden sind und daher lieber
vermieden werden sollten. Relativ zur Anzahl der Gründungen ist die Zahl der Insolvenzen in Ostdeutschland fast doppelt so hoch wie in Westdeutschland, was darauf
hindeutet, dass eine Unternehmensgründung in Ostdeutschland tatsächlich mit einem
höheren Risiko des Scheiterns verbunden ist oder zumindest so wahrgenommen werden kann (vgl. ZEW 2002). Darüber hinaus lassen sich aber auch Belege für die zweite
genannte Begründung finden. Müller-Syring (1994, S. 58ff) charakterisiert die sächsi-
sche Bevölkerung als leistungs- und erwerbsorientiert, wobei die Risikoaversion allerdings ausgeprägt und die Bereitschaft zur beruflichen Selbstständigkeit geringer als in
Westdeutschland ist. Auch die Ergebnisse neuerer Untersuchungen deuten auf nach
wie vor bestehende kulturelle Unterschiede zwischen West- und Ostdeutschland hin
(vgl. Forschungsinstitut für Ordnungspolitik 2000; Perspektive Deutschland 2002).

Das fehlende Vertrauen in die eigenen Gründungsfähigkeiten lässt sich mit der sozialistischen Vergangenheit der fünf neuen Bundesländer erklären. Auch mehr als zehn Jahre nach der Einführung eines marktwirtschaftlichen Systems verfügen bislang weniger Menschen über eigene Erwerbserfahrungen in der Selbstständigkeit als in den meisten westdeutschen Regionen. Aufgrund dessen ist auch das Vertrauen in die eigenen Gründungsfähigkeiten nur schwach ausgeprägt und es gibt vergleichsweise wenige unternehmerische Vorbilder in der Region.

Die Wahrnehmung guter Möglichkeiten für eine Unternehmensgründung wird stark von der regionalen Kaufkraft beeinflusst (vgl. Abschnitt 7.3). Da die regionale Kaufkraft nur unterdurchschnittlich ist und die Wirtschaftskraft der Region in der zweiten Hälfte der neunziger Jahre beinahe stagnierte, lässt sich erklären, warum nur 21% der Westsachsen gute Möglichkeiten für eine Unternehmensgründung sehen. Diese zurückhaltende Einstellung hat eine geringe Beteiligung an Gründungsaktivitäten zur Folge. Reynolds, Storey und Westhead (1994) sehen einen Kaufkraftanstieg als bedeutendsten Faktor an, der regionale Gründungsaktivitäten beeinflusst. Da es einen solchen Einkommens- und damit Kaufkraftanstieg in der Region nicht gegeben hat, überrascht die geringe Gründungsquote nicht.

Die Einschätzung der Möglichkeiten für eine Unternehmensgründung hängt aber nicht nur von der derzeitigen Wirtschaftslage, sondern auch von den Erwartungen über die zukünftige Entwicklung der Region ab. Die Region Leipzig hat in den vergangenen Jahren durch eine Reihe medienwirksamer Großprojekte auf sich aufmerksam gemacht. Zu nennen sind hier die Ansiedlung eines BMW- und eines Porsche-Werks sowie die geplante Bewerbung für die Olympischen Spiele 2012. Diese Projekte können mit dazu beitragen, eine Aufbruchstimmung in der Region zu erzeugen und die Einstellung der Bevölkerung zu Gründungsaktivitäten zu verbessern.

9 Möglichkeiten der Beeinflussung regionaler Gründungs-aktivitäten

In diesem Kapitel wird diskutiert, welche Möglichkeiten auf politischer Seite bestehen, den Umfang an Gründungsaktivitäten zu beeinflussen. Die Beeinflussung oder Förderung von Unternehmensgründungen lässt sich aus wettbewerbspolitischer und aus wachstumspolitischer Sicht begründen. Wettbewerbspolitisch kann durch eine Förderung von Neugründungen langfristig ein Beitrag dazu geleistet werden, die Entstehung von Marktmacht einzelner Unternehmen zu verhindern. Wachstumspolitisch kann die Förderung von Neugründungen damit begründet werden, dass diese Innovationen hervorbringen und den Strukturwandel fördern. Aufgrund des Risikos einer selbstständigen Tätigkeit vollziehen die Marktteilnehmer aber möglicherweise in zu geringem Umfang den Schritt in die Selbstständigkeit oder investieren zu wenig, weswegen es ohne staatlichen Eingriff zu einer volkswirtschaftlich zu geringen Gründungsrate kommen kann.

Das primäre Ziel dieser Arbeit liegt in der Erklärung von Gründungsaktivitäten und nicht in der Ableitung von Politikempfehlungen. Die Frage, ob der Staat Unternehmensgründungen fördern sollte oder nicht, wird in der Literatur ausführlich diskutiert und kann an dieser Stelle nicht weiter vertieft werden (vgl. hierzu: Henry/Hill/Leitch 2003; Klemmer/Friedrich/Lageman 1996, S. 26ff; Lageman 2001). Auf Basis der Ergebnisse dieser Arbeit lassen sich allerdings Instrumente und Maßnahmen aufzeigen, die bei entsprechendem politischem Willen zur Erhöhung des Umfangs an Gründungsaktivitäten eingesetzt werden können. Im Unterschied zu deterministischen Ansätzen aus dem Bereich der Industrieökonomie oder der Persönlichkeitsforschung, die von einem festen Zusammenhang von branchenstrukturellen Merkmalen beziehungsweise Persönlichkeitsmerkmalen und Gründungsaktivitäten ausgehen, kann die vorliegende Untersuchung zeigen, welche Einflussmöglichkeiten auf die individuelle Gründungsneigung bestehen.

Grundsätzlich lassen sich zwei verschiedene Möglichkeiten unterscheiden, wie die Politik Entrepreneurship beeinflussen kann. Der Staat kann einerseits durch indirekte Maßnahmen Rahmenbedingungen für selbstständige Tätigkeiten gestalten, zum Beispiel im Bereich des Steuerrechts, oder aber andererseits durch direkte Fördermaßnahmen auf den Umfang an Gründungsaktivitäten einwirken. Ordnungspolitisch angemessener sind hierbei die erstgenannten Maßnahmen, da sie nicht direkt in das Marktgeschehen eingreifen (vgl. Lageman 2001; Welter 2003a).

Ein wesentliches Ergebnis der vorliegenden Untersuchung ist, dass gründungsbezogene Einstellungen und Fähigkeiten die individuelle Gründungsneigung beeinflussen.

Personen mit positiven Einstellungen sind eher bereit, sich selbstständig zu machen. Da diese Merkmale regional unterschiedlich ausgeprägt sind, ergeben sich hierdurch unterschiedliche regionale Gründungsquoten. Gründungsbezogene Einstellungen sind weniger stabil als feste Persönlichkeitsmerkmale. Sie werden von Umfeldfaktoren beeinflusst und können sich daher mit der Zeit verändern (vgl. Robinson et al. 1991, S. 18). In Kapitel 7 konnte gezeigt werden, dass die Einstellung zu Entrepreneurship positiver ist, wenn man persönlich oder aus den Medien andere Gründer kennt. Durch den Kontakt mit Gründern können Erfahrungen ausgetauscht und Vorurteile abgebaut werden. Hierdurch kommt es natürlich nicht dazu, dass jeder direkt den Wunsch hat, selbst ein Unternehmen zu gründen. Der Abbau von Vorurteilen und Unkenntnis kann auch bedeuten, dass zu positive oder optimistische Erwartungen über die Möglichkeiten einer Selbstständigkeit beseitigt werden. In der Mehrzahl der Fälle fördert der Kontakt mit Gründern allerdings die eigene Einstellung zur Selbstständigkeit. Regionen mit einer geringen Gründungs- oder Selbstständigenquote befinden sich diesbezüglich in einer ungünstigen Situation, da die Wahrscheinlichkeit des Kontakts zu einem Gründer oder Selbstständigen hier geringer als in gründungsstarken Regionen ist. An dieser Stelle besteht jedoch die Möglichkeit der politischen Einflussnahme.

Zum einen kann die Politik versuchen, über Berichte in den Medien oder Informationskampagnen die Kenntnis über Gründer und Gründungsprozesse zu beeinflussen. Erfolgreiche Gründer können als Rollenvorbild für andere Personen fungieren und diese zu einer eigenen Gründung motivieren. Die Präsentation von Gründern sollte sich allerdings nicht auf Personen wie Bill Gates beschränken, sondern auch Gründer aus der Region einbeziehen. Eine solche Darstellung wirkt glaubhafter und hilft, die Hemmschwelle zu senken, sich über den eigenen Schritt in die Selbstständigkeit Gedanken zu machen. Vermutlich sind nicht so sehr groß angelegte Werbekampagnen von Bedeutung, sondern kleinere Foren, bei denen die Möglichkeit des direkten Erfahrungsaustauschs mit Gründern besteht. Die Schaffung von positiven gründungsbezogenen Einstellungen erfordert also eher Anstrengungen auf lokaler und regionaler Ebene als auf nationaler Ebene. Wenn man selbst eine Reihe erfolgreicher Gründer kennt, wird die Gründung eines Unternehmens als gangbarer Weg wahrgenommen, was auch die eigene Gründungsneigung positiv beeinflusst.

Der zweite hier vorgeschlagene Weg der Beeinflussung gründungsbezogener Einstellungen und Fähigkeiten ist langwieriger, aber vermutlich auch effektiver. Einstellungen werden auch von Werten und Normen beeinflusst, die in Sozialisationsprozessen geprägt werden und langfristig eher stabil sind. Vor diesem Hintergrund sollte das Thema Entrepreneurship Bestandteil der Ausbildung an Schulen und Hochschulen werden. Der Schritt in die Selbstständigkeit sollte als gleichwertige Erwerbsalternative zu anderen Erwerbsalternativen dargestellt werden. Zudem sollte vermehrt Wert gelegt werden auf Fähigkeiten wie Selbstständigkeit, Kreativität und Eigeninitiative. Die Vermittlung dieser Fähigkeiten kann die spätere Gründungsneigung beeinflussen, stellt aber auch generell eine gute Vorbereitung für das spätere Berufsleben dar.

Neben der Vermittlung genereller gründungsrelevanter Fähigkeiten können in einer späteren Ausbildungsphase auch spezifische Kurse im Bereich Entrepreneurship oder Gründungsmanagement sinnvoll sein, um die Gründungsfähigkeiten von Personen zu erhöhen. Derartige Kurse werden in Deutschland vor allem an Hochschulen angeboten (vgl. Klandt/Knaup 2002). Ein solches Vorgehen lässt sich damit rechtfertigen, dass vor dem Hintergrund knapper Ressourcen vor allem die Personengruppe von Entrepreneurship-Kursen profitieren sollte, die auch eine hohe Gründungsquote aufweist (vgl. Henry/Hill/Leitch 2003, S. 15). Allerdings gilt auch hier das Argument, dass die Vermittlung gründungsbezogener Kenntnisse auch für Personen sinnvoll sein kann, die nicht unmittelbar den Schritt in die Selbstständigkeit vollziehen.

Der in der REM-Befragung ermittelte hohe Anteil von Personen, die versuchen ein Unternehmen zu gründen, deutet auf die weite Verbreitung von Entrepreneurship in der Bevölkerung hin. Die Aufnahme einer selbstständigen Tätigkeit ist viel stärker verbreitet, als dies einige Gründungsstatistiken suggerieren. Bei den meisten Gründungen handelt es sich allerdings nicht um das „Idealbild" eines neuen technologie- oder wissensintensiven Unternehmens, sondern um Kleinstgründungen, die dem Nebenerwerb dienen oder nur zeitlich befristet angelegt sind. Die Politik sollte derartige Gründungen bei ihrem Förderinstrumentarium nicht völlig unberücksichtigt lassen, da auch sie Erwerbschancen eröffnen und von Bedeutung für die Regionalentwicklung sind (vgl. Knaup et al. 2003, S. 89). Zudem können im Nebenerwerb relativ einfach und risikofrei Selbstständigkeitserfahrungen gesammelt werden. Diese steigern die Gründungsfähigkeiten und erleichtern den späteren Schritt in eine Vollerwerbs-Selbstständigkeit. Eine Studie des Instituts für Mittelstandsforschung ergab, dass fast ein Viertel aller untersuchten Nebenerwerbsgründungen nach einem Jahr in eine Vollerwerbsexistenz umgewandelt worden waren (vgl. Kay/May-Strobl/Maaß 2001, S. 80ff).

Die vorliegende Untersuchung konnte nur einen schwachen Beleg dafür finden, dass eine gut ausgebaute regionale gründungsbezogene Infrastruktur den Umfang an Gründungsaktivitäten beeinflusst. Dies sollte allerdings nicht als Argument gegen die Schaffung gründungsfreundlicher Rahmenbedingungen verstanden werden. Sternberg und Bergmann (2003, S. 34) vermuten, dass der Zusammenhang von regionaler gründungsbezogener Infrastruktur und Gründungsaktivitäten durch zeitliche Verzögerungen („time-lags") gekennzeichnet ist und sich erst mittelfristig ein Einfluss auf Gründungsaktivitäten einstellen wird. Es ist schwer vorstellbar, dass sich eine „Kultur der Selbstständigkeit" in einer Region entwickelt, wo Gründer keine guten Möglichkeiten für den Schritt in die Selbstständigkeit vorfinden.

Die hier vorgeschlagenen Instrumente zur Beeinflussung von Gründungsaktivitäten beziehen sich nur auf Faktoren, die im Rahmen dieser Untersuchung Berücksichtigung finden. Der Umfang regionaler Gründungsaktivitäten wird darüber hinaus natürlich auch durch bundesweite institutionelle Rahmenbedingungen bestimmt, wie zum Beispiel die Steuer- und Arbeitsmarktpolitik. Diese Einflussfaktoren der Makroebene wurden in dieser Arbeit bewusst ausgeklammert. Es ist schwer abzuschätzen, welchen Einfluss Veränderungen auf der Makroebene auf den Umfang und die Verteilung regionaler Gründungsaktivitäten haben. Der sprunghafte Anstieg der Zahl der Gründungen aus der Arbeitslosigkeit im Jahr 2003 lässt sich auf die verbesserten Fördermöglichkeiten für Gründungen aus der Arbeitslosigkeit zurückführen. Durch derartige Veränderungen von bundesweiten Rahmenbedingungen wird auch die regionale Struktur von Gründungsaktivitäten beeinflusst. Ob die Möglichkeit einer Gründung vor allem von Arbeitslosen in strukturschwachen oder prosperierenden Regionen wahrgenommen wird, kann hier nicht beantwortet werden. Durch dieses Beispiel wird allerdings deutlich, dass wichtige Bestimmungsfaktoren der Anzahl der Gründungen in einer Region außerhalb der Region gesetzt werden.

Die angeführten Handlungsempfehlungen sind als Anregung zu verstehen, wie die Politik regionale Gründungsaktivitäten fördern kann. Viele der genannten Maßnahmen sind noch wenig konkret. Es gibt allerdings auch keine allgemein gültigen Patentrezepte für die Förderung von Entrepreneurship, da diese auch jeweils regionale Besonderheiten berücksichtigen sollte. Maßnahmen, die die Einstellung der Bevölkerung zu Gründungsaktivitäten verändern wollen, sollten zudem nicht mit einem sprunghaften Anstieg der Selbstständigkeit rechnen, da derartige Veränderungsprozesse Zeit brauchen.

10 Zentrale Ergebnisse und Fazit

In dieser Arbeit wurden regionale Unterschiede im Gründungsgeschehen in Deutschland untersucht. Hierbei wurde ein interdisziplinäres Vorgehen gewählt und eine Reihe von Einflussfaktoren in ihrer Wirkung auf Gründungsaktivitäten analysiert. Die Gründung eines Unternehmens oder der Schritt in die Selbstständigkeit ist das Ergebnis eines individuellen Entscheidungsprozesses. Eine Untersuchung von Gründungsaktivitäten allein auf der Basis regionaler Aggregatdaten birgt die Gefahr von ökologischen Fehlschlüssen. Daher erfolgte die Analyse von Gründungsaktivitäten in dieser Arbeit auf der Basis von Individualdaten unter Berücksichtigung von regionalen Einflussfaktoren. Durch den Einbezug von Einflussfaktoren der personenbezogenen Ebene und der Regionsebene hat die Untersuchung Mehrebenencharakter.

Im Folgenden werden die wichtigsten Ergebnisse dieser Arbeit im Überblick dargestellt. Die Darstellung orientiert sich an den fünf Hypothesen, die in Kapitel 2.5 formuliert wurden.

Hypothese 1: Sozio-ökonomische Merkmale, einschließlich Branchen- und Selbstständigkeitserfahrungen, üben einen wesentlichen Einfluss auf die individuelle Gründungsneigung aus. Aufgrund der unterschiedlichen regionalen Verteilung von sozioökonomischen Merkmalen können diese bereits einen Teil der Varianz regionaler Gründungsquoten erklären.

Die Bedeutung von sozio-ökonomischen Merkmalen für die Gründungsentscheidung konnte anhand von deskriptiven und multivariaten Analysen gezeigt werden. Die Ergebnisse dieser Arbeit bestätigen weitgehend die Ergebnisse bisheriger Untersuchungen zu Gründungsaktivitäten: Frauen haben eine geringere Gründungsneigung als Männer. Mit zunehmendem Alter steigt die Gründungsneigung zunächst an und fällt später wieder ab. Ein hoher Bildungsstand beeinflusst die individuelle Gründungsneigung positiv.

Ein starker Einfluss auf die individuelle Gründungsneigung ergibt sich aus Selbstständigkeits- oder Gründungserfahrungen. Personen, die derzeit bereits selbstständig sind oder in der Vergangenheit einmal ein Unternehmen gegründet haben, sind signifikant häufiger an Gründungsaktivitäten beteiligt als andere Personen. Gründer sind also zum großen Teil „Wiederholungstäter". Fast die Hälfte aller Gründer hat zum Zeitpunkt der Gründung bereits irgendwelche Erfahrungen aus einer anderen selbstständigen Tätigkeit.

Dieser Befund ist von großer Bedeutung für das regionale Gründungsgeschehen. In Regionen mit einem hohen Selbstständigenanteil oder einer hohen Gründungsquote verfügen viele Personen über diesbezügliche Erfahrungen, was auch nachfolgend zu einer hohen Gründungsquote in diesen Regionen führt. Aus der Pfadabhängigkeit von individuellen Erwerbsverläufen ergibt sich damit auch eine Pfadabhängigkeit von regionalen Gründungsquoten.

Eine Pfadabhängigkeit der regionalen Entwicklung ergibt sich in sektoraler Hinsicht weiterhin dadurch, dass Gründer zum großen Teil in solchen Bereichen den Schritt in die Selbstständigkeit vollziehen, in denen sie vorher bereits einmal gearbeitet haben. Hierdurch erklärt sich die hohe Korrelation der Branchenstruktur bestehender Unternehmen und der Branchenstruktur von Gründungen. Allerdings ist die Branchenstruktur von Gründungen nicht komplett durch die Branchenstruktur vorhandener Betriebe determiniert. Etwa ein Fünftel aller Gründungen erfolgt in Bereichen, in denen der Gründer vorher noch nicht gearbeitet hat. Der Anteil von branchenfremden Gründern ist in Branchen mit niedrigen Markteintrittsbarrieren höher, also insbesondere im Handel und im Gastgewerbe.

Die angesprochenen Zusammenhänge von Selbstständigkeitserfahrung beziehungsweise Branchenerfahrung und Gründungsaktivität sind auf individueller Ebene angesiedelt. Personen haben nicht allein dadurch eine hohe Gründungsneigung, dass sie in einer Region mit einer hohen Selbstständigenquote leben. Erst durch eigene Selbstständigkeitserfahrungen steigt auch die eigene Gründungsneigung. In vielen anderen Studien wird ein Einfluss der regionalen Größenstruktur der Unternehmen auf Gründungsaktivitäten gezeigt. Dieser Einfluss wird auf Rollenvorbilder oder die Aneignung von gründungsrelevanten Kenntnissen in kleinen Unternehmen zurückgeführt. Die vorliegende Untersuchung liefert allerdings eine abweichende Erklärung für den angesprochenen Zusammenhang. Persönliche Gründungs- oder Selbstständigkeitserfahrungen haben eine große Bedeutung für die individuelle Gründungsentscheidung. Selbstständige und ehemalige Gründer weisen eine deutlich höhere Gründungsneigung als der Durchschnitt der Bevölkerung auf, was auf regionaler Ebene den Zusammenhang von Betriebsgrößenstruktur und Gründungsquote erklären kann. Dieses Ergebnis macht deutlich, dass es sinnvoll ist, die Gründungsentscheidung auf individueller Ebene zu untersuchen. Eine Untersuchung auf regionaler Ebene allein auf der Basis von Aggregatdaten birgt die Gefahr ökologischer Fehlschlüsse.

Insgesamt kann Hypothese 1 bestätigt werden: sozio-ökonomische Merkmale, einschließlich vorheriger Gründungs- und Selbstständigkeitserfahrungen, haben einen deutlichen Einfluss auf individuelle Gründungsaktivitäten. Weil diese Merkmale regional unterschiedlich ausgeprägt sind, erklären sie bereits, warum es in manchen Regionen mehr Gründer gibt als in anderen.

Hypothese 2: Gründungsbezogene Einstellungen und Fähigkeiten beeinflussen die individuelle Gründungsneigung.

Der Einfluss gründungsbezogener Einstellungen und Fähigkeiten auf Gründungsaktivitäten konnte deutlich gezeigt werden. Personen, die nach eigener Einschätzung über das Wissen, die Fähigkeiten und die Erfahrung verfügen, die notwendig sind, um ein Unternehmen zu gründen, haben auch tatsächlich eine höhere Gründungsneigung als andere. Das Gleiche gilt für Personen, die glauben, dass sich in den nächsten sechs Monaten in ihrer Region gute Möglichkeiten für eine Unternehmensgründung ergeben werden. Umgekehrt stellt die Angst zu scheitern bei Vielen ein Gründungshemmnis dar. Personen, die der Frage zustimmen, dass sie die Angst zu scheitern davon abhalten würde, ein Unternehmen zu gründen, sind signifikant weniger häufig an Gründungsaktivitäten beteiligt als Personen mit einer geringeren Risikoaversion. Lediglich bei der Frage nach dem Ansehen von erfolgreichen Gründern in der Region lässt sich kein signifikanter Einfluss auf die Gründungsneigung feststellen. Die Wahrnehmung der Meinung anderer Menschen zu Entrepreneurship in der Region ist also weniger handlungsrelevant als die eigene Einstellung zu Gründungen. Auch ein regionales Umfeld, das als nicht gründungsfreundlich wahrgenommen wird, schreckt nicht per se von einer Gründung ab.

Durch den Einbezug der angesprochenen Einstellungsfragen in multivariate Untersuchungen verringert sich die Erklärungskraft anderer personenbezogener Merkmale, was auf die Relevanz der Theorie geplanten Verhaltens bei der Erklärung von Gründungsaktivitäten hinweist. Auch die regionale Ebene verliert durch die Berücksichtigung von gründungsbezogenen Einstellungen und Fähigkeiten an Bedeutung. Regionale Unterschiede bei Gründungsaktivitäten sind also zum Teil auf unterschiedliche Einstellungen der Bevölkerung zu Entrepreneurship zurückzuführen.

Auch unter Einbezug einer Vielzahl an Einflussfaktoren weisen die in dieser Arbeit dargestellten Modelle nur eine geringe Erklärungskraft in Bezug auf den individuellen Schritt in die Selbstständigkeit auf. Andere Untersuchungen, die nicht individuelle Gründungsaktivitäten, sondern regionale Gründungsquoten erklären, können einen deutlich höheren Anteil der Varianz erklären. Es ist somit einfacher, die Anzahl an Gründungen in einer Region mit bestimmten Merkmalen vorherzusagen, als konkret zu bestimmen, welche Personen sich tatsächlich selbstständig machen. Dies weist auf die Bedeutung von situativen Einflüssen im Gründungsprozess hin. Nicht alle Personen, die eine positive Einstellung zur Selbstständigkeit haben, machen sich auch tat-

sächlich irgendwann einmal selbstständig. Oft sind es eine günstige Gelegenheit, ein
großer Auftrag, eine Ermunterung durch einen Freund oder auch ein negatives Ereignis, die als Auslöser für den Schritt in die Selbstständigkeit fungieren. Diese Faktoren
lassen sich allerdings kaum direkt erfassen oder beeinflussen. Wenn allerdings viele
Menschen dem Thema selbstständig positiv gegenüber stehen und auch die Fähigkeiten für eine Gründung haben, ist das Potenzial an Gründern entsprechend groß. Aus
solchen potenziellen Gründern können dann bei Eintreten von günstigen Gelegenheiten oder einer wirtschaftlichen Notwendigkeit tatsächliche Gründer werden (vgl. Shapero 1981, 1984).

*Hypothese 3: Gründungsbezogene Einstellungen und Fähigkeiten sind nicht nur von
personenbezogenen Merkmalen, sondern auch von mikrosozialen und regionalen Faktoren abhängig. Ein etwaiger signifikanter Einfluss der regionalen Ebene zeigt die
Existenz von kulturellen Unterschieden zwischen Regionen.*

Bei den hier untersuchten gründungsbezogenen Einstellungen und Fähigkeiten zeigen
sich unterschiedliche Einflüsse von personenbezogenen, mikrosozialen und regionsbe-
zogenen Merkmalen. Das Vertrauen in die eigenen Gründungsfähigkeiten ist fast ausschließlich von Merkmalen der befragten Person und ihrer Einbindung in soziale
Netzwerke abhängig. Regionsbezogene Merkmale haben nur eine geringe Bedeutung.
In den beiden ostdeutschen Regionen sind allerdings weniger Menschen von ihren
Gründungsfähigkeiten überzeugt. Personen trauen sich eine Gründung dann eher zu,
wenn sie andere Menschen kennen, die erfolgreich ein Unternehmen gegründet haben.
Die Wahrscheinlichkeit, solche Personen zu kennen, ist in gründungsstarken Regionen
natürlich höher als in anderen Regionen, was auf diese Art doch zu einer Bedeutung
des regionalen Umfelds für Gründungsaktivitäten führt. Dieser Zusammenhang ergibt
sich allerdings nur auf individueller Ebene. Ein höheres Vertrauen in die eigenen
Gründungsfähigkeiten ergibt sich erst durch persönliche Selbstständigkeitserfahrungen
oder die Kenntnis von anderen Gründern.

Auch bei den anderen beiden untersuchten Einstellungsfragen, der Wahrnehmung guter Möglichkeiten für eine Unternehmensgründung und der Angst zu scheitern als
Hinderungsgrund, sind personenbezogene und mikrosoziale Faktoren von großer Bedeutung. Persönliche Selbstständigkeitserfahrungen und/oder die Kenntnis von anderen Gründern führen zu einer positiveren Einstellung zu Gründungen. Bei diesen beiden Fragen sind allerdings auch regionale Einflüsse unübersehbar. Gute Gründungsmöglichkeiten werden vor allen in Agglomerationsräumen und Regionen mit einer
hohen Kaufkraft wahrgenommen. Die Angst zu scheitern hängt ebenfalls von der
Wirtschaftskraft der Region ab. In Regionen mit hoher Kaufkraft ist die Angst zu

scheitern geringer. Menschen aus Ostdeutschland haben dagegen eine signifikant höhere Angst zu scheitern.

Insgesamt kann der festgestellte regionale Einfluss auf gründungsbezogene Einstellungen recht gut durch die wirtschaftlichen Rahmenbedingungen der Region erklärt werden. Insbesondere in wirtschaftsstarken Regionen haben die Menschen positive Einstellungen zur Selbstständigkeit. Dies wirft die Frage auf, ob der festgestellte regionale Einfluss vollständig als kultureller Einfluss interpretiert werden kann. Kulturelle Merkmale sind langfristig stabil und nicht abhängig von der aktuellen Wirtschaftsentwicklung der Region. Bei einem Teil der festgestellten Einstellungsunterschiede handelt es somit tatsächlich „nur" um Einstellungsunterschiede und keine tiefer liegenden kulturellen Unterschiede, die auf unterschiedliche Werte und Normen zurückzuführen sind. Umgekehrt kann allerdings auch argumentiert werden, dass der verbleibende, nicht erklärte Rest der Einstellungsfragen kulturell bedingt ist.

Der Zusammenhang von personenbezogenen Merkmalen, gründungsbezogenen Einstellungen und Fähigkeiten, regionalen Merkmalen und Gründungsaktivitäten, wie er in Abbildung 2 beschrieben wurde, kann insgesamt bestätigt werden. Gründungsbezogene Einstellungen und Fähigkeiten spielen eine intermediäre Rolle im Gründungsprozess. Sie beeinflussen signifikant Gründungsaktivitäten und werden ihrerseits von Merkmalen der Person und der Region bestimmt.

Hypothese 4: Die Infrastruktur für Gründungen weist regional eine unterschiedliche Qualität auf. Die Qualität der gründungsbezogenen Infrastruktur beeinflusst den Umfang an Gründungsaktivitäten einer Region positiv.

Die Untersuchung der gründungsbezogenen Infrastruktur hat deutlich gemacht, dass diese tatsächlich regional unterschiedlich ausgeprägt ist. Der erste Teil von Hypothese 4 kann also bestätigt werden. Insbesondere bei der Gründungsfinanzierung und beim Wissens- und Technologietransfer gibt es deutliche regionale Abweichungen. Ein positives Urteil erhalten vor allem Agglomerationsräume. Gründungsbezogene Rahmenbedingungen haben also zum Teil den Charakter von Agglomerationseffekten. Der Verdichtungsgrad erklärt aber nicht alle Unterschiede bei der gründungsbezogenen Infrastruktur. Regionen haben also die Möglichkeit, Einfluss auf die Qualität der gründungsbezogenen Infrastruktur zu nehmen.

Ein regionaler Vergleich der gründungsbezogenen Infrastruktur zeigt allerdings, dass die Unterschiede insgesamt weniger deutlich als erwartet ausfallen. Die durchschnittlichen Einstufungen der befragten Gründungsexperten unterscheiden sich bei vielen Rahmenbedingungen von Region zu Region nur relativ wenig. Zudem konnte kein direkter Einfluss der Qualität der gründungsbezogenen Infrastruktur auf den Umfang an Gründungsaktivitäten nachgewiesen werden. Die allgemeinen wirtschaftlichen Rahmenbedingungen sind für den Umfang an Gründungsaktivitäten von höherer Bedeutung als die spezifisch gründungsbezogene Infrastruktur.

Die gründungsbezogene Infrastruktur hat möglicherweise nicht so sehr Einfluss auf den Umfang an Gründungsaktivitäten als auf die Qualität realisierter Gründungen. Dieser Zusammenhang konnte im Rahmen dieser Arbeit allerdings nicht untersucht werden. Weiterhin sollte bei zukünftigen Untersuchungen geprüft werden, ob sich die Einschätzung der gründungsbezogenen Infrastruktur durch Gründer von der hier durchgeführten Einschätzung durch Gründungsexperten unterscheidet. Möglicherweise gibt es bei diesen beiden Personengruppen eine unterschiedliche Wahrnehmung von derartigen Rahmenbedingungen.

Hypothese 5: Der Umfang regionaler Gründungsaktivitäten wird in der Summe in stärkerem Maße von der Bevölkerungs- und Wirtschaftsstruktur einer Region als von kulturellen Faktoren beeinflusst. Diese strukturellen und kulturellen Faktoren sind allerdings nicht unabhängig voneinander, sondern interdependent.

Die vorliegende Untersuchung hat deutlich gemacht, dass individuelle Gründungsaktivitäten in hohem Maße von individuellen Merkmalen abhängen. Regionsbezogene Merkmale sind im Vergleich hierzu weniger von Bedeutung. Die Modelle können umso besser individuelle Gründungsaktivitäten erklären, je mehr personenbezogene Merkmale und Faktoren des mikrosozialen Umfelds einbezogen werden. Selbstständige und ehemalige Gründer haben eine deutlich höhere Gründungsneigung als Personen ohne Selbstständigkeitserfahrung. Zudem gründen Personen meist in Branchen, in denen sie bereits berufliche Erfahrungen sammeln konnten. Diese Ergebnisse weisen auf die hohe Bedeutung der Branchen- und Größenstruktur bestehender Unternehmen für aktuelle Gründungsaktivitäten hin. Gründungsbezogene Einstellungen werden zwar zum Teil deutlich von der regionalen Ebene beeinflusst. Allerdings können auch hier die strukturellen Merkmale Wirtschaftskraft, Branchenstruktur und Verdichtungsgrad einen wesentlichen Beitrag zur Erklärung dieser Unterschiede leisten. Zusammenfassend kann also davon ausgegangen werden, dass die genannten strukturellen Merkmale einer Region von großer Bedeutung für die Erklärung von Gründungsaktivitäten und gründungsbezogenen Einstellungen sind. Im Vergleich hierzu ist der Beitrag kultureller Merkmale gering.

Nicht ausgeschlossen werden kann allerdings, dass kulturelle Merkmale einer Region auch deren wirtschaftlichen Erfolg beeinflussen. Möglicherweise sind daher gründungsbezogene Einstellungen und Fähigkeiten nicht ausschließlich von der regionalen

Wirtschaftskraft abhängig, sondern bestimmen diese umgekehrt sogar bis zu einem gewissen Grad. Bei dieser Interpretation würde sich der langfristige wirtschaftliche Erfolg von Regionen aus deren Werten und Normen zu Arbeit und Selbstständigkeit ergeben (vgl. Miegel 1991). Welcher der beiden Zusammenhänge in der Realität von größerer Bedeutung ist, kann allerdings nur in einer Längsschnittanalyse abschließend beantwortet werden.

Ein wichtiges Ergebnis dieser Arbeit ist, dass die Untersuchung von regionalen Gründungsaktivitäten auf der Basis von Individualdaten eine Reihe von Ergebnissen liefert, die bei Untersuchungen auf der Basis von regionalen Aggregatdaten nicht zu Tage treten, wodurch Fehlschlüsse vermieden werden können. Trotz der Schwierigkeit der Erklärung individueller Gründungsaktivitäten erscheinen mikrofundierte Untersuchungen daher sinnvoll, um Gründungsaktivitäten im regionalen Kontext zu analysieren. Zukünftige Untersuchungen sollten neben den hier einbezogenen Einflussfaktoren auch die individuelle Branchenherkunft von Erwerbspersonen sowie die individuelle Einschätzung der gründungsbezogenen Infrastruktur tiefer gehend untersuchen.

Die große Bedeutung von gründungsbezogenen Einstellungen und Fähigkeiten weist auf Möglichkeiten hin, wie der Umfang regionaler Gründungsaktivitäten gesteuert werden kann. Personen mit positiven Einstellungen sind eher bereit, sich selbstständig zu machen. Einstellungen sind allerdings nicht konstant, sondern können sich ändern. Die Kenntnis anderer Gründer oder eigene Selbstständigkeitserfahrungen verbessern die Einstellung zur Selbstständigkeit. Politische Handlungsträger, die den Umfang von Gründungsaktivitäten erhöhen wollen, sollten daher Gründer und deren Gründungsprojekte in der Öffentlichkeit stärker bekannt machen und hierdurch Vorurteile abbauen und Rollenvorbilder für weitere Gründungsaktivitäten liefern.

Eine solche Präsentation von Gründern wirkt glaubhafter, wenn es sich nicht nur um Hochtechnologiegründer aus anderen Teilen Deutschlands handelt, sondern Gründern aus dem regionalen Umfeld von Personen die Möglichkeit gegeben wird, sich und ihre Gründungsidee vorzustellen. Die Schaffung von positiven gründungsbezogenen Einstellungen erfordert eher Anstrengungen auf lokaler und regionaler Ebene als auf nationaler Ebene. Wer selbst eine Reihe erfolgreicher Gründer kennt, wird die Gründung eines Unternehmens als gangbaren Weg wahrnehmen, was auch die eigene Gründungsneigung positiv beeinflusst.

Der Grundstein zu einer positiven Einstellung zur Selbstständigkeit kann und sollte bereits früh in der Ausbildung gelegt werden. An Schulen und Hochschulen sollte der Schritt in die Selbstständigkeit als gleichwertige Erwerbsalternative neben anderen Erwerbsalternativen dargestellt werden. Eine zurückhaltende Einstellung gegenüber

Entrepreneurship resultiert vermutlich zum Teil auch aus Unkenntnis über die Möglichkeiten und Anforderungen einer Selbstständigkeit.

Diese Arbeit konnte zwar keinen umfassenden Nachweis für die Bedeutung der regionalen Gründungsinfrastruktur liefern. Es ist allerdings schwer vorstellbar, dass sich positive Einstellungen zu Entrepreneurship dort entwickeln, wo Gründer keine guten Möglichkeiten für den Schritt in die Selbstständigkeit vorfinden. Die Verbesserung gründungsbezogener Einstellungen sollte daher einhergehen mit der Schaffung günstiger Rahmenbedingungen für den Schritt in die Selbstständigkeit. Gute Ansätze hierfür sind in vielen deutschen Regionen schon vorhanden. Die Veränderung von Einstellungen und die Schaffung einer tatsächlichen Kultur der Selbstständigkeit braucht Zeit. Mittelfristig führen verbesserte Rahmenbedingungen allerdings zu einer positiven Einstellung der Bevölkerung zum Thema Selbstständigkeit, was dann auch Einfluss auf Art und Umfang von Gründungsaktivitäten hat.

Anhang

Anhang 1: **Einflussfaktoren auf die Bewertung gründungsbezogener Rahmen-bedingungen unter Einbezug regionaler Strukturmerkmale (lineare Regressionen)**

	Finanzierung			Politische Rahmen-bedingungen			Öffentliche Förder-infrastruktur		
	Beta (std.)	t	Sig.	Beta (std.)	t	Sig.	Beta (std.)	t	Sig.
(Konstante)	2,88	15,16	***	2,83	14,13	***	3,25	17,35	***
Person									
Jahre im Bereich Gründungen tätig	0,12	2,08	**	0,04	0,74		0,02	0,42	
Geschlecht (w=1)	-0,04	-0,76		-0,09	-1,85	*	-0,04	-0,90	
Alter des Experten	-0,10	-1,71	*	0,06	0,96		-0,04	-0,65	
Selbstst.erfahrung	-0,04	-0,91		-0,05	-1,00		-0,09	-1,87	*
Institution (Dummies)									
Arbeitsamt	0,14	2,96	***	0,13	2,68	***	0,14	2,85	***
Finanzierung	0,33	5,68	***	0,17	2,86	***	0,15	2,58	**
Fraueninitiativen	-0,01	-0,27		0,11	2,08	**	0,04	0,76	
HWK	0,10	2,00	**	0,19	3,62	***	0,23	4,56	***
IHK	0,15	2,87	***	0,15	2,86	***	0,25	4,86	***
Netzwerke	0,16	3,09	***	0,15	2,80	***	0,17	3,22	***
Technologietransf.	0,11	2,22	**	0,31	5,79	***	0,26	5,08	***
TGZ	0,12	2,49	**	0,23	4,46	***	0,24	4,68	***
VC/BA	0,18	3,65	***	0,19	3,68	***	0,05	1,09	
Verband	0,12	2,44	**	0,07	1,26		0,11	2,17	**
Wirtschaftsförd.	0,25	4,34	***	0,32	5,32	***	0,37	6,33	***
Wissenschaft	0,18	3,59	***	0,13	2,57	**	0,15	3,03	***
Region (Dummies)									
Agglomeration	0,22	3,91	***	0,11	1,85	*	0,21	3,61	***
Verstädterter Raum	-0,01	-0,12		-0,04	-0,72		-0,01	-0,25	
Neue Bundesländer (NBL)	-0,27	-5,91	***	-0,08	-1,72	*	-0,15	-3,42	***
R^2 (korrigiert)	0,235			0,146			0,225		
F-Wert	8,055			4,973			7,689		
N	437			441			438		

Anmerkungen: Sig.: Signifikanzniveau. ***: signifikant auf dem 0,01-Niveau; ** signifikant auf dem 0,05-Niveau; *: signifikant auf dem 0,10 Niveau. Berater als Referenzinstitution. Bei der Konstanten ist nicht der standardisierte Beta-Koeffizient sondern der Regressionskoeffizient B angegeben.
Quelle: Eigene Berechnung auf Basis der REM-Expertenbefragung 2001.

Anhang 1: (Fortsetzung)

	Wissens- und Technologietransfer			Unternehmensbez. Dienstleistungen			Physische Infrastruktur		
	Beta (std.)	t	Sig.	Beta (std.)	t	Sig.	Beta (std.)	t	Sig.
(Konstante)	2,72	12,51	***	4,06	23,30	***	3,88	23,02	***
Person									
Jahre im Bereich Gründungen tätig	0,02	0,34		0,13	1,99	**	0,09	1,37	
Geschlecht (w=1)	-0,07	-1,30		-0,03	-0,57		-0,07	-1,39	
Alter des Experten	-0,06	-1,04		-0,14	-2,19	**	-0,07	-1,04	
Selbstst.erfahrung	0,06	1,19		-0,13	-2,42	**	-0,03	-0,56	
Institution (Dummies)									
Arbeitsamt	0,09	1,67	*	0,05	0,92		0,02	0,45	
Finanzierung	0,00	-0,04		-0,08	-1,20		0,03	0,49	
Fraueninitiativen	-0,04	-0,82		-0,02	-0,45		-0,01	-0,24	
HWK	0,11	2,05	**	0,06	1,12		-0,02	-0,37	
IHK	0,13	2,32	**	0,07	1,24		0,08	1,43	
Netzwerke	0,14	2,47	**	0,04	0,62		0,13	2,25	**
Technologietransf.	0,22	4,02	***	0,09	1,60		0,12	2,12	**
TGZ	0,16	2,99	***	0,07	1,23		0,16	2,88	***
VC/BA	0,05	0,99		-0,03	-0,49		0,03	0,46	
Verband	0,08	1,48		0,04	0,80		0,00	0,09	
Wirtschaftsförd.	0,24	3,74	***	0,01	0,17		0,16	2,55	**
Wissenschaft	0,17	3,22	***	-0,02	-0,34		0,08	1,55	
Region (Dummies)									
Agglomeration	0,30	4,90	***	0,28	4,38	***	0,07	1,02	
Verstädterter Raum	0,20	3,12	***	0,19	2,96	***	0,06	0,91	
Neue Bundesländer (NBL)	-0,10	-2,09	**	-0,15	-2,97	***	0,12	2,46	**
R^2 (korrigiert)		0,130			0,073			0,040	
F-Wert		4,376			2,813			1,974	
N		431			438			442	

Anmerkungen: Sig.: Signifikanzniveau. ***: signifikant auf dem 0,01-Niveau; ** signifikant auf dem 0,05-Niveau; *: signifikant auf dem 0,10 Niveau. Berater als Referenzinstitution. Bei der Konstanten ist nicht der standardisierte Beta-Koeffizient sondern der Regressionskoeffizient B angegeben.
Quelle: Eigene Berechnung auf Basis der REM-Expertenbefragung 2001.

Anhang 1:   (Fortsetzung)

	Arbeitsmarkt		
	Beta (std.)	t	Sig.
(Konstante)	2,54	13,54	***
Person			
Jahre im Bereich Gründungen tätig	-0,01	-0,15	
Geschlecht (w=1)	0,02	0,34	
Alter des Experten	0,02	0,35	
Selbstst.erfahrung	-0,02	-0,47	
Institution (Dummies)			
Arbeitsamt	0,14	2,60	***
Finanzierung	-0,01	-0,10	
Fraueninitiativen	0,05	0,97	
HWK	-0,04	-0,77	
IHK	0,16	2,80	***
Netzwerke	0,16	2,84	***
Technologietransf.	0,14	2,58	**
TGZ	0,10	1,76	*
VC/BA	0,22	4,07	***
Verband	0,09	1,67	*
Wirtschaftsförd.	0,23	3,69	***
Wissenschaft	0,17	3,24	***
Region (Dummies)			
Agglomeration	0,05	0,81	
Verstädterter Raum	0,04	0,65	
Neue Bundesländer (NBL)	-0,05	-0,92	
R^2 (korrigiert)		0,083	
F-Wert		3,066	
N		436	

Anmerkungen: Sig.: Signifikanzniveau. ***: signifikant auf dem 0,01-Niveau; ** signifikant auf dem 0,05-Niveau; *: signifikant auf dem 0,10 Niveau. Berater als Referenzinstitution. Bei der Konstanten ist nicht der standardisierte Beta-Koeffizient sondern der Regressionskoeffizient B angegeben.
Quelle: Eigene Berechnung auf Basis der REM-Expertenbefragung 2001.

217

Literaturverzeichnis

Ajzen, I. (1991): The Theory of Planned Behaviour. In: Organizational Behaviour and Human Decision Processes, Jg. 50, S. 179-211.

Ajzen, I. (2001): Constructing a TpB Questionnaire: Conceptual and Methodological Considerations. http://www-unix.oit.umass.edu/~aizen [Stand: 15.8.2002].

Ajzen, I. (2002): The Theory of Planned Behavior: A Bibliography. http://www-unix.oit.umass.edu/~aizen/tpbrefs.html [Stand 15.8.2002].

Ajzen, I.; Fishbein, M. (1980): Understanding Attitudes and Predicting Social Behaviour. In: Organizational Behaviour and Human Decision Processes, Jg. 50, S. 179-211.

Albert, J. (1994): Unternehmensneugründungen. Träger des Strukturwandels in wirtschaftlichen Regionalsystemen. Wirtschafts- und Sozialgeographisches Institut: Nürnberg.

Aldrich, H.E.; Renzulli, L.A.; Langton, N. (1998): Passing on Privilege. Resources Provided by Self-Employed Parents to their Self-Employed Children. In: Research in Social Stratification and Mobility, Jg. 16, S. 291-317.

Almus, M.; Egeln, J.; Engel, D. (1999): Determinanten regionaler Unterschiede in der Gründungshäufigkeit wissensintensiver Dienstleister. ZEW Discussion Paper No. 99-22, Mannheim: ZEW.

Almus, M.; Engel, D.; Prantl, S. (2002): Die Mannheimer Gründungspanels des Zentrums für Europäische Wirtschaftsforschung GmbH (ZEW). In: Fritsch, M.; Grotz, R. (Hrsg.): Das Gründungsgeschehen in Deutschland. Datenquellen und Analysen. Heidelberg: Physica. S. 79-102.

Amit, R.; Muller, E.; Cockburn, I. (1995): Opportunity Costs and Entrepreneurial Activity. In: Journal of Business Venturing, Jg. 10, S. 95-106.

Andreß, H.J.; Hagenaars, J.A.; Kühnel, S. (1997): Analyse von Tabellen und kategorialen Daten. Berlin et al.: Springer.

Angele, J. (2002): Gewerbeanzeigen 2001. In: Wirtschaft und Statistik, Jg. 5, S. 367-374.

Angele, J. (2003): Gewerbeanzeigen 2002. In: Wirtschaft und Statistik, Jg. 5, S. 402-409.

Armington, C.; Acs, Z. J. (2002): The Determinants of Regional Variation in New Firm Formation. In: Regional Studies, Jg. 36, S. 33-45.

Audretsch, D.B.; Carree, M.A.; van Steel, A.J.; Thurik, A.R. (2000): Impeded Industrial Restructuring: The Growth Penalty. Tinbergen Institute Discussion Paper, TI 2000-095/3, Amsterdam.

Audretsch, D.B.; Fritsch, M. (1994a): The Geography of Firm Births in Germany. In: Regional Studies, Jg. 28, S. 359-365.

Audretsch, D.B.; Fritsch, M. (1994b): On the Measurement of Entry Rates. In: Empirica, Jg. 21, S. 105-113.

Audretsch, D.B.; Fritsch, M. (1999): The Industry Component of Regional New Firm Formation Processes. In: Review of Industrial Organization, Jg. 15, S. 239-252.

Audretsch, D.B.; Fritsch, M. (2002): Growth Regimes over Time and Space. In: Regional Studies, Jg. 36, S. 113-124.

Audretsch, D.B.; Jin, J. (1994): A Reconciliation of the Unemployment - New Firm Startup Paradox. In: Small Business Economics, Jg. 6, S. 381-385.

Audretsch, D.B.; Thurik, A.R. (1998): The Knowledge Society, Entrepreneurship and Unemployment. Research Report 9801/E, Zoetermeer: EIM. Discussion Paper No. 98-09.

Backes-Gellner, U.; Demirer, G.; Sternberg, R. (2002): Individuelle und regionale Einflussfaktoren auf die Gründungsneigung von Hochschülern. In: Schmude, J.; Leiner, R. (Hrsg.): Unterneh-

218

mensgründungen. Interdisziplinäre Beiträge zum Entrepreneurship Research. Heidelberg: Physica. S. 63-96.

Backhaus, K.; Erichson, B.; Plinke, W.; Weiber, R. (2003): Multivariate Analysemethoden. 10., neu bearbeitete und erweiterte Auflage, Berlin et al.: Springer.

Bahß, C.; Lehnert, N.; Reents, N. (2003): Warum manche Gründungen nicht zustande kommen. In: Wirtschafts-Observer. KfW-Research. Nr. 10, Oktober 2003, Frankfurt/Main: KfW, S. 2-9.

Bain & Company (Hrsg.) (2001a): One economy 2. Die neuen Realitäten. Zweite Studie zur E-Business Start-up-Szene in Deutschland. München.

Bain & Company (Hrsg.) (2001b): Hightech-Standorte im Weltvergleich. Erfolgskriterien und Herausforderungen für die Zukunft. München.

Baltes-Götz, B. (2002): Binäre logistische Regressionsanalyse mit SPSS. Trier: Universitäts-Rechenzentrum Trier.

Bandura, A. (1977): Social Learning Theory. Englewood Cliffs, NJ: Prentice Hall.

Bandura, A. (1986): Social Foundations of Thought and Action. A Social Cognitive Theory Englewood Cliffs, NJ: Prentice Hall.

Barreto, H. (1989): The Entrepreneur in Economic Theory. London: Routledge.

Bartik, T.J. (1989): Small Business Start-Ups in the United States: Estimates of the Effects of Characteristics of States. In: Southern Economic Journal, Jg. 55, S. 1004-18.

Bates, T. (1995): Self-Employment Entry across Industry Groups. In: Journal of Business Venturing, Jg. 10, S. 143-156.

Bathelt, H. (2001): The Rise of a New Cultural Products Industry Cluster in Germany: The Case of the Leipzig Media Industry. IWSG Working Paper 06-2001, Frankfurt/Main: Institut für Wirtschafts- und Sozialgeographie der Johann Wolfgang Goethe-Universität Frankfurt.

Baumol, W.J. (1968): Entrepreneurship in Economic Theory. In: American Economic Review (Papers and Proceedings), Jg. 58, S. 64-71.

Becker, G.S. (1964): Human Capital. Chicago: University of Chicago Press.

Begley, T.M.; Boyd, D.P. (1986): Psychological Characteristics Associated with Entrepreneurial Performance. In: Ronstadt, R.; Hornaday, J.A.; Peterson, R.; Vesper, K.H. (Hrsg.): Frontiers of Entrepreneurship Research. Wellesley, Mass.: Babson College, Center for Entrepreneurial Studies. S. 146-165.

Bennett, R.; Robson, P. (1999): The Use of External Business Advice by SMEs in Britain. In: Entrepreneurship & Regional Development, Jg. 11, S. 155-180.

Bennett, R.; Robson, P.; Bratton, W. (2001): The Influence of Location on the Use by SMEs of External Advice and Collaboration. In: Urban Studies, Jg. 38, S. 1531-1557.

Berger, B. (1991): The Culture of Modern Entrepreneurship. In: Berger, B. (Hrsg.): The Culture of Entrepreneurship. San Franciso, Ca: ICS Press, S. 13-32.

Bergmann, H. (2000): Gründungspotenzial und Gründungsengagement im Spiegel des Sozioökonomischen Panels (SOEP). Schriften und Materialien zu Handwerk und Mittelstand, Heft 8, Essen: RWI.

Bergmann, H. (2002): Entrepreneurial Attitudes and Start-Up Attempts in Ten German regions. An Empirical Analysis on the Basis of the Theory of Planned Behaviour. Working Paper No. 2002-01. University of Cologne, Department of Economic and Social Geography.

Bergmann, H.; Japsen, A.; Tamásy, C. (2002): Regionaler Entrepreneurship Monitor (REM) - Gründungsaktivitäten und Rahmenbedingungen in zehn deutschen Regionen. Köln, Lüneburg.

Birch, D.L. (1987): Job Creation in America. New York: Free Press.

Birley, S. (1985): The Role of Networks in the Entrepreneurial Process. In: Journal of Business Venturing, Jg. 1, S. 107-117.

Birley, S.; Westhead, P. (1994): A Taxonomy of Business Start-Up Reasons and Their Impact on Firm Growth and Size. In: Journal of Business Venturing, Jg. 9, S. 7-31.

Blanchflower, D.G. (2000): Self-Employment in OECD countries. In: Labour Economics, Jg. 7, S. 471-505.

Blanchflower, D.G.; Meyer, B.D. (1994): A Longitudinal Analysis of the Young Self-Employees in Australia and in the United States. In: Small Business Economics, Jg. 6, S. 1-19.

Blanchflower, D.G.; Oswald, A.J. (1998): What Makes an Entrepreneur? In: Journal of Labor Economics, Jg. 16, S. 26-60.

Blien, U. (1993): Arbeitsmarktprobleme als Folge industrieller Monostrukturen. Das Beispiel der Region Schweinfurt. In: Raumforschung und Raumordnung, Jg. 51, S. 347-356.

Blien, U.; Wiedenbeck, M. (2002): Mehrebenenanalyse. In: Kleinhenz, G. (Hrsg.): IAB-Kompendium Arbeitsmarkt- und Berufsforschung. Beiträge zur Arbeitsmarkt- und Berufsforschung, Nr. 250, S. 309-324.

Blotevogel, H.H. (2003): Das Ruhrgebiet - Vom Montanrevier zur postindustriellen Urbanität? In: Heineberg, H.; Temlitz, K. (Hrsg.): Strukturen und Perspektiven der Emscher-Lippe-Region im Ruhrgebiet. Geographische Kommission für Westfalen, Münster: Aschendorff, S. 5-17.

Bode, E. (2002): Aktive und passive Sanierung im Wachstumsprozess ostdeutscher Regionen. In: Die Weltwirtschaft, Jg. 30, S. 362-382.

Bögenhold, D. (1987): Der Gründerboom. Realität und Mythos der neuen Selbständigen. Frankfurt/New York: Campus.

Böltken, F. (1976): Auswahlverfahren. Eine Einführung für Sozialwissenschaftler. Stuttgart: Teubner.

Börsch-Supan, A.; Pfeiffer, F. (1992): Determinanten der Selbständigkeit in der Bundesrepublik Deutschland. In: Hujer, R.; Schneider, H.; Zapf, W. (Hrsg.): Herausforderungen an den Wohlfahrtsstaat im strukturellen Wandel, Frankfurt/Main und New York: Campus Verlag, S. 257-287.

Bosma, N.; de Witt, G.; Carree, M. (2003): Modelling Entrepreneurship. Tinbergen Institute Discussion Paper, TI 2003-014/3, Amsterdam.

Boston Consulting Group (Hrsg.) (2001): Positionierung deutscher Biotechnologiecluster im internationalen Vergleich. BCG-Report, Januar 2001.

Breckler, S.J. (1984): Empirical Validation of Affect, Behavior, and Cognition as Distinct Components of Attitude. In: Journal of Personality and Social Psychology, Jg. 47, S. 1191-1205.

Brixy, U.; Fritsch, M. (2002): Die Betriebsdatei der Beschäftigtenstatistik der Bundesanstalt für Arbeit. In: Fritsch, M.; Grotz, R. (Hrsg.): Das Gründungsgeschehen in Deutschland. Darstellung und Vergleich der Datenquellen. Heidelberg: Physica, S. 55-77.

Brixy, U.; Grotz, R. (2002): Räumliche Differenzierungen von Betriebsgründungen und Überlebenschancen in Westdeutschland 1983 bis 1997. In: Raumforschung und Raumordnung, Jg. 60, S. 100-122.

Brockhaus, R.H. (1982): The Psychology of the Entrepreneur. In: Kent, C.A.; Sexton, D.L.; Vesper, K.H. (Hrsg.): Encyclopedia of Entrepreneurship, Englewood-Cliffs, N.J.: Prentice-Hall.

Brüderl, J.; Preisendörfer, P.; Ziegler, R. (1996): Der Erfolg neugegründeter Betriebe. Eine empirische Studie zu den Chancen und Risiken von Unternehmensgründungen. Berlin: Duncker & Humblot.

Bruno, A.V.; Tyebjee, T.T. (1982): The Environment for Entrepreneurship. In: Kent, C.A.; Sexton, D.L.; Vesper, K.H. (Hrsg.): Encyclopedia of Entrepreneurship. Englewood Cliffs, New Jersey: Prentice Hall, S. 288-315.

Bundesamt für Bauwesen und Raumordnung (BBR) (Hrsg.) (2000): Raumordnungs-/Analyseregionen. Internet: http://www.bbr.bund.de/abt1/i6/ror.htm [Stand: 11.10.2000], Bonn: BBR.

Bundesamt für Bauwesen und Raumordnung (BBR) (Hrsg.) (2001): Aktuelle Daten zur Entwicklung der Städte, Kreise und Gemeinden. Bonn.

Bundesamt für Bauwesen und Raumordnung (BBR) (Hrsg.) (2002): Aktuelle Daten zur Entwicklung der Städte, Kreise und Gemeinden. Bonn.

Busenitz, L.; Gómez, C.; Spencer, J.W. (2000): Country Institutional Profiles: Unlocking Entrepreneurial Phenomena. In: Academy of Management Journal, Jg. 43, S. 994-1003.

Bygrave, W.D. (1997): The Portable MBA in Entrepreneurship. 2. Auflage, New York et al.: John Wiley & Sons.

Cable, J.; Schwalbach, J. (1991): International Comparisons of Entry and Exit. In: Geroski, P.A.; Schwalbach, J. (Hrsg.): Entry and Market Contestability. Oxford UK & Cambridge USA: Blackwell, S. 257-281.

Cantillon, R. (1755/1931): The circulation and exchange of goods and merchandise. In: Higgs, H. (Hrsg.) (1931): Essai sur la Nature du Commerce en Général. Chapter 13, S. 47-57. Erneut gedruckt in: Casson, M. (Hrsg.) (1990): Entrepreneurship. Aldershot, Brookfield: Edward Elgar, S. 5-10.

Carrasco, R. (1999): Transitions to and from Self-Employment in Spain: an Empirical Analysis. In: Oxford Bulletin of Economics and Statistics, Jg. 61, S. 315-341.

Carree, M.; van Stel, A.; Thurik, R.; Wennekers, S. (2000): Business Ownership and Economic Growth in 23 OECD Countries. Tinbergen Institute Discussion Paper, TI 2000-01/3, Amsterdam.

Carree, M.; van Stel, A.; Thurik, R.; Wennekers, S. (2002): Economic Development and Business Ownership: An Analysis Using Data of 23 OECD Countries in the Period 1976-1996. In: Small Business Economics, Jg. 19, S. 271-290.

Carter, N. (1997): Entrepreneurial Processes and Outcomes: The Influence of Gender. In: Reynolds, P.D.; White, S.B. (Hrsg.): The Entrepreneurial Process. Westport: Quorum Books.

Casson, M. (1982): The Entrepreneur. An Economic Theory. Oxford: Martin Robertson.

Casson, M. (1990): Introduction. In: Casson, M. (Hrsg.): Entrepreneurship. Aldershot, Brookfield: Edward Elgar, S. xiii-xxvi.

Casson, M. (1995): Entrepreneurship and Business Culture. Aldershot/Brookfield: Edward Elgar.

Castells, M.; Hall, P. (1994): Technopoles of the World. London: Routledge.

Chaiken, S.; Stangor, C. (1987): Attitudes and Attitude Change. In: Annual Review of Psychology, Jg. 38, S. 575-630.

Chell, E.; Haworth, J.; Brearley, S. (1991): The Entrepreneurial Personality. Concepts, Cases and Categories. London/New York: Routledge.

Clemens, R.; Freund, W. (1994): Die Erfassung von Gründungen und Liquidationen in der Bundesrepublik Deutschland. Stuttgart: Schäffer-Poeschel.

Cochran, T.C. (1949): Role and Sanction in American Entrepreneurial History. In: Change and the Entrepreneur, Postulates and the Patterns for Entrepreneurial History, Cambridge, MA: Harvard University Press.

Cooper, A.C. (1985): The Role of Incubator Organizations in the Founding of Growth-Oriented Firms. In: Journal of Business Venturing, Jg. 1, S. 75-86.

Cornelsen, D.; Scherzinger, A.; Usbeck, H. (1992): Struktur und Entwicklungschancen in der Region Westsachsen. Beiträge zur Strukturforschung, 129, Berlin: Duncker & Humblot.

Davidsson, P. (1995): Culture, Structure and Regional Levels of Entrepreneurship. In: Entrepreneurship & Regional Development, Jg. 7, S. 41-62.

Davidsson, P.; Delmar, F. (1992): Cultural Values and Entrepreneurship. In: Frontiers of Entrepreneurship Research, Wellesley, MA: Babson College, S. 444-458.

Davidsson, P.; Honig, B. (2003): The Role of Social and Human Capital among Nascent Entrepreneurs. In: Journal of Business Venturing, Jg. 18, S. 301-331.

Davidsson, P.; Wiklund, J. (1997): Values, Beliefs and Regional Variations in New Firm Formation Rates. In: Journal of Economic Psychology, Jg. 18, S. 179-199.

Davis, S.J.; Henrekson, M. (1997): Explaining National Differences in the Size and Industry Distribution of Employment. NBER Working Paper 6246, Cambridge, MA: National Bureau of Economic Research.

de Wit, G. (1993): Models of Self-Employment in a Competitive Market. In: Journal of Economic Surveys, Jg. 7, S. 367-397.

de Wit, G.; van Winden, F.A. (1989): An Empirical Analysis of Self-Employment in the Netherlands. In: Small Business Economics, Jg. 1, S. 263-272.

Deeke, A. (1995): Experteninterviews - ein methodologisches und forschungspraktisches Problem. In: Brinkmann, C.; Deeke, A.; Völkel, B. (Hrsg.): Experteninterviews in der Arbeitsmarktforschung. Beiträge zur Arbeitsmarkt- und Berufsforschung Nr. 191, Nürnberg: IAB, S. 7-22.

Delmar, F.; Davidsson, P. (2000): Where Do They Come From? Prevalence and Characteristics of Nascent Entrepreneurs. In: Entrepreneurship & Regional Development, Jg. 12, S. 1-23.

Deutsche Ausgleichsbank (DtA) (Hrsg.) (2003): Ergebnisse des DtA-Gründungsmonitors 2002. Bonn.

Diekmann, A. (1998): Empirische Sozialforschung. Grundlagen, Methoden, Anwendungen. 4. durchgesehene Auflage, Reinbek bei Hamburg: Rowohlt.

Dietrich, H. (1999): Empirische Befunde zur selbständigen Erwerbstätigkeit unter besonderer Berücksichtigung scheinselbständiger Erwerbsverhältnisse. In: Mitteilungen aus der Arbeitsmarkt- und Berufsforschung, S. 85-101.

Dohse, D. (1998): The BioRegio-Contest. A New Approach to Technology Policy and its Regional Consequences. Kiel Working Paper Nr. 880, Kiel: Institut für Weltwirtschaft.

Donges, J.B.; Kromphardt, J.; Rürup, B.; Siebert, H.; Wiegard, W. (2001): Für Stetigkeit - gegen Aktionismus. Jahresgutachten 2001/02 des Sachverständigenrat zur Begutachtung der gesamtwirtschaftlichen Entwicklung. Stuttgart: Metzler-Poeschel.

Egeln, J.; Erbsland, M.; Hügel, A.; Schmidt, P.; Seitz, H. (1996): Der Wirtschaftsstandort "Rhein-Neckar-Dreieck": Standortprofil und Unternehmensdynamik. Baden-Baden: Nomos.

Egeln, J.; Gottschalk, S.; Rammer, C.; Spielkamp, A. (2003): Public Research Spin-offs in Germany. Summary Report. ZEW Dokumentation Nr. 03-04. Mannheim: ZEW.

Engelbrecht, G.; Gruber,H.; Jungkunst, M. (1997): Erwerbsorientierung und Erwerbstätigkeit ost- und westdeutscher Frauen unter veränderten gesellschaftlichen Rahmenbedingungen. In: Mitteilungen der Arbeitsmarkt- und Berufsforschung, Jg. 1, S. 150-169.

Ernst & Young (Hrsg.) (2003): Zeit der Bewährung. Deutscher Biotechnologie Report 2003. Stuttgart: Ernst & Young.

Etzioni, A. (1987): Entrepreneurship, Adaptation and Legitimation: A Macro-behavioral Perspective. In: Journal of Economic Behavior and Organization, Jg. 8, S. 175-189.

Fallgatter, M.J. (2002): Theorie des Entrepreneurships. Perspektiven zur Erforschung der Entstehung und Entwicklung junger Unternehmungen. Wiesbaden: Deutscher Universitäts-Verlag.

Fassmann, H. (1984): Mehrebenenanalyse - Fehlschlussproblem - Aggregierungsverzerrung. Ein methodischer Beitrag zur Analyse komplexer Datensätze in der Geographie. In: Geographischer Jahresbericht aus Österreich. Bd. 41.

222

Feldman, M.P. (2001): The Entrepreneurial Event Revisited: Firm Formation in a Regional Context. In: Industrial and Corporate Change, Jg. 10, S. 861-891.

Feldotto, P. (1997): Konzeptionen und institutionelle Voraussetzungen für ein regionales Innovationsmanagement. Das Beispiel der traditionellen Industrieregionen Nord-Pas-de-Calais (F) und Emscher-Lippe (D). In: Raumforschung und Raumordnung, Jg. 55, S. 305-315.

Forschungsinstitut für Ordnungspolitik gGmbH (Hrsg.) (2000): Das Unternehmerbild in der Bevölkerung. In: FiO-Brief. Aktuelle Informationen zur Ordnungspolitik. 4/00, Jg. 3, S. 1-5.

Frank, H.; Korunka, C.; Lueger, M. (1999): Fördernde und hemmende Faktoren im Gründungsprozeß. Strategien zur Ausschöpfung des Unternehmerpotentials in Österreich. Wien: Bundesministerium für wirtschaftliche Angelegenheiten.

Frese, M.; Rauch, A. (2001): Entrepreneurship, Psychology of. In: Smelser, N.J.; Baltes, P.B. (Hrsg.): International Encyclopedia of the Social and Behavioral Sciences. Amsterdam et al.: Elsevier, S. 4552-4556.

Frick, S.; Lageman, B.; v. Rosenbladt, B.; Voelzkow, H.; Welter, F. (1998): Möglichkeiten zur Verbesserung des Umfeldes für Existenzgründer und Selbständige, Wege zu einer neuen Kultur der Selbständigkeit. Untersuchungen des Rheinisch-Westfälischen Instituts für Wirtschaftsforschung, Heft 25, Essen: RWI.

Friedrichs, J. (1990): Methoden empirischer Sozialforschung. 14. Auflage, Opladen: Westdeutscher Verlag.

Fritsch, M.; Falck, O. (2002): New Firm Formation by Industry over Space and Time: A Multi-Level Analysis. Freiberger Arbeitspapiere, Technische Universität Bergakademie Freiberg. Fakultät für Wirtschaftswissenschaften.

Fritsch, M.; Grotz, G.; Brixy, U.; Niese, M.; Otto, A. (2002): Gründungen in Deutschland: Datenquellen, Niveau und räumlich-sektorale Struktur. In: Schmude, J.; Leiner, R. (Hrsg.): Unternehmensgründungen. Interdisziplinäre Beiträge zum Entrepreneurship Research. Heidelberg: Physica, S. 1-31.

Fritsch, M.; Grotz, R. (Hrsg.) (2002): Das Gründungsgeschehen in Deutschland. Datenquellen und Analysen. Heidelberg: Physica.

Fritsch, M.; Grotz, R. (Hrsg.) (2003): Empirische Analysen des Gründungsgeschehens in Deutschland. Heidelberg: Physica.

Fritsch, M.; Niese, M. (1999): Betriebsgründungen in den westdeutschen Raumordnungsregionen von 1983-1997. Freiberg Working Papers, 20.

Fritsch, M.; Niese, M. (2000): Der Einfluß der Branchenstruktur auf das Gründungsgeschehen - Eine Analyse für die westdeutschen Raumordnungsregionen 1983-1997. In: Geographische Zeitschrift, Jg. 88, S. 234-250.

Fritsch, M.; Niese, M. (2002): Vergleichende Gegenüberstellung der Informationen zum Gründungsgeschehen - Vergleich auf gesamtwirtschaftlicher und sektoraler Ebene. In: Fritsch, M.; R. Grotz (Hrsg.): Das Gründungsgeschehen in Deutschland - Datenquellen und Analysen. Heidelberg: Physica, S. 141-164.

Fröhlich, G. (2003): Strukturwandel in der Emscher-Lippe-Region. In: Heineberg, H.; Temlitz, K. (Hrsg.): Strukturen und Perspektiven der Emscher-Lippe-Region im Ruhrgebiet. Geographische Kommission für Westfalen, Münster: Aschendorff, S. 93-104.

Fukuyama, F. (2001): Culture and Economic Development: Cultural Concerns. In: Smelser, N.J.; Baltes, P.B. (Hrsg.): International Encyclopedia of the Social and Behavioral Sciences. Amsterdam et al.: Elsevier, S. 3130-3134.

Gabler, S.; Häder, S. (1998): Probleme bei der Anwendung von RLD-Verfahren. In: Gabler, S.; Häder, S.; Hoffmeier-Zlotnik, J. (Hrsg.): Telefonstichproben in Deutschland. Opladen und Wiesbaden: Westdeutscher Verlag, S. 58-68.

Gabler, S.; Häder, S. (2000): Über Design-Effekte. In: Mohler, P.Ph.; Lüttinger, P. (Hrsg.): Querschnitt. Festschrift für Max Kaase. Mannheim: ZUMA, S. 73-97.

Gabler, S.; Häder, S.; Hoffmeier-Zlotnik, J. (1998): Einleitung. In: Gabler, S.; Häder, S.; Hoffmeier-Zlotnik, J. (Hrsg.): Telefonstichproben in Deutschland. Opladen und Wiesbaden: Westdeutscher Verlag, S. 9-18.

Galais, N. (1998): Motive und Beweggründe für die Selbständigkeit und ihre Bedeutung für den Erfolg. In: Frese, M. (Hrsg.): Erfolgreiche Unternehmensgründer. Göttingen et al.: Verlag für angewandte Psychologie, S. 83-98.

Gartner, W.B. (1988): "Who is an Entrepreneur?" is the Wrong Question. In: American Journal of Small Business, Jg. 12, S. 11-31.

Gehle, S. (2001): Regionale Wirtschaftsentwicklung in Ostdeutschland und der Beitrag der KMU. In: RWI-Mitteilungen, Jg. 52, S. 95-126.

Georgellis, Y.; Wall, H.J. (2000): What makes a region entrepreneurial? Evidence from Britain. In: The Annals of Regional Science, Jg. 34, S. 385-403.

Gerlach, K.; Wagner, J. (1994): Regional Differences in Small Firm Entry in Manufacturing Industries: Lower Saxony, 1979-1991. In: Entrepreneurship & Regional Development, Jg. 6, S. 63-80.

Geroski, P.A. (1995): What do we Know about Entry? In: International Journal of Industrial Organization, Jg. 13, S. 421-440.

Geroski, P.A.; Schwalbach, J. (Hrsg.) (1991): Entry and Market Contestability. Oxford UK & Cambridge USA: Blackwell.

Gerschenkron, A. (1962): Social Attitudes, Entrepreneurship and Economic Development. In: Ders.: Economic Backwardness in Historical Perspective. A Book of Essays, Cambridge, MA: The Belknap Press of Harvard University, S. 52-71.

Geschwandtner-Andreß, P. (1999): Medienwirtschaft in Köln. Arbeitspapiere des Instituts für Rundfunkökonomie an der Universität zu Köln, Heft 116.

GfK Marktforschung GmbH (Hrsg.) (2002): Vorbemerkungen zu den GfK-Kaufkraftkennziffern 2002 in den Stadt- und Landkreisen der Bundesrepublik Deutschland. Nürnberg: GfK Marktforschung.

Goetz, S.J.; Freshwater, D. (2001): State-Level Determinants of Entrepreneurship and a Preliminary Measure of Entrepreneurial Climate. In: Economic Development Quarterly, Jg. 15, S. 57-70.

Granovetter, M. (1973): The Strength of Weak Ties. In: American Journal of Sociology, Jg. 78, S. 1360-1380.

Granovetter, M. (1985): Economic Action and Social Structures: The Problem of Embeddedness. In: American Journal of Sociology, Jg. 91, S. 481-510.

Grotz, R.; Brixy, U.; Otto, A. (2002): Räumlicher Vergleich der Datengrundlagen zum Gründungs- und Stilllegungsgeschehen in Deutschland. In: Fritsch, M.; R. Grotz (Hrsg.): Das Gründungsgeschehen in Deutschland - Darstellung und Vergleich der Datenquellen. Heidelberg: Physica, S. 165-198.

Guiso, L.; Sapienza, P.; Zingales, L. (2002): Does Local Financial Development Matter? NBER Working Paper 8923; Cambridge, MA: National Bureau of Economic Research.

Haas, H.D. (1991): München. Zentrum technologieorientierter Industrie im Süden Deutschlands. In: Brücher, W.; Gratz, R.; Pletsch, A. (Hrsg.): Industriegeographie der Bundesrepublik Deutschland und Frankreichs in den 1980er Jahren. Frankfurt: Diesterweg, S. 175-198.

Hamilton, R.T. (1989): Unemployment and Business Formation Rates: Reconciling Time Series and Cross Section Evidence. In: Environment and Planning A, Jg. 21, S. 249-255.

Hampden-Turner, C.; Trompenaars, A. (1993): The Seven Cultures of Capitalism. Value Systems for Wealth Creation in the United States, Japan, Germany, France, Britain, Sweden, and the Netherlands. New York et al.: Doubleday.

Hampe, J.; Steininger, M. (2001): Survival, Growth, and Interfirm Collaboration of Start-Up Companies in High-Technology Industries: A Case Study of Upper Bavaria. Schätzl L.; Revilla-Diez, J. (Hrsg.): Technological Change and Regional Development in Europe, Heidelberg: Physica, S. 90-111.

Handelsblatt (Hrsg.) (2001): Münchens Boom gerät außer Kontrolle. In: Handelsblatt, Nr. 33, 15.2.2001, S. 2.

Handelsblatt (Hrsg.) (2003): Die Konjunkturgesetze sind außer Kraft. In: Handelsblatt, Nr. 122, 30.6.2003, S. 8.

Harrison, L.E.; Huntington, S.P. (Hrsg.) (2000): Culture Matters. How Values Shape Human Progress. New York: Basic Books.

Hébert, R.F.; Link, A.N. (1989): In Search of the Meaning of Entrepreneurship. In: Small Business Economics, Jg. 1, S. 39-49.

Heinze, R.G.; Schulte, F. (Hrsg.) (2002): Unternehmensgründungen. Zwischen Inszenierung, Anspruch und Realität. Wiesbaden: Westdeutscher Verlag.

Henley, A. (2000): Self-Employment Choice: State Dependence, Initial Conditions and Unobserved Heterogeneity. Research Paper 2000-7, School of Management and Business. University of Wales, Aberystwyth.

Henrekson, M. (2002): Entrepreneurship: A Weak Link in the Welfare State. SSE/EFI Working Paper Series in Economics and Finance No. 518.

Henrekson, M.; Johansson, D. (1999): Institutional Effects on the Evolution of the Size Distribution of Firms. In: Small Business Economics, Jg. 12, S. 11-23.

Henriquez, C.; Verheul, I.; van der Geest, I.; Bischoff, C. (2002): Determinants of Entrepreneurship in France. In: Audretsch et al.: Entrepreneurship: Determinants and Policy in a European-US Comparison. Dordrecht: Kluwer, S. 83-120.

Henry, C.; Hill, F.; Leith, C. (2003): Developing a Coherent Enterprise Support Policy: A New Challenge for Governments. In: Environment and Planning C: Government and Policy, Jg. 21, S. 3-19.

Hild, R.; Hofmann, H.; Ochel, W.; Wilhelm, M. (1999): Unternehmensbezogene Dienstleistungen: Deutschlands Position im internationalen Wettbewerb. In: Ifo-Schnelldienst, Jg. 52, S. 3-19.

Hinz, T. (1998): Betriebsgründungen in Ostdeutschland. Berlin: Edition Sigma.

Hofstede, G. (1994): Cultures and Organizations, Software of the Mind. Intercultural Cooperation and its Importance for Survival. London: Harper Collins.

Hornaday, J.A.; Aboud, J. (1971): Characteristics of Successful Entrepreneurs. In: Personnel Psychologie, Jg. 24, S. 141-153.

Hout, M.; Rosen, H.S. (1999): Self-employment, Family Background, and Race. NBER Working Paper 7344; Cambridge, MA: National Bureau of Economic Research.

Hox, J.J. (1998): Multilevel Modeling: When and Why. In: Balderjahn, I.; Mathar, R.; Schader, M. (Hrsg.). Classification, Data Analysis, and Data Highways. New York: Springer, S. 147-154.

IHK zu Köln (Hrsg.) (2003): Tops und Flops. Stärken und Schwächen der Wirtschaftsregion Köln. Köln: Industrie- und Handelskammer.

Illeris, S. (1986): New Firm Creation in Denmark: The Importance of the Cultural Background. In: Keeble, D.; Wever, E. (Hrsg.): New Firms and Regional Development in Europe. London, Sydney, Dover: Croom Helm, S. 141-150.

Jackson, J.E.; Rodkey, G.R. (1994): The Attitudinal Climate for Entrepreneurial Activity. In: Public Opinion Quarterly, Jg. 58, S. 358-380.

Japsen, A. (2002a): Regionaler Entrepreneurship Monitor (REM) 2001, Methodenbericht. Arbeitsbericht Nr. 271, Universität Lüneburg, Fachbereich Wirtschafts- und Sozialwissenschaften.

Japsen, A. (2002b): Unternehmensgründungen aus und in den Nebenerwerb in zehn deutschen Regionen. Fachbereich Wirtschafts- und Sozialwissenschaften, Arbeitsbericht Nr. 282, Universität Lüneburg.

Johannisson, B. (1984): A Cultural Perspective on Small Business - Local Business Climate. In: International Small Business Journal, Jg. 2, S. 32-43.

Johannisson, B. (1993): Designing Supportive Contexts for Emerging Enterprises. In: S. Karlsson, B. Johannisson and D. Storey (Hrsg.), Small business dynamics, London and New York: Routledge, S. 117-144.

Johnson, B.R. (1990): Toward a Multidimensional Model of Entrepreneurship: The Case of Achievement Motivation and the Entrepreneur. In: Entrepreneurship Theory and Practice, Jg. 14, S. 39-54.

Jungbauer-Gans, M.; Preisendörfer, P. (1992): Frauen in der beruflichen Selbstständigkeit: Eine erfolgreiche Alternative zur abhängigen Beschäftigung? In: Zeitschrift für Soziologie, Jg. 21, S. 61-77.

Kalton, G. (1983): Introduction to Survey Sampling. Beverly Hills, London, New Delhi: Sage.

Katz, J.A. (1989): Intentions, Hurdles, and Start-ups: An Analysis of Entrepreneurial Follow-Through. In: Brockhaus, R.H.; Churchill, N.C.; Katz, J.A.; Kirchhoff, B.A.; Vesper, K.H.; Wetzel, W.E. (Hrsg.): Frontiers of Entrepreneurship Research 1989. Babson College. Waltham, Mass., S. 43-57.

Katz, J.A. (1990): Longitudinal Analysis of Self-Employment Follow-Through. In: Entrepreneurship & Regional Development, Jg. 2, S. 15-25.

Kay, R.; May-Strobl, E.; Maaß, F. (2001): Neue Ergebnisse der Existenzgründungsforschung. Wiesbaden: Dt. Univ.-Verl./Gabler.

Keeble, D.; Walker, S.; Robson, M. (1993): New Firm Formation and Small Business Growth in the United Kingdom: Spatial and Temporal Variations and Determinants. Research Paper 16, London: Employment Department.

KfW (Hrsg.) (2002): Gefährdet die Bankenkonsolidierung die deutsche Mittelstandsfinanzierung? In: KfW-Research. Mittelstands- und Strukturpolitik. Ausgabe 29, Dezember 2002, Frankfurt/Main: Kreditanstalt für Wiederaufbau, S. 19-28.

Kihlstrom, R.E.; Laffont, J.J. (1979): A General Equilibrium Entrepreneurial Theory of Firm Formation Based on Risk Aversion. In: Journal of Political Economy, Jg. 87, S. 719-748.

Kirzner, I.M. (1978): Wettbewerb und Unternehmertum. Tübingen: Mohr.

Kirzner, I.M. (1985): Discovery and the Capitalist Process. Chicago und London: The University of Chicago Press.

Klandt, H. (1984): Aktivität und Erfolg des Unternehmensgründers. Eine empirische Analyse unter Einbeziehung des mikrosozialen Umfeldes. Bergisch-Gladbach: Eul.

Klandt, H. (1999): Entrepreneurship: Unternehmerausbildung an deutschen Hochschulen. In: Betriebswirtschaftliche Forschung und Praxis, Jg. 3, S. 241-255.

Klandt, H.; Knaup, U. (2002): FGF-Report: Gründungsprofessuren 2002. Bonn: Förderkreis Gründungsforschung e.V..

Klemmer, P. (1973): Die Shift-Analyse als Instrument der Regionalforschung. In: Akademie für Raumforschung und Landesplanung (Hrsg.): Methoden der empirischen Regionalforschung (1.Teil), Hannover.

226

Klemmer, P.; Friedrich, W.; Lageman, B. (1996): Mittelstandsförderung in Deutschland. Konsistenz, Transparenz und Ansatzpunkte für Verbesserungen. Autoren: Frick, S.; Friedrich, W.; Halstrick-Schwenk, M.; Klemmer, P.; Knospe, D.; Lageman, B.; Puxi, M.; Scheuer, M.; Schrumpf, H.; Welter, F. Essen: RWI.

Knaup, U.; Lageman, B.; Sternberg, R.; Tamásy, C.; Welter, F. (2003): Zentrale Empfehlungen. In: Sternberg, R. (Hrsg.): Endogene Regionalentwicklung durch Existenzgründung? Empirische Befunde aus Nordrhein-Westfalen. Hannover: ARL, S. 87-90.

Knight, F.H. (1921): Risk, Uncertainty and Profit. Boston und New York: Houghton Mifflin Company; Cambrigde: The Riverside Press.

Knight, G.A. (1997): Cross-Cultural Reliability and Validity of a Scale to Measure Firm Entrepreneurial Orientation. In: Journal of Business Venturing, Jg. 12, S. 213-225.

Koch, A. (2003): Zwischen Innovation und Integration: Spin-off-Gründungen aus Unternehmen. Vortrag auf dem 54. Deutschen Geographentag, Entwurfsfassung, Bern, 30. September 2003.

Kolvereid, L. (1996): Prediction of Employment Status Choice Intentions. In: Entrepreneurship Theory and Practice, Jg. 21, S. 47-57.

Komives, J.L. (1972): A Pulminary Study of the Personal Values of High Technical Entrepreneurship: A Symposium. Milwaukee: Center for Venture Management.

Koschatzky, K.; Muller, M.; Zenker, A.; Eickelpasch, A.; Pfeiffer, I.; Dohse, D.; Bode, E.; Gehrke, B.; Legler, H.; Schmidt, J. (2000): Regionale Verteilung von Innovations- und Technologiepotentialen in Deutschland und Europa. Endbericht an das Bundesministerium für Bildung und Forschung, Referat Z 25. Karlsruhe et al: Fraunhofer Institut für Systemtechnik und Innovationsforschung (ISI) et al.

Krafft, A.; Ulrich, G. (1995): Akteure in der Sozialforschung. In: Brinkmann, C.; Deeke, A.; Völkel, B. (Hrsg.): Experteninterviews in der Arbeitsmarktforschung. Beiträge zur Arbeitsmarkt- und Berufsforschung Nr. 191, Nürnberg: IAB, S. 23-33.

Kromrey, H. (1998): Empirische Sozialforschung. 8., durchgreifend überarbeitete und erweiterte Auflage, Opladen: Leske und Budrich.

Krueger, N.F.; Brazeal, D.V. (1994): Entrepreneurial Potential and Potential Entrepreneurs. In: Entrepreneurship Theory and Practice, Jg. 18, S. 91-104.

Krueger, N.F.; Carsrud, A. L. (1993): Entrepreneurial Intentions: Applying the Theory of Planned Behaviour. In: Entrepreneurship & Regional Development, Jg. 5, S. 315-330.

Krugman, P. (1991): Increasing Returns and Economic Geography. In: Journal of Political Economy, Jg. 99, S. 483-499.

Kulicke, M.; Görisch, J. (2002): Welche Bedeutung haben Hochschulen für das regionale Gründungsgeschehen? Umfrage der wissenschaftlichen Begleitforschung zu 'Exist - Existenzgründungen aus Hochschulen'. Karlsruhe: Fraunhofer Institut für Systemtechnik und Innovationsforschung.

Lageman, B. (2001): Unternehmensgründungen in Deutschland: Empirie, politische Gestaltung und Förderung. In: Merz, J. (Hrsg.): Existenzgründung 2. Erfolgsfaktoren und Rahmenbedingungen. Baden-Baden: Nomos, S. 199-223.

Lageman, B. (2002): Deutsche Mittelstandsfinanzierung im Umbruch. Aufbruch in ein neues System? In: RWI-Mitteilungen, Jg. 53, S. 65-88.

Lageman, B.; Löbbe, K. (1999): Kleine und mittlere Unternehmen im sektoralen Strukturwandel. Autoren: J. Dehio; R. Graskamp; R. Janßen-Timmen; B. Lageman; K. Löbbe; E.M. Schmidt und F. Welter. Untersuchungen des Rheinisch-Westfälischen Instituts für Wirtschaftsforschung, Heft 27, Essen: RWI.

Lageman, B; Frick, S.; Welter, F. (1999): Kultur der Selbständigkeit. In: Ridinger, R.; Weiss, P. (Hrsg.): Existenzgründungen und dynamische Wirtschaftsentwicklung. Schriftenreihe "Veröffentlichungen des Round Table Mittelstand" Band 2, Berlin: Duncker & Humblot, S. 61-93

Lauxen-Ulbrich, M.; Leicht, R. (2002): Entwicklung und Tätigkeitsprofil selbstständiger Frauen in Deutschland. Eine empirische Untersuchung anhand der Daten des Mikrozensus. Veröffentlichungen des Instituts für Mittelstandsforschung (IfM), Mannheim: IfM.

Lavoie, D. (1991): The Discovery and Interpretation of Profit Opportunities: Culture and the Kirznerian Entrepreneur. In: Berger, B. (Hrsg.): The Culture of Entrepreneurship. San Franciso, Ca: ICS Press, S. 33-51.

Lazear, E.P. (2002): Entrepreneurship. NBER Working Paper w9109, Cambridge, MA: National Bureau of Economic Research.

Leiner, R. (2002): Die Gewerbeanzeigenstatistik. In: Fritsch, M.; Grotz, R. (Hrsg.): Das Gründungsgeschehen in Deutschland. Darstellung und Vergleich der Datenquellen.

Lipset, S.M. (1967): Values, Education, and Entrepreneurship. In: Liptset, S.M.; Solare, A. (Hrsg.): Elites in Latin America. New York: Oxford University Press, S. 3-60.

Lompe, K.; Kehlbeck, H.; Schirmacher, A.; Warnecke, D. (1998): Existenzgründungen, Risikokapital und Region. Baden-Baden: Nomos.

Long, J.S. (1997): Regression Models for Categorical and Limited Dependent Variables. Advanced Quantitative Techniques in the Social Sciences Series. No. 7, Thousand Oaks, London, New Dehli: Sage.

Maas, C.; Hox, J.J. (2002): Sample Sizes for Multilevel Modeling. In: Blasius, J.; Hox, J.; de Leeuw, E.; Schmidt, P. (Hrsg.): Social Science Methodology in the New Millennium. Second expanded edition. Opladen: Leske und Budrich (CD-ROM).

Maaß, F. (2000): Begründung regionaler Unterschiede in der Gründungsdynamik im Land Nordrhein-Westfalen - Eine Ursachenanalyse. In: IfM- Materialien Nr. 146, Institut für Mittelstandsforschung Bonn.

Malecki, E.J. (1990): New Firm Formation in the USA: Corporate Structure, Venture Capital and Local Environment. In: Entrepreneurship & Regional Development, Jg. 2, S. 247-265.

Malecki, E.J. (1997a): Technology and Economic Development. Harlow: Addison Wesley Longman, 2. Auflage (1. Auflage 1991).

Malecki, E.J. (1997b): Entrepreneurs, Networks, and Economic Development: A Review of Recent Research. In: Katz, J. A. (Hrsg.): Advances in Entrepreneurship, Firm Emergence, and Growth. Bd. 3, S. 57-118.

Martinelli, A. (2001): Entrepreneurship. In: Smelser, N.J.; Baltes, P.B. (Hrsg.): International Encyclopedia of the Social and Behavioral Sciences. Amsterdam et al.: Elsevier, S. 4545-4552.

Maslow, A. (1954): Motivation and Personality. New York: Harper.

McClelland, D.C. (1961): The Achieving Society. Princeton: van Nostrand.

McClelland, D.C.; Winter, D.G. (1969): Motivating Economic Achievement. New York: Free Press.

Menard, S. (1995): Applied Logistic Regression Analysis. Thousand Oaks et al.: Sage.

Meyer, B.; Ewerhart, G.; Siebe, T. (1999): Tertiarisierung ohne wettbewerbsfähige Industriebasis? Eine empirische Analyse des sektoralen Beschäftigungswandels im Münsterland und in der Emscher-Lippe-Region. In: Raumforschung und Raumordnung, Jg. 57, S. 386-397.

Miegel, M. (1991): Wirtschafts- und arbeitskulturelle Unterschiede in Deutschland. Zur Wirkung außerökonomischer Faktoren auf die Beschäftigung ; eine vergleichende Untersuchung. Gütersloh: Bertelsmann-Stiftung.

Moulton, B.R. (1990): An Illustration of a Pitfall in Estimating the Effects of Aggregate Variables on Micro Units. In: Review of Economics and Statistics, Jg. 72, S. 334-338.

Mueller, S.L.; Thomas, A.S. (2000): Culture and Entrepreneurial Potential: A Nine Country Study of Locus of Control and Innovativeness. In: Journal of Business Venturing, Jg. 16, S. 51-75.

Müller-Böling, D.; Klandt, H. (1990): Bezugsrahmen für die Gründungsforschung mit einigen empirischen Ergebnissen. In: Szyperski, N.; Roth, P. (Hrsg.): Entrepreneurship - Innovative Unternehmensgründung als Aufgabe, Stuttgart: Poeschel, S. 143-170.

Müller-Syring, R. (1994): "...von Natur tätig und industriös...". Die Wirtschafts- und Arbeitskultur der Erwerbsbevölkerung Sachsens. Bonn: IWG.

Nerlinger, E.A. (1996): Unternehmensgründungen in High-Tech Industrien. In: Referate der wissenschaftlichen Tagung des Instituts für Arbeitsmarkt- und Berufsforschung der Bundesanstalt für Arbeit am 30. September und 1. Oktober 1996 in Nürnberg.

Nerlinger, E.A. (1998): Standorte und Entwicklung junger innovativer Unternehmen: Empirische Ergebnisse für Westdeutschland. Schriftenreihe des ZEW, Bd. 27, Baden-Baden: Nomos.

North, D.C. (1992): Institutionen, institutioneller Wandel und Wirtschaftsleistung. Tübingen: Mohr.

Nunnally, J.C. (1967): Psychometric Theory. New York et al.: McGraw-Hill.

Orr, D. (1974): The Determinants of Entry: A Study of the Canadian Manufacturing Industries. In: The Review of Economics and Statistics, Jg. 56, S. 58-66.

Otten, C. (2000): Einflussfaktoren auf Nascent Entrepreneurs an Kölner Hochschulen. Working Paper No. 2000-03. University of Cologne, Department of Economic and Social Geography.

Oxenfeldt, A. (1943): New Firms and Free Enterprise. Washington, D.C.: American Council on Public Affairs.

Pampel, F.C. (2000): Logistic Regression. A Primer. Sage University Paper No. 132. Series: Quantitive Applications on the Social Sciences. Thousand Oaks, London, New Dehli: Sage.

Peistrup, M. (2001): Die Entstehung von Ein-Personen-Unternehmen in Deutschland. Schriften und Materialien zu Handwerk und Mittelstand, Heft 12, Essen: RWI.

Perspektive Deutschland (Hrsg.) (2002): Projektbericht zur größten Online-Umfrage Deutschlands. Eine Initiative von McKinsey, stern.de und T-online. ohne Ort.

Peters, H.R. (2000): Wirtschaftspolitik. 3. vollst. überarbeitete und erweiterte Auflage, München und Wien: Oldenbourg.

Pfeiffer, F. (1994): Selbständige und abhängige Erwerbstätigkeit. Arbeitsmarkt- und industrieökonomische Perspektiven. Frankfurt/Main/New York: Campus.

Pfeiffer, F. (1999): Existenzgründerpotenziale unter Arbeitssuchenden: Empirische Evidenz auf der Basis des Mikrozensus. In: Mitteilungen aus der Arbeitsmarkt- und Berufsforschung, S. 300-314.

Piore, M.J.; Sabel, C.F. (1984): The Second Industrial Divide. Possibilities for Prosperity. New York: Basic Books.

Preisendörfer, P. (1996): Gründungsforschung im Überblick: Themen, Theorien und Befunde. In: Preisendörfer, P. (Hrsg.): Prozesse der Neugründung von Betrieben in Ostdeutschland, Rostock: Universität Rostock, Wirtschafts- und Sozialwissenschaftliche Fakultät, S. 7-29.

Reynolds, P.D. (1991): Sociology and Entrepreneurship: Concepts and Contributions. In: Entrepreneurship Theory and Practice, Jg. 16, S. 47-70.

Reynolds, P.D. (1999): Creative Destruction: Source or Symptom of Economic Growth? In: Acs, Z.J. et al. (Hrsg.): Entrepreneurship , Small and Medium-sized Enterprises and the Macroeconomy. Cambridge: Pitt Building, S. 97-136.

Reynolds, P.D., Storey, D.; Westhead, P. (1994): Cross-National Comparisons of the Variation in New Firm Formation Rates. In: Regional Studies, Jg. 28, S. 443-456.

Reynolds, P.D.; Bygrave, W.D.; Autio, E. (2004): Global Entrepreneurship Monitor. 2003 Executive Report. With contributions from Pia Arenius, Paula Fitzsimons, Maria Minniti, Sinead Murray,

Colm O'Goran and Frank Roche. Babson College, London Business School, Ewing Marion Kauffman Foundation.

Reynolds, P.D.; Bygrave, W.D.; Autio, E.; Cox, L.W.; Hay, M. (2002): Global Entrepreneurship Monitor. 2002 Executive Report. Babson College, London Business School, Ewing Marion Kauffman Foundation.

Reynolds, P.D.; Camp, S.M.; Bygrave, W.D.; Autio, E.; Hay, M. (2001): Global Entrepreneurship Monitor. 2001 Executive Report. Kauffman Center for Entrepreneurial Leadership at the Ewing Marion Kauffman Foundation.

Reynolds, P.D.; Hay, M.; Bygrave, W.D.; Camp, S.M.; Autio, E. (2000): Global Entrepreneurship Monitor. 2000 Executive Report. Kauffman Center for Entrepreneurial Leadership at the Ewing Marion Kauffman Foundation.

Reynolds, P.D.; Hay, M.; Camp, S.M. (1999): Global Entrepreneurship Monitor. 1999 Executive Report. Kauffman Center for Entrepreneurial Leadership at the Ewing Marion Kauffman Foundation.

Reynolds, P.D.; White, S.B. (1992): Finding the Nascent Entrepreneur: Network Sampling and Entrepreneurship Gestation. In: Frontiers of Entrepreneurship Research, Wellesley, MA: Babson College, S. 199-208.

Richter, R. (1994): Institutionen ökonomisch analysiert. Tübingen: Mohr.

Ripsas, S. (1997): Entrepreneurship als ökonomischer Prozess. Wiesbaden: Deutscher Universitäts Verlag.

Robinson, P.B.; Sexton, E.A. (1994): The Effect of Education and Experience on Self-Employment Success. In: Journal of Business Venturing, Jg. 9, S. 141-156.

Robinson, P.B.; Stimpson, D.V.; Huefner, J.C.; Hunt, H.K. (1991): An Attitude Approach to the Prediction of Entrepreneurship. In: Entrepreneurship Theory and Practice, Jg. 15, S. 13-31.

Robinson, W. (1950): Ecological Correlations and Behavior of Individuals. In: American Sociological Review, Jg. 15, S. 351-357.

Robson, M.T. (1998): Self-Employment in the UK Regions. In: Applied Economies, Jg. 30, S. 131-322.

Rosenberg, M.J.; Hovland, C.I. (1960): Cognitive, Affective, and Behavioral Components of Attitutes. In: Rosenberg, M.J.; Hovland, W.J.; McGuire, W.J.; Abelson, R.P.; Brehm, J.W. (Hrsg.): Attitude Organization and Change. New Haven, CT: Yale University.

Rotter, J.B. (1966): General Expectancies for Internal versus External Control of Reinforcement. In: Psychological Monographs, Jg. 80, S. 1-28.

Rudolph, A.; Welter, F. (2000): Mehr Erfolg für Gründerinnen: wie junge Unternehmen gefördert werden - ein internationaler Vergleich. Schriften und Materialien zu Handwerk und Mittelstand, Heft 5, Essen: RWI.

Saxenian, A. (1994): Regional Advantage. Culture and Competition in Silicon Valley and Route 128. Cambridge, MA /London: Harvard University Press.

Schätzl, L. (2001): Wirtschaftsgeographie 1, Theorie. 8., überarbeitete Auflage, Paderborn et al.: Schöningh.

Scherer, R.F.; Brodzinski, J.D.; Wiebe, F.R. (1991): Examining the Relationship between Personality and Entrepreneurial Career Preference. In: Entrepreneurship & Regional Development, Jg. 3, S.195-206.

Schmude, J. (1994a): Gründungsforschung - eine interdisziplinäre Aufgabe. In: Schmude, J. (Hrsg.): Neue Unternehmen: Interdisziplinäre Beiträge zur Gründungsforschung. Heidelberg: Physica, S. 1-10.

Schmude, J. (Hrsg.) (1994b): Neue Unternehmen: Interdisziplinäre Beiträge zur Gründungsforschung. Heidelberg: Physica.

Schmude, J.; Leiner, R. (2003): Unternehmernachfolge als Gründungsvariante. In: Steinle, C.; Schumann, K. (Hrsg.): Gründung von Technologieunternehmen. Kooperation - Innovation - Erfolg. Wiesbaden: Gabler, S. 177-197.

Schmude, J.; Leiner, R. (Hrsg.) (2002): Unternehmensgründungen. Interdisziplinäre Beiträge zum Entrepreneurship Research. Heidelberg: Physica.

Schnell, R. (1985): Zur Effizienz einiger Missing-Data-Techniken. In: ZUMA-Nachrichten, Jg. 17, S. 50-74.

Schnell, R.; Hill; P.B.; Esser, E. (1993): Methoden der empirischen Sozialforschung. 4., überarbeitete Auflage, München und Wien: Oldenbourg.

Schulte, P. (2003): Zukunftsperspektiven für den Emscher-Lippe-Raum. In: Heineberg, H.; Temlitz, K. (Hrsg.): Strukturen und Perspektiven der Emscher-Lippe-Region im Ruhrgebiet. Geographische Kommission für Westfalen, Münster: Aschendorff, S. 89-92.

Schultz, T.W. (1959): Investment in Man: An Economist's View. In: Social Service Review, Jg. 33, S. 109-117.

Schulz, N. (1995): Unternehmensgründungen und Markteintritt. Heidelberg: Physica.

Schumpeter, J.A. (1934): Theorie der wirtschaftlichen Entwicklung. 4. Auflage. Berlin: Duncker & Humblot.

Schwalbach, J. (1991): Entry, Exit, Concentration, and Market Contestability. In: Geroski, P.A.; Schwalbach, J. (Hrsg.): Entry and Market Contestability. Oxford UK & Cambridge USA: Blackwell, S. 121-142.

Schwender, T. (2000): Welche Regionen profitieren vom Neuen Markt? In: Monatsbericht des BAW Institut für Wirtschaftsforschung GmbH.

Segal Quince Wicksteed (Hrsg.) (2000a): The Cambridge Phenomenon Revisited. Part One. Cambridge.

Segal Quince Wicksteed (Hrsg.) (2000b): The Cambridge Phenomenon Revisited. Part Two. Cambridge.

Shapero, A. (1981): Entrepreneurship: Key to Self-Renewing Economies. In: Economic Development Commentary, Jg. 5, S. 19-22.

Shapero, A. (1984): The Entrepreneurial Event. In: Kent, C. A. (Hrsg.): The Environment for Entrepreneurship. Lexington/Toronto: Lexington Books, S. 21-40.

Shapero, A.; Sokol, L. (1982): The Social Dimensions of Entrepreneurship. In: Kent, C. et al. (Hrsg.): The Encyclopedia of Entrepreneurship. Prentice-Hall: Englewood Cliffs, S. 72-90.

Shaver, K.G.; Scott, L.R. (1991): Person, Process, Choice: The Psychology of New Venture Creation. In: Entrepreneurship Theory and Practice, Jg. 16, S. 23-46.

Siebe, T. (2002): Beschäftigung, Dienstleistungen und Industriebasis - Zwei nordrheinwestfälische Regionen im Vergleich. In: RWI-Mitteilungen, Jg. 53, S. 223-234.

Siebel, W. (1996): Die Internationale Bauausstellung Emscher-Park. In: Akademie für Raumforschung und Landesplanung (Hrsg.): Agglomerationsräume in Deutschland. Ansichten, Einsichten, Aussichten. Hannover: ARL, S. 97-111.

Siegfried, J.J.; Evans, L.B. (1994): Empirical Studies of Entry and Exit: A Survey of the Evidence. In: Review of Industrial Organization. Jg. 9, S. 121-155.

Skambracks, D. (1999): Gründungsbremse Bürokratie. Wissenschaftliche Reihe, Bd. 13, Kurzfassung, Bonn: Deutsche Ausgleichsbank.

Snijders, T.; Boskers, R. (1999): Multilevel Analysis. London et al.: Sage.

Spilling, O.R. (1997): The Urban-Rural Dimension of New Firm Formation. In: Donckels, R.; Miettinen, A. (Hrsg.): Entrepreneurship and SME research: on its way to the next millenium, Aldershot et al.: Ashgate, S. 127-146.

Stadtsparkasse München (1999): Hochburg für Gründer. Existenzgründer am Standort München. Eine Studie der Stadtsparkasse München.

Statistisches Bundesamt (Hrsg.) (2002): Klassifikation der Wirtschaftszweige, Ausgabe 1993 (WZ 93). Wiesbaden.

Statistisches Bundesamt (Hrsg.) (2002): Statistisches Jahrbuch 2002. Für die Bundesrepublik Deutschland. Stuttgart: Metzler-Poeschel.

Steinle, C.; Schumann, K. (Hrsg.) (2003): Gründung von Technologieunternehmen. Kooperation - Innovation - Erfolg. Wiesbaden: Gabler.

Steinmetz, G.; Wright, E.O. (1989): The Fall and Rise of the Petty Bourgeoisie: Changing Patterns of Self-Employment in the Postwar United States. In: American Journal of Sociology, Jg. 94, S. 973-1018.

Stenke, G. (2002): Großunternehmen in innovativen Milieus. Das Beispiel Siemens/München. Kölner Forschungen zur Wirtschafts- und Sozialgeographie, Band 54, Köln: Wirtschafts- und Sozialgeographisches Institut, Universität zu Köln.

Sternberg, R. (1998): Technologiepolitik und High-Tech Regionen. Ein internationaler Vergleich. 2., veränderte Auflage, Münster: Lit.

Sternberg, R. (2000a): Entrepreneurship in Deutschland. Das Gründungsgeschehen im internationalen Vergleich. Länderbericht Deutschland 1999 zum Global Entrepreneurship Monitor. Berlin: Edition Sigma.

Sternberg, R. (2000b): Gründungsforschung. Relevanz des Raumes und Aufgaben der Wirtschaftsgeographie. In: Geographische Zeitschrift, Jg. 88, S. 199-219.

Sternberg, R. (2001): New Economic Geography und Neue Regionale Wachstumstheorie aus wirtschaftsgeographischer Sicht. In: Zeitschrift für Wirtschaftsgeographie, Jg. 45, S. 159-180.

Sternberg, R. (2003a): New Firms, Regional Development and the Cluster Approach. What Can Technology Policies Achieve? In: Bröcker, J.; Dohse, D. and Soltwedel, R. (Eds): Innovation Clusters and Interregional Competition. Berlin, Heidelberg, New York: Springer, S. 347-371.

Sternberg, R. (2003b): Das Konzept endogener Regionalentwicklung. Implikationen für Existenzgründungen und deren Förderung. In: Sternberg, R. (Hrsg.): Endogene Regionalentwicklung durch Existenzgründung? Empirische Befunde aus Nordrhein-Westfalen. Hannover: ARL, S. 4-19.

Sternberg, R.; Behrendt, H.; Seeger, H.; Tamásy, C. (1996): Bilanz eines Booms. Wirkungsanalyse von Technologie- und Gründerzentren in Deutschland. Dortmund: Dortmunder Vertrieb für Bau- und Planungsliteratur.

Sternberg, R.; Bergmann, H. (2003): Global Entrepreneurship Monitor. Länderbericht Deutschland 2002. Köln: Wirtschafts- und Sozialgeographisches Institut, Universität zu Köln.

Sternberg, R.; Bergmann, H.; Lückgen, I. (2004): Global Entrepreneurship Monitor. Länderbericht Deutschland 2004. Köln: Wirtschafts- und Sozialgeographisches Institut, Universität zu Köln.

Sternberg, R.; Bergmann, H.; Tamásy, C. (2001): Global Entrepreneurship Monitor. Länderbericht Deutschland 2001. Köln: Wirtschafts- und Sozialgeographisches Institut, Universität zu Köln.

Sternberg, R.; Klose, B. (2001): Evaluation des Programms zur finanziellen Absicherung von Unternehmensgründern aus Hochschulen (PFAU) des Ministeriums für Schule, Wissenschaft und Forschung des Landes Nordrhein-Westfalen. Überarbeitete Fassung des Abschlussberichts, Universität zu Köln, Wirtschafts- und Sozialgeographisches Institut.

Sternberg, R.; Otten, C.; Tamásy, C. (2000a): Global Entrepreneurship Monitor. Länderbericht Deutschland 1999, Kurzfassung. Köln: Wirtschafts- und Sozialgeographisches Institut, Universität zu Köln.

Sternberg, R.; Otten, C.; Tamásy, C. (2000b): Global Entrepreneurship Monitor. Länderbericht Deutschland 2000. Köln: Wirtschafts- und Sozialgeographisches Institut, Universität zu Köln.

Sternberg, R.; Tamásy, C. (1999): Munich as Germany's No. 1 High-Technology Region: Empirical Evidence, Theoretical Explanations and the Role of Small Firm/Large Firm Relationships. In: Regional Studies, Jg. 33, S. 367-377.

Stopford, J.M.; Baden-Fuller, C.W.F. (1994): Creating Corporate Entrepreneurship. In: Strategic Management Journal, Jg. 15, S. 521-536.

Storey, D.J. (1982): Entrepreneurship and the New Firm. London: Croom Helm.

Storey, D.J. (1991): The Birth of New Firms - Does Unemployment Matter? A Review of the Evidence. In: Small Business Economics, Jg. 3, S. 167-178.

Storey, D.J. (1994): Understanding the Small Business Sector. London et al.: International Thomson Business Press.

Strambach, S. (1995): Wissensintensive unternehmensorientierte Dienstleistungen: Netzwerke und Interaktion. Münster: Lit.

Szyperski, N.; Nathusius, K. (1977): Probleme der Unternehmensgründung. Eine betriebswirtschaftliche Analyse unternehmerischer Startbedingungen. Stuttgart: Poeschel.

Szyperski, N.; Roth, P. (Hrsg.) (1990): Entrepreneurship. Innovative Unternehmensgründung als Aufgabe. Stuttgart: Poeschel.

Tamásy, C. (2002): Determinanten des Überlebens neu gegründeter Betriebe. Working Paper Nr. 2002-03. Köln: Wirtschafts- und Sozialgeographisches Institut, Universität zu Köln.

Tamásy, C. (2003): Einflussfaktoren auf die Gründungsentscheidung und den Gründungserfolg. In: Sternberg, R. (Hrsg.): Endogene Regionalentwicklung durch Existenzgründung? Empirische Befunde aus Nordrhein-Westfalen. Hannover: ARL, S. 41-53.

Tengler, H. (1989): Die Shift-Analyse als Instrument der Regionalforschung. Stuttgart: Poeschel.

Tiessen, J.H. (1997): Individualism, Collectivism, and Entrepreneurship: A Framework for International Comparative Research. In: Journal of Business Venturing, Jg. 12, S. 367-384.

Tkachev, A.; Kolvereid, L. (1999): Self-Employment Intentions among Russian Students. In: Entrepreneurship & Regional Development. Jg. 11, S. 269-282.

TNS Emnid (Hrsg.) (2001): Regionaler Entrepreneurship Monitor, Methodenbericht. Unveröffentlichtes Dokument, Bielefeld, 3.Dezember 2001.

Ucbasaran, D.; Wright, M.; Westhead, P. (2003): A Longitudinal Study of Habitual Entrepreneurs: Starters and Acquirers. In: Entrepreneurship & Regional Development, Jg. 15, S. 207-228.

van de Ven, A.H. (1995): The Development of an Infrastructure for Entrepreneurship. In: Bull, I.; Thomas, H.; Willard, G. E. (Hrsg.): Entrepreneurship: Perspectives on Theory Building. IV. Series, Oxford-Tarrytown (USA)-Tokyo: Elsevier Science, S. 39-66.

Verheul, I.; Bosma, N.; van der Nol, F.; Wong, T. (2002d): Determinants of Entrepreneurship in the United States of America. In: Audretsch et al.: Entrepreneurship: Determinants and Policy in a European-US Comparison. Dordrecht: Kluwer.

Verheul, I.; Bosma, N.; van Ginkel, M.; Longerbone, D.; Prins, R. (2002b): Determinants of Entrepreneurship in the Netherlands. In: Audretsch et al.: Entrepreneurship: Determinants and Policy in a European-US Comparison. Dordrecht: Kluwer, S. 121-162.

Verheul, I.; Leonardo, G.; Schüller, S.; van Spronsen, J. (2002c): Determinants of Entrepreneurship in Germany. In: Audretsch et al.: Entrepreneurship: Determinants and Policy in a European-US Comparison. Dordrecht: Kluwer, S. 163-208.

Verheul, I.; Wennekers, S.; Audretsch, D.; Thurik, R. (2002a): An Eclectic Theory of Entrepreneurship: Policies, Institutions and Culture. In: Audretsch et al.: Entrepreneurship: Determinants and Policy in a European-US Comparison. Dordrecht: Kluwer, S. 11-82.

Voelzkow, H. (2002): Die "Neue Kultur der Selbstständigkeit" und ihr institutionelles Umfeld: Erfahrungen aus der Medienwirtschaft in Köln. In: Heinze, R.G.; Schulte, F. (Hrsg.): Unternehmensgründungen. Zwischen Inszenierung, Anspruch und Realität. Wiesbaden: Westdeutscher Verlag, S. 130-148.

Wagner, J. (2002a): Taking a Second Chance. Entrepreneurial Restarters in Germany. Fachbereich Wirtschafts- und Sozialwissenschaften, Arbeitsbericht Nr. 252, Universität Lüneburg. Erscheint in: Applied Economics Quarterly.

Wagner, J. (2002b): Testing Lazear's Jack-of-All-Trades View of Entrepreneuship with German Micro Data. IZA Discussion Paper Nr. 592, Bonn: Forschungsinstitut zur Zukunft der Arbeit. Erscheint in: Applied Economics Letters.

Wagner, J. (2003a): The Impact of Personal Characteristics and the Regional Milieu on the Transition from Unemplyoment to Self-Employment: Empirical Evidence for Germany. In: Jahrbücher für Nationalökonomie und Statistik, Jg. 223, S. 204-222.

Wagner, J. (2003b): Are Nascent Entrepreneurs Jacks-of-All-Trades? A Test of Lazear's Theory of Entrepreneurship with German Data. IZA Discussion Paper Nr. 911, Bonn: Forschungsinstitut zur Zukunft der Arbeit.

Wagner, J.; Sternberg, R. (2002): The Role of the Regional Milieu for the Decision to Start a New Firm: Empirical Evidence for Germany. Fachbereich Wirtschafts- und Sozialwissenschaften, Arbeitsbericht Nr. 259, Universität Lüneburg.

Walter, J.; Kampmann, R. (2002): Die Fachhochschule Gelsenkirchen als "Innovationsmotor" für die Emscher-Lippe-Region. In: RWI-Mitteilungen, Jg. 53, S. 277-292.

Weber, M. (1905a): Die protestantische Ethik und der "Geist" des Kapitalismus. I. Das Problem. Archiv für Sozialwissenschaft und Sozialpolitik, Band 20, Tübingen: Mohr.

Weber, M. (1905b): Die protestantische Ethik und der "Geist" des Kapitalismus. II. Die Berufsidee des asketischen Protestantismus. Archiv für Sozialwissenschaft und Sozialpolitik, Band 21, Tübingen: Mohr.

Weiss, J.W. (1988): Regional Cultures, Managerial Behavior, and Entrepreneurship. An International Perspective. New York et al.: Quorum.

Weiss, J.W.; Delbecq, A. (1988): Regional Cultures and High-Technology Management: Route 128 and Silicon Valley. In: Weiss, J.W. (Hrsg.): Regional Cultures, Managerial Behavior, and Entrepreneurship. An International Perspective. New York et al.: Quorum, S. 9-22.

Welter, F. (2000a): "Einmal im Leben darf jeder etwas Risikoreiches tun" - Fallstudien von Gründern und Gründerinnen. Schriften und Materialien zu Handwerk und Mittelstand, Heft 9, Essen: RWI.

Welter, F. (2000b): Gründungspotenzial und Gründungsprozess in Deutschland - Eine konzeptionelle und empirische Betrachtung. Schriften und Materialien zu Handwerk und Mittelstand, Heft 4, Essen: RWI.

Welter, F. (2002): Entrepreneurship in West and East Germany. Paper presented at the 2002 Babson College / Kauffman Foundation Entrepreneurship Research Conference, 6-8/6/2002, Boulder, Colorado.

Welter, F. (2003a): Stärken und Schwächen der Gründungsförderung in Nordrhein-Westfalen. In: Sternberg, R. (Hrsg.): Endogene Regionalentwicklung durch Existenzgründung? Empirische Befunde aus Nordrhein-Westfalen. Hannover: ARL, S. 80-86.

Welter, F. (2003b): Positionierung Nordrhein-Westfalens im Ländervergleich, interregionale Unterschiede und Darstellung der Beispielregionen Köln und Emscher-Lippe. In: Sternberg, R. (Hrsg.): Endogene Regionalentwicklung durch Existenzgründung? Empirische Befunde aus Nordrhein-Westfalen. Hannover: ARL, S. 25-40.

Welter, F.; Bergmann, H. (2002): "Nascent Entrepreneurs" in Deutschland. In: Schmude, J.; Leiner, R. (Hrsg.): Unternehmensgründungen. Interdisziplinäre Beiträge zum Entrepreneurship Research. Heidelberg: Physica, S. 33-62.

Welter, F.; Lageman, B. (2003): Gründerinnen in Deutschland - Potenziale und institutionelles Umfeld. Untersuchungen des Rheinisch-Westfälischen Instituts für Wirtschaftsforschung, Heft 41, Essen: RWI.

Welter, F.; v. Rosenbladt, B. (1998): Der Schritt in die Selbständigkeit. Gründungsneigung und Gründungsfähigkeit in Deutschland. In: Internationales Gewerbearchiv, Jg. 46, S. 234-248.

Welzel, B. (1995): Der Unternehmer in der Nationalökonomie. Köln: Institut für Wirtschaftspolitik an der Universität zu Köln.

Wennekers, S.; Thurik, R. (1999): Linking Entrepreneurship and Economic Growth. In: Small Business Economics, Jg. 13, S. 27-55.

Westhead, P; Wright, M. (1999): Contribution of Novice, Portfolio and Serial Founders Located in Rural and Urban Areas. In: Regional Studies, Jg. 33, S. 157-173.

Wildeman, R.; Hofstede, G.; Noorderhaven, N.; Thurik, A.R.; Verhoeven, W.; Wennekers, A.R. (1999): Self-employment in 23 OECD Countries. The Role of Cultural and Economic Factors. Research Report 9811/E, Zoetermeer: EIM.

Wimmer, R. (1996): Regionale Hemmnisse in der Gründungs- und Frühentwicklungsphase. Ein empirischer Vergleich von Erfolgsfaktoren bei Industrieunternehmen. Köln/Dortmund: Förderkreis Gründungs-Forschung.

Wirtschaftswoche (Hrsg.) (2003): Mutanfall. In: Wirtschaftswoche. Nr. 7, 6.2.2003; S. 96-101.

Zentrum für Europäische Wirtschaftsforschung (ZEW) (Hrsg.) (2001): Gründungen in Ostdeutschland auf Talfahrt - in Westdeutschland stabil. In: Gründungsreport, 2/2001, S.1-2.

Zentrum für Europäische Wirtschaftsforschung (ZEW) (Hrsg.) (2002): Gründungen in Deutschland: Rückgang auf breiter Front. In: Gründungsreport, 2/2002, S.1-2.

Zimmermann, H.; Henke, K.D. (1994): Finanzwissenschaft. 7. Auflage, München: Vahlen.

Zumholz, H. (2002): Wege in die Selbstständigkeit. Die Gründungsaktivität als Resultat eines individuellen Enwicklungsprozesses. Wiesbaden: Deutscher Universitäts-Verlag.

KÖLNER FORSCHUNGEN
ZUR WIRTSCHAFTS- UND SOZIALGEOGAPHIE

HERAUSGEGEBEN VON ERICH OTREMBA († 1984),
EWALD GLÄSSER, ROLF STERNBERG UND GÖTZ VOPPEL

SCHRIFTLEITUNG: ALEXANDRA ENDRES

Ab Band XXIII im Selbstverlag des Wirtschafts-und Sozialgeographischen Instituts der Universität zu Köln

Bd. XXIII   Ulrich auf der Heide:
Städtetypen und Städtevergesellschaftungen im rheinisch-
westfälischen Raum.
1977. 294 Seiten, 2 Karten, brosch. (vergriffen) .... € 11,50

Bd. XXIV   Lutz Fehling:
Die Eisenerzwirtschaft Australiens.
1977. 234 Seiten, 46 Tab., 37 Abb., brosch............................€ 9,50

Bd. XXV   Ewald Gläßer und Hartwig Arndt:
Struktur und neuzeitliche Entwicklung der linksrheinischen
Bördensiedlungen im Tagebaubereich Hambach unter besonderer
Berücksichtigung der Ortschaft Lich-Steinstraß.
1978. 93 Seiten, 10 Tab., 10 Abb., 2 Fig., brosch. ....€ 8,--

Bd. XXVI   Hartwig Arndt:
Sozio-ökonomische Wandlungen im Agrarwirtschaftsraum der
Jülich-Zülpicher Börde.
1980. 284 Seiten, 19 Tab., 17 Abb., 16 Karten, brosch......................€ 11,--

Bd. XXVII   Werner Richter:
Jüdische Agrarkolonisation in Südpalästina (Südisrael) im
20. Jahrhundert.
1980. 157 Seiten, 5 Tab., 17 Abb.davon 1 Karte, 9 Luftbilder,
5 Bilder, brosch..€ 10,50

Bd. XXVIII   Karl Ferdinand:
Düren, Euskirchen, Zülpich - drei Städte am Nordostrand der
Eifel, ihre Entwicklung von 1945 bis zur Gegenwart.
1981. 273 Seiten, 72 Tab., 6 Abb., 10 Karten, brosch............................€ 8,50

Bd. XXIX   Eike W. Schamp:
Persistenz der Industrie im Mittelgebirge am Beispiel des
märkischen Sauerlandes.
1981. 138 Seiten, 36 Tab., 17 Abb., brosch............................€ 9,--

Bd. XXX   Ewald Gläßer und Klaus Vossen
unter Mitarbeit von H. Arndt und A. Schnütgen: Die Kiessand-
wirtschaft im Raum Köln. Ein Beitrag zur Rohstoffproblematik.
1982. 122 Seiten, 27 Tab., 14 Abb., brosch............................€ 9,--